MARIA CALASANZ ZIESCHE

STAB UND QUELLE

Eine Erzählung um den heiligen Wanderbischof Pirmin

von Schwester Maria Calasanz Ziesche

Herausgeber und Vertrieb
Schwestern Unserer Lieben Frau
Rheinbach bei Bonn

2. Auflage 1994
Druck: SVA, Ludwigsburg
Schutzumschlag: Entwurf Ulrike Möschel

ISBN 3-9800449-4-7

Inhaltsverzeichnis

VORWORT

Im 8. Jahrhundert, einer wildbewegten Zeit mit zahlreichen Kriegen und Aufständen, findet eine neue Völkerwanderung statt. Viele Menschen fliehen vor den arabischen Eroberern, die Spanien und Septimanien überfluten. Die Geschichtsbücher bringen die Namen der Herrscher und Heerführer jener Zeit. Sie nennen auch einige große Missionare, die ganze Völker zu Christus geführt haben.

Zu den religiösen Führergestalten des 8. Jahrhunderts gehört der Wanderbischof Pirmin oder Pirminus. Die geschichtlichen Quellen über ihn fließen spärlich und teils widersprüchlich. Sein Pastoralbüchlein »Dicta Pirminii« ist Anlaß für manche Historiker, seine Herkunft im spanisch-westgotischen Raum zu suchen. Dieser These hat sich die Erzählerin angeschlossen. Der fränkische Majordomus Karl Martell ist statt des Schattenkönigs Childerich der eigentliche Herrscher des Frankenreiches. Er gibt Pirmin im Jahre 724 den Auftrag, auf der Insel Sintlasau, der heutigen Reichenau, ein Kloster zu gründen. Karl sieht in der Gründung einen fränkischen Stützpunkt im Lande der rebellischen Alemannen. Bischof Pirmin und seine Brüder wollen die Menschen am Bodensee zu Christus führen. In dieser Erzählung begleitet der Leser Pirmin auf seinen wechselvollen Wanderwegen. Am längsten verweilt er dabei auf der Insel Reichenau. Dort hat man Pirmin bis heute ein ehrendes Andenken bewahrt. Sein Bild ziert das Inselwappen, eine Straße trägt seinen Namen, und seine Statue grüßt den

Besucher auf dem Damm, der die Insel mit dem Festland verbindet. An anderen Orten seines Wirkens ist er dagegen beinahe vergessen.
Letzte Stätte seines Wirkens war Hornbach in der Pfalz. Dort gründete er ein bedeutendes Kloster, dem er als Abt vorstand. Als er am 3. November 753 starb, wurde er in Hornbach beigesetzt.
Es lohnt sich, über das Leben dieses großen Europäers nachzudenken. Diese Erzählung möchte ihn dem Leser nahebringen. Sie berichtet in dichterischer Freiheit auf historischem Hintergrund über sein Schicksal. Die Verfasserin möchte dazu anregen, Pirmins Pilgerwege im Geiste mitzuwandern und dabei zu erleben, daß diese bei all ihrer Vielfalt eigentlich nur ein einziges Ziel haben.

Rheinbach, den 14. April 1993

Er hat mein Wandern auf Sein Herz genommen
5. Mos. 2/7

Muß ich auch wandern in finsterer Schlucht:
ich fürchte kein Unheil, denn Du bist bei mir
aus Psalm 23

So lehnt der Mensch sein Haupt an Gottes Güte
A. v. Droste-Hülshoff

Dieses Buch ist allen gewidmet, die zu seiner Entstehung beigetragen haben.

I. AUF DER FLUCHT

Über dem Hochplateau der Auvergne dämmert ein neuer Tag herauf. Am Himmel zeigt sich ein heller Schimmer. Die Luft ist kalt und frisch. Nach der Kühle der Herbstnacht liegt ein leichter Reif auf den Gräsern, Büschen und auf den Zweigen der Bäume und bedeckt wie ein feiner Schleier die Strohdächer der Fachwerkhäuser und der Ställe. Aus dem Kamin auf dem Dach des Küchenhauses kräuselt sich eine Rauchwolke. Die Menschen im Vorwerk des Herrengutes haben ihre Arbeit aufgenommen. Hühner gackern aufgeregt, ein Hahn kräht. Im Stall muhen die Kühe und Ochsen und klirren mit ihren Ketten. Feuerschein fällt aus der Küche auf den verunkrauteten Hofplatz. Eine junge Magd tritt aus der Türe des Kuhstalles, ein Joch mit zwei gefüllten Holzeimern über den kräftigen Schultern. Sie bleibt in der Tür stehen und atmet die klare Morgenluft ein. Wie wohl tut das nach der dumpfen Wärme des Stalles! Die Magd Ortrun hat ihre erste Arbeit getan. Aus den Milcheimern steigt ein Wölkchen in die Kühle des jungen Tages. Ortrun gönnt sich bewußt die kleine Pause, ehe sich Pflicht an Pflicht reiht. Sie kennt es nicht anders seit Jahren, und sie ist damit zufrieden. Herr Walther, der Vogt des Vorwerkes, ist gut und gerecht. Er hat auch ab und zu für die kleine Kuhmagd ein freundliches Wort. Seine Frau sorgt für kräftige Mahlzeiten, und sie bringt Ortrun das Nähen bei. Zu Michaelis gibt es wieder ein neues Kleid ... Da wird das Mädchen jäh aus seinen angenehmen Gedanken aufgescheucht. Der zottige Hofhund Bär hebt witternd den mächtigen Kopf und knurrt böse. Was hat das Tier denn? Hat es wieder eine Ratte oder einen Igel entdeckt? Igel sind seine Todfeinde. Mehr als einmal hat er ihre Stacheln in seiner empfindlichen Nase gespürt. »Was hast du denn, Bär?« ruft das Mädchen neugierig. Jetzt springt das rotbraune Tier auf und bellt wütend. Es starrt dabei in die Richtung, in der ein ausgefahrener Weg durch herbstliche Felder führt. Das Gebell des Hundes wird lauter. Er reißt an seiner Kette, als wolle er sie sprengen, um dem, der da kommt, entgegenzustürmen. Ortrun geht in den Hof. Sie kneift die Augenlider zusammen, um besser sehen zu können. Kommt da jemand durch das Zwielicht des Herbstmorgens? Der Zorn des Hundes steigert sich. Sein Gebell wird zum Gebrüll. Das Herz des Mädchens beginnt rascher zu pochen. Wer mag da zu ihnen unterwegs sein? Nun erkennt sie schattenhafte Gestalten. Ist das nicht eine ganze Schar? Mein Gott, hoffentlich sind das keine Soldaten! Sie fürchtet sich und bleibt dennoch wie gebannt stehen. Sie hat den Oberkörper vorgebeugt und die Lippen ein wenig geöffnet. Jetzt kann sie die Menschen schon genauer erkennen. Mit müden, schlurfenden Schritten kommen sie heran. Es sind Männer, Frauen und Kinder, gestützt auf derbe Stöcke, kleine Bündel in den Händen. ›Wie müde sie sind‹, denkt die Magd. Ihre Furcht ist verflogen. Von dieser elenden Schar geht keine Gefahr aus. Anführer der Gruppe ist ein großer Mann mit einem kräftigen Stab. Um sein hageres, braungebranntes Antlitz hängt wirres Haupt- und Barthaar. Er beachtet das Gebrüll des geifernden Hundes nicht. Unbeirrt setzt er Fuß vor Fuß. Der Fremdling im weiten, unförmigen Gewand wirkt irgendwie furchterregend und unheimlich. Erneut pocht Ortruns Herz in rascheren Schlägen. Sie atmet hastiger. Soll sie davonlaufen und Hilfe holen? Aber sie starrt nur und vermag nichts zu sagen. Dabei kommt der Mann geradewegs auf sie zu. Sie zittert. Soll sie das hölzerne Joch mit den Milcheimern einfach loslassen und sich in den Stall flüchten? Noch ehe sie sich entschließen kann, vernimmt sie erleichtert die ihr sonst so verhaßte schroffe und grobe Stimme des Altknechtes Hamar: »Heh da! Was soll das? Was wollt ihr hier?« Die Stimme des Alten übertönt sogar das Gebrüll des Hundes. Hamar wartet gar nicht erst ab, ob der Fremde ihm antwortet. »Macht, daß ihr fortkommt!« schreit er wütend. »Sonst lasse ich den Hund von der Kette!« Verwirrt denkt das Mädchen: ›Müßte er ihn nicht wenigstens zuerst anhören?‹ Aber die Stimme des Altknechts hat keine Macht über den Fremden und seine Begleiter. Als habe Hamar nicht gedroht, und als würde Hund Bär nicht wütend brüllen, so unbeirrt kommen sie näher, die ärmliche Schar zerlumpter, müder Männer, Frauen und Kinder. Ortrun sieht ihre frostroten Gesichter und ihre glanzlosen Augen. Welch ein Bild des Elends! Verläßt sich ihr Anführer, der dunkle Mann, etwa auf seinen starken Eichenstab, auf den er sich bei jedem Schritt stützt? Wenn er wüßte, wie stark Bär ist, und wie seine Bisse einen Menschen zurichten können ... Schon sind die Fremden ganz nahe. Hamar flucht wüst. Dann macht er blitzschnell seine Drohung wahr. Er löst mit einem Griff den Hund von der Kette. Mit großen Sätzen stürzt sich das mächtige Tier auf den Mann. Es jault, heult und keucht dabei furchterregend. Unwillkürlich stößt Ortrun einen hohen, spitzen Schrei aus. Gleich ist es um den Mann geschehen! »Faß, Bär, faß!« hetzt der Altknecht. Fluchtartig weichen Frauen, Männer und Kinder zurück, aber der Anführer bleibt stehen. Mit einem mächtigen Sprung prallt das Tier gegen ihn. Er wankt, fängt sich aber wieder. »Gut, Bär, gut! Gib's ihm!« schreit Hamar. Was bedeutet es schon, wenn der Hund den Landstreicher totbeißt?

Von der Sorte gibt es mehr als genug. Der Angegriffene faßt den Hund am Nackenfell und zwingt den Hundekopf mit dem geifernden Rachen langsam, ganz langsam fort von seiner Kehle immer weiter nach unten, immer tiefer zu Boden. Dabei spricht er beruhigend auf das Tier ein: »Nein, mein Freund, du bist gar nicht böse. Bär, du willst mir nichts tun. Du bist ein braver Hund. Du fühlst, daß ich dich mag und dein Freund sein will.« Unter dem festen Griff und bei den freundlichen Worten, die mit wohlklingender ruhiger Stimme gesprochen werden, wird aus dem wütenden Geifern des Hundes ein leises, wie entschuldigendes Winseln. Mit starker Hand hält ihn der Fremde nieder, streichelt ihn mit der Linken und spricht sanft und beruhigend auf ihn ein: »Bär, du bist ein guter Hund!« Er löst den Nackengriff und streichelt weiter Kopf und Rücken des Tieres. »Guter Hund!« Unwillkürlich schreit Ortrun erneut auf, als sich die Hundeschnauze wieder öffnet. Bär leckt mit rauher Zunge die Hand seines Bezwingers. Dann legt sich das Tier mit zufriedenem Seufzen zu seinen Füßen nieder. Gelassen bückt sich der Mann nach seinem Eichenstab, der ihm beim Zusammenprall mit dem Hund entfallen ist. Sein ruhiges Antlitz ist beinahe ausdruckslos, als er sich zu dem Altknecht wendet. Dem hat der unerwartete Sieg des Mannes über den gefürchteten Hofhund zunächst die Sprache verschlagen. »Wollt Ihr weniger gastfreundlich sein als der Hund Bär?« fragt der Fremde, und seine dunklen Augen blicken furchtlos in das verkniffene Gesicht des Alten. »Warum durften wir nicht wenigstens zuerst unser Anliegen vorbringen, ehe Ihr den Hund auf uns gehetzt habt? Wir sind heimatlose Flüchtlinge aus dem Westgotenland Spanien ...« Weiter läßt ihn der andere nicht kommen. Er macht eine wegwerfende, verächtliche Geste und höhnt: »Flüchtlinge? Ach, was Ihr nicht sagt, edler Herr? Flüchtlinge? Pah! Land- und ehrloses Gesindel seid ihr, weiter nichts! Flüchtlinge! Hahaha, wie Spatzenschwärme über unsere Getreidefelder, so wollt ihr über uns herfallen und unsere Vorräte auffressen.« Die Flüchtlinge drängen nach vorne. Zornige, erregte Ausrufe werden laut. Der Anführer hebt seinen Stab, Schweigen gebietend. Aber auch sein hageres Antlitz ist vor Unwillen errötet. Er preßt seine Lippen fest aufeinander, so als müsse er allzu heftige Worte zurückhalten. Im Glanz der gerade aufgegangenen Morgensonne blitzen seine dunklen Augen zornig auf. »So, das ist Eure Meinung? Nun – dann sagt mir, ob das Euer Hof ist?« Seine Worte klingen beinahe herrisch. Hamar lacht ein heiseres, mißtönendes Lachen und entblößt dabei ein paar verfärbte Zahnstummel. »Geht dich gar nichts an, Bursche, wem der Hof gehört! Meiner ist es jedenfalls nicht. Schert euch davon! Macht, daß ihr weiterkommt! Hier wird nicht gebettelt! Verschwindet! Sonst ...« Seine verarbeitete, gichtknotige Hand weist mit ruckartiger Geste in das herbstliche Land der Auvergne. Da tritt der Fremde, begleitet vom schwanzwedelnden Hund Bär, nahe an ihn heran, so nahe, daß ihn der übelriechende Atem des Altknechts streift. »Warum droht Ihr uns? Was haben wir Euch getan?« Voll Zorn spuckt Hamar vor ihm aus. Dabei sieht er die nackten, kälteroten Füße des Fremden in abgetragenen Sandalen. »Ich habe Gespür für solches Gesindel wie euch, um zu wissen, woran ich mit euch bin. Mich würde es nicht wundern, wenn uns gleich ein paar Hühner fehlen ...« Mit seinen schweren Lederstiefeln will er Bär einen Fußtritt versetzen. »Du Verräter!« Sein Fuß prallt gegen den quergestellten Eichenstab des Fremden. Er spürt einen heftigen Schmerz. Wütend schreit er auf. Bär bellt ihn feindselig an und entblößt dabei mit hochgezogenen Lefzen sein furchtbares Gebiß. Knechte und Mägde drängen sich aus der offenen Küchentür und beobachten mit geheimer

Schadenfreude, wie der Fremde mit dem groben Altknecht verfährt. Ortrun steht immer noch mit ihren Milcheimern da und staunt mit geöffnetem Mund über die unerhörte Kühnheit des Fremden. Eigentlich sieht der Mann trotz seines wirren Haares und unförmigen Gewandes recht gut aus, stattlich und groß, und vor allem ist er tapfer. Nur ein Held kann es wagen, dem gefürchteten Altknecht zu trotzen. Die Flüchtlingsschar rückt enger zusammen. Was wird als nächstes geschehen? Auf diesem Hof dürfen sie sicher nicht bleiben. Dabei sind sie so müde, haben Hunger und Durst. Eine laute Baßstimme ertönt. »Was ist hier los?« ruft ein Mann und biegt um die Ecke des Küchengebäudes. Wie mit einem Schlag verstummen Altknecht und Hund. Bär schmiegt sich an den Fremden, als suche er Schutz. Hamar weicht in Richtung auf die Küche zurück. »Also, was ist hier los?« wiederholt der Mann mit sichtlicher Ungeduld. Dabei betrachtet er verblüfft das Bild, das sich seinen Augen bietet: den großen Fremden, an dessen Seite der Hofhund Bär, demütig und gezähmt, kauert, die ängstliche Gruppe der Ankömmlinge, den wutroten Altknecht Hamar und die neugierigen Knechte und Mägde. »Nun los! Redet!« befiehlt er barsch und schlägt mit der Reitpeitsche gegen seinen hohen Lederstiefel. Unsicher knetet Hamar seine schwieligen Fäuste und murmelt: »Herr Walther, dieses Flüchtlingsgesindel weigert sich einfach, unseren Hof zu verlassen – besonders der da!« Sein knotiger Zeigefinger weist auf den Fremden. »Ich habe ihnen ein paarmal gesagt, sie sollen gehen, aber sie tun es einfach nicht!« »So, so«, meint Vogt Walther nur und mustert den Fremdling mit kalten Augen. »Ihr wollt nicht gehen? Welches Recht habt Ihr denn, hier zu sein? Wer seid Ihr? Was wollt Ihr hier auf dem Vorwerk des Burggutes von Herrn Marquard?« Der Mann tritt, ohne zu zögern, auf den Vogt zu. Bär folgt ihm auf dem Fuß. Mit großer Spannung erwarten Hofleute und Flüchtlinge das Kommende. Mit edlem Anstand verneigt sich der Fremde vor dem Vogt, eine Geste der Höflichkeit, die nicht zu seinem ärmlichen Aussehen paßt und dennoch natürlich wirkt. »Herr Vogt Walther, wir haben auf der Flucht vor den Truppen der islamischen Eroberer einen sehr weiten Weg zurückgelegt. Wir kommen aus dem Westgotenreich in Spanien. Manche unserer Begleiter blieben unterwegs liegen. Sie starben den Tod der Erschöpfung, Entkräftung und des Hungers, oder sie stürzten in den Pyrenäen ab. Ich führe zwölf Mönche aus der ehemaligen Abtei Maria Peralta del Sol bei Barcelona an. Unsere Gefährten sind Männer, Frauen und Kinder, die ihre Heimat verlassen mußten. Wie glücklich waren wir, als wir die Mühsal der Pyrenäen überwunden hatten und glaubten, unsere Not würde ein Ende haben! Aber im Frankenland wies man uns von Dorf zu Dorf, von Hof zu Hof ... Hier nannte man uns den Namen des Grafen Marquard. Er würde als gütiger Wohltäter sich unserer elenden Schar erbarmen und uns, wenigstens für eine Weile, Obdach und Brot gewähren.« Seine bescheidenen, aber in festem Ton vorgetragenen Worte, vor allem die Erwähnung des Grafen Marquard verfehlen keineswegs ihren Eindruck auf den Vogt. Dabei ist Herr Walther im allgemeinen nicht sehr hilfsbereit. Der Altknecht kratzt verlegen an seinem stoppeligen Kinn herum. Was hat er sich da eingebrockt? Wahrscheinlich war er zu voreilig, als er die Leute davonjagen wollte. Unter halbgesenkten, schweren Lidern blinzelt er verstohlen zu Herrn Walther hin. Dessen Antlitz spiegelt den Wechsel seiner Empfindungen wieder. Aus Abwehr wird Entgegenkommen. »Darf ich wissen, wer Euch an unseren Herrn Grafen verwiesen hat?« fragt er nicht unfreundlich. »Gervasus, der Pfarrherr der Gemeinde St. Bartholomae in Beaucourt. Der geistliche Herr war sehr gastfreundlich. Er tat für uns, was er konnte, und er hätte uns gerne länger beherbergt, aber andere Flüchtlinge kamen hinzu. Die Zahl der Menschen, die vor den kriegerischen Auseinandersetzungen in Iberien in das Frankenreich fliehen, wird täglich zunehmen.« Der Altknecht Hamar brummt halblaut vor sich hin: »Und wo sollen alle diese Flüchtlinge bleiben? Wie sollen wir sie satt bekommen? Wir hatten in diesem Jahr nur eine mittelmäßige Ernte ... Schließlich essen sie uns noch die Haare vom Kopf.« Ein paar Mägde und Knechte in seiner Nähe nicken beifällig. »Du hast recht, Hamar. Zum Schluß müssen wir uns wegen dieser Fremden den Gürtel enger schnallen.« Den Hofleuten mißfällt die Ankunft dieser hungrigen Schar. Das gibt nur wieder mehr Arbeit. Davon haben sie ohnehin schon genug! Die Mägde mögen vor allem die schwarzhaarigen Frauen nicht. Manche von denen sehen auch in ihren Lumpen noch recht gut aus. Ihre Kleider haben auf der Flucht gelitten, sind aber aus bunten, guten Stoffen gearbeitet. Die Mägde des Vorwerkes tragen dagegen nur Hemden, Mieder und Röcke aus ungefärbtem Linnen. Ein kleines Flüchtlingskind auf dem Arm seiner blassen Mutter beginnt laut zu wimmern, zu greinen wie ein hungriges Kätzchen. Der Vogt horcht auf und faßt erleichtert seinen Entschluß: »Holt die Männer, die Frauen und die Kinder in die Küche und gebt ihnen zu essen und zu trinken. Die Mönche werden in der Knechtekammer verpflegt.« Sofort löst sich das Menschenknäuel auf. Alle beeilen sich, den knappen Anweisungen des Vogtes Folge zu leisten. »Ortrun, steh nicht länger am Kuhstall herum und halt Maulaffen feil!« herrscht die Altmagd das Mädchen an. »Los beeil' dich! Wir brauchen Milch für die Kinder.« Mit einigem Zögern begeben sich die Flüchtlinge in die Küche und die Mönche in die Knechtekammer. »Darf ich Euch im Namen meiner Gefährten danken, Herr Walther«, sagt der Anführer der Flüchtlinge, und ein

Lächeln erhellt sein Antlitz. Staunend denkt der Vogt: ›Das ist nicht die Sprache eines Vaganten.‹ Eigentlich wollte er ihn mit den Mönchen in die Knechtekammer gehen lassen, aber sein Lächeln veranlaßt ihn, fast gegen seinen Willen zu sagen: »Bitte, kommt mit mir in die Vogtei!«
Walthers Gattin, Frau Agatha, zeigt sich nicht weiter verwundert, als ihr Mann mit dem Fremden in ihre Küche tritt. Eine Magd hat ihr schon Bericht erstattet. »Agatha, unser Gast hier ist ein Flüchtling aus dem Westgotenland Spanien. Er und seine Begleiter möchten zu unserem Herrn Grafen Marquard. Gib ihm Wasser zur Reinigung und sorge, daß er etwas Kräftiges zu essen und zu trinken bekommt! Wenn Ihr gestärkt seid, erwarte ich Euch, Herr ...« Er stockt. »Verzeiht, ich habe Euch meinen Namen nicht genannt, Herr Vogt. Ich heiße Pirmin«, antwortet der Mönch ohne jede Verlegenheit. »Gut! Also, Herr Pirmin, ich möchte natürlich einige Dinge von Euch wissen, ehe ich einen Boten zu Herrn Marquard sende.«
Sorgfältig reinigt Pirmin Gesicht und Hände und strählt mit einem Knochenkamm sein lockiges Haar. Dann nimmt er auf der Bank am Küchentisch Platz und verzehrt dunkles Brot, nimmt würzigen Käse und geräucherten Speck zu sich. Dazu trinkt er warme Milch. Die Vogtsfrau versichert ihm: »Für Eure Begleiter ist ebenso gesorgt, Herr Pirmin. Es fehlt ihnen an nichts.« »Seid bedankt für diese gute Nachricht, Frau Agatha!« Erleichtert lehnt er seinen Rücken gegen die Wand. Warm und gesättigt sein – das ist ein lange entbehrtes, wohliges Gefühl. Verstohlen hat die Frau ihn beobachtet. Er hat vor der Mahlzeit gebetet und mit Anstand und Würde gegessen, obwohl er hungrig gewesen ist. Als sie sich vorbeugt, um seinen Becher neu zu füllen, hat sie sein dichtes dunkles Haupthaar vor sich. Unter der immer noch etwas wirren Wildnis zeichnet sich ein bräunlicher, spärlich behaarter Kreis ab. Eine

Tonsur? »Seid Ihr Priester, Herr?« entfährt es ihr staunend. Sie errötet und weicht verlegen zurück, als er zu ihr aufschaut. »Ja, ich bin Priestermönch, Frau Agatha«, bestätigt er freundlich und sieht sie fragend an. Mit einer bittenden Geste hebt die Frau ihre Hände. »Würdet Ihr ... würdet Ihr in unserer Kapelle das heilige Opfer darbringen, Herr Pirmin? Wir können nur selten zur heiligen Messe gehen. Burg Marquard ist zu weit entfernt. Für unser Vorwerk stellt uns der gnädige Herr keinen eigenen Priester mehr, seit Vater Martin gestorben ist.« Frau Agatha wiederholt ihre bittende Geste. Ehe der Mönch ihr die ersehnte Antwort geben kann, ertönt aus dem Nebengemach die Stimme des Vogtes. Ungeduldig ruft Herr Walther: »Habt Ihr Euch gestärkt, Herr Pirmin? Könnt Ihr jetzt kommen? Ich warte auf Euch!« Ohne Hast leert der Mönch seinen Becher, macht ein Kreuzzeichen, nickt Frau Agatha zu und durchquert mit großen Schritten den Küchenraum. Er achtet gar nicht darauf, daß ihm Hund Bär auf leisen Sohlen folgt. Seit Bär draußen seine machtvolle Güte erfahren hat, ist er nicht mehr von seiner Seite gewichen. So tappt er auch hinter ihm in das Gemach des Vogtes. Beim Anblick des Hundes runzelt Herr Walther die Stirn, aber dann zuckt er die Achseln. »Mir scheint, Ihr habt einen unzertrennlichen Freund erworben. Sei's drum! Setzt Euch!« Er weist auf einen klobigen Lehnstuhl. »Nun berichtet mir alles über Euch und Eure Begleiter!« Der Priestermönch fährt sich mit der Rechten über Stirn und Wangen, als könne er so die Wellen der Müdigkeit verscheuchen, die ihn zu überwältigen drohen. Nur mit Mühe unterdrückt er ein Gähnen. Dann nimmt er sich zusammen. Sein Gastgeber hat ein Recht darauf, alles zu erfahren. »Wie ich Euch bereits sagte, Herr Walther, kommen meine zwölf Brüder und ich aus der Abtei Maria Peralta del Sol bei Barcelona. Unsere Abtei fiel in die Hände der Eroberer.

Sie wurde geplündert und gebrandschatzt. Die meisten meiner Mitbrüder starben durch das Schwert, andere wurden gefangengenommen. Wir konnten entkommen und uns im Wald verbergen, bis das Schlimmste vorüber war. An manchen Orten gingen die Soldaten milder mit der Bevölkerung um. Aber die Truppe, die unsere Abtei und unser Dorf überfiel, wurde von einem Fanatiker angeführt, der den Dienern des Christengottes den Tod geschworen hatte. Das haben wir später von einem unserer Dörfler erfahren, dem die Flucht zu uns gelungen ist. Als die Truppe weitergezogen war, gelangten wir Mönche und die Leute, die nach und nach zu uns stießen, auf Schleichwegen unter großen Mühen und Entbehrungen bis nach Utrillo am Fuß der Pyrenäen. Zuerst meinten wir, dort länger rasten zu können, aber die feindlichen Truppen waren uns gleichsam auf den Fersen. Mit den Einwohnern des Dörfchens Utrillo flohen wir über Saumpfade durch das Gebirge. Unser Anführer war das alte Väterchen Fernandez. Der gute Mann hatte diese Strecke in seinem langen Leben viele Male zurückgelegt und führte uns trotz seines hohen Alters mit schlafwandlerischer Sicherheit. Ich will Euch nicht mit Einzelheiten unserer grausigen Gratwanderung langweilen – nur soviel: wir begruben manchen Gefährten, Männer, Frauen und Kinder am Wegrand unter Felsgestein, und wir mußten hilflos zusehen, wie andere in eine Schlucht stürzten. Aber auch in der fränkischen Ebene starben einige von uns an Hunger und Erschöpfung. Dabei hatten wir gedacht, alle Mühsal hätte ein Ende, als wir ebenen Boden unter den Füßen hatten. Es war ein bitterer Irrtum, wie sich schon im ersten Weiler herausstellen sollte …« Eine Weile starrt der Mönch vor sich hin, von düsteren Erinnerungen überwältigt. Endlich rafft er sich auf. Will er die Erlebnisse im Frankenreich übergehen? »Heute brachte ich die Überlebenden zu Euch, Herr Walther. Jeder von ihnen hat einige oder mehrere Familienangehörige verloren und besitzt nur das, was er auf dem Leibe oder in seinem mageren Bündel trägt. Darf ich diese hilflosen Menschen Eurer Barmherzigkeit und der des Herrn Grafen Marquard empfehlen?« Vogt Walther lehnt sich zurück, stützt sein Kinn in die Hand und betrachtet lange den bärtigen Mönch. »Und was erbittet Ihr für Euch selbst, Herr Pirmin?« fragt er langsam. »Meine Mitbrüder und ich – wir hoffen darauf, daß wir irgendwo für Christus arbeiten dürfen, Herr Walther. Uns fesseln keine Familienbande, so sind wir frei für Seinen Dienst.« Jetzt beugt sich der Vogt vor und blickt dem Priester Pirmin fast herausfordernd in die dunklen Augen. »Und warum habt Ihr diese anderen Leute nicht an irgendeinem Ort im Frankenreich zurückgelassen, sondern sie weiter mit Euch geschleppt bis in die Auvergne? Haben sie nicht Eure Flucht behindert? Wie rasch wäret Ihr ohne sie vorangekommen!« Gelassen erwidert Pirmin den zweifelnden, bohrenden Blick des anderen. »Die Antwort auf Eure Frage ist sehr einfach, Herr Walther, einfach und doch hart und schwer: wir nahmen sie weiter mit, weil niemand sie haben wollte. Niemand wollte sie länger als einen Tag oder eine Nacht beherbergen. Almosen gab man gerne – aber man bot keine dauernde Hilfe an. Man reichte uns ein Scherflein vom Überfluß und hieß uns weitergehen. Für viele, die sich für gute Christen halten, ist Barmherzigkeit nichts als ein wohlklingendes Wort.« Der Mönch hat ruhig und fest und ohne Bitterkeit gesprochen. Ungläubig schüttelt der Vogt das Haupt. »Ihr seid an Kirchen und reichen Klöstern vorbeigekommen. Hat Euch dort niemand helfen wollen?« Monoton wiederholt der Priestermönch: »An Kirchen und reichen Klöstern … das stimmt. In den Klöstern war man geneigt, uns versuchsweise in den wohlgeordneten Konvent aufzunehmen. Wir sahen nach all den Strapazen wild und ungepflegt aus. Das Mißtrauen tat weh, aber wir wären vielleicht dennoch geblieben, wenn man unsere armen Gefährten nicht zugleich abgewiesen hätte. Überall befürchtete man, und das mit Recht, daß wir die Vorhut weiterer Flüchtingsscharen sind, die das Frankenreich überfluten werden, wenn die Krieger des Mohammed weiter vordringen. Gott allein weiß, ob sie an den Pyrenäen innehalten werden.« Erschrocken wehrt der Vogt ab. »Haltet ein! Haltet ein! Ihr zeichnet zu düstere Zukunftsaussichten!« »Sie entsprechen nur der Wirklichkeit, Vogt Walther. Der Islam besitzt in seiner religiösen Einigkeit eine Stoßkraft, die ungeheuer mächtig ist. Das Christentum ist dagegen nicht selten zersplittert und durch Machtkämpfe zwischen Fürsten, Stämmen und geistlichen Würdenträgern gespalten und uneins. Zudem leben in den sogenannten christlichen Ländern viele Heiden in ihrem alten Götterglauben. Möge uns ein großer christlicher Herrscher geschenkt werden, der alle zu einen vermag, ehe der Islam uns überflutet! Nun wieder zu unseren Flüchtlingen. Wie ich Euch bereits sagte, wies uns der Pfarrer von St. Bartholomae, selbst ein Armer Christi, auf Euren Herrn hin. Er war davon überzeugt, daß Graf Marquard uns barmherzig aufnehmen wird. Wenn unsere Fluchtgefährten untergebracht sind, können wir Mönche uns für die Arbeit im Reiche Christi zur Verfügung stellen.« Mit großer Sorgfalt, wie es seine Art ist, überdenkt Herr Walther das Gehörte. Endlich sagt er: »Ihr habt mich überzeugt, Herr Pirmin. Mein Entschluß ist gefaßt. Noch heute reitet einer meiner Knechte zu meinem Herrn und berichtet ihm von Euch und Eurem Anliegen. Bis er Weisung von Herrn Marquard bringt, seid Ihr meine Gäste. Die Mönche und die Männer übernachten in der Heuscheune. Frauen und Kinder werden bei den Mägden untergebracht. Für Euch habe ich in meinem Haus eine Kammer ...« »Verzeiht, wenn ich Euch unterbreche, Herr Walther! Dank für Euer Angebot! Aber laßt mich bei meinen Brüdern bleiben, die Mühsal und Elend der Flucht mit mir geteilt haben! Ein Heulager und ein festes Dach über dem Kopf, das ist für uns eine ganz große Wohltat. Wir brachten manche Nacht im Freien zu.« Leicht verärgert runzelt der Vogt die Stirn. »Nun – wie Ihr wollt. Ich habe es nur gut gemeint.« Er erhebt sich, und auch der Mönch steht auf. »Auf ein Wort noch, Herr Walther! Eure Gattin hat mich gebeten, morgen in Eurer Kapelle das heilige Opfer darzubringen. Wäret Ihr damit einverstanden?« Mißmutig schiebt der Vogt die Unterlippe vor. »Meinetwegen«, brummt er mürrisch. »Ich habe nichts dagegen, wenn Ihr Euch selbst die Kapelle herrichtet. Meine Leute haben anderes zu tun.« Die Zusage ist nicht gerade freundlich erteilt worden, aber das kann Pirmin nicht abschrecken. Er bedankt sich höflich und geht in die Küche. Frau Agatha sieht ihm erwartungsvoll entgegen. »Habt Ihr etwas erreicht, Herr Pirmin«, forscht sie eifrig und zugleich ängstlich. Er lächelt ihr beruhigend zu. »Ja, Frau Agatha, Euer Gemahl gab mir die Erlaubnis. Wir dürfen morgen in der Kapelle die heilige Messe feiern.« Sie atmet hörbar auf, denn sie fürchtet die Launenhaftigkeit ihres Mannes. »Ich hoffte nicht, daß Ihr Herrn Walther so rasch überzeugen konntet.« Zögernd fügt sie hinzu: »Ihr werdet unser Kirchlein recht verwahrlost finden.« Pirmin beruhigt sie. »Macht Euch darüber keine Sorgen, Frau Agatha. Meine Brüder und ich, wir richten den Raum schon so her, daß wir darin einen würdigen Gottesdienst halten können.« »Kerzen und Leuchter verwahre ich hier im Haus, auch das Linnentuch für den Altar«, erzählt die Frau voller Eifer. »Wunderbar, Frau Agatha, aber leiht uns zuerst einen Reiserbesen, Eimer und Putzlumpen, damit wir Mönche sofort mit dem gottgefälligen Tun beginnen können. Euer Gemahl machte es uns zur Auflage, daß wir die Kapelle säubern.« »Wie konnte er nur so etwas tun!« ruft Frau Agatha sichtlich empört und stützt vor Entrüstung ihre Hände in die Hüften. »Ihr seid ein Priester, und Ihr sollt ...« Freundlich und zugleich bestimmt unterbricht er sie. »Ich tue es mit jenen meiner Brüder, die nicht zu müde sind. Ich werde sie fragen, während Ihr für das Erbetene Sorge tragt.« Kopfschüttelnd blickt sie dem Mönch nach. Von Bär begleitet, geht er zur Scheune, in der die Mönche und die anderen Männer rasten. Im Halbdunkel der Scheune ruhen seine Brüder auf ihren Heulagern, ein Bild übergroßer Müdigkeit und Erschöpfung. Er bedauert es, ihre Rast stören zu müssen. Einige sind bereits eingeschlafen. »Brüder, liebe Brüder«, sagt er zögernd und mit gedämpfter Stimme. Da richtet sich einer nach dem anderen auf, reckt und streckt sich und reibt seine schlafmüden Augen. »Vater«, murmelt Arnulf, der älteste Mönch, »können wir etwas für Euch tun?« Über soviel Bereitschaft gerührt, lächelt Pirmin seinen Mönchen zu. »Der Vogt hat uns erlaubt, in der Kapelle das heilige Opfer zu feiern. Hat noch jemand von Euch die Kraft, mir bei der Säuberung des Kirchleins zu helfen?« Wie auf ein Stichwort erheben sich die Mönche. Manchen bereitet es einige Mühe. Sie ächzen und schwanken, ehe sie festen Stand haben. Pedro, der spanische Laienbruder, entblößt lachend seine weißen Zähne und rollt die weiten Ärmel seiner zerschlissenen Kutte hoch. »Wann fangen wir endlich an?«

Beim Fegen, Putzen und Scheuern singen die Mönche, daß es über den Hof des Vorwerks schallt. Mancher Knecht bleibt im Vorübergehen stehen und lauscht auf den seltsamen Gesang in der fremden Sprache. Die Leute vom Vorwerk können nicht ahnen, daß es alttestamentliche Psalmen in lateinischer Sprache sind, die Pirmin mit seinen Brüdern singt. Mit frommem Eifer säubern die Mönche das kleine, vernachlässigte Gotteshaus. Pirmin lehnt seinen Reiserbesen gegen die Kapellen-

wand und nimmt einen der Holzeimer, um frisches Wasser vom Brunnen zu holen. Hamar hat dem Treiben der Mönche mit Geringschätzung und Genugtuung zugesehen. Nach wie vor ärgert es ihn, daß der Hund Bär dem Fremden auf Schritt und Tritt folgt, und zugleich freut er sich, daß die Mönche die Arbeit von Mägden leisten müssen. Wie kann er diesem Pirmin einen Streich spielen? Der Mann am Brunnen achtet nicht auf ihn, weil er mit dem Hochwinden des Schöpfeimers beschäftigt ist. Sonst ist keiner zu sehen. Da stößt Hamar den Reiserbesen um, daß er quer vor der Schwelle der Kapellentür liegt. Er selbst zieht sich bis zum Küchenhaus zurück. Pirmin kommt mit gefülltem Eimer über den Hof. Gleich wird er stolpern und das Wasser verschütten ... Hamars Rechnung geht nicht auf. Der Mönch sieht das Hindernis und steigt mit einem großen Schritt über den Holzstiel hinweg, ohne auch nur einen Tropfen Wasser zu verschütten. Gleich danach kommt er wieder aus der Kapellentür, hebt ruhig den Reiserbesen auf und wirft dem Altknecht einen verweisenden Blick zu. »Hamar, bist du für solche Scherze nicht zu alt?« Mit hochrotem Kopf unterdrückt Hamar einen Fluch zwischen den Zähnen und schleicht davon. Wie hat dieser unheimliche Mönch das nur gemerkt?
Als Frau Agatha die Mönche zu einem verspäteten Mittagsmahl in die Küche des Vogthauses bittet, ist das fromme Werk bereits getan. Müde und zugleich stolz auf das Erreichte reinigen sie Hände, Gesicht und Kutte am Brunnen, so gut wie es eben gehen will. Ihre ohnehin verwaschenen, abenteuerlich geflickten und teilweise recht fadenscheinigen Kutten sind bei der Säuberungsarbeit noch unansehnlicher geworden. »Ihr könntet alle neue Kleidung gebrauchen«, meint Frau Agatha mitleidig. Mit Ortrun füllt sie eine dicke Suppe aus Gemüse, Fleisch und Gerste in tönerne Schalen und gibt jedem dazu ein

kleines Fladenbrot. Bruder Anselmo, ein pfiffiger Nachkomme römischer Siedler, wedelt voll eifriger Zustimmung mit seinem Holzlöffel. »Cosi è! Ihr habt recht, Signora. Es wird Zeit, allerhöchste Zeit, daß wir neue Kutten bekommen! Meine Kutte ist so dünn und glänzend, besonders da ... hm, da, wo ich sitze!« Er hält inne und wird rot bis hinter seine etwas abstehenden Ohren. Beinahe hätte er nämlich gesagt, daß seine Kutte just über seinem Hinterteil zu dünn wird. »Iß deine Suppe, Bruder Anselmo«, weist ihn Gebhard, ein schmächtiger Franke, lachend zurecht, »und klage unserer guten Hausfrau nichts vor. Sie kann nichts daran ändern, und deine Kutte fällt ja ... hm, dort ... noch nicht auseinander.« Die Mitbrüder lachen gutmütig über den impulsiven Romanen. Ah, tut das gut in einer warmen Küche zu sitzen und sich satt essen zu dürfen und dazu mit einer wohlschmeckenden Speise und mit Brot! In den Bechern ist bei dieser Mahlzeit ein leichter, gewässerter Wein, der den Durst vortrefflich stillt. Die Mahlzeit zieht sich eine ganze Weile hin, bis Pirmin endlich das Dankgebet sprechen kann. Das Angebot der Mönche, ihre Becher, Löffel und Schalen zu spülen, wird von den beiden Frauen freundlich zurückgewiesen. »Ruht Euch aus! Für heute habt Ihr genug getan.« Kurze Zeit später halten die Mönche in der Scheune eine wohlverdiente Mittagsruhe, die bis in den frühen Abend andauert.

Pirmin überzeugt sich bei einem Rundgang am Abend, daß alle seine Leute gut für die Nacht versorgt sind. Wieder folgt ihm der Hund Bär wie ein Schatten überall hin. »Hier haben wir es gut, Väterchen Fernandez«, meint er, als er bemerkt, wie tief sich der Greis ins Heu eingegraben hat. Mit zahnlosem Mund grinst ihm der Alte zu. »Seit Utrillo ist es uns nicht mehr so gut gegangen, Vater Pirmin. Wir haben ein Dach über dem Kopf, satt zu essen und zu trinken ... Trocken und warm, trocken und warm ...« Wie seltsam der alte Mann redet! Sein Runzelgesicht ist hochrot, seine Augen glänzen unnatürlich, und sein Atem geht rasch und zugleich schwer. »Fühlt Ihr Euch nicht wohl, Väterchen Fernandez?« Besorgt beugt sich der Mönch über den Alten. »Aber nein, Vater Pirmin, ich fühle mich wohl, so wohl! Ich habe das Gefühl, als könne ich fliegen ... fliegen ... fliegen ... ganz leicht, ganz weit, ganz hoch, hoch, hoch.« Flüsternd und geheimnisvoll raunt er: »Nach Hause fliegen, nach Hause ...« Pirmins tastende Finger legen sich an die heiße Schläfe des Greises. Er spürt, wie das Herz des Alten rast. Zweifellos hat er Fieber. Schweiß perlt in dicken Tropfen von der faltigen Stirn. ›Die letzte Nacht in der offenen Scheune gab ihm den Rest‹, denkt Pirmin besorgt. ›In diesem zugigen Loch reichten auch mein Mantel und meine Decke nicht aus, um ihn warmzuhalten.‹ Liebevoll trocknet er das schweißnasse Gesicht des Kranken und schichtet Heu um ihn auf, damit ihn nur ja kein Zugwind streift. Väterchen Fernandez murmelt und brabbelt Unverständliches vor sich hin im schwer verständlichen Dialekt seiner Heimat am Fuße der Pyrenäen. »Ganz still liegen bleiben, Väterchen Fernandez!« ordnet der Mönch an. »Ich muß etwas für Euch holen. Habt Ihr mich verstanden?« Der Greis lächelt kindlich und nickt. Er ist zufrieden. Ihm ist wirklich ganz wohl, denn er wähnt sich daheim. Er wandert über die staubigen Straßen des Dorfes Utrillo und wird bald seine Hütte erreichen. Hoffentlich hat sich Ada, die störrische Ziege, nicht wieder vom Apfelbaum losgerissen, ist in den Gemüsegarten eingedrungen oder hat die Blumen aufgefressen, die er mühsam bewässert hat, um damit das Grab seiner Elena zu schmücken! Warum bevorzugt Ada bei ihren Diebeszügen immer die Blumen? Ob sie das Bunte liebt? Schmeckt Buntes ihr besser als Grünes? Lautlos und vergnügt kichert der Fiebernde. Diese Ada! Und dabei muß man sie doch gerne haben, wenn sie einen mit ihren klugen, hellen Augen unschuldig anschaut und leise und freundlich meckert. »Diese Ada!« lacht er Pirmin zu, der ihm eine starke Kräuteressenz einflößt und ihm mit einer kühlenden Salbe die eingefallene Brust einreibt. »Mehr könnt Ihr nicht für ihn tun«, meint Frau Agatha bedauernd. »Gebt ihm möglichst oft vom Kräutersud zu trinken und zwischendurch kalten Minztee. Wenn das Fieber dann nicht weicht ...« Sie vollendet den Satz nicht. Er weiß ohnehin, was sie sagen will. Nach menschlichem Ermessen kann diesen Flüchtling nichts mehr aufhalten. Er möchte endlich heimkehren. »Gutes Väterchen Fernandez«, flüstert Pirmin und deckt ihn wieder zu. Wie umsichtig und tapfer hat der Alte sie durch die Schluchten und über die Pässe des Gebirges geführt und sie über schmale Saumpfade geleitet! Unermüdlich ist er vorangestiegen, ohne nur einmal zu taumeln, zu zögern oder ängstlich zu verharren. Das Beispiel des schmächtigen Greises, der so sicher vorangeklettert ist, als ob er sich auf ebenem Gelände bewege, hat den andern den Mut gestärkt. »Ohne dich hätte ich das Gebirge niemals bezwungen«, sagt Pirmin mit der Zutraulichkeit eines Sohnes zum verehrten Vater. Da hat der Kranke einen lichten Augenblick, und er antwortet: »Ohne dich, Pirmin, wären alle diese Menschen verloren. Du wirst ihnen Heimat geben, aber du wirst wandern müssen, immer wieder wandern, weite Wege wandern, um anderen Heimat zu schaffen. Du bleibst Wanderer, Pirmin, Wanderer Gottes.« Betroffen hat der Mönch diese beinahe prophetischen Worte gehört. Ein Schauer überläuft ihn. Mit der Hellsichtigkeit des Sterbenden hat Väterchen Fernandez die Wahrheit gesprochen, eine Wahrheit, die er jetzt, gerade jetzt nicht hören will. Hat nicht ein alter Mönch in der Abtei Maria Peralta del Sol ähnlich zu ihm gesprochen vom Wandern als seinem Schicksal und tröstend hinzugefügt: »Gott hat dein Wandern auf sein Herz genommen?« Wieder fröstelt Pirmin. Er ist todmüde. Dennoch bleibt er am Lager des Sterbenden, flößt ihm mit einem Löffel Kräutersud und Tee ein, trocknet ihm den Schweiß von der Stirn und lauscht auf die rasselnden Atemzüge. Er möchte beten, aber die Worte verwirren sich in seinem müden Hirn zu einem wüsten Knäuel. Er befindet sich in einem seltsamen Schwebezustand, in dem er kaum zu unterscheiden vermag, was Traum und was Wirklichkeit ist. Er sieht den Prior Alfonso, sein weises Gesicht mit den gütigen Augen deutlich vor sich und meint, seine warme Stimme zu hören: »Der Herr erwartet Großes von dir, mein Sohn.«

Er möchte abwehren und nur antworten: »Nichts Großes, Vater Prior. Ich bin müde. Ich kann gar nichts. Ich will nur noch schlafen, schlafen, schlafen.« Mit einem Ruck fährt er hoch. Hat er geträumt? Er beugt sich über den Kranken und horcht. Nichts. Kein Atemzug. Er tastet nach seiner Schläfe ... kein Pulsschlag. Der feierliche Ernst des Todes hat Väterchen Fernandez' Antlitz geglättet und ihm eine stolze Würde verliehen. Aber da ist noch etwas: aus den stillen Zügen des Toten spricht das Glück dessen, der zuhause ist. Der neue Tag dämmert grau herauf, als Pirmin dem Toten sanft die Augen schließt. Er bleibt still am Lager des Verstorbenen sitzen, bis seine Brüder erwachen. »Väterchen Fernandez ist von uns gegangen, liebe Brüder. Er ist zuhause. Laßt uns nicht um ihn trauern, sondern laßt uns mit ihm froh darüber sein, daß er seine und unsere Heimat erreicht hat.« Statt der Laudes stimmt Pirmin den uralten Lobgesang des Te Deum an. Die Mönche fallen ein, und so tönt der altkirchliche Lobgesang durch die Scheune des Vorwerks bis zum Ausklang: »In te, Domine, speravi: non confundar in aeternum ...« – Auf dich, Herr, habe ich meine Hoffnung gesetzt. In Ewigkeit werde ich nicht zuschanden. – Die Hofleute vernehmen den Gesang aus der Scheune, der so mächtig und sieghaft klingt, aber niemand von ihnen wagt es, die Andacht der Mönche zu stören.

Flüchtlinge, Mönche und Hofleute drängen sich im kleinen Kirchlein zusammen. Pirmin segnet die Schar und betrachtet sie mit müdem, aber unsagbar liebevollem Blick. Sein Antlitz wirkt blasser und abgespannter als am Vortag, sein Gang ist beinahe unsicher, aber seine Stimme hat ihren vollen Klang, als er der Gemeinde mitteilt: »Unser gutes Väterchen Fernandez hat seine letzte Reise beendet. Er ist zu Gott heimgekehrt. Ja, er ist zuhause.« Eine der Frauen schluchzt laut auf. »Nein, meine Lieben, weinet nicht um ihn! Trauert nicht! Freut Euch vielmehr, daß unser gütiger Gott ihm die Gnade der Heimkehr geschenkt hat. Nun muß er nicht mehr um Verlorenes trauern. Er hat kein Heimweh mehr. Wir anderen sind dagegen alle auf dem Wege. Uns steht noch mancherlei mühsame Pilgerfahrt bevor. Wir alle sind nur Gäste und Pilger auf dieser Welt, auch jene unter uns, die eine irdische Heimstatt ihr eigen nennen. Beten wir um Kraft und Ausdauer füreinander, und helfen wir einander durch tätige Liebe bei den Beschwerlichkeiten unseres täglichen Pilgerweges! Nun wollen wir miteinander das heilige Meßopfer feiern für Väterchen Fernandez und für uns alle.« Die ernsten Worte haben alle in ihren Bann gezogen, auch die widerwilligen unter den Knechten und Mägden. Aufmerksam folgen sie der heiligen Handlung, falten fromm die schwieligen Hände und bekreuzigen sich andächtig, als Pirmin sie mit einem Segen entläßt.

»Was kann ich für Euch tun, Herr Pirmin?« Die Stimme des Vogtes ist verändert, als er zu Pirmin spricht, ehrerbietig. Pirmin lächelt ein mühsames, zitteriges Lächeln. »Wenn Ihr uns helfen wollt, Herr Walther, so gebt uns Weisung, daß alles für ein würdiges Begräbnis vorbereitet wird. Ich ... ich muß unbedingt zuerst einmal schlafen.« Er schwankt. Herr Walther nimmt seinen Arm und geleitet ihn mit ruhigem Zwang in sein Haus. »Ich werde alles tun, was Ihr wünscht, wenn Ihr Euch derweil in der Kammer Ruhe gönnt. Ihr könnt Euch ja kaum auf den Beinen halten.« Dieses Mal widerspricht der Mönch ihm nicht. Er ist sogar zu müde, um etwas zu essen. Er trinkt nur ein wenig Milch. Kaum hat er sein Haupt auf den Strohsack gebettet, schläft er schon tief und fest, tief und traumlos. Von der Geschäftigkeit in Haus und Hof nimmt er nichts wahr. Erst gegen Abend erwacht er, erfrischt, ausgeruht und hungrig. Zuerst muß er sich besinnen, wo er ist. Dann kühlt er Gesicht und Hände in einer Schüssel Wasser, die neben seinem Lager steht, und reibt sie mit einem grobleinenen Tuch trocken. Aber jetzt muß er unbedingt etwas essen. »Ihr seid mir ein echter Langschläfer, Herr Pirmin«, empfängt ihn der Vogt in der warmen Küche. »Wir haben bereits unser Nachtmahl eingenommen und Ihr wollt Euer Frühstück.« »Ich danke Euch, daß Ihr mich schlafen ließt. Es hat mir so gut getan.« Geschäftig bringt Frau Agatha Hirsebrei, Brot und Käse für den hungrigen Gast, der das einfache Mahl mit sichtlichem Wohlbehagen verzehrt. »Heute nacht werden unsere Frauen fleißig sein müssen«, sagt der Vogt, der ihm freundlich zugeschaut hat. Pirmin tupft mit einem Brotrest den letzten Brei aus der Schüssel. »Gibt es etwas Besonderes?« fragt er. »Das kann man wohl sagen«, schmunzelt der Vogt. »Eine der Flüchtlingsfrauen, eine gewisse Susanna, kommt nieder …« Unwillkürlich will Pirmin sich erheben. »Geht es ihr schlecht?« fragt er ängstlich. Frau Agatha verneint lächelnd. »Nein, nein! Beruhigt Euch, Herr Pirmin. Alles nimmt seinen normalen Verlauf. Ich gehe gleich wieder zu ihr. Aber Ihr müßt verstehen, eine Geburt ist Frauensache.«

Gegen Morgen schenkt Susanna einem kräftigen Jungen das

Leben. Er wehrt sich laut schreiend gegen den Eintritt in die kalte Welt. Frau Agatha strahlt in mütterlicher Mitfreude, als sie Pirmin davon berichtet. »Es ist ein kleines Wunder, daß Susanna trotz Flucht und Strapazen ein solch gesundes Kind austragen konnte.« »Ist nicht jedes Kind ein Ja Gottes zu unserer Erde, Frau Agatha? In ihm offenbart Er uns immer neu Seine Zuneigung zu uns Menschen, die wir Ihm oft nur halbherzig oder schlecht antworten.«

Nachdem die Mönche und die Flüchtlinge Väterchen Fernandez in die Erde der Auvergne gebettet haben, darf Pirmin die junge Mutter besuchen. Behutsam nimmt er das Bündel mit dem schlafenden Kind in seine großen Hände und betrachtet gerührt das Gesichtchen und die winzigen Finger des Neugeborenen. Mit weichem Lächeln sieht ihm die junge Mutter zu. Ihr müdes, blasses Antlitz ist von tiefer Freude erfüllt. Der Mönch muß sich räuspern, weil er die in ihm aufsteigende Rührung nicht zeigen will. Susannas Ehemann ist in den Pyrenäen tödlich abgestürzt. »Nun hast du die Liebe deines Mannes in deinem Sohn bei dir, Susanna. Soll ich das Kind nach seinem Vater auf den Namen José taufen?« Sie nickt und flüstert: »Ja, Vater Pirmin ... José und Fernandez. Väterchen Fernandez' Andenken soll in meinem Kind weiterleben.« »Ich danke dir dafür, Susanna«, erwidert Pirmin schlicht und legt das Kind behutsam in ihre Arme. Auf Zehenspitzen verläßt er die Kammer.

Unter der Anteilnahme aller Bewohner des Vorwerkes wird der kleine José Fernandez in der Kapelle getauft. Er begleitet die Feier mit lautem Geschrei, weil ihm das kalte Wasser nicht behagt. Nach der Tauffeier schreitet Pirmin nachdenklich auf dem Hof hin und her. Der Hund Bär macht getreulich seinen Weg mit. Schließlich bleibt der Mönch ruckartig stehen, als habe er einen Entschluß gefaßt.

Er geht in die Küche zu Frau Agatha, die am offenen Herdfeuer sitzt und näht. Aufmerksam fragt sie: »Kann ich etwas für Euch tun, Herr Pirmin?« Sie sieht ihn an. Sein Antlitz wirkt verschlossen und ungewöhnlich ernst. Er seufzt tief auf. Dann setzt er sich auf einen Schemel. Bär lagert sich zu seinen Füßen. »Ich habe eine große Sorge, Frau Agatha«, meint er leise und starrt dabei in die zuckenden Flammen. »Kann ich sie Euch abnehmen oder zumindest verkleinern?« Wieder seufzt er. »Ihr habt Euch bisher als unser guter Engel erwiesen, aber dieses Mal glaube ich nicht, daß Ihr dazu in der Lage seid.« Sie legt ihre Näharbeit in den Schoß. »Laßt mich Eure Sorge wissen«, bittet sie schlicht. Er zögert, gibt sich dann innerlich einen Ruck und beginnt: »Ich quäle mich bei dem Gedanken, was aus Susanna und dem kleinen José Fernandez wird, wenn wir bald weiterziehen müssen. Euer Gatte deutete an, daß uns Graf Marquard in allernächster Zeit holen lassen wird. Susanna ist nicht kräftig genug, um eine längere Wegstrecke zurücklegen zu können, und ob dem kleinen Kind die Herbstfröste zugemutet werden können ...« Verwirrt hält er inne, weil Frau Agatha lacht, laut und herzlich lacht. Macht sie sich etwa lustig über ihn und seine Sorgen? »O, Herr Pirmin, wenn das Eure Not ist, kann ich sie Euch ganz und gar abnehmen. Susanna und ich, wir beide sind uns längst einig geworden, daß sie bei uns bleibt. Ich habe mir zu meinen vier Söhnen immer eine Tochter gewünscht wie diese prachtvolle Frau Susanna, und nun bekomme ich gleich einen Enkel dazu.« Er staunt mit leicht geöffnetem Mund. Diese Wendung der Dinge hat er nicht erwartet. »Und was sagt Euer Gatte dazu?« »Ich habe Herrn Walther längst davon überzeugt, daß es so richtig ist. Ich werde wie eine Mutter für Susanna und den Kleinen sorgen.« Da verneigt sich der Mönch tief vor ihr, so als wäre sie eine hohe Herrin und nicht nur die einfache bäuerliche Frau eines Vogtes.

Graf Marquard sagt sein Kommen an. Aber Tag für Tag vergeht im ruhigen Gleichmaß bäuerlicher Arbeit auf dem Vorwerk, ohne daß der Ersehnte eintrifft. Pirmin merkt, daß die Flüchtlingsschar zur Last für das Vorwerk wird. Niemand wagt es, über die vielen Esser zu murren, aber das gütige Antlitz der Frau Agatha zeigt erste Sorgenfalten. ›Wenn Graf Marquard kommt, werde ich ihn bitten, dem Vorwerk Nahrungsmittel zu senden, sonst könnte es geschehen, daß diese guten Menschen unseretwegen Not leiden, wenn der Winter über Gebühr hart wird‹, nimmt Pirmin sich insgeheim vor. Seine Mönche legen mit ihm und den anderen Flüchtlingen nach bestem Können überall mit Hand an, wenn eine größere Arbeit in Haus und Hof zu verrichten ist. Sogar Hamar kann Pirmin seine Achtung nicht versagen, als er überall mit anpackt, ohne für sich den leichteren Teil einer Arbeit zu wählen. Die Flüchtlingsfrauen helfen in Haus und Stall und lassen am Abend das Spinnrad surren. Voller Freude beobachtet Pirmin, welch inniges Verhältnis zwischen Frau Agatha und Susanna entstanden ist.
An einem Abend wandert Pirmin mit seinem Hund Bär, den ihm Herr Walther geschenkt hat, auf ausgefahrenen Feldwegen zwischen herbstlich kahlen Feldern umher. Herbstbunter Wald grüßt von den nahen Höhen der Berge. Bald werden die letzten Blätter fallen. »So Gott will, sind wir dann in Burg Marquard!« Vom hohen fahlblauen Himmel stößt ein Habicht nieder auf ein Beutetier zwischen tiefen Ackerfurchen. Der Mann verhält den Schritt. Ja, so jäh hat ihn, den jungen Edelmann Pirmin, damals der göttliche Habicht ergriffen und festgehalten. Eben noch wollte er ins Heer eintreten, Ruhm und Ehre auf dem Schlachtfeld erringen, jagen und zechen, da traf ihn wie ein Blitz der Anruf Gottes und verwundete ihn unheilbar. Es gab kein Entrinnen mehr, so sehr er sich auch an-

fangs wehrte und wand. Er blieb gefangen. »Ich bin Deine Beute, Herr, und ich will es nicht anders. Ich will nur Dir gehören, nur Dein Lehnsmann sein! Du nahmst mir zweimal alles aus den Händen – mein Vaterhaus, meine Abtei – ja meine ganze Heimat. Lasse mich nun nicht länger im Ungewissen darüber, was Du eigentlich von mir willst, wie und wo ich Dir dienen soll! Du, Herr, hast jene Unrast in mein Herz gelegt, die nach einem Mehr für Dich verlangt. Bitte, laß mich erkennen, was Du von mir willst!«

Ist es eine Antwort auf seine Frage, seine Bitte, als plötzlich eine Reiterschar durch das Gebüsch aus dem Wald hervorbricht? Pirmin faßt den aufjaulenden Hund fest am Nackenfell. Aufrecht und unbeweglich schaut er der heranbrausenden Schar entgegen. Anführer ist ein stattlicher Reiter in kostbarem dunklem Gewand. Sein Pferd trägt reich verziertes Zaumzeug. Dicht vor Pirmin zügelt er seinen Hengst. Aus schmalem, edlem Antlitz blicken graue Augen auf den Mann in der armen Kutte nieder. »Ihr seid gewiß der Priestermönch Pirmin, nicht wahr?« »Ja, Herr«, antwortet der Mönch schlicht und streicht mit der Linken dem Hengst beruhigend über die Nüstern, als das Tier vor dem Hund zurückschrecken will. »Darf ich in Euch unsere große Hoffnung, den edlen Herrn Grafen Marquard begrüßen?« Da gleitet der Mann aus dem Sattel, steht Pirmin schweigend gegenüber, sieht ihn wie prüfend an und schließt ihn dann in die Arme. »In mir heißt Euch und die Euren Burg Marquard willkommen, Herr Pirmin! Was mein ist, soll auch Euer sein.«

II. MARQUARD

Im Osten dämmert der junge Tag herauf. Wie mit zarter Hand streicht ein milder Lichtschein über das dunkle Rund des Himmels. Schweigend betrachten die Reiter das fesselnde Schauspiel, wie die Sonne als Botin ihres Kommens leuchtende Helle voraussendet, während sich die Wälder am Wegrand noch in das dunkle Gewand der Nacht hüllen. Ab und zu ertönt leise, wie fragend, erster Vogelruf. Jetzt keckert ein Eichelhäher laut, hart und warnend und zerstört die morgendliche Idylle. In gleichmäßigem Rhythmus klappern die Pferdehufe auf dem steinigen Weg. Die Pferdeköpfe heben und senken sich dazu mit stetigem Nicken, als würden sie eine schier endlose Kette von Ja, ja, ja aneinanderreihen. Das ist Pirmin nie zuvor aufgefallen. Jetzt entlockt ihm dies ein Lächeln. Die Pferde begrüßen mit ihrem Ja den neuen Tag, und auch er, Pirmin, sagt sein volles Ja zu dem, was heute auf ihn zukommt. »Ja, Herr, ja!«

Langsam und mit majestätischer Schönheit und Kraft steigt der rotgoldene Sonnenball hinter den Wäldern hervor. Deren schattenhaftes Dunkel verwandelt sich in satte Farben. Bunte Blumen blühen am Wegrain, und an den Halmen des Grases blitzen Tautropfen wie kostbare Edelsteine. In tiefen Zügen atmet Pirmin die kühle, klare Morgenluft ein. Dann zeichnet er ein Kreuz über Stirn, Brust und Schultern und faltet über dem Sattelknauf seine Hände. Dabei hält er die Augen weit offen mit frohem Staunen auf die flachen, waldreichen Bergkuppen und die fruchtbaren Täler der Auvergne gerichtet. Das herbstliche Land im Morgenglanz strömt Segen und Frieden aus. Die umgebrochene Ackererde wartet auf neue Saaten. Ohne sonderliche Hast spaziert eine fahlbraune Rebhuhnfamilie über eine verunkrautete Weide. Ein Reh äugt vom Waldrand her gelassen auf die Reiterschar, als wisse es, daß deren Ziel nicht die Jagd ist. Wieder lächelt Pirmin. Wahrhaft ein Bild des Friedens … Frieden? Bei diesem Gedanken durchfährt ihn siedendheiß die Erinnerung an die Kriegsbilder aus seiner westgotischen Heimat Spanien. Sein Antlitz verkrampft sich. Tobt dort noch immer der Krieg mit brennenden Häusern, zerstörten Kirchen, Erschlagenen, Verwundeten, Geschändeten, Kriegsgeschrei und Waffengeklirr? Fast meint er, den scheußlichen Geruch nach Brand und Verwesung zu spüren. Wie furchtbar ist die Geißel des Krieges! Seine gefalteten Hände werden so starr, daß die Knöchel weiß hervortreten. »Herr, Gott, erbarme Dich meiner armen Heimat«, betet er lautlos. »Erbarme Dich aller ihrer Toten, ihrer Flüchtlinge und Obdachlosen, aller, die unter der Geißel, den Greueln und der unmenschlichen Härte des Krieges zu leiden haben – vor allem der Frauen und Kinder!«

Graf Marquard hat bemerkt, wie bewegt das Antlitz seines Nachbarn mit einem Male geworden ist. Es spiegelte die Gefühle des Schmerzes, des Entsetzens und des Leidens wider. Sobald das Dämmerlicht es ihm erlaubte, hat er ihn beobachtet. Er sieht auch jetzt, wie das Antlitz des Mönchs sich entspannt. Hat er im Gebet seine innere Ruhe wiedergefunden? Dieser Pirmin gefällt ihm. Der Mönch ist bei aller Bescheidenheit selbstsicher und selbstbewußt. Er ist freundlich im Umgang mit Menschen und Tieren. Zudem ist er ein ausgezeichneter Reiter. Er sitzt im Sattel wie einer, der dies von Jugend an gewöhnt ist. Pirmin gehört auf keinen Fall zu den Scharen ob-

dachloser Mönche, den Vaganten, die bettelnd umherschweifen und ihr frommes Gewand oft als Wegelagerer, Strolche und Betrüger mißbrauchen, auch wenn sie sich als Diener Christi ausgeben. Dieser Mann ist von edler Abkunft. Das bezeugen seine Gesten, seine Sprache und seine Wortwahl. Nun, Marquard wird ihn nicht drängen, das Geheimnis seiner Herkunft preiszugeben. Will er seine Lippen versiegeln, so mag er schweigen. Hinter den beiden Reitern kommen halblaute Gespräche auf. Mönche und Knechte unterhalten und befragen sich gegenseitig. Sprachschwierigkeiten werden mit lebhaften Gesten überbrückt. Das gibt natürlich etliche Mißverständnisse und einige Verwirrung. Gelächter brandet auf.
Pirmin hebt sein Haupt und wendet sich dem Grafen zu. »Beinahe hätte ich vergessen, welch ein besonderes Geschenk ein Ritt in der Morgenfrühe ist! Dann liegt ein Tag voller Verheißungen vor uns«, sagt er und liebkost den schlanken Hals der Fuchsstute. »Ihr könnt nicht leugnen, daß Ihr oft und gerne geritten seid, Herr Pirmin«, lächelt der Graf. »Das habt Ihr zu Recht erkannt, Herr Marquard. Ich war sehr glücklich auf dem Pferderücken und habe in meiner Jugend dort mehr Zeit verbracht als anderswo. Beinahe wäre ich ins Heer eingetreten.« Freimütig begegnet sein Blick den hellen Augen des Grafen. »Gott wollte anderes von mir. Ich sträubte mich zuerst mit aller Kraft dagegen. Ich habe mich deshalb so sehr gewehrt, weil es den Verzicht auf mein Pferd bedeutete. Gott war hartnäckiger als ich. Er ließ nicht locker. Auf die Dauer konnte ich Ihm nicht widerstehen.« »Dann genießt von Herzen diesen Ritt, Herr Pirmin«, sagt Graf Marquard herzlich und beschleunigt sein Tier.
Nach langem Ritt erreichen sie am Nachmittag Burg Marquard. Erst gegen Abend treffen die Wagen mit Frauen, Kindern und Alten ein. Unter der persönlichen Anleitung des

Burgherren teilt der Burgvogt jeder Familie ihre Wohnung zu. »Unsere Burg bietet Raum für alle. Ich habe für die Familien leerstehende Gesindehütten instandsetzen lassen. Für Eure Mönche tritt der Vogt einige Kammern in seinem Haus ab, und Ihr erhaltet eine Wohn- und eine Schlafstube bei mir. Nein, Herr Pirmin, auch ich bin hartnäckig. Bei mir nützt Euer Wehren nichts. Ich bestehe einfach darauf.« Pirmin fügt sich in sein Schicksal. »Ihr seid der Herr.«

Nun können Mönche und Flüchtlinge ohne Sorgen dem Winter entgegensehen. Obwohl Graf Marquard sie am liebsten nur als geehrte Gäste behandeln würde, setzt Pirmin durch, daß sie bei allen anfallenden Arbeiten helfen dürfen. Mit anderen Mönchen zerkleinert Pirmin Äste zu Brennholz, das fein säuberlich vor den Hütten der Flüchtlinge aufgestapelt wird. Nach Tagen gibt er sich zufrieden. »Nun haben sie reichlich Vorrat für den Winter!« Er legt die Axt aus der Hand und wischt sich mit dem Kuttenärmel über die schweißnasse Stirn. Dann säubert er seine schwieligen Hände im kalten Brunnenwasser. »Werden wir Mönche auch den Winter hier verbringen, Vater?« fragt ihn Oswald, ein fränkischer Mönch. Mit einem ungeduldigen Seufzer dehnt und streckt Pirmin seinen schmerzenden Rücken. »Könnte ich Euch darauf nur eine vernünftige Antwort geben, Bruder! Unsere Anfragen in den Klöstern ringsum brachten uns bisher nur Gegenfragen ein statt einer klaren Zusage. In der friedlichen Sicherheit dieser Region traut man unserem zusammengewürfelten Mönchshaufen aus Goten, Iberern, Franken und Romanen scheinbar nicht so recht. Man hält uns für Vaganten, obwohl der edle Graf Marquard die Boten ausgesandt hat. Nun will er sich an den mächtigen Majordomus der Merowinger, den gestrengen Karl, den sie Martell, Hammer, nennen, wenden und ihm von unserer Lage Kenntnis geben. Vielleicht hat dieser Herr Karl, der eigentlich das Frankenreich regiert, einen eigenen Platz für uns, an dem wir Christus dienen dürfen.« Oswald zögert. Dann wagt er die Frage: »Und warum fangen wir hier nicht damit an, Vater? Was ich von Knechten, Mägden und Söldnern zu hören bekomme, ist ein erbärmliches Gemisch von christlichen Vorstellungen mit heidnischen Ideen. Neben unserem Herrn Jesus Christus behaupten die alten Germanengötter Wodan, Donar und Ziu ihren Platz. Die Halbchristen greifen zu allerlei abergläubischen Mitteln, um die Götter gnädig zu stimmen. Wir können hier bereits predigen und missionieren.« Mit lauter Stimme hat der junge Mönch den letzten Satz ausgerufen. Sein rundes Gesicht strahlt vor Begeisterung. »Vater Pirmin, sagt doch etwas! Verbringen wir nicht in gemächlicher Ruhe unsere Tage mit Gebet und leichter Arbeit, während der Islam unser Land nicht nur durch die Stärke seiner Heere, sondern auch durch die Stärke und Geschlossenheit seines Glaubens bedroht! Müssen wir die Menschen nicht wenigstens veranlassen, mit dem Christentum ernstzumachen, damit sie der Versuchung des Abfalls widerstehen können?« Mitleidig sieht Pirmin ihn an und legt dem Erregten die Hand auf die Schulter. »Nehmt Ihr wirklich an, daß ich freiwillig schweige, Bruder Oswald, statt zu predigen und zu missionieren? Man hat uns die Missionsarbeit untersagt. Der Ortsbischof hat es uns verboten, weil der Burgkaplan ihm abgeraten hat, diese seltsamen Fremdlinge auf seine braven Halbchristen loszulassen.« Wütend fährt Oswald auf: »Da soll doch gleich der Donner dreinschlagen!« »Pst, Bruder Oswald! Nun habt Ihr auch einen heidnischen Fluch ausgestoßen, der den Donnergott zitierte. Trotz meiner inneren Ungeduld bin ich davon überzeugt, daß Gott uns einen, Seinen Weg weisen wird.« Oswald bettelt kläglich: »Aber warum sagt Ihr nicht, wer Ihr seid?« Eine herrische Geste Pirmins läßt ihn verstum-

men. »Dafür habe ich meine guten Gründe. Zudem haben wir eine vordringlichere Aufgabe. Es ist höchste Zeit, daß wir uns neue Kleidung besorgen. Mittlerweile sehen wir wirklich wie Vaganten und Tagediebe aus.« Mit diesem Anliegen wendet sich Pirmin vertrauensvoll an Frau Renfrid, die Herrin der Burg. Sie unterzieht sein Gewand einer freundlichen und genauen Musterung. »Ja, es wird höchste Zeit, daß Ihr und Eure Mönche neue Kutten erhalten. Habt Ihr unter Euren Brüdern einen erfahrenen Mann, der sie zuschneiden und nähen kann?« Betrübt schüttelt er das Haupt. »Wir Flüchtlinge aus dem Kloster Peralta sind ein wunderlicher Haufen, Frau Renfrid. Unter uns befinden sich einige Gelehrte, ein Maler, ein Schreiner und ein Laienbruder, der sich vortrefflich auf die Viehzucht versteht, aber ich bezweifele, daß einer meiner Brüder eine gerade Naht zustandebringt. Ich kann es auch nicht.« Er seufzt und hebt in einer ratlosen Geste beide Hände. »Dann werdet Ihr mir gestatten, für Eure Kleidung Sorge zu tragen, nicht wahr? Meine Frauen und ich, wir können zuschneiden und nähen. Gebt uns zunächst Eure arg zerschlissene Kutte und kleidet Euch derweil in ein Gewand meines Gatten! Dann habe ich ein erstes Muster und sehe, wie eine solche Kutte beschaffen ist. Mit Euren Brüdern halten wir es anschließend ähnlich. Unter unseren Leuten wird sich für jede Statur jemand finden, der einem Bruder ein Gewand borgen kann.«
Zum Erstaunen und zur Heiterkeit aller schreitet in den nächsten Tagen ein hochgewachsener, höfisch gekleideter Pirmin in hohen Stiefeln mit lässiger Sicherheit über den Hof und durch die Räume der Burg. Mit säuberlich gestutztem Haupt- und Barthaar sieht er beinahe zu vornehm aus. Einige der weiblichen Bedienten bekommen glänzende Augen, wenn er in der Nähe ist. Er achtet nicht darauf. »Mein Gewand steht Euch ausgezeichnet«, stellt Graf Marquard fröhlich fest, als die bei-

den Männer am Abend bei einem Becher Wein zusammensitzen. Sie fühlen sich zueinander hingezogen und führen lange Gespräche miteinander. »Man merkt, daß Ihr nicht zum ersten Male eine höfische Tracht tragt, Herr Pirmin.« Aber der Mönch in der vornehmen Kleidung antwortet ihm nicht. Sein Antlitz ist dem offenen Fenster zugewandt. Er lauscht auf das laute Stimmengewirr, das vom Burghof in das Gemach des Grafen heraufdringt. Nun wird auch Herr Marquard aufmerksam. Er runzelt die Stirn, lauscht, schüttelt den Kopf und tritt an das schmale Fenster. Mit dröhnender Stimme ruft er: »Was soll das wüste Lärmen zur Abendstunde?« Das Geschrei verstummt jäh, aber dann kreischt eine schrille Weiberstimme: »Wir werden dem schwarzen Weibsstück das Hexen schon austreiben! Los, Leute, gebt es ihr!« Die Stimme überschlägt sich beinahe vor Haß und geiferndem Eifer. Pechfakeln beleuchten gespenstig den Tumult im Burghof. Knechte halten eine der Flüchtlingsfrauen mit harten Fäusten fest. Sie wehrt sich verzweifelt gegen ihren Griff. Sie windet sich hin und her und stößt schrille Angstschreie aus, die mit Hohngelächter beantwortet werden. Sie schleifen und schleppen die Frau zum Brunnen. »Die Wasserprobe! Die Wasserprobe!« fordert die häßliche Weiberstimme. »Sofort aufhören!« brüllt der Graf zornig. »Ich komme nach unten!« Dann wendet er sich an den Mönch. »Kommt mit mir, Herr Pirmin! Es geht um eine Eurer Flüchtlingsfrauen aus Spanien.« Pirmin springt so hastig auf, daß sein Becher umfällt. Blutroter Wein ergießt sich über die eichene Tischplatte. Er hat es nicht einmal bemerkt. Blutroter Wein ... rot wie Blut. Im Treppabhasten keucht er: »Ich habe gefühlt, daß sich etwas zusammenbraut. Eure Leute waren vom ersten Tag an nicht gut auf die Flüchtlinge zu sprechen.« Draußen stehen die Menschen in der gleichen Haltung zusammen, so als seien sie zu einem lebenden Bild erstarrt.

»Laßt sofort die Frau los!« fährt Graf Marquard seine Knechte an. Mit zerzausten Haaren und einer roten Strieme auf der bräunlichen Wange steht die zitternde Frau vor dem Burgherren und sieht ihn mit weitaufgerissenen schwarzen Augen an. Ihre Hände halten unsicher ihr beschädigtes Gewand zusammen. Behutsam geht Pirmin auf sie zu. »Was hat man Euch angetan, Juanita?« Knechte und Mägde murmeln drohend. Furcht weitet die Augen der jungen Frau noch mehr. Leise, fast flüsternd und atemlos stößt sie hervor: »Sie beschuldigen mich, eine Hexe zu sein, weil ich anders bin als sie ... und weil mir Ruterp, der Gespannführer, zugetan ist.« Wütend fährt die Alte dazwischen: »Ruterp, das könnte dir so passen!« Sie will Juanita angreifen, aber der strenge Blick des Mönchs bannt sie. »Du hast meinen Sohn verhext, du fremdes Weibsstück!« zischt sie bösartig durch ihre Zahnlücken. Mit einem Mal lacht Graf Marquard laut auf. »Darum geht es also! Rede nicht solchen Unsinn, Ida! Die Liebe zwischen Mann und Weib ist von Gott gewollte Sache. Das hat nichts mit Hexerei zu tun, obgleich sie im letzten ein Geheimnis ist und bleibt.« Die Alte besitzt die unverschämte Dreistigkeit, sich dem Burgherrn zu nähern und dabei die Hände in die Hüften zu stützen. »Eine solche Liebe ist nicht gottgewollt«, widerspricht sie frech ihrem Herrn. »Auch der Herr Burgkaplan meint, daß es bei der fremden Frau nicht mit rechten Dingen zugeht. Sie hat meinen Sohn verhext.« Marquards Augen flammen vor Zorn. Was wagt dieses alte Weib? Jetzt blickt sich die Frau auch noch Zustimmung heischend in der Runde um. Die meisten Burgleute werden angesichts ihrer Frechheit gegen den Herrn verlegen und rücken von ihr ab oder schauen stumm zu Boden. Mit finsterem Gesicht sucht Graf Marquard nach dem Burgkaplan. Gerade will sich der Priester ins Dunkle schleichen, als ihn der Blick des Grafen trifft. »Herr Robert«, sagt er scharf.

»Würdet Ihr bitte die Güte haben, einmal zu mir zu kommen?« Aus seiner Stimme klingt eine Härte, die Pirmin nie bei ihm vermutet hätte. Die Hofleute bilden bereitwillig eine Gasse, durch die der Kaplan zögernd auf seinen Herrn zugeht. Der betrachtet ihn lange schweigend vom Kopf bis zu den Füßen, als sähe er ihn zum ersten Mal und als sähe er zugleich etwas Widerwärtiges. Unsicher tritt der Mann von einem Fuß auf den anderen. Endlich bricht der Graf das drückende Schweigen. »Herr Robert«, beginnt er mit trügerischer Sanftheit in der Stimme, »Ihr habt also gegen unsere Gäste gehetzt, Ihr, der Ihr als Priester Christi Barmherzigkeit predigen ... und ... leben müßtet!« Der Ertappte senkt den Kopf und stammelt etwas, das niemand versteht. Dann nimmt er sich zusammen, starrt Graf Marquard an und ruft mit der Dreistigkeit, die aus seiner Verzweiflung kommt: »Wißt Ihr, ob diese Leute aus Spanien echte Christen sind?« Mit einem raschen Schritt ist Graf Marquard bei ihm. Er hebt die Rechte, als wolle er ihn schlagen. Der Mann duckt sich feige. »Schweigt!« herrscht der Graf ihn an. »Spart Euch Euer elendes Geschwätz. Ihr sätet Haß und Zwietracht und solltet ein Bote der Liebe Christi sein. Geht in Eure Kammer und bleibt dort, bis ich Euch meine Entscheidung über Euren weiteren Verbleib mitteile!« Der Priester kriecht förmlich von hinnen. Nun weichen die Leute ihm aus, als habe er den Aussatz. »Und nun zu euch allen ...« Wie ein Peitschenhieb trifft sie seine harte Stimme. »Ihr sollte euch schämen, daß ihr Schlechtes gegen jene sagt und Böses gegen Menschen tun wollt, die ich aufgenommen habe! Damit habt ihr das heilige Gebot der Gastfreundschaft verletzt. Merkt euch: was immer ihr gegen unsere Gäste sagt oder tut, das redet und tut ihr gegen mich, und ich werde jedweden Frevel streng ahnden. Geht jetzt in eure Hütten oder an eure Arbeit! Juanita und Ruterp bleiben hier. Ruterp, nimm eine Fackel in die Hand!« Unwillkürlich steigt ein Lachen in Pirmins Kehle hoch, als er den unbeholfenen, blonden Hühnen im Licht der Pechfackel sieht, die er in seiner derben Faust hält. Neben ihm steht die dunkelhaarige, geschmeidige Juanita; fürwahr ein recht gegensätzliches Paar. Auch über das eben noch so finstere Gesicht des Burgherrn huscht ein Lächeln. Seine Stimme klingt freundlich, als er zu den beiden sagt: »Ihr liebt euch und wollt heiraten!« Der blonde und der schwarze Kopf bestätigen es mit einem eifrigen Nicken. »Ihr habt euch wirklich rasch gefunden. Vater Pirmin wird euch befragen, ob es euch mit eurem Vorhaben ernst ist, und euch trauen, wenn er davon überzeugt ist.« Dieses Mal erhebt Pirmin Einspruch. »Ich werde Ruterp und Juanita aber nur dann trauen, wenn ich die Feier in Eurer Burgkapelle vornehmen darf.« Erstaunt wendet sich Graf Marquard ihm zu. »Ich verstehe Euch nicht, Vater Pirmin! Wer hindert Euch daran? Es ist doch selbstverständlich, daß die Trauung in der Burgkapelle stattfindet. Wo solltet Ihr sie denn sonst vornehmen?« »In der leeren Scheune, in der ich bisher mit meinen Brüdern Gottesdienst gehalten habe, weil mir Euer Burgkaplan den Zutritt zur Kapelle verweigert hat.« Bestürzt starrt der Graf ihn an. »Was sagt Ihr da? Das habe ich nicht gewußt!« ruft er aus. »Und wie hat dieser elende Wicht eine solche Maßnahme begründet?« »Nun, er deutete an, daß Ihr, Herr Graf, recht besorgt wäret, weil Ihr nicht wüßtet, ob wir fremden Mönche und die anderen Flüchtlinge rechte Christen wären. Das müsse zuerst gründlich erforscht und geklärt werden. Er hat auch den Ortsbischof in diesem Sinne unterrichtet und dessen Zustimmung eingeholt.« Voller Zorn will Graf Marquard davoneilen. »Dem Burschen werde ich es zeigen!« Pirmin hält ihn am Ärmel fest. »Gemach, gemach, Herr Graf! Bitte, tut nichts Übereiltes, was Ihr hinterher bereuen müßt! Darf ich Euch einen besseren Vorschlag machen: erlaubet mir, in Eurer Kapelle einen besonders feierlichen Gottesdienst zu halten, an dem alle – ich betone ausdrücklich – alle Burgbewohner teilnehmen sollen! Ich habe allen etwas Besonderes zu sagen, und ich werde auch etwas Besonderes tun. So Gott will, werde ich es dadurch dem jungen Paar und den Flüchtlingen leichter machen und Euren Leuten dabei helfen, die Fremden anzunehmen.«

Am nächsten Tag herrscht gedrückte Stimmung in den Gesindestuben, in der Küche, in den Werkstätten und Ställen. Überall auf dem großen Burggut ist diese Stimmung spürbar, verbunden mit einer eigenartigen Hochspannung. Was wird nun geschehen? Wen wird der Blitz des Zornes von Herrn Marquard treffen? Im allgemeinen ist der Graf ein gütiger Herr. Wird aber sein gerechter Sinn so verletzt, wie es am gestrigen Abend geschehen ist, kann er die Schuldigen empfindlich strafen. Die Leute weichen den fremden Flüchtlingen aus. Sie sagen ihnen kein böses Wort. Sie sprechen einfach nicht mit ihnen. Knechte und Mägde wispern nicht miteinander. Niemand hetzt im Geheimen. Der Schreck sitzt zu tief in ihren Gliedern. Sogar Ida, die zänkische Mutter des Ruterp, schweigt. Ihr treuester Verbündeter, der Burgkaplan Robert, hat sein Bündel schnüren und am feuchtkalten Morgen auf einem alten Maultier zum zweiten Vorwerk im Osten reiten müssen, nur von einem mürrischen Knecht begleitet. Er ist auf unbestimmte Zeit verbannt und somit aller Einkünfte und Bequemlichkeiten eines wohlbestellten Burgkaplans gänzlich beraubt. Wie gerne hätte er jetzt alle Flüchtlinge in seine Arme geschlossen, um so seinen guten Willen und seine christliche Barmherzigkeit unter Beweis zu stellen! Zu spät ...

»Ihr seid ein gar gestrenger Herr,« hat Pirmin zu Graf Marquard gesagt, als sie dem Davonreitenden nachgesehen haben, der wie ein Mehlsack unmutig und ungeschickt auf seinem klapperdürren Reittier hockte. »Das will ich gar nicht abstreiten, Vater Pirmin. Ich möchte ein gerechter Herr sein. Außerdem bin ich ein neugieriger Mensch. Darf ich wissen, was Ihr am Sonntag vorhabt?« Der Mönch lächelt verschmitzt. »Ihr müßt mir schon erlauben, daß ich Euch wie alle anderen überrasche. Darf ich Euch bitten, Euch bis Sonntag zu gedulden?« Mit vernehmbarem Seufzer antwortet der Graf: »Wenn Ihr das so sagt, bleibt mir nichts anderes übrig, als zu warten, obwohl es mir nicht leicht wird.« Der Mönch schmunzelt über die Neugier und Ungeduld des Grafen. Mit plötzlichem Ernst fügt er hinzu: »Mir liegt vor allem daran, den Boden für die Menschen zu bereiten, die mit uns aus dem Westgotenland geflüchtet sind. Ihr wollt ihnen hier eine neue Heimat bereiten. Das ist ein wunderbares und großherziges Angebot. Euer Land wird ihnen nur dann zur Heimat werden, wenn es mir gelingt, die verstohlene Abneigung und den geheimen Groll gegen sie aus den Herzen Eurer Landsleute zu nehmen. Sie sollen nicht nur auf Euren ausdrücklichen Befehl hin miteinander in Frieden leben. Sie sollen einander annehmen und achten.« Der Graf sieht lange vor sich nieder, tief in Gedanken versunken. Schließlich murmelt er mit deutlichem Zweifel in der Stimme: »Ihr habt Euch wahrlich Großes vorgenommen, Herr Pirmin. Gott gebe, daß es Euch gelingt!«

Frau Renfrid teilt die Meinung ihres Gatten und drückt ihre Besorgnis aus, als sie Pirmin zwei neue, sorgfältig genähte Kutten aus handgewebtem Wollstoff überreicht. »Seid bedankt, Frau Renfrid! Ich habe noch nie ein solch schönes Gewand besessen. In unseren Klöstern verwenden sie nicht diesen feinen Stoff.« Freundlich wehrt sie seine Dankesworte ab. »Laß es gut sein, Herr Pirmin! Es war mir eine Freude und eine Ehre, mit meinen Frauen für Euch und Eure Brüder nähen zu dürfen. Herr Marquard erzählte mit davon, was Ihr vorhabt. Ich bin besorgt, wie Euer Plan aufgehen wird. Sollte es Euch gelingen, die alte Ida zu bekehren, rechne ich Euch zu den Heiligen unserer Kirche! Ihr verstorbener Mann Enno war unter ihrer Fuchtel eine Art Märtyrer. Jetzt ist sie erbost, daß Ruterp, der sie treu versorgt hat, als Ehemann in Juanitas Hütte ziehen wird. Wenn sie friedlich wäre, könnte sie es gut bei ihnen haben.« Mit heiterer Gelassenheit antwortet der Mönch auf ihre Bedenken: »Wir wollen abwarten, was Gottes Güte zu wirken vermag, Frau Renfrid! In das heilige Opfer gebe ich auch meinen und meiner Brüder Dank für all Eure mütterliche Sorge ...«

Bis zum Sonntag erreicht die erregte und nur mühsam unterdrückte Spannung ihren Siedepunkt. Die Frauen des Burggutes braten, sieden, kochen und backen in der großen Küche wie für eine adelige Hochzeit. »Sollte man glauben, daß es nur um die Hochzeit zwischen einem Knecht und einer fremden Witfrau geht?«, brummt die Köchin erbittert vor sich hin und wischt sich den Schweiß von der Stirn. Laut wagt sie das nicht zu sagen. Meist ist die Herrin, Frau Renfrid, persönlich in der Küche und überwacht die Vorbereitungen. Aus den tiefen Kellern der Burg schleppen Knechte Fässer mit starkem Bier herbei, das am Festtag das alltägliche Dünnbier ablösen wird. Auf Geheiß des Grafen bringen sie sogar zwei Fässer mit bis dahin sorgsam gehütetem Rotwein aus Burgund ans Tageslicht. Welch ein Aufwand für die Hochzeit des Gespannführers mit einer fremden Witwe, die dazu noch zwei kleine Kinder hat! Nun, immerhin sind alle, ausnahmslos alle Burgleute von Graf Marquard ausdrücklich eingeladen, an der Trauung und dem Festmahl teilzunehmen. Wer würde bei solch herrlichen Speisen und erlesenen Getränken so töricht sein und aus Trotz fernbleiben, zumal ein solches Verhalten den grimmigen Zorn des gnädigen Herrn nach sich ziehen würde? Was wird die alte

Ida machen? Wird sie es wirklich wagen, dem Willen des Herrn zu trotzen? Das könnte ihr den sofortigen Verweis von der Burg und aus dem Land des Grafen Marquard einbringen. »Das wird die Alte nicht wagen, auch nicht bei all ihrem Haß auf Juanita.« In diesen Tagen ahnen die Leute, daß sie sich mit dem Verbleib der Fremden in Marquard abfinden müssen. Aber sie tun es vorerst mit Widerwillen und Abneigung. Diese Fremden sollen nie zu ihnen gehören!

Ist das Wetter auch auf seiten der fremden Flüchtlinge? Nach einer Woche mit Regen und Sturm strahlt am Sonntagmorgen die Sonne von einem klarblauen Himmel. Das Land zwischen den Bergen der Auvergne glänzt rein und festlich, als wisse es um den Sinn dieses Tages.

Ein Mönch läutet mit Eifer und Ausdauer die kleine Glocke der Burgkapelle, bis auch der säumigste Kirchgänger eilig herbeihastet. Von allen Seiten strömen die Burgleute und die Flüchtlinge in ihren besten Gewändern zum Gotteshaus. Der schlichte Altar ist mit den letzten bunten Blumen des ausklingenden Herbstes geschmückt. Das Linnentuch strahlt in reinstem Weiß und die bronzenen Kerzenleuchter glänzen. Die Menschen stehen dicht an dicht, aber kein Flüstern und kein Tuscheln stört die erwartungsvolle Stille. Von draußen ertönt feierlicher Gesang, wie er so oft aus den Unterkünften der Mönche erklingt. Zwei Mönche, die Kerzen in ihren Händen tragen, ziehen feierlich in die Kapelle ein. Ihnen folgen paarweise die anderen Mönche. Alle tragen zu Ehren des Festtages ihre neuen Kutten. Vor dem Altar verneigen sich die Mönche und stellen sich im kleinen Chorraum im Halbrund auf. Graf Marquard und seine Gattin geleiten das Brautpaar in den Kirchenraum. Die Blicke aller Anwesenden richten sich auf das schüchterne und zugleich frohe Brautpaar. Wie ein leises Raunen des Staunens und der Bewunderung weht es durch die Kapelle. Wie wunderschön ist die dunkelhaarige Frau im hellen Gewand, das ihr die Herrin geschenkt hat! Welche Seligkeit geht vom biederen Antlitz des blonden Ruterp aus! Diese Menschen sind wirklich füreinander bestimmt. In den meisten Herzen regt sich diese Einsicht. Nur Idas faltiges Altfrauengesicht bleibt unverändert hart und verbissen. Sie ist in ihrem Arbeitskleid gekommen. Nie, nie – das nimmt sie sich zum wiederholten Male vor – wird sie dieser Ehe ihren mütterlichen Segen geben.

Ein kurzer Glockenton kündet das Kommen des Priesters an. Aber wer ist denn das, der da hinter dem vor Glück ganz verklärten Bruder Oswald mit feierlichen Schritten einzieht? Sie kennen ihn alle – und sie kennen ihn nicht, den großgewachsenen Mann mit dunklem Haupthaar und Bart. Es ist der Mönch Pirmin, der Anführer der Flüchtlinge, und doch ist er ein anderer. Von seiner Brust leuchtet und blitzt im Schein der Kerzen ein Enkolpion in Kreuzform und seine Rechte umfaßt einen hohen Stab, dessen Krümme kunstvolles Schnitzwerk zeigt. Es ist der Eichenstab, dessen untere Hälfte sie oft bei ihm gesehen haben. Der Mönch Pirmin aus dem Westgotenreich Spanien ist ein Bischof. Wer hätte das bei ihm erwartet, bei ihm, der wie die anderen Mönche Feuerholz zerkleinert und andere einfache Arbeiten geleistet hat? Ein Seufzer der Verwunderung weht durch die Burgkapelle. Nur die Mönche haben seine besondere Würde gekannt und sie auf seinen Wunsch verschwiegen. Nun hat er sie offenbart, um die Menschen, die einander so fremd und ablehnend gegenüberstehen, zusammenzuführen. Die alte Ida weicht förmlich zurück vor dem hohen geistlichen Würdenträger, der sie mit ruhigem, festem Blick anschaut. Jetzt weiß sie, daß sie ihr Spiel verlieren und nachgeben wird. Bischof Pirmin verharrt regungslos vor dem Altar und sieht die Menschen in der Kapelle an – einen nach dem anderen. Seinem ernsten, forschenden Blick wagt niemand auszuweichen. Graf Marquard beugt sich gespannt vor, als er die Überraschung überwunden hat. Was wird dieser außergewöhnliche, dieser staunenswerte Mönchbischof Pirmin tun und sagen? Der Bischof nimmt seinen Stab in die Linke und bezeichnet sich langsam mit dem Zeichen des Kreuzes. »Im Namen des Vaters und des Sohnes und des Heiligen Geistes ...« Alle fügen das Amen hinzu. Das kreuzförmige Enkolpion leuchtet auf, als er zu sprechen beginnt: »Obwohl dies eigentlich nicht dem Brauch entspricht, will ich vor dem heiligen Opfer unseres Herrn Jesus Christus zu euch sprechen, meine lieben Brüder und Schwestern. Zum ersten Mal bin ich heute als Bischof zu euch gekommen, als Hirte, als einer, der euch an Christi Statt dienen möchte. Ich nenne euch Brüder und Schwestern in Christo, weil wir als Getaufte mit dem Herrn und untereinander verwandt sind. Habt ihr je bedacht, was es bedeutet, mit unserem Herrn verwandt zu sein, mit Ihm eine große Familie zu bilden? Wir alle, die wir hier sind, Alte und Junge, Greise und Kinder, Männer und Frauen, Franken und Aquitanier, Westgoten und Iberer, Romanen und Alemannen, wir Menschen unterschiedlicher Herkunft, sind eine große Familie. Die einen von euch dienen, andere befehlen und herrschen. Wir unterscheiden uns auch darin, daß viele Einheimische, andere Zuwanderer sind. Die Unterschiede sind da, und sie sind nicht gering, aber über allem, was uns voneinander unterscheidet, gibt es etwas, was uns eint und miteinander verbindet. Wir alle sind Kinder Gottes und gehören als Brüder und Schwestern der einen großen Familie unseres Herrn Jesus Christus an. Welches Maß an Gnade hat Er uns erwiesen, als Er uns in diese Seine Familie aufgenommen hat! Wie dankbar müssen wir Ihm sein, weil wir uns ohne jedes Verdienst zu den Seinen zählen dürfen! Wie unwichtig werden dadurch alle Unterschiede, die uns voneinander trennen, wenn wir bedenken, daß wir im Letzten und im Tiefsten eins sind, geeint im Glauben und in der Liebe als Kinder des einen himmlischen Vaters und als Brüder und Schwestern unseres Herrn Jesus Christus! Das mag jene trösten, denen die irdische Heimat genommen worden ist: wir alle haben *eine* gemeinsame Heimat in Gott, die uns keiner nehmen kann. Zu ihr sind wir alle auf dem Wege, auch dann, wenn wir noch eine irdische Heimat und ein Heim besitzen. Ja, wir alle, liebe Brüder und Schwestern, sind Gäste auf Erden, sind Pilger, Weggefährten auf dem einen Wege, der nach Hause führt. Darum wollen wir in Duldsamkeit, Verständnis und Liebe einander auf diesem Wege voranhelfen, wie es auch dieses junge Paar fortan tun wird, dessen Ehebund ich heute segnen darf ... Nun wollen wir miteinander den Herrn um Vergebung unserer Schuld bitten, vor allem um Vergebung aller Gedanken, Worte und Werke, die gegen die Liebe zu unseren Schwestern und Brüdern gerichtet waren. Wir bekennen ...«

Nach dieser bewegenden Einleitung bringt Bischof Pirmin das heilige Opfer mit einer Würde und Feierlichkeit dar, als befände er sich im hohen Dom, in der Bischofskirche zu Barcelona. Seine Brüder singen die erhabenen Hymnen mit ihren geschulten Stimmen. Nach der Trauung intoniert Bischof Pirmin wie am Sterbelager des Väterchen Fernandez in der Scheune des Vorwerkes den altkirchlichen Lobgesang des Te Deum: »Dich, Gott, loben wir! Dich, Herr, preisen wir. Dir, dem ewigen Vater, huldigt das Erdenrund ...«

»Wer seid Ihr, Herr Pirmin?« fragt Graf Marquard, als Pirmin nach dem feierlichen Gottesdienst in seiner schlichten Kutte vor ihm steht. »Wer ich bin, Herr Graf? Das ist rasch gesagt. Ich bin ein armer, heimatloser Mönchbischof auf der Suche nach dem Ort, den der Herr für mich bestimmt hat.« »Ihr

glaubt nicht, daß Ihr im Frankenreich bleiben werdet?« »Gott wird es mich wissen lassen, wenn Er die Zeit für gekommen hält.«
Burgleute, Dörfler und Flüchtlinge finden sich in froher Festrunde zusammen. Von allen Seiten läßt man das neuvermählte Paar hochleben und wünscht ihm Glück und Segen. Die alte Ida murmelt mit süßsaurer Miene einen Glückwunsch. Auch die Mönche verschmähen die Freuden der außergewöhnlich reichen Tafel nicht. Sie feiern tüchtig mit. Immer wieder sucht Herr Marquard die Reihen der Feiernden ab, die auf der Tenne an langen Tischen sitzen. Wo ist Bischof Pirmin? Er kann ihn nirgendwo entdecken. Schließlich wendet er sich an den alten Mönch Arnulf, den stillsten in der lebhaften Gesellschaft. »Könnt Ihr mir sagen, wo ich Bischof Pirmin finden kann, Herr Arnulf?« Ruhig nickt der Mönch. »Ja, Herr Graf. Wahrscheinlich betet der Vater noch in der Kapelle.« »Jetzt? Um Mitternacht? In der kalten Kapelle?« wundert sich der Burgherr. »Herr, das tut Vater Pirmin oft und lange. Manchmal ist er gern allein, besonders nach einem solchen unruhigen Tag wie heute.« Nachdenklich fügt der Mönch hinzu: »Ich habe oft den Eindruck, als quäle ihn etwas. Kennt Ihr die Erzählung aus dem Alten Testament, in der Jakob mit dem Engel ringt?« Verwundert schüttelt Graf Marquard den Kopf. Nun versteht er gar nichts mehr. Pirmin wirkt stets sicher und gefaßt. Was soll ihn außer dem Verlust der irdischen Heimat quälen? Die Heimat im irdischen Sinne hat ein Mönch bereits bei seinem Klostereintritt aufgegeben ... Nein, er versteht nicht, was Arnulf meint, aber eine gewisse Scheu hält ihn davon ab, weiter in ihn zu dringen. Eine Weile sieht er dem fröhlichen Treiben auf der geschmückten Tenne zu. Dann überquert er langsam den Burghof. Immer wieder verhält er zögernd den Schritt, als wisse er nicht, ob er weitergehen soll.

Vor den steinernen Treppenstufen, die zur Burgkapelle emporführen, bleibt er wiederum stehen. In unerschütterlicher Treue wartet der Hund Bär auf den Stufen. Er knurrt kurz und hebt witternd das zottige Haupt. Kommt da ein Freund oder ein Feind? Muß er den Mönch beschützen, den er sich zum Gebieter erkoren hat? Nein, das braucht er nicht. Der Graf ist ein Freund. Bär wedelt kurz mit der Rute und läßt mit einem menschenähnlichen Seufzer seinen Kopf wieder auf die Pfoten sinken. »Bist du auch so ungeduldig, Bär?« fragt der Graf und tätschelt den Kopf des Tieres. Bär klopft zur Antwort ein paarmal mit seinem buschigen Schwanz gegen die hölzerne Tür. »Mir dauert es jedenfalls zu lange. Laß' mich einmal vorbei!« Behutsam steigt er über den Hund hinweg und öffnet die Eichentüre, die leise knarrt. Auf der Schwelle verharrt er. Er muß sich an das Halbdunkel des Raumes gewöhnen. Dann sieht er den Mann, der vor dem großen, schmucklosen Holzkreuz auf den bloßen Steinfliesen kniet. Marquard schauert in der feuchten Kälte des moderig riechenden Raumes zusammen. Die Stille der regungslosen Gestalt flößt ihm beinahe Furcht ein. Schließlich räuspert er sich, weil er nicht mehr länger warten will. »Bischof Pirmin? Ich suche Euch. Wollt Ihr nicht mit uns feiern?«
Langsam und steifbeinig erhebt sich der Mönch von den Knien. Er wendet sich dem Grafen zu. Im Wechselspiel von Licht und Schatten, das die beiden Kerzenflammen im Windhauch verursachen, wirkt sein Gesicht hohl und hager wie eine tragische Maske. »Ich habe mich davongestohlen, als die Freude zu offenkundig wurde. Das hätte ich nicht tun dürfen. Verzeihet mir, Herr Graf, wenn ich Euch warten ließ! Wieder einmal habe ich versucht, dem Himmel etwas abzuringen und von Gott eine Antwort darauf zu erhalten, was Er eigentlich von mir erwartet. Er ruft mich, ruft mich unablässig, aber ich

weiß nicht wohin. Das ist eine drängende innere Not …« Nun schämt sich Herr Marquard beinahe, daß er es gewagt hat, den Mönch zu stören und Zeuge seiner Not zu werden. Mit einiger Verlegenheit meint er schließlich: »Könnte es nicht zunächst Gottes Wunsch sein, daß Ihr heute mit uns feiert, Bischof Pirmin? Bleibt in den unwirtlichen Wintermonaten bei uns, verkündet hier in der Burg, in meinen Dörfern und auf meinen Höfen Gottes Wort. Bleibt bei uns, bis der Herr Euch den Weg klar erkennen läßt, den Ihr gehen sollt!« Wortlos reicht Pirmin dem Grafen die Hand. Die Geste ist Dank und Versprechen.

In der verschneiten Einsamkeit der Auvergne, weitab vom grausamen Kriegsgeschehen und von den Händeln der Welt, führen Bischof Pirmin und seine Brüder auf Burg Marquard ein klösterliches Leben im regelmäßigen Wechsel von Gebet und Arbeit. Ihre Anwesenheit und ihr selbstloser Dienst tragen das Ihre dazu bei, daß Burgleute und Flüchtlinge mehr und mehr zueinander finden. Mit seinen Priestermönchen bahnt sich Pirmin unverdrossen Wege durch Eis und Schnee, um bis zu den versteckten Weilern und einsamen Höfen im Lande des Grafen Marquard zu gelangen. Manches verirrte oder verängstigte Menschenherz findet durch ihn zum Frieden mit Gott. Pirmin söhnt Verfeindete miteinander aus, schlichtet Streitigkeiten, tauft Kinder und steht Sterbenden bei. Er versagt sich keinem Ruf, der an ihn ergeht. Von den harten, anstrengenden Wanderungen durch Winterstürme, Eis und Schnee wird er hager und abgezehrt. Nur widerwillig nimmt er die hohen Stiefel an, die Graf Marquard ihm aufnötigt. Dennoch zieht er sich bei langem Umherirren in einem Schneesturm offene Frostbeulen an Händen und Füßen zu. Notgedrungen muß er eine Ruhepause einlegen. Darüber ist er unglücklich und beinahe unhöflich zu Frau Renfrid, die seine Wunden versorgt und ihm Bettruhe verordnet. Als Frau Renfrid die überzähligen Linnenstreifen in der Küche auffaltet, ist ihr sonst stets freundliches Antlitz betrübt. »Was treibt Bischof Pirmin nur so voran, daß er sich nicht einmal schonen will, wenn es seine Gesundheit erfordert?« fragt sie den alten Arnulf, der seine schmerzenden Gelenke am Herdfeuer wärmt. Die alten Augen sehen sie milde an. »Gott treibt ihn umher, Frau Renfrid. Er vernimmt Sein Rufen und fragt nach Seinem Auftrag, aber er erhält noch keine endgültige Weisung. Als ich ihn gestern nach dem Weiler Aljui begleiten durfte, blieb er plötzlich mitten im verschneiten Wald stehen, warf die Arme hoch und schrie, während Atemwolken aus seinem Mund strömten: ›Versteht Ihr das, Bruder Arnulf, mein Freund, warum wir hier ein beschauliches und geborgenes Leben führen, während draußen die Welt in Flammen steht und die Kriegerscharen des Mohammed die Lande bedrohen? Könnt Ihr mir den Grund sagen? Nein, das könnt Ihr nicht! Ihr wißt es nämlich auch nicht. Ich fühle, daß Gott mehr von uns will, aber Er gibt mir keine Antwort. Er schweigt, so oft ich Ihn anflehe. Ob Er gewollt hätte, daß wir in Peralta geblieben und dort den Tod erlitten hätten? Bruder Arnulf, ich spüre, ich weiß, daß Er mehr, viel mehr von mir, von uns will, aber Er schweigt. Er schweigt! Oder ist es am Ende nur Hochmut, daß ich meine, mehr tun, für Christus mehr tun und leiden zu können? Ist es falscher Stolz, die Vermessenheit eines Menschen, der sich für wichtig hält?‹ Herrin, aus seinen Worten sprachen so viel Not und so viel Qual, daß ich um den Vater bange. Unser Altabt, Vater Beringar, Gott hab' ihn selig, sagte in seiner Weisheit bereits von dem Novizen Pirmin: ›Dies ist ein Mensch, der Großes für Gott leisten wird, der aber nirgendwo lange verwurzelt sein wird. Pilgern und Leiden für Christus, das ist sein Los.‹ Ich habe mir dieses Wort gut gemerkt, denn ich war Novizenmeister des jungen Pirmin. Zuvor hatte ich vorübergehend an der Echtheit seiner Berufung gezweifelt, als ich des stürmischen Vorwärtsdrängens, der heiligen – ja, ich sage – der heiligen Unrast innewurde. Frau Renfrid, wie ist es unserem Herrn Jesus Christus auf Erden ergangen? Durfte er in den Jahren seines Wirkens irgendwo länger verweilen? Wahrscheinlich steht Bischof Pirmin Ihm darum besonders nahe. Aber eines müßt Ihr wissen: er darf nicht lange hier in Marquard bleiben. Er muß hinaus, sobald der Winter vorbei ist. Wohin, das mag sich finden. Bitte, besprecht das mit Eurem Gatten! In seiner fürsorglichen Güte wird Herr Marquard gewiß einen Weg finden, der Bischof Pirmin hilft, ehe er sich von innen heraus verzehrt.«

Als Tauwetter den Schnee schmelzen läßt und die Wege durch das Land wieder passierbar sind, sendet Graf Marquard bewaffnete Boten mit einer dringenden Nachricht zum fränkischen Majordomus Karl Martell in dessen Pfalz Jopilla nahe bei Lüttich.

III. DER HERR IST MEIN HIRTE

Bischof Pirmin hat seinen Mönchen einen Psalm zur Meditation vorgelegt: »Der Herr ist mein Hirte ...« In stiller Betrachtung verweilen sie nun miteinander in der Kapelle von Burg Marquard. An diesem Vorfrühlingstag sind sie alle zusammen, während manche von ihnen an anderen Tagen in die Dörfer und Weiler ziehen, um dort die Botschaft Christi zu verkünden. Unwillkürlich blickt Arnulf Bischof Pirmin an. Das Antlitz des geistlichen Vaters zeugt nicht von Sammlung und innerem Frieden. Seine bewegten Züge verraten den Kampf, den er auszufechten hat. ›Er kommt nicht zur Ruhe, obwohl ihn ein tiefer Glaube an unseren Gott bindet und er Ihm voll vertraut. Auf ihn kann man das Augustinus-Wort anwenden: unruhig ist unser Herz, bis es ruhet in Dir ...‹ Plötzlich ertönt von draußen das laute Klappern von Hufen auf dem Kopfsteinpflaster des Burghofes. Bär, der vor der Kapellentür unentwegt Wache hält, bellt kurz auf. »Ruhig, Bär, ruhig!« befiehlt die Stimme des Grafen, dem das Tier gehorcht. Ruckartig hat Pirmin den Kopf gehoben. Er lauscht und vernimmt Stimmen, senkt aber gleich darauf beschämt das Haupt, um geistliche Sammlung bemüht. Aber er kommt nicht mehr dazu, seine unterbrochene Betrachtung wieder aufzunehmen. Die Tür der Kapelle wird geöffnet. Ein Knecht des Grafen nähert sich leise dem Bischof und bittet ihn flüsternd: »Kommt Ihr, Herr Bischof? Herr Marquard erwartet Euch!« Der Eifer, mit dem der Bischof sich erhebt, ist voller

Schwung. Wird endlich etwas geschehen? Nach einer hastigen Kniebeuge eilt er nach draußen. Herr Marquard schaut ihm lächelnd entgegen. »Heute habe ich gute Kunde für Euch, mein Freund. Majordomus Karl erwartet Euch und Eure Brüder in der Pfalz Jopilla. Ihr werdet bald aufbrechen müssen.« Pirmins Antlitz spiegelt seine Gefühle wider, zuerst freudige Erwartung, dann Enttäuschung und endlich fast feindselige Ablehnung. »Was will denn der fränkische Majordomus von uns?« fragt er kurz angebunden und beinahe mürrisch und unhöflich. »Er ist für seine Übergriffe gegen die Kirche nicht gerade rühmlich bekannt.« Nun könnte Graf Marquard sich gekränkt fühlen, denn er hat sich persönlich für diesen ungebärdigen Mann bei Karl verwandt, ja für ihn gebürgt mit dem ganzen Gewicht seines hochangesehenen Adelsgeschlechtes und seines guten Rufes als treuer Gefolgsmann. Er bleibt gelassen und entgegnet ruhig: »Seine eigenmächtigen Handlungen gegenüber der Kirche können nicht geleugnet werden, Bischof Pirmin, obwohl er dafür vielschichtige Beweggründe hat, die manches rechtfertigen. Aber Karl ist nicht nur ein Machtmensch. Er bemüht sich auch redlich, ein guter Christ zu sein. Zugegeben, er ist groß im Sündigen, aber auch seine Bußfertigkeit trägt diesen Zug der Größe. Er will Euch und Eure Brüder keineswegs in sein Heer einreihen, sondern er hat Euch für eine besondere Aufgabe im Reiche Gottes vorgesehen.« »Weiß der Majordomus, daß ich kein Franke bin und die meisten meiner Brüder nicht aus seinen Landen stammen?« fragt Pirmin voller Mißtrauen anstelle eines neuen Einwandes gegen Karls Person. Jetzt schüttelt sein Gastgeber sanft und zugleich bestimmt den Kopf. »Macht Schluß mit Euren Vorbehalten, Herr Pirmin! Zudem seid Ihr im Frankenland als Gäste, und somit ist die Sache für Euch entschieden. Hausmeier Karl erwartet Euch baldmöglichst. Ich selbst habe das veranlaßt, denn schließlich habe ich den ganzen Winter hindurch mitansehen müssen, wie Ihr Euch vor innerer Unrast verzehrtet, weil Ihr Euch in meiner kleinen Grafschaft nicht genug gefordert sahet. Nun ergeht ein größerer Ruf an Euch, wie Ihr es immer gewollt habt. Meine Gattin hat mit ihren Frauen insgeheim bereits manches an Kleidung und anderen notwendigen Dingen vorbereitet. Wir werden uns zu Pferd und mit Wagen auf den Weg machen, denn nicht alle Eure Brüder sind gute Reiter. Sie können die Wagen mit den Vorräten betreuen.« »Wir?« stellt Pirmin eine letzte Frage, dieses Mal in freudigem Staunen. Marquard ergreift seine Rechte. »Glaubt Ihr denn, mein Freund, ich ließe Euch alleine zum Majordomus ziehen?«

Nun sind die Tage mit vielerlei Vorbereitungen ausgefüllt. Freude, Erwartung und Abschiedsschmerz mischen sich in den Herzen der Mönche. Es heißt ja, den Gefährten der Flucht Lebewohl zu sagen und den Burgbewohnern und den Menschen in der Grafschaft Marquard. Großzügig gibt der Graf fünf Halbfreien die Erlaubnis, sich den Mönchen anzuschließen, als sie ihn darum bitten.

»Ihr seid ein gefährlicher Menschenfischer, Bischof Pirmin«, sagt er halb ernst, halb scherzhaft. »Würdet Ihr noch lange bei uns bleiben, wäre meine Grafschaft am Ende arm an jungen Männern.« Pirmin besucht jede Flüchtlingsfamilie. Am längsten bleibt er bei dem Gespannführer Ruterp und seiner Frau Juanita. Die beiden verschiedenartigen Menschen haben in echter Liebe zueinander gefunden. »Ruterp, ich habe eine Bitte an dich«, meint Pirmin seltsam zögernd. Der Mann sieht ihn erwartungsvoll an. Was kann ein Bischof von einem Knecht wollen? Pirmin weist auf den Hund Bär, der als sein getreuer Schatten auch hier zu seinen Füßen liegt. »Würdest du ihn behalten? Er braucht einen Menschen, der gut zu ihm ist.« Bedächtig kratzt Ruterp seinen knochigen Schädel. »Herr, ich tue Euch den Gefallen von Herzen gern, aber ob es ihm gefallen wird? Er hat sich Euch nun einmal ausgesucht.« Das zottige Tier hebt lauschend den Kopf, als wisse es, daß von ihm die Rede ist. »Er wird sich schon umgewöhnen. Es geht nicht anders. Ich bringe ihn dir, ehe wir aufbrechen, und du bindest ihn ein paar Tage fest an.« Ruterp sieht ihm nach. Der Hund folgt ihm auf dem Fuße. »Der Plan wird nicht gelingen«, sagt er zu Juanita.

Bei einem letzten Gang durch die große Burganlage trifft Pirmin die Hausherrin im Küchengarten. Dort grünen die ersten Kräuter. An diesem Vorfrühlingstag weht ein kühler Wind. Er wundert sich, daß Frau Renfrid in zusammengekauerter Haltung auf der Steinbank sitzt, einige Veilchen in der schlaffen Hand. Als er näherkommt, schaut sie auf. Er erschrickt über die fahle Blässe ihres Antlitzes und die tiefen Ringe unter ihren müden Augen. Ihre bläulichen Lippen zwingen sich ein Lächeln ab. »Nun ist es so weit«, stellt sie mit matter, klangloser Stimme fest. »Was habt Ihr, edle Fraue?« erkühnt sich Pirmin sie zu fragen. »Der Abschied von uns kann Euch doch nicht so sehr bedrücken.« »Der Abschied von Euch geht mir nahe, Herr Pirmin, weil ich gerade jetzt Eures geistlichen Trostes bedürfte – für mich und meinen armen Mann.« Verwirrt sieht er sie an, sieht den Schmerz in ihrem Antlitz. Er schweigt, weil er sie nicht erneut fragen will. Da beginnt sie zu sprechen: »Meine Lebenstage sind bald gezählt, Herr Pirmin. Ich weiß die Anzeichen zu deuten, weil ich die Krankheit und den Tod meiner Frau Mutter miterlebt habe. Sie und ich, wir sind mit einer Schwäche des Herzens behaftet, die durch die Härten des Winters Jahr für Jahr spürbarer wird. Nun kann es jeden Tag geschehen, daß Gott mich heimruft. Ich fürchte den Tod nicht, aber ich denke an meinen Gatten. Er ist sehr allein.

Unsere Kinder gehen seit Jahren ihre eigenen Wege. Meine Tochter ist in der Bretagne verheiratet; unser Sohn dient begeistert im Heer des Majordomus.« Unbeholfen breitet Pirmin seine Hände aus, um sein Unvermögen anzudeuten. »Was soll ... was kann ich für Euch tun, edle Fraue?« Vergeblich überlegt er es. Trostworte und fromme Redensarten wären allzu billig. Frau Renfrid erhebt sich mit einiger Mühe: »Bleibt sein Freund, wo immer Ihr auch sein möget, Bischof Pirmin! Ich ahne, daß er Euch einmal sehr nötig haben wird. Bitte, sprecht nie zu ihm von meiner Krankheit!« Stumm verneigt sich der Bischof vor ihr. Er erwidert kein Wort, aber sie weiß, daß er ihr trotz allem ein Versprechen gegeben hat.
Mitte März bricht die Reisegesellschaft von Burg Marquard nach Nordosten auf. An der Spitze der Reitergruppe sind Graf Marquard und Bischof Pirmin. Ihnen folgen berittene Mönche, die von einem Trupp Bewaffneter begleitet werden. Dann folgen die Pferdewagen mit Vorräten, die von Mönchen und Brüdern betreut werden, denen der Pferderücken nicht so vertraut ist. Lange Zeit vernehmen die Reisenden das jämmerliche Geheul des Hundes Bär, den Ruterp mit einem starken Lederriemen in der Hütte festgebunden hat. »Warum habt Ihr den Hund eigentlich nicht mitgenommen, Herr Pirmin?« fragt der Graf, den der Jammer des Tieres stört. »Ein Mönch sollte keine Anhänglichkeit an ein Tier haben«, murmelt Pirmin finster, als sei er selbst nicht davon überzeugt. »Aber er soll auch keine Kreatur leiden lassen!« antwortet Marquard schroff. Pirmin bleibt ihm die Antwort schuldig. Trotz des herrlichen Vorführlingswetters bleibt sein Antlitz grimmig und verschlossen. Graf Marquard kann nicht ahnen, daß die trüben Gedanken des Bischofs Frau Renfrid gelten, in deren Antlitz die Anzeichen des baldigen Endes deutlich zu lesen waren. So meint der Graf, die Haltung des Freundes ent-

spränge seiner Bedrückung wegen Bär. Verstohlen entfernt er sich von seinem Begleiter und gibt einem seiner gut berittenen Diener heimlich einen Auftrag. In vollem Galopp sprengt der Mann in Richtung der Burg davon.

Nach mehreren Stunden legen die Reisenden an einer windgeschützten Stelle eine Rast ein, trinken vom klaren Wasser des Baches und essen Brote, Käse und Eier. »Wir wollen unseren Leuten und unseren Tieren ohnehin keine Reise ohne größere Pausen zumuten. In einigen Burgen rasten wir einen ganzen Tag. Ich habe Boten vorausgesandt. Wir sind überall willkommen«, erzählt Herr Marquard den Mönchen. »Ihr seid immer so fürsorglich, Herr«, sagt der Mönch Arnulf voller Dankbarkeit. Er freut sich jeden Morgen, daß der Herrgott ihm Leben und Kraft schenkt, um weiter mit Bischof Pirmin reisen zu können, aber er spürt auch täglich die Beschwerden des Alters. Plötzlich ein helles Bellen, ein freudiges Jaulen ... Wie ein rotbrauner Blitz schießt der Hund Bär durch die Reihen der Mönche, springt hechelnd an Pirmin hoch und wirft ihn in seiner Freude über das Wiedersehen rückwärts ins Gras. Pirmin hat alle Hände voll zu tun, um sich der stürmischen Liebkosungen des Tieres zu erwehren, das ihm unbedingt Gesicht und Hände ablecken will und sich kaum beruhigen läßt. Schließlich rettet Graf Marquard den arg zerzausten Bischof vor dem übereifrigen Bär. Er zieht ihn am Nackenfell von seinem unfreiwilligen Opfer ab. Mühsam richtet Primin sich auf und sieht in lauter lachende Gesichter. Zuerst möchte er ärgerlich werden, denn er ist sich bewußt, einen gar komischen Anblick geboten zu haben. Aber dann lacht er mit den anderen um die Wette, während Bär vor Begeisterung tanzt und winselt und sich von der starken Hand des Grafen losreißen will. Endlich legt sich der Sturm wieder. Pirmin kommt langsam zu Atem, richtet seine arg zerzauste Kleidung und fährt sich glättend durch sein Haar. Dann wendet er sich an den Grafen, der noch immer den widerstrebenden Hund festhält, und sieht ihm in die Augen: »Ihr seid sehr fürsorglich, Herr Graf. Mich dünkt, manchmal seid ihr zu fürsorglich.« Marquard erwidert seinen Blick und meint gelassen: »Seid Ihr davon wirklich überzeugt, Bischof Pirmin?«

Tag für Tag reiten und fahren sie durch fränkische Lande und erleben, wie es trotz widriger Winde Frühling wird. Bär trabt ausdauernd und treu neben Pirmins Pferd und bewacht nachts die Kammer, in der er schläft. An einem grauen, außergewöhnlich stürmischen Apriltag mit Graupelschauern erreichen sie endlich das Ziel ihrer mühsamen Reise, die wehrhafte Pfalz Jopilla. Beim Anblick der mächtigen graubraunen Türme und Ringmauern, die wie drohende Riesen auf sie herniederschauen, brummt einer der Brüder: »Wenn die Gebäude ein Abbild von der Wesensart des Hausherrn sind, so gnade uns Gott!« Auch Bischof Pirmin fühlt sich seltsam bedrückt und irgendwie abgestoßen von diesem mächtigen Bau, der nur abweisen, zurückstoßen will. Die Wachen, die sie in den Burghof lassen, wirken ebenso unfreundlich und ablehnend. Sie starren vor Waffen, sind grobschlächtig und unhöflich. Längere Zeit warten sie im Hof der Pfalz. Niemand scheint sie zu beachten. »Ein reizender Empfang«, murrt Bruder Anselmo. »Es ist hier ungeheuer gemütlich.« Wieder prasselt ein Graupelschauer auf sie nieder, ehe ein würdiger Alter auftaucht und mit lauter Stimme nach den Knechten ruft. Mürrisch kommen sie herbei und nehmen ihnen die Pferde ab. Der Alte führt sie in eine große, hohe Halle, in deren mächtigem Kamin ein helles Feuer brennt. Unwillkürlich eilen die Mönche dorthin und strecken die Hände aus, um etwas von der Wärme zu erlangen. »Das nennt man bei den Franken Frühling«, spottet Pedro, der spanische Laienbruder. »Bei uns daheim blühen die Bäume.

Man kann im Freien sitzen oder im Meer baden.« Der alte Diener verzieht mißbilligend sein Gesicht, als habe Bruder Pedro ihm persönlich einen Vorwurf gemacht. Dann kündigt er hoheitsvoll an: »In Bälde wird den Herrn ein Mittagsmahl gebracht. Herr Graf Marquard und Herr Bischof Pirmin werden gebeten, mit mir zu kommen.« Pirmin trennt sich nur ungern von seinen Brüdern. Rasch gibt er Bruder Oswald einen Wink, er möge Bär festhalten. Zum Majordomus kann er das zottige Hundetier wirklich nicht mitnehmen. Ein wenig verblüfft haben die Mönche der Ankündigung des Dieners gelauscht. Dann meldet sich wieder der Spaßvogel Pedro. Er setzt eine würdige Miene auf, wirft den Kopf in den Nacken und streckt seine ohnehin kecke Nase hoch in die Luft: »In Bälde wird den Herrn ein Mittagsmahl gebracht«, näselt er vornehm und ahmt dabei vortrefflich den Storchenschritt des Alten nach. Seine Mitbrüder lachen. »Nun, jedenfalls werden sich die Herrn das Mittagsmahl munden lassen«, ruft Bruder Sigbert fröhlich. »Hoffentlich gibt es hier bei den Franken überhaupt etwas Eßbares, das den Namen Mahlzeit verdient«, nörgelt der Alemanne Egno, der sich vorgenommen hat, nichts gut zu finden, was ihm in der Pfalz des Hausmeiers begegnet. Karl ist bei den Alemannen verhaßt und wird von ihnen als unbarmherziger Gegner gefürchtet. »Warten wir ab«, gähnt der rundliche Kelte Humbert gemächlich. »Ich bin froh, aus dem Sattel zu sein.« Nachdenklich betrachtet Bruder Manfredo den Mitbruder: »Hm, ich meine für einen, der des Reitens fast unkundig war, habt Ihr eine gute Figur gemacht auf Eurem braven Gaul.« Behutsam streicht Humbert über seine hintere Körperhälfte. »Jedenfalls spüre ich hier deutlich, daß ich geritten bin.« Ungeduldig seufzt Bruder Januarius, der neugierige Aquitanier: »Wüßten wir nur schon, warum wir hier sind!« In frommer Scheinheiligkeit faltet der Grieche Theodosius seine schmalen Hände. »Ist nicht Geduld eine der hervorragendsten Tugenden, die ein Sohn unseres seligen Vaters Benediktus üben muß?« Januarius möchte dem Spötter einen Verweis erteilen, als Bruder Arnulf lachend die Hand hebt. »Gemach, gemach, liebe Brüder! Wir führen hier ein loses Wortgeplänkel und denken gar nicht daran, daß unser Vater Pirmin, der uns seit unserer Flucht aus Peralta del Sol so vortrefflich geführt hat, auch hier die Hauptlast tragen wird. Ich weiß nicht, was ihn beim Majordomus erwartet, aber ich nehme an, daß eine wichtige Entscheidung fallen wird. Ich habe das sichere Gefühl, daß er unseren Beistand braucht. Wollen wir ihn alleine lassen, weil wir müde und hungrig sind? Was meint Ihr?« Beschämt denken die Mönche an ihre kindischen Reden und kleinlichen Streitereien. Sie bergen die Hände in den weiten Kuttenärmeln. Sie schweigen und beten für Bischof Pirmin. Egno, der Alemanne, betet wahrscheinlich am eindringlichsten. Für ihn ist der Majordomus Karl ein Ungeheuer, mit dem Vater Pirmin zu kämpfen hat wie weiland St. Georg mit dem Drachen. Im Schweigen wird den Mönchen ihre Müdigkeit wieder so recht bewußt. Die schweren Lider und die schmerzenden Glieder sehnen sich nach einem langen, erholsamen Schlaf. Mancher kann nicht verhindern, daß er herzhaft gähnt, andere dämmern in einer Art Halbschlaf vor sich hin. So ist es für alle eine Befreiung, als sich die Türe der Halle öffnet und eine Dienerschar ihren Einzug hält. Im Handumdrehen stehen Krüge mit Dünnbier, Wein und Milch, Schüsseln mit Gemüse und dampfendem Hirsebrei, Teller mit Fleisch, Speck, geräucherten Fischen und Brot auf den langen Tischen. Das Wasser läuft den Ausgehungerten im Munde zusammen, aber sie warten in klösterlicher Zucht, bis Arnulf die Speisen gesegnet und das Tischgebet gesprochen hat. Ihr Amen klingt so begeistert wie das Alleluja am Ostermorgen. Sie greifen herzhaft zu. Insgeheim wundern sich die Diener, wie rasch die Krüge geleert und Schüsseln und Teller von ihrem nahrhaften Inhalt befreit werden, und das in völligem Schweigen. Die guten Speisen munden auch dem Alemannen Egno ganz vortrefflich, obwohl sie aus der Küche des fränkischen Hausmeiers stammen. Er sagt sich vor, daß ja vielleicht eine alemannische Magd sie zubereitet haben könne ... Bruder Humbert stellt mit Begeisterung fest, wie rasch die Diener leere Krüge und Schüsseln wieder füllen, ohne lange zu fragen, bis der letzte Mönch sich zufrieden und gesättigt zurücklehnt. Natürlich erhält auch der Hund Bär seinen gerechten Anteil. Die Sehnsucht nach seinem Herrn hindert ihn nicht daran, die herrlich duftenden Fleischbrocken hastig zu verschlingen. Bruder Arnulf spricht das Dankgebet und gibt das Zeichen zur Rekreation, ganz so als wären sie daheim in ihrem Kloster. Die Neuhinzugekommenen beobachten willig die Bräuche, die ihnen die Mönche von Peralta vorleben. Nach der ausgiebigen Mahlzeit hat sich die Stimmung der Mönche erheblich gebessert. Niemand trauert mehr den Fleischtöpfen und dem geruhsamen Leben in Burg Marquard nach. »So schön es dort war, wir konnten nicht bleiben«, stellt Bruder Anselmo fest und trinkt den letzten Schluck des herben Rotweins. Der sonst so streitbare Bruder Januarius stimmt ihm zu: »Ja, es war an der Zeit, daß wir aufbrachen. Wir hatten uns zu sehr an das bequeme Leben in der Burg gewöhnt.« Oswald nickt bestätigend und krault Bärs Nackenfell. »Das sagte unser Vater Pirmin oft zu mir. Ich glaube, er wäre ohne uns aufgebrochen, wenn wir dort geblieben wären.« »Caritas Christi urget nos«, wirft gedankenvoll der alte Mönch Arnulf ein. »Es ist unsere Aufgabe, Christus zu den Menschen zu bringen. Leider huldigen noch allzu viele dem alten Götterglauben.« Wieder bringt Egno, der Alemanne, einen Mißklang in das friedliche Gespräch.

»Nehmt Ihr wirklich an, daß man uns ausgerechnet hier in Jopilla unsere Sendung erteilen wird? Wird sich unser Herr Jesus Christus eines Karl Martell bedienen, um uns Seinen Willen kundzutun?« Seine helle Stimme hat bei diesen Worten einen allzu scharfen Beiklang. Ärgerlich runzelt Arnulf die Stirn. »Laßt Euch nicht immer nur von Eurer Abneigung leiten, Bruder. Das ist eines Mönchs unwürdig, zumal in einer Gemeinschaft, in der Menschen aller Stämme willkommen sind! Wie unser Herr Jesus Seinen Willen kundtun will, ist Seine Sache. Er kann sich jedes Werkzeuges bedienen. Wollen wir etwa von uns behaupten, daß wir dazu würdig sind?« Bruder Egno will sich der Zurechtweisung nicht beugen. Sie hat ihm Schamröte in die Wangen getrieben. Zum Entsetzen seiner Mitbrüder fährt er auf: »Ich glaube nicht, daß unser Herr sich eines Karl Martell bedient!« Der Rücken des alten Mönchs strafft sich. Seine Augen funkeln den Sprecher an. »Wie wollt Ihr, Bruder Egno, es wagen, den Seelenzustand eines Menschen zu beurteilen? Wie könnt Ihr Euch anmaßen, darüber zu richten, wie er vor unserem Herrn dasteht? Richtet nicht, auf daß Ihr nicht gerichtet werdet!« Arnulf hat mit einer solchen Festigkeit und Endgültigkeit gesprochen, daß der andere beschämt schweigt.

Der würdige Diener hat Pirmin in eine kleine Stube geführt. »Bitte, wartet hier, Herr, während Graf Marquard dem Majordomus seine Aufwartung macht!« Mit kaum verhehltem Unwillen hat Pirmin gefragt: »Und warum kann ich nicht bei meinen Brüdern bleiben?« »Weil unser gnädiger Herr Majordomus es so bestimmt hat.«

Bischof Pirmin geht in der Stube auf und ab. Warum hat man ihn von den Brüdern getrennt? Warum muß er so lange warten? Hat er diesen weiten und anstrengenden Ritt unternommen, um am Ziele den Launen des herrischen Majordomus ausgeliefert zu sein? Sein Unmut wächst. Er beachtet die reichen Speisen auf dem Tisch nicht. Hastig leert er einen halben Becher Wein. Wird bald Entscheidendes auf ihn und die Brüder zukommen? Was kann der Majordomus, der mächtigste Mann des Frankenreiches, der längst statt des merowingischen Schattenkönigs regiert, von ihm, einem heimatlosen Wanderbischof und armen Mönch, wollen? Was hat er ihm zu geben? Welchen Wert stellt er für ihn dar? Was weiß er eigentlich über diesen Karl, den sie den Hammer nennen? Er hörte viel erzählen von seiner Machtgier, seiner Härte, seiner Tatkraft und seiner Rücksichtslosigkeit. Hat Karl, das Kind einer Friedelehe, nicht alle ausgeschaltet, die ihm im Wege standen, als es um die Macht ging? Man berichtete von seinen Kriegen und Feldzügen, von seinen Übergriffen auf kirchlichen Besitz zur Finanzierung der Kriege, vom willkürlichen Einsetzen und Absetzen von Bischöfen und Äbten ... Aber das ist nur eine Seite des Bildes, das Pirmin sich von diesem Mann macht. Karl ist gläubiger Christ. Er fühlt sich als Lehnsmann Gottes. Ist er nicht der einzige der Fürsten, der die christlichen Stämme einigen kann, damit sie der Gefahr erfolgreich widerstehen, die ihnen von den Kriegerscharen des Islam droht? Pirmin bleibt stehen und stellt sich die Frage: »Fürchte ich mich etwa vor diesem Karl Martell?« Er kann die Frage ehrlich verneinen. In seiner starken Bindung an Christus, seinen einzigen Herrn, weiß er sich frei gegenüber anderen Herrschaftsansprüchen. »Herr Jesus Christus, ich müßte Dir eigentlich danken, statt Überlegungen wegen des Kommenden anzustellen. Wie huldreich und sicher hast Du uns geführt! Du hast unseren Flüchtlingen in Marquard eine neue Heimat gegeben, und Du wirst auch für uns Sorge tragen. Schenke mir ein dankbares, ein geduldiges und ein vertrauendes Herz!« Wie ein Lauschender steht Pirmin im Raum. Er spürt, daß eine große Ruhe in sein

Herz einzieht. »Störe ich, Vater Pirmin?« Leise ist Graf Marquard eingetreten. Sein Blick streift die unberührten Speisen. »Wollt Ihr Euch nicht etwas stärken, Herr Pirmin? Ihr braucht Kraft für die Begegnung mit dem Majordomus.« Pirmin wirft ihm einen kritischen Blick zu. »Ist Karl so furchtbar?« fragt er kurz. »Nein, aber so mächtig und so von seiner Macht durchdrungen, daß er meint, alles zu vermögen.« Gedankenverloren bricht der Graf etwas Brot ab und gießt Wein in einen Becher. Wortlos folgt Pirmin seinem Beispiel. Sie essen eine Weile, ehe er sagt: »Was vermag der mächtigste Majordomus gegen die Macht Gottes, des Allmächtigen, des einen und einzigen Herrn, dem ich diene?« Warnend hebt Marquard seine Rechte, als wolle er der Rede Einhalt gebieten. »Bleibt Eurer Überzeugung treu, Vater Pirmin, aber hütet Euch vor solchen Worten. Karl kann Gutes für Euch und Eure Brüder tun, aber er kann Euch auch ungemein schaden.« Dem Grafen mißfällt der Ausdruck von Stolz und Verachtung, der blitzschnell über Pirmins Antlitz huscht und wieder verschwindet. Besitzt der Bischof jenen übermäßigen und empfindlichen Stolz, das übersteigerte Ehrgefühl der Menschen von der iberischen Halbinsel? Mit Besorgnis sieht der Graf der Begegnung der beiden Männer entgegen, zumal er sie selbst herbeigeführt hat. Nun bereut er beinahe, daß er Pirmin hierher gebracht hat. Aber es gibt kein Zurück mehr. »Kommt nun, Herr Pirmin!« fordert er mit belegter Stimme und rasch pochendem Herzen den Freund auf. Am liebsten hätte Pirmin ihn jetzt gefragt, was der Hausmeier mit ihm vorhabe, aber der Stolz versiegelt seine Lippen. So gehen die beiden Freunde schweigend durch die kahlen, halbdunklen Gänge, die feuchtkalt und zugig sind. Vor einem schweren Eichenportal verhält Graf Marquard den Schritt. Ein wachhabender Soldat öffnet den Flügel. Sie betreten einen Saal, in dessen hohem Kamin ein Feuer brennt.

Nahe beim Feuer sitzen Menschen in hohen Lehnstühlen. In der Zugluft, die bei ihrem Eintritt in den Raum strömt, flackert das Feuer jäh auf und wirft tanzende Lichtstreifen auf die grauen Wände aus klobigen Quadern. »Wann wird es in diesem Lande eigentlich endlich warm?« ertönt die Stimme einer Frau. Bei ihren Worten zieht Frau Swanahild, die Gattin des Hausmeiers Karl, ein dickes Wolltuch fester um die Schultern. »Meint Ihr, daß es in Eurer Heimat Bayern um diese Zeit wärmer ist, Frau Swanahild? Euer Land mit seinen hohen Schneebergen ...«, brummt eine tiefe Männerstimme in geringschätzigem Tonfall. »Bayern hat auch weite, fruchtbare Ebenen und herrliche Seen, mein Gemahl«, wendet die Frau furchtlos ein. »Habt Ihr etwa immer noch Heimweh nach dort?« grollt der Mann, der den Eingetretenen keinen Blick gegönnt hat. Vor seiner barschen Stimme weicht ein zarter, etwa achtjähriger Junge furchtsam zurück und preßt sich an die Rockfalten der Frau. »Seht da, Frau Swanahild: Euer Söhnlein hat wieder einmal Angst vor seinem Vater«, lacht der Mann. »Gewöhn dir das ab, Grifo, wenn du mit mir in gutem Einvernehmen leben willst! Hast du verstanden?« »Ja, Herr Vater«, flüstert das Kind zaghaft. Der Mann macht eine wegwerfende Handbewegung. Offensichtlich erwartet er von diesem spätgeborenen Sohn nicht viel Gutes. Nun richtet er seinen durchdringenden Blick auf Bischof Pirmin und Graf Marquard. Unwillkürlich verlangsamt der Graf seinen Schritt. Pirmin geht ruhig auf die Gruppe am Kaminfeuer zu. Er braucht nicht lange zu überlegen, wer der herrische Sprecher ist. Der breitschultrige, prächtig gewandete Mann mit der wilden rotblonden Mähne und dem langen lockigen Bart ist zweifellos der Majordomus Karl, der eigentliche Herrscher der Franken neben dem Schattenkönig Childerich. Karls breitflächiges Gesicht mit der hohen, buckligen Stirn wirkt im

Schein der huschenden Flammen hart und drohend. Pirmin schweigt und verneigt sich höflich vor ihm und den anderen Menschen am Feuer. Karl bietet ihm nicht an, Platz zu nehmen. Mit kritischen Augen mustert er den Bischof in der Mönchskutte, den hochgewachsenen Mann mit hagerem, bräunlichem Anlitz und dunklem Haar. Die schwarzen Augen erwidern seinen prüfenden Blick, ohne zu zucken oder verlegen auszuweichen. »Also Ihr seid der mir gerühmte Wanderbischof Pirminus aus dem spanischen Westgotenreich«, sagt er gedehnt und langsam, als ob er daran zweifele. Seine Rechte fährt durch seinen langen Bart. Seine Augen verengen sich zu schmalen Schlitzen. Er stößt boshaft und fast feindselig hervor: »Seid Ihr wirklich ein tapferer Mann, Herr Bischof Pirminus? Habt Ihr nicht vielmehr allzu rasch die Hoffnung aufgegeben, daß Eure Heimat wieder befreit wird? Ich versichere Euch, daß der Tag kommen wird, an dem fränkische Soldaten die Fremden aus Iberien vertreiben.« Seine Stimme dröhnt durch den Saal und hallt wie Kriegsgeschrei von den Steinwänden wider. Bischof Pirmin antwortet nicht. Sein Antlitz ist so starr, als sei es aus Stein gemeißelt. In Burg Marquard waren Meldungen eingetroffen, daß die Araber die Pyrenäen überquert haben und in Septimanien eingedrungen sind. Er blickt an Karl vorbei in die zuckenden Flammen des Kaminfeuers, und er denkt an die Flammen des Krieges und der Verwüstung in seiner Heimat. Mitleidig betrachtet Karls Gattin den Schweigenden. Karl sieht ihn schadenfroh an, Erminus, der Bischof von Löwen, voller Verständnis, und Graf Heinold, ein stutzerhaft gekleideter Höfling, mit müßiger Neugier. Unwillkürlich hält Graf Marquard den Atem an. Was wird Pirmin dem Hausmeier antworten? Durch allzu rasche Worte könnte er sich die Gunst des Majordomus für immer verscherzen. Frau Swanahild kommt dem zuvor. »Eigentlich habt Ihr als

Mönch Eure irdische Heimat bereits aufgegeben, als Ihr ins Kloster eingetreten seid, nicht wahr, und sie gegen eine Heimat eingetauscht, die Euch keiner nehmen kann?« Pirmin lächelt ihr und dem Kind Grifo zu. »Dank für Euer Verständnis, edle Fraue! Wir Mönche haben keine Heimat mehr und sind darum immer daheim ...« Unwirsch und grob unterbricht ihn Herr Karl: »Genug der frommen Worte, Bischof! Ich wollte Euch nicht zu meinem Hofprediger machen. Ich nehme an, daß Ihr allzu bereit wäret, auch unangenehme Wahrheiten zu verkünden. Aber seid ehrlich: Ihr seid des Wanderns müde. Ihr sucht Sicherheit und Geborgenheit für Euch und Eure Brüder. Wie wäre es, wenn ich Euch den Bischofssitz von Meaux verleihen würde? Er ist mit reichem Besitz verbunden. Ich würde ihn Euch sogar lassen, ohne Kriegstribut von Euch zu fordern. Wahrlich, Meaux ist eine fette Pfründe! Ihr könnt dort ein herrliches Kloster für Eure Brüder bauen.« Er beugt sich vor und forscht lauernd in den ruhigen Zügen des Mönchbischofs. Haben seine Worte, sein überaus großzügiges Angebot Eindruck auf den Mönch gemacht? Scheinbar nicht, denn Pirmins Miene verändert sich nicht. Gelassen erwidert er: »Ich danke Euch für Euer großzügiges Angebot, Herr Karl! Aber Meaux ist nicht für uns bestimmt. Wir streben keine Sicherheit an, wie sie im Reichtum liegt. Eine fette Pfründe könnte uns zu Trägheit und Unbeweglichkeit verführen.« Pirmin bemerkt nicht, daß Bischof Erminus errötet. Löwen ist nämlich eine überaus reiche Bischofsstadt. »Wir müssen auf dem Wege bleiben und für Christus zu den Menschen gehen, seien wir auch arm und unbehaust. Wir wollen nichts anderes, als der Welt Seine Frohe Botschaft zu bringen.« Erstaunt und ungläubig wirft der Hausmeier ein: »Währte für Euch etwa schon die Zeit in Marquard zu lange, weil Ihr dort allzu geborgen wart?« »Ihr habt es erraten, Herr Karl«, stimmt Pirmin

zu. »Bei aller Dankbarkeit gegen Herr Marquard, der uns großzügig Haus und Hof geöffnet hat, blieb dies Drängen in mir und in meinen Brüdern …« Völlig unerwartet mischt sich Graf Heinold mit seiner hohen Stimme dreist ein: »Sollte diese Unruhe nicht ein Erbteil Eurer iberischen Mutter sein?« Pirmin zuckt zusammen und ballt seine Hände. Sein Atem geht rasch. »Ich bin stolz auf das Erbe meiner Frau Mutter aus altem iberischem Geschlecht, und ich halte ihr Andenken hoch in Ehren.« Nach diesen Worten steht er regungslos da. Seine Gestalt im grobwollenen Gewand wirft einen übergroßen Schatten auf die Steinwand hinter ihm, übermenschlich groß und drohend. Am liebsten wäre Frau Swanahild zu ihm gegangen und hätte ihm für die Worte der Treue zu seiner Mutter gedankt. Wie wenig Güte erfährt sie von ihrem Gatten und keinen Dank für ihre Mutterschaft! Sie legt ihren Arm fester um den Knaben Grifo. Nach langem Schweigen unterbricht der Majordomus die peinliche Stille. »Ihr könnt Euch denken, daß wir Euch nicht kommen ließen, um mit Euch zu plaudern, Bischof Pirmin. Wir wollen Euch kennenlernen, nachdem Graf Marquard Euch mit lobenden Worten gepriesen hat. Wir haben den morgigen Tag dafür vorgesehen, Euch unsere Wünsche mitzuteilen. Begebt Euch nun zu Euren Brüdern zum abendlichen Mahl. Sicherlich werdet Ihr eine ausgiebige Nachtruhe brauchen nach dem mühevollen Ritt. Gehabt Euch wohl bis morgen!«
Beim Abendessen der Mönche hebt Pirmin das sonst übliche Schweigen auf. Er weiß, daß seine Brüder darauf warten, daß er ihnen von Karl berichtet. Er atmet tief durch und breitet seine Hände weit aus. »Seht her, liebe Brüder. Ich bringe Euch das, was ich in meinen Händen halte … nichts. Der Majordomus wollte mich lediglich begutachten und prüfen. Morgen wird uns sein Auftrag zuteil.« Egno wirft ein: »Hat er über-

haupt ein Recht dazu, uns einen Befehl zu erteilen?« »Nicht übertreiben, Bruder Egno! Er hat das Recht der Macht. Wenn das, was er von uns verlangt, zum Besten der Kirche und des Glaubens ist, werden wir uns diesem Dienst nicht versagen. Habt Vertrauen zu mir, meine lieben Brüder! Ich willige in nichts ein, was ich nicht vor meinem Gewissen verantworten kann.« Gütig läßt er seinen Blick über die ihm so vertrauten Gesichter der jungen Mönche, der Mönche in den besten Mannesjahren schweifen und bleibt am durchgeistigten Antlitz des alten Arnulf haften. »Habt Vertrauen zu mir! Ich habe auch den Mut, ein klares Nein zu sagen, wenn Karl etwas von uns fordert, was sich nicht mit unserem Dienst für Christus vereinbaren läßt.« Keiner der Männer hat bemerkt, daß Frau Swanahild den Raum betreten hat. Sie zucken zusammen und erheben sich dann rasch von ihren Plätzen, als sie mit freundlicher Stimme fragt: »Habt Ihr Brüder alles, was Ihr braucht, oder kann ich noch etwas Gutes für Euch tun?« Grifo ist mit ihr gekommen und staunt die Mönche aus großen Kinderaugen an. »Ihr werdet kaum erraten, edle Fraue, was uns noch fehlt«, lächelt Pirmin. »Bitte, horcht einmal! Eure Diener haben einen treuen Gefährten von uns vor dem Mahl aus dem Saal geholt.« Nun vernimmt Frau Swanahild das klägliche Winseln und Jaulen eines Hundes. »Darf der Hund Bär wieder zu uns hereinkommen?« Frau Swanahild wundert sich. »Einen größeren Wunsch habt Ihr nicht? Natürlich darf der Hund wieder zu Euch kommen. Kann ich sonst noch etwas für Euch tun?« Die Mönche sehen einander fragend an. Was sollen sie wünschen außer einem Lager für die Nacht, und das ist ihnen bereits sicher. Pedro hat Bär geholt. Frau Swanahild und Grifo erleben mit, wie Pirmin von dem mächtigen Tier mit einem Freudentanz begrüßt wird. Grifo darf den Hund streicheln. Bär gibt sich dem schmächtigen Kind gegenüber sanft und gesittet. »Er spürt, daß Grifo ihn mag.« Bischof Pirmin geleitet seine hohe Gastgeberin und ihr Söhnchen bis in den Gang vor der Halle des Majordomus. »Ich danke Euch, Frau Swanahild!« Sie zögert. Mit verhaltener Stimme sagt sie: »Verzeiht meinem Gatten sein rauhes Wesen, Bischof Pirmin! Die Fülle der Sorgen macht ihn unduldsam. Im Grunde genommen will er das Gute, auch wenn er sich harter Mittel bedient. Bei all seinen Fehlern ist er im letzten und tiefsten ein gläubiger Christ. Bitte, bedenkt dies bei allem, was er morgen von Euch fordern wird!« Gedankenvoll sieht er ihr nach. Was beabsichtigte Frau Swanahild mit ihren Worten? Sie kam gewiß aus eigenem Antrieb. Mit einem Seufzer wendet sich Pirmin um. Was nützt alles Grübeln? Morgen wird die Entscheidung fallen. Graf Marquard sitzt in der Wohnhalle des Hausmeiers bei den anderen am Feuer. Das Gespräch dreht sich immer noch um Bischof Pirmin. Er hat auf Majordomus Karl einen nachhaltigen Eindruck gemacht. »Wie schade, daß ein Mann seines Formates nicht Krieger geworden ist! Bei seinem inneren Feuer wäre er ein furchtbarer Kämpfer«, meint Karl. Der Graf nickt zustimmend. »Das habe ich oft und oft in Burg Marquard gedacht. Aber verkennt ihn nicht, denn andererseits ist Pirmin erstaunlich feinfühlig und mitleidig – Stahl und Samt.« »Ihr haltet ihn aber großer Aufgaben für fähig als Klostergründer und Missionar?« murmelt der Hausmeier, als kämen ihm plötzlich Zweifel. »Das tut Ihr doch auch, Herr Karl«, wirft Bischof Erminus von Löwen ein. »Sonst hättet Ihr ihn gar nicht zu Euch gerufen.« Karl sieht ihn spöttisch an. »Euer bischöfliches Wort ist klug und diplomatisch wie immer. Ihr seid der rechte Verwalter einer reichen Pfründe, die Löwen zweifellos darstellt. Genug der Späße – einen Mann wie diesen Pirmin habe ich lange Zeit gesucht. Schon die kurze Begegnung mit ihm hat mich davon überzeugt, daß Ihr mit Eurer

Lobpreisung seiner Person die Wahrheit gesagt habt, Graf Marquard. Mein Angebot des Bischofssitzes zu Meaux war nur eine Fangfrage. Ich wollte seine Haltung zum Reichtum prüfen. Er hat so geantwortet, wie ich gehofft habe. Hätte er zugestimmt, wäre ihm weder der Bischofssitz von Meaux zuteil geworden, noch die andere große und schöne Aufgabe, für die ich ihn vorgesehen habe. Ja, Ihr Herren, ich habe wirklich Großes mit diesem Mönchbischof aus westgotischem Adel vor und mit seiner Mönchschar, die sich aus Männern verschiedener Stämme zusammensetzt. Wie ich zu meiner Freude vernommen habe, sind sogar Alemannen darunter. Erstaunlich, daß Pirmin diese widerspenstigen Burschen zähmen kann! Dabei habe ich die größten Schwierigkeiten, mit diesen wilden Kriegern fertig zu werden. Sie erheben sich trotz aller Niederlagen immer wieder gegen uns Franken und kämpfen verbissen und tapfer gegen unsere Oberherrschaft. Wiederholt glaubte ich, das Land befriedet zu haben und wurde eines Besseren belehrt durch den nächsten Aufstand. Dabei wäre es notwendig, gegen den mächtigen Feind, der uns aus dem Westen bedroht, zusammenzustehen. Die Alemannen müssen unsere Verbündeten sein, wenn es zur Entscheidungsschlacht gegen die Muselmanen kommt! Sie sind harte Krieger mit einer dicken Schicht Heidentum unter einer dünnen christlichen Haut. Denkt Euch nur, ihr Herzog Lantfried hat den Bischofssitz zu Konstanz einem jungen Adeligen verkauft, der keine Weihen empfangen hat und kein Wort Latein kann!« Unbehaglich reckt Karl seine breiten Schultern. Dieses Alemannien ist für ihn ein steter Stachel im Fleisch. Keiner der Männer erwidert seinen Blick auf seinen letzten Worte hin. Ehrlicherweise müßten sie ihm sagen, daß er mit dem Einsetzen und Absetzen von Bischöfen und Äbten genau so mutwillig verfährt wie sein alemannischer Gegenspieler Lantfried. Aber dazu fehlt ihnen der Mut. In seinem Zorn wird der Majordomus unberechenbar. Karl blickt in die Runde und stößt ein grunzendes Lachen aus. Im Grunde genommen weiß er, was sie über ihn denken. Er genießt es, daß sie sich davor fürchten, es offen auszusprechen. Wie mächtig ist er, daß solche Männer Angst vor ihm haben! Aber kann er anders handeln? Nur in einem befriedeten, geeinten Reich wird sich das Christentum entfalten können. Auf dem Weg zu diesem Ziel kann er nicht wählerisch sein in seinen Mitteln. Sollen die reichen Bischöfe ruhig Ach und Weh schreien, wenn er ihren Kirchenschatz plündert, um seine Kriege zu bezahlen! Er denkt eben nicht nur an heute, an jetzt. Er denkt weit, zukunftsfroh und großräumig. Einmal, und davon ist er zutiefst überzeugt, wird ein Reich sein, ein Reich von Italia bis zum Norden, von den Pyrenäen bis zu den slawischen Stämmen an Elbe und Oder. So Gott will, wird der Herrscher dieses Reiches sein Nachkomme sein, der Nachkomme des Karl Martell, dem viele insgeheim verübeln, daß er nur das Kind aus einer Friedelehe seines Vaters ist. Wie so oft verspürt Karl auch in dieser Stunde den unbändigen Willen zur Macht und zugleich den Stolz dessen, der sich aus Vergessenheit und Verachtung zum mächtigsten Mann im Frankenreich emporgearbeitet hat. Zugleich möchte er aber auch Christus dienen. Ihm weiß er sich verpflichtet in germanischer Treue. ›Er ist mein Lehnsherr, und Er wird der eigentliche Herrscher des geeinten Abendlandes sein!‹ Er beugt sich vor und ruft mit seiner dröhnenden Stimme, als verkünde er vor einer großen Versammlung Gesetz und Botschaft: »Wir müssen alle, die abseits stehen, mit uns vereinen, wenn die Kirche Christi vor dem Ansturm des Islam gerettet werden soll. Dazu brauchen wir Brückenköpfe fränkischen Geistes in Alemannien, Mittelpunkte christlicher Frömmigkeit im teilweise halbheidnischen Süden.« Ruhig wirft Frau Swanahild ein, die unauffällig auf ihren Platz zurückgekehrt ist: »Die aber wie die Klöster in Bayern zugleich Stützpunkte fränkischer Macht sind.« Wird den Hausmeier der Zorn übermannen, weil seine Gattin so außergewöhnlich freimütig gesprochen hat? Zuerst hat es den Anschein. Er wirft ihr einen zornigen Blick zu. Dann entspannen sich seine Züge wieder. Er lacht beinahe gutmütig. »Ihr seid sehr klug, Frau Swanahild! Ihr habet meinen Plan verstanden. Ein klösterlicher Stützpunkt ist auch ohne Waffen und ohne Garnison eine Burg fränkischer Macht. Bischof Pirminus, der kämpferische Gottesmann aus Iberien, soll mir ein solches Bollwerk errichten, und zwar mitten im Herzen des Alemannenlandes.« Bischof Erminus, der wegen der Anspielungen auf seine reiche Diözese gekränkt ist, murrt geringschätzig: »Und wo soll dieser ... dieser Wanderbischof sich niederlassen und ein solches Wunder vollbringen? Wird es ihm gelingen, gleichsam aus dem Nichts im feindlichen Land ein fränkisches Bollwerk aufzubauen?« Karl wirft ihm einen verweisenden Blick zu. Dann zeichnet sein breiter Zeigefinger eine fast senkrechte, unsichtbare Linie in die Luft, biegt geringfügig nach rechts ab und verharrt dort. »Unser gelehrter Magister Einhart hat mir so den Weg beschrieben. Das Ziel des Pirmin liegt unten im Süden. Dort scheint die Sonne wärmer als hier. Die milde Luft am großen See mag diesen Mann Pirminus an seine Heimat erinnern. Im Bodensee liegt eine Inselwildnes, die sie Sintlasau nennen. Nach seiner letzten Niederlage hat sie mir der Alemannenherzog mit etlichen anderen Besitztümern auf dem Festland geschenkt. Sie gehört zum Königsgut Bodman. Auf dieser Insel Sintlasau soll uns Bischof Pirminus ein Kloster errichten, eine Abtei zu Ehren der Gottesmutter und der Apostel Petrus und Paulus.« Nun hat Erminus von Löwen einen ernsten Einwand: »Ihr habt das bereits bis ins kleinste geplant, Herr Karl? Aber ist es nicht zu kühn, ein solches Werk mitten im feindlich gesinnten Alemannien zu beginnen und in Reichweite der Stadt Konstanz, in der, wie Ihr selbst sagtet, ein verschwenderischer und tyrannischer Günstling von Herzog Lantfried auf dem Thron sitzt, der Laie Audoin? Was mutet Ihr da dem arglosen Pirmin und seinen Männern zu!« Mit spöttischer Bewunderung betrachtet der Majordomus den Priester. »Alle Achtung! Ihr habt ja Mut, Herr Erminus? So kenne ich Euch gar nicht.« Er breitet weit seine mächtigen Arme aus, als wolle er etwas erfassen, umfassen, in seine Gewalt nehmen durch diese Umarmung. »Ihr habt mich nicht begriffen, Bischof! Gerade weil dieser Audoin ein gefährlicher Bursche ist, schicke ich Pirmin in seine Nähe. Der vortreffliche Pirmin wird den Alemannen nämlich zeigen, wie sich ein christlicher Bischof verhält, wie gut er zu den Menschen ist – und wie freundlich die so überbeleumdeten Franken sind, die ihnen Frieden und Wohlstand bringen. Im übrigen, zu Eurer Beruhigung, Herr Erminus, gründe ich dieses Kloster mit Zustimmung des Alemannenherzogs. Er hatte gerade einen guten oder einen schwachen Tag, als ich ihn deshalb befragen ließ, und er verweigerte mir sein Einverständnis nicht. Herr Marquard, warum schaut Ihr so nachdenklich drein? Ich bin davon überzeugt, daß Euer Freund Pirmin die ihm gestellte Aufgabe lösen wird. Er hat einen starken Willen, ein überschäumendes Temperament und eine glühende Christusliebe.« Graf Marquard stimmt ihm zu. »Ich gebe Euch recht, Herr Karl. Doch Ihr stellt ihm eine schwere Aufgabe. Er wird ohne Waffen kämpfen müssen.« Der Majordomus lacht wieder sein sieghaftes, lautes Lachen. »Will er es denn etwa leicht haben? Herr Marquard? Wird er sich nicht freuen, wenn er für Christus kämpfen muß? Außerdem, meine liebe Frau Swanahild, meine Herren, es ist zu spät für Eure Einwände, wie sie auch immer geartet sein mögen. Die Sache ist nämlich bereits entschieden. Der Schutzbrief ist ausgestellt. Lest das Pergament vor, mein Kanzler Chalderam!« Beflissen entrollt der Höfling das große Pergament und trägt mit monotoner Stimme den für Pirmin ausgestellten Schutzbrief vor. »Habt Ihr genau zugehört?« fragt Karl nach der Lesung triumphierend. »Alles ist verbrieft und gesiegelt, mit Unterschrift versehen und datiert vom heutigen Tage, dem 24. April Anno Domini 724, gegeben zu Jopilla ...« Wider besseres Wissen murmelt der Bischof von Löwen: »Habt Ihr Pirmin bereits um seine Zustimmung gefragt?« Verwundert starrt der Hausmeier ihn an. »Was sagtet Ihr. Gefragt? Gefragt? Als ob das wichtig wäre! Bleibt diesem Mann denn die Möglichkeit, meinen Auftrag abzulehnen?« »Immerhin ist Pirmin kein Franke«, gibt Frau Swanahild zu bedenken. »Wie Ihr es auch nicht seid, edle Fraue. Er ist zwar kein Franke, aber er ist auf die Gnade der Franken angewiesen. Ihr werdet sehen, er fügt sich, ohne ein einziges Widerwort zu wagen.« Bei dieser selbstgefälligen, herabsetzenden Äußerung des Majordomus faßt Graf Marquard den Entschluß, seinen Freund heimlich davon zu unterrichten, was am nächsten Tag auf ihn zukommt.

Er sucht ihn im Quartier der Mönche. Manche Brüder sind unwillig über die späte Störung, andere erwachen nicht aus dem tiefen Schlaf der Erschöpfung. Ratlos steht der Graf zwischen den Strohlagern der Mönche. Was soll er tun? Ob der ruhelose und unberechenbare Bischof draußen durch die inzwischen klare und windstille Nacht umherwandert, um im Schein des Mondes zu beten und Gott um eine Antwort zu bitten? Gerade will Graf Marquard sich zum Gehen wenden, als ihn die leise Stimme des Mönchs Arnulf erreicht: »Ihr sucht wahrscheinlich Vater Pirmin. Er wird in der Pfalzkapelle sein.« »Danke, Herr Arnulf! Daran hätte ich eigentlich denken müssen.« Behutsam tastet sich Graf Marquard über die Unebenheiten des Hofes. Wie eine feierliche Prozession ziehen oben am Himmel über dem Lütticher Land kleine Wolken vorbei und geben immer wieder Mond und Sterne frei. Aus einem der Kapellenfenster fällt durch das grünliche Glas matter Lichtschein nach außen. Auf den Stufen der Steintreppe entdeckt der Graf ein dunkles Bündel. In unbeirrbarer Treue bewacht Bär das Gebet seines Herrn, wie er es auch in Burg Marquard getan hat. Mit einem Male ist der Graf unentschlossen. Soll er die nächtliche Zwiesprache des Bischofs mit Gott stören? Würde Pirmin darin nicht mehr Kraft finden, als ihm seine Freundschaft zu geben vermag? Darf er ihn andererseits ungewarnt der harten und nicht selten brutalen Befehlsgewalt eines Karl Martell ausliefern? Irgendwie fühlt er sich mitschuldig und in besonderem Maße mitverantwortlich, hat er doch dem Majordomus Pirmin für eine größere Aufgabe empfohlen, weil er es nicht mehr mitansehen konnte, wie der sich im Feuer seiner eigenen Unrast verzehrte. Wie gerne hätte er den Freund bei sich behalten! Wenn er nur im entferntesten geahnt hätte, welche machtlüsterne Politik Karl bewog, ein Kloster auf der Sintlasau zu gründen und sich dazu eines Mannes wie Pirmin zu bedienen! Jetzt nützt alles Bedauern nichts mehr. Marquard zieht seinen Umhang fester um die Schultern. Ihn friert. Er beugt sich nieder und streichelt den Hund. Dann betritt er die schmucklose Kapelle. Neben dem riesigen Steinkreuz über dem Altar brennt eine Kerze in einem hohen Eisenleuchter. Ihre kleine Flamme flackert, zuckt und schwankt. Sie kann dem düsteren Raum nur wenig Helligkeit schenken. Auf den grauen Steinplatten kniet Bischof Pirmin. Er hält sein Antlitz in den Händen und hat die Schultern gebeugt. So hat ihn der Graf auch auf Burg Marquard manches

Mal gesehen. Er bleibt an der Türe stehen. Weht nicht ein Seufzen, ein Flehen durch den Raum? Ist es nicht der heimliche Hilferuf eines Menschen zu seinem Gott, eine flehentliche Bitte um Kraft und Stärke? »Ich lasse dich nicht, du segnest mich denn ...« Jakob ringt mit dem Engel. Marquard weiß nicht um diese Szene aus dem Alten Testament. Er fühlt sich nur im Innersten angerührt. ›Hätte ich nicht Grafschaft und Familie, so würde ich mit ihm ziehen zur fernen Sintlasau‹, denkt er bewegt. Wie soll er dem Freund nun beistehen? Leise nähert er sich dem Knienden und legt ihm behutsam die Hand auf die Schulter. Pirmin erschrickt jäh, läßt die Hände sinken und schaut auf. »Vater Pirmin«, flüstert der Graf bittend. »Ach ... Ihr seid es ...« Mühsam erhebt sich der Mönch. Der Graf versucht zu scherzen: »Scheinbar wurde mir von Gott die besondere Gabe verliehen, Euch immer bei Euren Gebeten zu stören ... Kommt mit mir nach draußen, mein Freund!« Auf dem Hof gehen die beiden Männer zunächst schweigend auf und ab, vom beinahe lautlosen Tappen der Hundepfoten gefolgt. Bär macht getreulich jede Wendung ihres Weges mit. Er bleibt stehen, wenn sie stehenbleiben; er kehrt um, wenn sie umkehren. Nun wird es Graf Marquard schwer, einen Anfang zu finden. Wie soll er dem Mönch möglichst schonend beibringen, was ihn in einigen Stunden erwartet? Wie soll er ihm klarmachen, daß eine Weigerung furchtbare Folgen für ihn und für seine Gefährten haben würde. Ahnt der Bischof die Not seines Begleiters? Er kommt ihm zuvor. »Wollt Ihr mir sagen, was der Majordomus von meinen Gefährten und von mir will, Herr Marquard?« Der Graf atmet auf. »Ja, das ist es, warum ich Euch suchte, Herr Pirmin. Ich möchte Euch davor bewahren, daß Ihr in Eurer Überraschung oder in Eurem berechtigten Ärger voreilig etwas sagt, das Euch und Euren Brüdern schaden würde. Wahrscheinlich würde Herr Karl mein

Vorgehen als Vertrauensbruch ansehen, aber ich fühle mich Euch als Freund verpflichtet, Euch vor Schlimmerem zu bewahren.« Während sie weiter durch die Nacht wandern, erzählt er dem schweigend Lauschenden mit verhaltener Stimme den fertigen Plan, ein Kloster auf der Insel Sintlasau im Bodensee zu gründen, und er erwähnt zum Schluß den mit Datum und Unterschrift versehenen Schutzbrief. »Herr Karl war sich seiner Sache so sicher, daß er einen Schutzbrief ausstellen ließ, ehe er mich kannte«, wundert sich der Mönch. »Das ist vor allem meine Schuld, Herr Pirmin. In meinem Brief habe ich ein solches Bild von Euch entworfen, daß er Euch großer Dinge für fähig hielt, ehe er Euch sah.« »Sintlasau ... Sintlasau ...« Mehre Male spricht Pirmin den Namen langsam vor sich hin, so als müsse er den Klang verkosten und sich zu eigen machen. Dann bleibt er plötzlich stehen und fragt mit erhobener Stimme, die durch den Pfalzhof hallt: »Und wem soll ich auf der fernen Insel Sintlasau im Bodensee dienen? Unserem Herrn Jesus Christus oder dem fränkischen Hausmeier Karl und der Ausbreitung seiner Macht? Gebt mir ehrlich Bescheid, ganz ehrlich als mein Freund!« Marquard meint, er müsse die Augen seines Begleiters blitzen sehen, obwohl eine Wolke den Mond verdeckt. Oder erweckt der Zorn, der aus seinen Worten klingt, bei ihm diesen Eindruck? »Beruhigt Euch, Herr Pirmin! Ich antworte Euch in aller Aufrichtigkeit. Karl meint mit dieser Klostergründung natürlich in erster Linie die Festigung fränkischer Macht, sei es auch ohne Waffengewalt, die Macht über die gläubigen Seelen der Alemannen durch fränkische Prister.« Da lacht Pirmin, aber aus seinem Lachen klingt keine Heiterkeit. »Dabei vergißt der edle Herr ganz, daß ich kein Franke bin und nur dem Herrn diene, dem ich mein Leben im Gelübde dargebracht habe.« Eine solche Äußerung aus seinem Munde zu dem Hausmeier ge-

macht, könnte furchtbare Folgen für ihn haben. Nachdrücklich und mit geballten Fäusten spricht Graf Marquard darum auf ihn ein: »Hindert Euch denn Karls Ehrgeiz daran, Eurem Herrn auf der Sintlasau zu dienen, aus ganzem Herzen und mit Leib und Seele und Ihm die Menschen im Alemannenland zuzuführen? Geht im Namen des Herrn Jesus Christus auf die Insel und verrichtet dort Sein Werk! Dann wird Gott Euer Tun segnen, und Eure Klostergründung wird zu einem Bollwerk des Glaubens im teils heidnischen Alemannien. Wahrscheinlich ist unser großmächtiger Majordomus mit all seiner Klugheit und Machtgier auch nur ein armes Werkzeug in den Plänen des Allerhöchsten, denen er unwissentlich dienen muß.«
Bewegt greift Pirmin nach der Hand des Grafen. »Ihr habt mich beschämt. Ihr habt die rechte Sicht der Dinge. Jetzt kann ich mein Ja sagen. Ich danke Euch, mein Freund!«
Am folgenden Tag läßt sich der Majordomus viel Zeit zu einer umständlichen Einleitung und behutsamen Darlegung seiner Pläne, deren Beweggründe ihm nun auch nicht mehr ganz so edel erscheinen wie am Tag zuvor. Er ist ganz überrascht, als Bischof Pirmin sich sofort bereiterklärt, den Auftrag zu übernehmen. Mit beinahe verlegenem Eifer versichert ihm daraufhin der Hausmeier: »Ihr könnt bei den Vorbereitungen jede nur erdenkliche Hilfe in Anspruch nehmen, Herr Pirmin! Listet getrost alles auf, was Ihr braucht! Ich werde keine Eurer Bitten und Forderungen abschlagen. Ihr werdet bestens ausgestattet sein. Es soll Euch in keiner Weise an etwas fehlen. Äußert ohne Hemmungen Eure Wünsche ...« Pirmin bedankt sich freundlich und geht davon. Verwirrt blickt Karl ihm nach. Er hatte mit Widerstand gerechnet, und er kommt sich nun so vor, als habe ihm ein Stärkerer die Waffen aus der Hand genommen, ehe er sie benutzen konnte. »Ein rätselhafter Mensch ist dieser Bischof Pirmin, beinahe ein wenig unheim-

lich«, murmelt er ratlos. Graf Marquard verbirgt nur mühsam sein Lächeln. Wenn Karl wüßte, wie die rasche Zustimmung des Bischofs zustandegekommen ist!

Die Mönche beginnen begeistert mit ihren Reisevorbereitungen. Viel umsichtiges Planen und sachliche Überlegung sind dabei vonnöten. »Schließlich gründen wir alle zum ersten Mal ein Kloster«, scherzt Pirmin, dessen unermüdliche Tatkraft nun von wachsender Freude getragen ist. Er hat ein Ziel! Durch den Mund des Hausmeiers hat Gott ihm den Weg gewiesen. Seine Freude und der Eifer seiner Brüder zeigen apostolische Wirkung und Werbekraft. Mancher junge Mann aus dem Gefolge des Majordomus läßt sich vom frohen Gemeinschaftsgeist der Mönche für die Sache Christi begeistern und bittet um die Aufnahme. Bischof Pirmin prüft jeden Bewerber lange und hält ihm ohne fromme Deutungen nüchtern und klar vor, auf was er als Mönch verzichtet, und welches Maß von Hingabe gefordert wird. »Denkt nur nicht, das Ordensleben sei der Himmel auf Erden. Es ist das durchaus nicht einfache Zusammenleben mit Menschen verschiedener Art und Herkunft. Wir sind zwar miteinander als Brüder auf dem einen Weg, aber wir können nicht immer gleich große Schritte machen. Wir müssen nicht selten Schwächere ertragen oder sogar tragen. Jeder Mönch bringt sich, sein Wesen, seine Ecken und Kanten und natürlich auch seine guten Seiten mit in die Gemeinschaft. So bleiben Mißverständnisse nicht aus. Und gerade in der Gemeinschaft erfährt der Mönch nicht selten jene Einsamkeit, in der ihm schmerzlich bewußt wird, daß ihn sein Personsein von den andern trennt, daß er inmitten der andern allein ist mit Gott. Der Pilgerweg des Menschen in einem Klosterleben ist manchmal wie der mühsame Weg durch die einsame Weite und Öde einer Wüste. Oft muß man lange und ausdauernd wandern,

um das Glück einer Oase zu erleben. Aber in allen Wüstenstunden wandert Gott mit.«
Wen die ernsten Vorhaltungen des Bischofs nicht abschrecken, der darf eine Probezeit in der Mönchsgemeinschaft beginnen. Eines Tages meldet sich Hofkaplan Ermanold bei Pirmin und bittet eindringlich, sein bequemes und hochdotiertes Amt gegen das karge Leben eines Mönchs eintauschen zu dürfen. Zuerst will der Hausmeier dem gewichtigen Ermanold die Erlaubnis verweigern, gibt aber schließlich widerstrebend nach. Dennoch beeilt er sich, Pirmin zur baldigen Abreise zu bewegen. »Es ist hohe Zeit, daß Ihr Euch auf den Weg macht, Bischof Pirmin! Wenn Ihr zu spät auf der Sintlasau eintrefft, bleibt Euch nicht mehr die Möglichkeit, vor dem kommenden Winter die notwendigen Bauten zu errichten. Alles ist sorgsam verpackt und geordnet. Wagen und Pferde stehen bereit. Überall da, wo Ihr rasten werdet, haben meine Boten Euer Kommen angekündigt. Euer erster Aufenthalt ist Aachen. Danach werdet Ihr gleichsam von Stadt zu Stadt weitergereicht und von Köln aus mit Treidelschiffen befördert. Die letzte Strecke müßt Ihr wieder mit Pferd und Wagen zurücklegen, bis Ihr im Dorf Markelfingen Euer eigenes Land betretet. Ihr werdet voraussichtlich unterwegs keine besonderen Schwierigkeiten zu überwinden haben. Sogar Herzog Lantfried will das fromme Tun unterstützen und Euch freundlich aufnehmen.« Karl lächelt spöttisch. Als er das ernste Antlitz des Bischofs sieht, fügt er rasch hinzu: »Dennoch halte ich es für notwendig, daß Euch zu Eurer Sicherheit ein ausgesuchter Trupp Bewaffneter begleitet. Sie werden am Bodensee zu Eurer Verfügung bleiben.« Jetzt ist es Bischof Pirmin, der lächelt. Mit ruhiger Festigkeit blickt er in die listig blinzelnden Augen des Hausmeiers. »Sie werden vom Bodensee aus, von meinem Dank geleitet, zu Euch heimkehren, Herr Karl.« Gereizt

knurrt Karl, der seinen Plan, auf der Sintlasau eine kleine Garnison zu unterhalten, durch Pirmin durchkreuzt sieht: »Glaubt Ihr nicht, daß Ihr in Alemannien des Schutzes bedürft, Priester?« Er schlägt mit der Faust auf den Tisch. »Wer könnte uns besser schützen als unser Herr, für den wir dieses Werk tun wollen?« antwortet Pirmin gelassen. »Ah, der Herr ist mein Hirte. Ich fürchte kein Unheil«, knurrt Karl bissig. »Wie gut Ihr diesen Psalm kennt, der ganz das aussagt, was ich empfinde, Herr Karl!« staunt Bischof Pirmin. Brüsk wendet ihm der Majordomus den Rücken zu. »Hoffentlich brecht Ihr bald auf!« »Euer Wunsch kommt dem meinen entgegen!« Wieder ist es ihm nicht gelungen, diesen Pirmin aus der Fassung zu bringen. Mit Erleichterung sieht Karl einige Tage später zu, wie der Wagenzug der Mönche und Soldaten aufbricht. Wie stattlich und sicher sitzt dieser Pirmin zu Pferd!

»Ein unbequemer Heiliger«, sagt der Majordomus zu Graf Marquard und weist auf den Reiter. »Heilige sind wahrscheinlich immer unbequem für uns, Herr Karl. Sie leben uns das vor, was wir eigentlich tun sollten. Sie gemahnen uns an unsere eigentlichen Pflichten.« Ehe der Hausmeier ihm hierauf eine gebührende Antwort erteilen kann, gibt er seinem Pferd die Zügel frei und folgt dem Wagenzug. Er begleitet die Reisenden bis Aachen.

IV. ALS DER MORGEN DÄMMERTE . . .

Zarte Nebelwölkchen huschen an diesem Sommermorgen über die leicht gekräuselte Wasserfläche des Bodensees. Sie tanzen wie spielende Elfen um die knorrigen Weidenstämme am kiesigen Uferrand und streifen die schweren Kähne, die im Wasser schaukeln. Einige Fischer werfen draußen auf dem See ihre Netze aus. Am lichtblauen Himmel steigt die Sonne höher. Im Geäst der Bäume und in den Büschen am Wegrain singen und zwitschern Vögel in melodischem und manchmal schrillem Chor. Hähne begrüßen mit lautem Krähen den jungen Tag, Hühner gackern und Enten schnattern. Aus den Ställen der niedrigen Hütten und Häuser tönt das tiefe Muhen der Kühe und Ochsen, die ihr Morgenfutter verlangen. Auf ausgefahrenen, unbefestigten Straßen streben Karren und Wagen der Stadt Konstanz zu. Bauersleute aus den umliegenden Dörfern stapfen geduldig durch den Straßenstaub. Sie wollen auf dem Markt Gemüse und Getreide verkaufen. Mancher von ihnen schwankt unter der Last seines hochbeladenen Korbes und tappt schwer mit den bloßen Füßen voran. Von einem Kirchturm tönt feierliches Glockengeläut. Türen öffnen sich, und hölzerne Fensterläden werden aufgestoßen. Vornehme Frauen gehen mit kleinen Schritten und gesenkten Lidern zur Kirche. Sie haben Zeit, die Morgenmesse zu besuchen, während Mägde und Knechte, Handwerker und ihre Frauen längst die Tagesarbeit begonnen haben. Müßiggänger treten, noch halb verschlafen, vor ihre Haustür und halten Ausschau nach dem

Wetter. Gähnend stellen sie fest, daß es wieder ein schöner Tag wird. »Eigentlich müßte es regnen!« murrt ein Gärtner. »Die Pflanzen lassen alle die Köpfe hängen. Diese ewige Sonne regt mich auf!« Sein Nachbar läßt sich gemütlich auf seine Bank vor der Haustür fallen. »Was willst du daran machen, Bruno? Wettermachen können wir Menschen noch nicht und werden es wohl auch nie lernen. Deine Leute müssen eben mehr Wasser aus dem See holen ...« »Du hast gut reden«, giftet sich der andere. »Flickschustern kann man bei jedem Wetter.« Am Brunnen rekeln sich ein paar Straßenjungen und recken neugierig die Köpfe, als drei Männer auf den Brunnen zukommen. »Was sind das für welche?« fragt einer der Jungen neugierig: »Solche hab' ich noch nie gesehen.«

Die Männer tragen lose Gewänder mit weiten Ärmeln. Sie haben braungebrannte, wettergegerbte Gesichter. An den bloßen Füßen haben sie einfache Sandalen. »Das sind Mönche«, weiß einer der Buben. »Mönche?« Damit weiß der Frager nichts anzufangen. Wer oder was ist ein Mönch? Voller Interesse beobachten die Jungen, was die drei Männer tun. Sie ziehen einen Schöpfeimer voll Wasser hoch, trinken davon aus der hohlen Hand. Dann waschen sie Gesicht und Hände, und das recht gründlich. Brrr, die Jungen schaudern unter ihrem Lumpenwams. Wie kann sich ein Mensch freiwillig waschen, und das am frühen Morgen und mit eiskaltem Brunnenwasser! »Ihr hättet es auch bitter nötig, ihr Bürschlein«, lacht einer der Männer, der Große mit dem dunklen Haar und Bart. Schleunigst bringen sich die Jungen in Sicherheit. Bischof Pirmin und seine beiden Brüder sehen ihnen lachend nach. »Die habt Ihr aber rasch verscheucht, Vater«, sagt Bruder Arnulf fröhlich. »Waschen, das muß für sie eine furchtbare Drohung sein.« »Betrachten wir dies als gutes Vorzeichen für unsere Unterredung mit Bischof Audoin. Vielleicht wird es uns gelingen, ihn ebenso rasch zu überzeugen, daß wir gute Nachbarschaft halten wollen ...« Bruder Arnulf seufzt und meint: »Dieses Glück werden wir nicht haben, Vater Pirmin. In den paar Tagen, seit wir am Bodensee sind, ist mir allerlei Unerfreuliches über diesen Laienbischof zu Ohren gekommen. Die Menschen hier sind nicht gut auf ihn zu sprechen. Ich fürchte, daß er uns nicht entgegenkommen wird.« Pirmin fährt glättend über Haar und Bart. »Kommt, liebe Brüder! Bringen wir das Unerfreuliche rasch hinter uns!« Als sie einen Mann nach dem Weg zum Haus des Bischofs Audoin fragen, gibt er ihnen keine Antwort, starrt sie an und geht davon. Ein anderer knurrt verächtlich: »Gehört Ihr zu dem?« spuckt aus und entfernt sich. Schließlich zeigt ihnen eine alte Frau das stattliche Haus, in dem der Laienbischof residiert. Vor dem Portal lungert ein gelangweilter Türhüter in uniformähnlicher Tracht herum. Er sieht den drei Mönchen mürrisch entgegen. Was wollen denn diese seltsamen Vögel hier? Er betrachtet ihre einfachen Kutten mit sichtlicher Geringschätzung. Nicht einmal Schuhe haben diese Männer an den Füßen ... Sind das etwa Bettelmönche, herumstreifende Vaganten, wie sie zu hunderten das Land unsicher machen? »Wir geben keine Almosen«, fährt er sie an, als sie bei ihm stehen bleiben. »Geht anderswo betteln!« »Wir möchten Bischof Audoin sprechen«, sagt der Dunkle gelassen, obwohl an seiner Schläfe eine Ader pocht. »Als ob unser gnädiger Herr Zeit für solche wie euch hat! Schert euch hinweg!« Pirmin runzelt die Brauen und sieht ihn scharf an. »Du gehst zu Herrn Audoin und bestellst ihm, daß Bischof Pirmin und zwei andere Mönche zu ihm wollen, verstanden? Majordomus Karl sendet uns.« Der Türhüter ist noch nicht überzeugt, daß die Worte des Fremden wahr sind. »Bischof? Du willst ein Bischof sein? Da kann ja jeder behaupten, ein Bischof zu sein. Du siehst gar nicht so aus. Woran soll ich erkennen, daß es stimmt?« Jetzt tritt Pirmin ganz dicht an den dreisten Mann heran und blickt ihm in die Augen. »Muß ich mich dir gegenüber ausweisen? Du tust sofort, was ich dir sage und meldest uns! Anderenfalls wird es dir leid tun.« Unwillkürlich duckt sich der Mann unter seinem Blick und wagt, mit verzogenen Lippen boshaft murmelnd, einen letzten Widerspruch: »Majordomus Karl, der Hausmeier der Franken? Dieser Name öffnet im Alemannenland keine Tür, im Gegenteil!« »Geh' und melde uns!« befiehlt Pirmin so schroff und herrisch, daß der Mann endlich gehorcht. Er geht ins Haus, aber er verschließt die Türe hinter sich und läßt die drei Mönche draußen stehen. »Welch herzlicher Empfang!« nörgelt Bruder Gersmar. Mit Befremden sieht der Bischof seinen Mönch an. »Habt Ihr anderes erwartet, Bruder Gersmar? Wir können hier in Konstanz nicht willkommen sein, da wir ein vom Bischof unabhängiges Kloster in der nächsten Nachbarschaft errichten wollen. Zudem ist Hausmeier Karl hier verhaßt und gefürchtet, und wir kommen als seine Sendboten für die Menschen am Bodensee, wenngleich wir in Wirklichkeit nur Sendboten Christi sind.« »Wir dürfen auch nicht vergessen, daß wir als Mönche, als geweihte Priester, einem Laien begegnen, der sich anmaßt, Bischof zu sein«, fügt Bruder Arnulf hinzu.

Sie haben Muße, das Leben und Treiben in den Straßen zu beobachten, während sie warten. Endlich öffnet sich die Türe wieder. Ein ältlicher Priester mit rundlichem, bemüht freundlichem Gesicht kommt auf die drei Mönche zu. Ohne lange zu überlegen, erkennt er in Pirmin den erwarteten und bereits durch den alemannischen Herzog angekündigten Wanderbischof. Er reicht zuerst ihm und dann den beiden Mönchen die Hand. »Herzlich willkommen, Herr Bischof, und Ihr Herren Mönche! Im Namen von Bischof Audoin darf ich Euch begrüßen und Euch zu ihm führen. Mein Name ist Ronald. Ich bin der Sekretarius des gnädigen Herrn.« Während sie durch die hallenden Gänge schreiten, redet der Sekretarius unablässig auf sie ein. Er fragt nach ihrem Wohlbefinden, nach dem Verlauf der Reise, nach ihrem Eindruck von der Stadt Konstanz und dem herrlichen Bodensee. Sie haben gar keine Gelegenheit, die Fragen zu beantworten. Ronald verstummt erst, als sie vor einer hohen Türe stehen. »Das Gemach unseres Herrn Bischofs«, haucht er ehrerbietig. Er klopft an. Von drinnen ertönt ein schwaches »Herein!« Bischof Audoin erhebt sich nicht von seinem Sessel. Er sieht den drei Mönchen mit gespannten und kritischen Blicken entgegen. Dabei spielt er selbstvergessen mit Daumen und Zeigefinger der rechten, reichgeschmückten Hand an der breiten Unterlippe. Die Mönche verneigen sich wortlos. »Ihr habt es also geschafft«, stellt Audoin statt einer Begrüßung fest, »und zwar in bewunderungswert kurzer Zeit.« Was soll man auf diese Feststellung sagen? Endlich besinnt sich der Laienbischof auf die gute Sitte und bietet den Mönchen Platz an. »Besorgt etwas Wein, Ronald!« Mit einer Verbeugung entfernt sich der Sekretarius. »Aus welchem Kloster kommt Ihr eigentlich?« wendet sich der Laienbischof an Pirmin. »Aus der Abtei Maria Peralta del Sol«, antwortet der Wanderbischof kurz. »Ach ja, ich erinnere mich, davon gehört zu haben. Dort sind jetzt die Araber. Eure Brüder kommen wahrscheinlich aus aller Herren Länder. Ihr wagt viel mit dieser Klostergründung! Schon die weite Reise war eine außergewöhnliche Leistung, die ich aufrichtig bewundere. Sagt mir nur, Herr Bischof, wie habt Ihr es geschafft, auf der langen Fahrt unter Euren Brüdern die klösterliche Zucht und Ordnung aufrechtzuerhalten?« Eine dreiste Frage! Er möchte eine scharfe Antwort geben, aber er erwidert nur gelassen: »Wir haben getreulich all das getan, was die Ordensregel unseres Vaters Benediktus uns vorschreibt. Bei jeder Rast haben wir uns zum heiligen Meßopfer, zur Meditation und zum Kapitel vereinigt. Die Horen beteten und sangen wir unterwegs.« Mit gespielter Bewunderung schlägt Audoin seine dicken, reich geschmückten Hände zusammen. »Wie wird man Euren frommen Zug in den Städten und Dörfern bestaunt haben! Gewiß ist überall viel Volk zusammengelaufen, wenn Ihr durchzoget! Welch ein Meisterstück an Organisation, klösterlicher Zucht und Disziplin! Da wird Euch auch die wilde Sintlasau nicht lange Widerstand leisten. Durch Herzog Lantfried haben wir bereits erfahren, daß Ihr dort ein Kloster gründen werdet. Wie groß ist eigentlich die Schar Eurer Mönche?« Er beugt sich lauernd vor. Hofft er auf eine zu geringe Zahl, um der Wildnis im Untersee Herr zu werden? Dann sind Pirmins Worte für ihn eine herbe Enttäuschung: »Wir zählen vierzig Brüder und sind von dem einen Willen beseelt, unserem Herrn Jesus Christus auf der Sintlasau zu dienen.« »So, so«, murmelt Herr Audoin scheinbar zerstreut. Aber sogleich fügt er mit einem scharfen Unterton in seiner hohen Stimme hinzu: »Wie ich höre, kamet Ihr nicht allein.« »Meint Ihr damit unsere bewaffneten Begleiter? Herr Karl gab uns die Schutztruppe mit für den Fall, daß uns Räuber bedrohen würden.« »Hm, dann wird sich dieser Schutz hier gewiß erübrigen, nicht wahr?« Dieses Mal gibt Bischof Pirmin keine Antwort. Er ist Audoin keine Rechenschaft schuldig. Er will die Soldaten ohnehin nach Jopilla senden, sobald die Mönche auf der Insel Fuß gefaßt haben. Wieder entsteht eine längere Gesprächspause, bis Herr Audoin fragt: »Habt Ihr eine Botschaft des fränkischen Majordomus an mich, Herr Pirmin?« »Was ich Euch zeigen werde, ist keine Botschaft an Euch, sondern der Schutzbrief, von dem ich Euch Kenntnis geben möchte. Hausmeier Karl schenkte uns die Sintlasau im Untersee für den Bau eines Klosters, wie Ihr wißt. Er verband damit allerlei Rechte.« Die tiefe, volltönende Stimme des Mönchbischofs hat einen bestimmten, eindeutigen Klang. Ärgerlich spürt Audoin, daß dieser Mönch sich zu behaupten weiß. Boshaft zischt er: »Nun, man sagt von Herrn Karl, daß er gern verschenkt, was ihm gar nicht gehört ...« Pirmin ist nicht gewillt, auf diese boshafte Bemerkung einzugehen. Wortlos reicht er dem Laienbischof das Pergament. Audoin entrollt es und liest mit verbissener Aufmerksamkeit und Genauigkeit. Er prüft sogar Unterschrift und Siegel mit beleidigendem Mißtrauen, so als wolle er sich vergewissern, daß der Schutzbrief keine Fälschung ist. Halblaut liest er: »... dem Pirmin, dem Wir zur Wohnung die Sintlasau geschenkt haben und dazu noch fünf Orte ... und am anderen Ufer Ermatingen, nebst vierundzwanzig Höfen im Thurgau samt ihren Abgaben, damit er, Pirminus, auf der Insel ein Kloster zu Ehren der Gottesmutter und der Apostel Petrus und Paulus baue und die Benediktinerregel lehre. Wir gebieten Euch, den ehrwürdigen Mann Pirminus auf die genannte Insel zu geleiten, damit dort das klösterliche Leben gedeihe ... geschrieben in der Pfalz Jopilla, am 24. April Anno Domini 724.« Audoin hebt seine Augen vom Schreiben und starrt Bischof Pirmin an. »Warum habt Ihr mir überhaupt diesen Schutzbrief zu lesen gegeben? Er ist doch an den Herzog von Alemannien gerichtet. Was habe ich damit zu schaffen?« »Herzog Lantfried kennt den Inhalt des Briefes bereits, und er hat uns seine Hilfe und Unterstützung zugesagt, als wir bei ihm waren. Ich wollte aber die Sintlasau nicht betreten, ohne Euch kennenzulernen. Wir werden ja bald in hoffentlich angenehmer und guter Nachbarschaft leben.« Das gezwungene Lächeln das Laienbischofs ist so säuerlich wie der billige Wein, den er den Mönchen reichen läßt. Er lehnt sich in seinem breiten Thronsessel zurück und fingert an einem goldenen Reliquiar, das er an einer goldenen Kette auf seiner Brust trägt. »Nachbarn? Ja, allerdings wir werden Nachbarn. Ist die Sintlasau nicht allzu nahe bei Konstanz? Zwei Bischöfe auf engstem Territorium nebeneinander, ob sich das machen läßt ... in Frieden und Freundschaft?« Wieder ist sein Blick herausfordernd und lauernd, als er auf die Wirkung seiner Worte wartet. Wird Bischof Pirmin den Fehdehandschuh aufnehmen und ihn an seine fehlenden Weihen erinnern? Der Mönchbischof erfüllt die Erwartung des anderen nicht. Er sucht keinen Streit. »An uns soll es nicht liegen, Herr Audoin. Dieses Miteinander kann zum gegenseitigen Nutzen gedeihen. Wir werden uns um gute Nachbarschaft bemühen. Das darf ich gewiß auch von Euch erwarten. Würdet Ihr uns ein Zeichen Eures guten Willens geben? Ihr habt hier sicher einen Mann, der uns durch die einzige Furt, von der uns berichtet ward, auf die Insel führen kann, nicht wahr?« Statt einer Zusage zu geben, stellt Audoin seinerseits eine Frage: »Wo lagert Eure klösterliche Heerschar, Bischof Pirmin?« »Unsere Gefährten halten sich mit Pferden und Wagen und mit der kleinen Schutztruppe im Fischerdorf Allensbach auf und warten dort auf unsere Rückkehr.« Langsam und bedächtig rollt Audoin den Schutzbrief zusammen und reicht ihn Pirmin. Ein Lächeln hämischer Schadenfreude spielt um seine vollen Lippen und seine kleinen Augen glitzern boshaft. »Ihr seid schon in Allensbach? Dann habt Ihr ja bereits Euer ›Herrschaftsgebiet‹ erreicht, Herr Bischof. In Eurem Orte Allensbach werdet Ihr sicherlich einen kundigen Mann finden, der Euch durch die Furt an der Südostspitze auf die Insel führen wird. Ihr habt übrigens Glück, daß gerade Niedrigwasser ist. Anderenfalls wäre die Furt unpassierbar. Eure neuen Untertanen stellen Euch bestimmt gerne ihre Kähne für die Überfahrt in die herrliche Wildnis auf der Insel zur Verfügung. Aber Ihr werdet sehen, es wird kein leichtes Unterfangen sein, auf der Sintlasau ein Kloster zu bauen. Jedenfalls wünsche ich Euch dazu alles Gute und viel Erfolg!« Er wedelt unbestimmt mit seiner Rechten. Soll das etwa ein Segen sein? Das käme beinahe einer Blasphemie gleich. Mit gerötetem Antlitz erhebt sich Bischof Pirmin. Seine Stimme verrät nicht, daß er verärgert ist, als er sagt: »Ich danke Euch für Euren Rat ... und für Eure Hilfe, Herr Audoin!« Nach einer angedeuteten Verbeugung wenden sich die drei Mönche um. Nun begreift Audoin, daß sein Verhalten unklug war. Er ist entschieden zu weit gegangen. Eilig ruft er ihnen nach: »Wollt Ihr nicht unsere Gäste sein und Euch die Stadt ansehen?« Pirmin wendet sich ihm zu. »Ihr werdet verstehen, daß wir Eurer Einladung nicht Folge leisten können, Herr Audoin. Es zieht uns mit aller Macht zur Sintlasau.« Ruhig verlassen die Mönche das Haus des Laienbischofs und wandern durch die Straßen der Stadt dem Dorf Allensbach zu.

»Er hat mich nicht ein einziges Mal Bischof genannt, dieser Günstling des Karl Martell!« beklagt sich Audoin bei seinem Sekretarius. »Glaubt mir, mit diesem Bischof Pirmin und seinen Mönchen werden wir noch allerlei Schwierigkeiten bekommen, wenn er sein Kloster auf der Sintlasau fertig hat! Auf alle Fälle ist er kein einfältiges Mönchlein, das man übers Ohr hauen kann.« Vertraulich schmeichelt ihm der Sekretarius: »Ihr seid stets mit Schwierigkeiten fertig geworden, Herr Bischof. Habt Geduld, bis er seine Schutztruppe heimgeschickt hat, dann könnt Ihr ihm nämlich jede Schwierigkeit bereiten.« Audoin lacht und reibt sich voller Vorfreude die Hände. »Vortrefflich, mein Bester, ganz vortrefflich! Aber wenden wir uns angenehmeren Dingen zu. Was bietet die Küche heute zum Mittagsmahl?«

Godwin, ein Fischer aus Allensbach, sitzt ungeschickt und verkrampft auf dem schwankenden Rücken eines sanften, alten Gaules. Er führt seinen neuen Herrn, Bischof Pirmin, und einige seiner Mönche durch die Furt zur Südostspitze der Insel. »Leben eigentlich Menschen auf der Sintlasau, Godwin?« fragt Pirmin den furchtsamen Reitermann im Fischerkittel. Vor ihnen liegt die breitgelagerte, baumbestandene Insel wie ein riesiges, grünes Schiff im silbrig-blauen Wasser des Sees. Nichts deutet auf eine menschliche Siedlung hin. »Man weiß nichts Genaues darüber, Herr. Die Insel wird von uns gemieden. Früher, das hat mir meine Mutter erzählt, soll ein Priester Sintlas mit seinen Gefährten auf der Insel gesiedelt haben, und zwar im Herzen der Insel.« »Im Herzen der Insel?« wundert sich Bischof Pirmin. »Was bedeutet denn das?« Godwin will sich erklärend zu ihm wenden und verliert bei diesem kühnen Versuch den Halt auf dem knochigen Pferderücken. Nur mit Mühe bleibt er im Sattel, umklammert den Hals des Pferdes, richtet sich vorsichtig auf und keucht angestrengt: »Nach Allensbach hin befindet sich in der Mitte der Insel eine größere Lichtung und etwas wie ein natürlicher Hafen. Dort sind Mauerreste und Holzbalken. Sie stammen, wie mir der alte Gero erzählt hat, angeblich von der Siedlung des Sintlas. Ich selbst war noch nie dort.« Als die Hälfte des Weges durch die Furt zurückgelegt worden ist, müssen die Reiter von ihren Pferden steigen und die leicht widerstrebenden Tiere am Zügel durch das kniehohe Wasser führen. Schritt für Schritt tasten sich die Mönche mit hochgeschürzten Kutten vorsichtig über Steine und Unebenheiten voran. Aufgewühlter Schlamm nimmt ihnen die Sicht. »Ob das meine Gicht nicht verschlimmert?« jammert Bruder Ermanold und ist ängstlich besorgt, daß seine Kutte nicht mit dem Wasser in Berührung kommt. Über die Schulter ruft ihm der übermütige Bruder Otger zu: »Wenn Ihr schon zu krank seid, um mit uns solch kleine Strapazen zu ertragen, dann geht doch schleunigst zurück nach Jopilla und werdet dort wieder Hofkaplan! Vielleicht nimmt Herr Karl Euch wieder in Gnaden auf. Wie wäre es, wenn Ihr mit unserer Schutztruppe heimkehren würdet?« Sofort stellt der ehemalige Hofkaplan sein Jammern ein. Er möchte auf alle Fälle Mönch bleiben. Außerdem schämt er sich vor dem greisen Bruder Arnulf, der hinter ihm geht und ohne Murren und Klagen alle Mühen und Härten der Reise ertragen hat und nun ohne Einwand den Weg zur Insel geht. Nein, nein, Bruder Ermanold will auf alle Fälle bleiben! Und – wer weiß – vielleicht sind die kühlen Wasser des Bodensees sogar heilkräftig.

Nach langem, bedachtsamem Gänsemarsch, der für die ungeduldige Erwartung der Mönche zu lange dauert, betreten sie endlich den Boden der Insel. Bischof Pirmin versammelt seine Mönche um sich und segnet mit schlichter Geste das Eiland. Dann bewegen sie sich vorsichtig am Ufer entlang durch die beinahe undurchdringliche Wildnis mit übermannshohem Ried, dornigen Sträuchern, klammernden Ranken, tiefhängenden Weiden, hohen Pappeln, glattstämmigen Buchen und Nadelhölzern. Das Geschrei und Gekreisch aufgescheuchter Wasservögel begleitet sie. Mit rauschenden Flügelschlägen fliehen sie vor den Eindringlingen. Bald ordnet Pirmin an: »Pedro und Chuno, bleibt Ihr hier mit den Pferden! Sie hindern uns beim raschen Vorwärtskommen. Wir holen Euch später.« Ängstlich fragt Bruder Chuno: »Gibt es hier wilde Tiere?« Bruder Otger sieht ihn nachdenklich an. »Ja, Bruder, ich weiß nicht, ob Hasen schwimmen können.« Er hat die Lacher auf seiner Seite. Beleidigt setzt Chuno sich mit Pedro ins Gras. Bereits jetzt kann er die Sintlasau nicht leiden, und er beschließt, daß er sie nie liebgewinnen wird.

Die Sonne hat bereits ihren höchsten Stand erreicht, als Bischof Pirmin und seine Begleiter endlich zu der freien Bucht gelangen, die Godwin als das Herz der Insel bezeichnet hat. Der Fischer hat nicht zuviel versprochen, denn auf der weiten Lichtung, die nahe am Wasser liegt, entdecken die Mönche Mauerreste und Balken, die Zeichen einer früheren Besiedlung. Sie finden sogar einen verwilderten Garten vor mit Blumen zwischen dem Unkraut, mit Heilkräutern, holzigen Beerensträuchern und Resten zweier Bänke aus dicken Bohlen. Drüben am anderen Ufer des Sees ducken sich, im Sonnendunst undeutlich auszumachen, die strohgedeckten Hütten von Allensbach. Pirmin bemerkt zufällig, daß Godwin sich hastig und scheu bekreuzigt und der ehemaligen Siedlung möglichst fernbleibt. Hat er Angst? »Wovor fürchtest du dich hier, Godwin?« fragt er streng. »Dies ist doch wirklich ein heiterer und friedlicher Platz.« Der Mann schlägt die Augen nieder. Er schämt sich. Mit gesenktem Kopf murmelt er: »Herr, Sintlas und seine Leute wurden von Heiden aus dem Thurgau erschlagen. Sie sollen keine Ruhe finden und bei Tag und Nacht hier umgehen. Darum gilt die Stelle als verflucht. Kein Fischer landet freiwillig an diesem Ufer.« Die Mönche schauen unwillkürlich suchend umher und machen unbehagliche Gesichter. Pirmin beißt sich auf die Lippen, um einen Zornesausbruch zu verhindern. Dann sagt er mit einem tiefen Seufzer der Mißbilligung: »Laßt auch Ihr Euch von einem solchen Gerede beeindrucken? Wie könnt Ihr einen solchen Unsinn ernstnehmen? Wie wollt Ihr mir helfen, dieses schöne, fruchtbare Land für unseren Herrn Jesus Christus zu erobern, wenn Ihr selbst abergläubisch seid?« Nur Bruder Arnulf kann ihm unbefangen in die Augen sehen. Er hat der Geschichte des Fischers keinen Augenblick Gehör und Glauben geschenkt. »Wer von Euch Furcht empfindet, der kann heute nacht nicht mit mir auf der Insel bleiben. Er kann mit Godwin zum Festland zurückkehren. Ich bleibe hier! Überlegt es Euch gut.«

Aber der leichte Anflug des Aberglaubens, des Unbehagens ist schon wieder überwunden. Keiner denkt daran, die Insel zu verlassen. Mit väterlichem Wohlwollen betrachtet Pirmin ihre offenen Gesichter. Er denkt auch an die Brüder drüben in Allensbach, Männer aus dem Frankenreich, aus Spanien, Italien und Alemannien. Sie alle wollen dem einen Herrn dienen und werden auch angesichts der Inselwildnis nicht verzagen. Er wird ihnen viele Opfer und Mühen abfordern müssen, und er ist selbst bereit, sie zu bringen.
»Wir bleiben also hier, liebe Brüder. Wir bereiten uns behelfsmäßige Unterkünfte für die Nacht. Morgen feiern wir an dieser Stelle, an der wir unser Kloster errichten wollen, das heilige Opfer. Ja, hier werden wir bauen! Godwin, du bringst Bruder Chuno und Bruder Pedro mit den Pferden wieder durch die Furt nach Allensbach. Sage den Brüdern dort, daß wir morgen einen Kahn mit einigen Brüdern erwarten. Dann wollen wir weitere Pläne machen.« Mit eiligen Schritten entfernt sich der Fischer. Er ist froh, daß er dem unheimlichen Ort den Rücken kehren kann.
In harter Arbeit errichten die Mönche aus Mauerresten, alten Balken und starken Ästen einfache Schutzdächer für die Nacht und decken sie mit frischen Zweigen. Eine Streu aus Röhricht wird als Lagerstatt dienen. Der Abend senkt sich nieder, als sie sich zum gemeinsamen Mahl vereinen. Bischof Pirmin spricht den Segen über Fladenbrot, geräucherten Fisch und als Beigabe eine Handvoll Walnüsse. Das klare Wasser aus dem See mundet wie köstlicher Wein. Als letztes Sonnenlicht den See vergoldet, unterhalten die Mönche ein großes Feuer mitten in ihrer armseligen Siedlung, um die lästigen Insekten abzuhalten. Mit frohen und dankerfüllten Herzen singen sie die Komplet: »Te lucis ante terminum …«. Langsam verblaßt das Licht des Tages auf dem mattschimmernden See. Im Gebüsch singt

eine Nachtigall, begleitet von dem unmelodischen Chor quakender Frösche. »Welch ein Duett!« Der musikalische Bruder Anselmo hält sich scherzhaft die Ohren zu. Nach der harten Anstrengung des Tages gönnt ihnen Vater Pirmin eine unbeschwerte Stunde brüderlichen Miteinanders. Sie lachen und scherzen über ihre prachtvollen Klosterbauten. »Was würden Herr Marquard und Majordomus Karl zu einer solch herrlichen Burg sagen?« lacht Bruder Otger. »Sie wären wahrscheinlich sprachlos«, meint Arnulf trocken. Marquard ... der Name stimmt Pirmin nachdenklich. Wie mag es dem Freund ergehen? Ob seine Gattin Renfrid noch lebt? Auf dem Ritt nach Aachen war Pirmin versucht, sein Versprechen zu brechen und dem Freund zu verraten, wie es um Frau Renfrid stand. Er hat geschwiegen und schweren Herzens Abschied von ihm genommen. Aber er hat ihn beim Abschied eindringlich gebeten: »Bitte, reitet an Jopilla vorbei, ohne dort einzukehren! Ihr müßt ganz rasch nach Hause.« Marquard hat ihn befremdet angeschaut. »Fragt nicht nach dem Warum, Herr Marquard! Tut es mir und Euch zuliebe!« Da hat sich der Freund auf das Pferd geschwungen und ist ohne ein weiteres Wort davongesprengt ... Von der abendlichen Insel Sintlasau wandern Pirmins betende Gedanken den weiten Weg bis in das Land der Auvergne.

Dann fällt sein Blick auf Bruder Ermanold, der im Feuerschein die Blasen und Schwielen in seinen Handflächen betrachtet und wehleidig betastet. Er tröstet ihn: »Daran gewöhnt Ihr Euch, Bruder Ermanold. Bald sehen Eure Hände wie die meinigen aus.« Lachend streckt er seine harten, schwieligen Handflächen aus. ›Wenn das ein Trost ist‹, denkt Ermanold und kriecht in seine Höhle. Nach einer Weile werden die Gespräche leiser, stockender und verstummen endlich ganz. Nacheinander ziehen sich die Mönche in ihre Unterstände zurück und strecken sich auf ihren harten Lagerstätten aus Röhricht aus. Sie schlafen rasch ein, ermüdet von den Anstrengungen des Tages. Pirmin sucht trockenes Geäst und nährt das Feuer. Die Nachtigall ist verstummt, und auch der Froschchor schweigt. Am samtnen Rund des Himmels leuchten die Sterne. Er lauscht auf das Knistern und Knacken der Äste und Zweige und das Rascheln im Ried am Seeufer. Der Wind ist aufgefrischt und wirft in stetem Gleichmaß kleine Wellen auf den Kies am Ufer. Der Mönch geht zum See und schaut auf den matten Schimmer der weiten Wasserfläche. Lange verharrt er so in innerem und äußerem Schweigen. Dann betet er mit erhobenen Händen: »Herr, ich danke Dir, daß Du uns heil an dieses Ziel gelangen ließest! Schenke Du uns die Kraft, hier Deinen Willen zu erfüllen! Ich bin bereit zu dem, Herr, was Du von mir willst. Du allein in Deiner Güte weißt, ob mir diese Sintlasau zur bleibenden Stätte werden soll. Dir schenke ich alles, mein Hoffen und mein Bangen, mein Sorgen und mein Planen, mein Wünschen und mein Wollen. Dir vertraue ich mich an, und in Deinem Wollen komme ich, bleibe ich oder gehe ich. Du, o Herr, hast mein Wandern auf Dein Herz genommen.« Lange weilt Pirmin betend am Ufer. In seinem starken Gottvertrauen weiß er sich heute wie überall in Gott geborgen. Er ist mit sich in Frieden.

Bereits im ersten Zwielicht des neuen Tages erhebt sich Bischof Pirmin wieder von seinem Lager. Er fröstelt in der klaren Kühle des frühen Morgens, aber er wäscht sich im kalten Wasser des Sees. Die dunkle, metallen glänzende Wasserfläche läßt noch nichts vom Glanz des Tages ahnen. Aus den höhlenartigen Unterkünften seiner Brüder tönen verschiedene Schlafgeräusche. Er lächelt und geht zum verwilderten Garten. Möglichst leise hebt er die klobige Bank, die er bereits am

Abend zuvor von Strauchgewirr und Brennesseln befreit hat, hoch und trägt sie mitten auf die Lichtung. Er säubert sie notdürftig mit Sand und Huflattichblättern. Dann nimmt er aus seiner Satteltasche, die er mitgenommen hat, als sie die Pferde zurückließen, ein Tuch aus feinem Linnen, eine Gabe der Frau Renfrid und breitet es sorgsam über das schrundige Holz. Mit einem Wolltuch reibt er die silberne Schale und den goldenen Becher blank, zwei Erinnerungsstücke aus der verlorenen Heimat. Mit feierlicher Bewegung legt er eine große Scheibe ungesäuerten Brotes in die Schale und stellt ein verschlossenes Krüglein mit kostbarem Wein daneben. Er heftet zwei Äste mit einer Lederkordel zu einem Kreuz zusammen, das er hinter dem behelfsmäßigen Altar in die Erde senkt. Er will seine Arbeit begutachten und tritt ein paar Schritte zurück. Da erschrickt er. Im schimmernden Morgenlicht steht da jemand am Ufer, eine große, stille Gestalt in losem Gewand. Als dunkle Silhouette hebt sie sich gegen den immer heller werdenden See ab. Die Sonne, die hinter den Bergen am anderen Ufer emporsteigt, webt eine Gloriole um das Haupt des Fremden. »Als der Morgen dämmerte, stand Er am Ufer … doch sie erkannten Ihn nicht«, durchfährt es Bischof Pirmin. Er fühlt ein ehrfürchtiges Schaudern in Geist und Körper. Aber ist es nicht eine Sinnestäuschung, die sein übermüdeter Geist ihm nach der geringen Nachtruhe vorspiegelt? Entschlossen schließt er die Augen und krampft seine Hände zusammen. Nein, so etwas kann und darf nicht sein! Minutenlang steht er unbeweglich. Als er zaghaft die Lider öffnet und aufschaut, ist die Gestalt verschwunden, als wäre sie nie dagewesen. Verwirrt streicht er sich über Stirn und Augen. War es wirklich eine Sinnestäuschung? Irgendwie ist er darüber betrübt. Nur mit Mühe widersteht er der Neigung, zum Uferrand zu gehen und nachzuschauen, ob jene Gestalt Spuren hinterlassen hat, Fußabdrücke im Sand. Er kämpft gegen ein Gefühl der Unsicherheit, das sich seiner bemächtigen will, wendet sich ab und weckt behutsam seine Brüder. Er verschweigt sein Erlebnis, dessen Echtheit er bezweifelt. Sie gehen zum See und erfrischen sich. Dann singen die Mönche auf der Sintlasau miteinander die Psalmen der Laudes. Pirmin kann nicht verhindern, daß ihm immer wieder die Evangelienstelle durch den Kopf geht: »Als der Morgen dämmerte, stand Er am Ufer ... doch sie erkannten Ihn nicht.« Er ertappt sich dabei, daß er häufig zum Ufer schaut. Nach der Laudes scharen sich die Mönche um den ärmlichen Altar mit dem Kreuz aus Baumästen. Ja, alles ist behelfsmäßig und arm, sehr arm. Aber sie vergessen ihre Umgebung, sie vergessen die beschwerliche Nacht auf harten Lagerstätten, all das vergessen sie, als Pirmin mit ergreifender Inbrunst das erste heilige Meßopfer auf der Insel darbringt. Hat es vor ihm vielleicht einst ein Priester namens Sintlas getan? Auf seinem Antlitz, das ihnen so vertraut ist, liegt ein frohes, verklärtes Leuchten. Bei der heiligen Wandlung erhebt er den Leib des Herrn mit weit ausholender Segensgeste, als solle die Insel und jede Kreatur, die auf ihr lebt, an diesem Opfer teilhaben. Er bleibt wie erstarrt stehen. Da ist nämlich wieder jemand am Ufer, eine hohe, stille Gestalt, die sich dunkler als zuvor gegen den sonnenbestrahlten See abhebt. Erstaunt folgen die Mönche seinem Blick. Doch ehe sie noch fragen können, was das bedeute, sinkt der Fremde auf die Knie und beugt anbetend das Haupt. Bischof Pirmin seufzt. Ist es Erleichterung oder Enttäuschung? Er fährt mit der heiligen Handlung fort. Der Mann vom Ufer naht mit feierlichen Schritten und kniet neben Bruder Ermanold nieder. Bischof Pirmin bricht für seine Brüder das heilige Brot und legt auch ein Stücklein in die bittend ausgestreckten Hände des jungen Fremden. ›Nein, es war nicht der Herr, der da am Ufer stand‹, denkt er ergriffen, ›aber der Herr wird mir jenen Menschen gesandt haben.‹

Nach der heiligen Messe lädt er den jungen Mann ein, an der kargen Morgenmahlzeit der Mönche teilzunehmen. »Ihr wundert Euch sicherlich, daß ich zu Euch gekommen bin, Bischof Pirmin? Erst gestern habe ich in Konstanz von Euch erfahren und von Eurem Wunsch, auf der Sintlasau ein Kloster nach der Regel des heiligen Benediktus zu gründen. Als ich dies vernahm, da war es mir, als würde ich gerufen.« Nachdenklich betrachtet Pirmin das offene, kluge Antlitz des jungen Menschen. »Ihr waret also schon vorher auf der Suche, Herr ...« Er stockt, denn er weiß nicht, wie der Fremde heißt. »Verzeiht, daß ich Euch meinen Namen nicht sagte! Ich heiße Eddo. Nach dem Willen meines Großvaters müßte ich eigentlich das Leben eines Edelmannes führen und später sein reiches Erbe antreten. Ich suchte nach einem erfüllteren, einem sinnvolleren Leben. Darum ging ich also als Scholar in das thurgauische Kloster Granfelden. Beinahe wäre ich dort als Mönch geblieben, aber ich habe mir auf Drängen meiner Verwandten eine Prüfungszeit auferlegt. Ich diene als Priester auf dem Burggut meiner Tante, Frau Gerhildis, im Thurgau. Seltsam, meine Unsicherheit, ob ich Weltpriester bleiben oder Priestermönch werden sollte, war vorbei, als mir Herr Audoin gestern von Euch erzählt hat. Obwohl er ärgerlich und ablehnend von Euch sprach, war bei mir die Entscheidung gefallen. Am Ufer war ich zuerst zu furchtsam, um zu Euch zu gehen. Ich stieg bereits wieder in meinen Kahn, aber dann zog es mich zu Euch zurück. Nehmt mich in die Schar Eurer Brüder auf, Herr Pirmin!« Staunend haben die Mönche den Worten Eddos gelauscht. Ermanold kann sich nicht länger beherrschen. Er ruft erfreut aus: »Unser erster Novize auf der Sintlasau. Wenn das kein Zeichen von oben ist!« Abwehrend hebt Pirmin seine

Rechte. »Gemach, lieber Bruder! Wir wollen nichts überstürzen. Gottes Wege sind und bleiben für uns rätselhaft, Herr Eddo. Ihr wurdet ausgerechnet durch Herrn Audoin auf uns aufmerksam ... Dennoch – wir wollen nichts übereilen. Ein allzu rascher Entschluß könnte Euch reuen. Wir haben mit unserer Klostergründung noch nicht begonnen. Unsere ärmlichen Nachtlager könnt Ihr wahrlich nicht als Klosterbauten bezeichnen. Der Anfang wird eine Kette harter Arbeit, strenger Entbehrung und vielfältiger Mühsal werden.« Unglücklich wendet Eddo ein: »Ich möchte alle Mühsal mit Euch und Euren Brüdern tragen, Herr Pirmin!« Lange sieht der Bischof ihn prüfend an und geht mit sich zu Rate. »Gut, Herr Eddo, ich glaube, daß es Euch mit Eurer Absicht ernst ist. Darum mache ich Euch einen Vorschlag: bleibt bei uns und teilt die Mühen des Neubeginns mit uns, aber ohne jede Bindung. Wenn Ihr danach noch immer entschlossen seid, unser Leben mit uns zu teilen, bin ich in Freuden bereit, Euch aufzunehmen. Aber nun möchte ich bald mit meinen Brüdern in Allensbach Verbindung aufnehmen. Ob Godwin ihnen nicht bestellt hat, daß ich sie erwarte? Könnt Ihr mich nach drüben rudern, Herr Eddo?« Da lacht Bruder Arnulf mit einem Mal vergnügt und ruft: »Vater Pirmin, die Fahrt nach Allensbach könnt Ihr Euch sparen!« Seine Hand weist auf den See. Da naht vom Festland eine kleine Flotte von Fischerkähnen, bemannt mit Fischern und Mönchen. Eifrig und eilig rudern sie auf die Lichtung zu, wo Pirmin, die Brüder und Eddo sie erwarten. »Meine lieben Brüder«, ruft Pirmin sichtlich bewegt und streckt beide Hände nach ihnen aus. Da ertönt lautes Hundegebell. Mit einem mächtigen Satz, der den Kahn fast zum Kentern bringt, stürzt sich der Hund Bär in den See und schwimmt hastig dem Ufer zu. Rufend und lachend spornen Mönche und Fischer das Tier an. Bär erreicht vor ihnen das Ufer. Hell jaulend und hechelnd stürzt er sich auf seinen Herrn. Bischof Pirmin kann nur mühsam sein Gleichgewicht behalten, als der nasse Körper des großen Hundes gegen ihn prallt. Bär schüttelt sich begeistert. Ein wahrer Tropfenregen stiebt über Pirmin und die ihm zunächststehenden Mönche. Bärs stürmische Begrüßung hat der Begegnung auf der Sintlasau jeden feierlichen Ernst genommen. Der erste Morgen auf der Insel im Sonnenschein ist zuerst nur der Freude über das endlich erreichte Ziel der langen Wanderung gewidmet. Gegen Mittag meint Pirmin bedauernd: »Leider müssen wir unsere Rekreation nun beenden, liebe Brüder und sorgsam die nächsten Schritte miteinander planen, damit auf dieser wilden Insel ein Kloster und ein Garten Gottes entstehen kann.«

V. WASSER DES LEBENS

Die Mönche und die Fischer aus Allensbach halten neugierig Umschau auf der Lichtung. Sie bestaunen die Schlafhöhlen mit ihren harten Lagern aus Ried und Zweigen. »Heute tun Euch vermutlich alle Knochen weh, Bruder Ermanold«, meint Bruder Egno bedauernd. Die Wehleidigkeit des ehemaligen Hofkaplans ist allen Brüdern von der Reise her bekannt. Wie oft hat er über die Mühen und Strapazen der monatelangen Fahrt mit dem Wagen gestöhnt! Egno erhält eine Antwort, die ihn sichtlich verblüfft: »Darüber habe ich gar nicht nachgedacht, Bruder. Es ist ein so herrliches Gefühl, daß wir endlich am Ziele sind! Gefällt Euch auch dieser Platz am Ostufer? Ist er nicht ausgezeichnet gewählt für unser zukünftiges Kloster?« Egno, der immer Skeptische, wiegt seinen Kopf hin und her. »Ach, ich weiß nicht so recht. Nah am Ufer zu sein, das hat sicherlich viele Vorteile, aber ich meine, es wäre besser, wenn wir unser Kloster mehr im Innern der Insel bauen würden. Hier wären wir einem Angriff sofort preisgegeben.« Bruder Arnulf widerspricht ihm: »Bruder Egno, Ihr seht wie immer zu schwarz! Wer soll uns hier angreifen? Zudem würde ein etwaiger Angreifer das Kloster auch dann finden, wenn es durch ein paar Bäume seiner Sicht entzogen wäre.« Zur Überraschung der Mönche mischt sich Ulrich, der Anführer der kleinen Schutztruppe, die der Majordomus den Mönchen beigesellt hat, in ihr Gespräch: »Ich stimme Bruder Egno zu. Ein Kloster im Innern der Insel ließe sich besser verteidigen.

Außerdem könnten wir hier am Ufer einen ständigen Wachposten einrichten, der das Herannahen fremder Schiffe meldet.« Mit finsterem Antlitz tritt Bischof Pirmin zu ihnen. Seine Worte klingen schroff und abweisend: »Was soll dieses müßige Geschwätz? Unser Kloster soll für alle sichtbar sein. Die Stadt auf dem Berge, das Licht, das man nicht unter den Scheffel stellt. Unsere Wehr ist Gottes Schutz. Ihr, Herr Ulrich und Eure Männer, Ihr reitet heim nach Jopilla!« Ulrich strafft sich und erwidert mit trotziger Miene: »Unser Herr hat uns befohlen, bei Euch zu bleiben, bis Ihr auf der Sintlasau Fuß gefaßt habt. Darunter verstehe ich, daß zumindest die ersten Klosterbauten stehen müssen. Diese kleinen Höhlen wollt Ihr ja wohl nicht mitrechnen.« Er verschweigt, daß der Majordomus ihm vertraulich gesagt hat: »Ulrich, versuche alles, um diesen Pirmin zu überlisten, daß ihr auf der Insel bleiben könnt! Er wird es nicht wollen, aber ich möchte gerne eine kleine fränkische Garnison auf dieser Sintlasau haben.« Bischof Pirmin überlegt. Wenn er die Soldaten sofort heimsendet, wird Ulrich den Zorn des Hausmeiers zu spüren bekommen. »So bleibt vorerst hier«, entscheidet er, »aber wir können keine müßigen Esser ernähren. Helft uns dabei, unser Hab und Gut von Allensbach auf die Insel zu bringen. Wir müssen uns beeilen und rasch einfache Bauten errichten.« Der Bischof teilt die Mönche für die verschiedenen Arbeiten ein. Mit Äxten und Sägen, mit Hacke und Spaten erweitern einige Brüder die Lichtung des Sintlas. Sie entfernen Buschwerk, verfilzte und tote Pflanzen und kleinere Bäume. Die meisten Mönche fahren mit den Fischern nach Allensbach, um mit dem Verladen der Vorräte und des Baumaterials zu beginnen. Nach der zweiten Überfahrt nähert sich Godwin mit ängstlicher Ehrerbietung seinem neuen Herrn. »Vater Bischof, wir ... wir sind Euch zwar gerne zu Diensten, aber ...« Er verstummt mit

hochrotem Gesicht. Dabei duckt er sich, als fürchte er, daß ihn der Zorn des Bischofs treffen wird. Mit einem Anflug von Ungeduld fragt Pirmin: »Nun sag schon, was meinst du mit deinem Aber?« Godwin duckt sich tiefer, aber er fährt mutig fort: »Herr, wir Fischer leben von unseren Fängen. Wenn Ihr den ganzen Tag unsere Kähne braucht, können wir nicht zum Fischen ausfahren.« Pirmin schaut betroffen aus. Er legt dem ängstlichen Mann die Hand auf die Schulter. »Wie gut, daß du mir das gesagt hast, Godwin! Daran habe ich nämlich gar nicht gedacht. Wir wollen miteinander nach einer gerechten Lösung suchen. Wann fahrt ihr normalerweise zum Fischen aus?« »Am frühen Morgen und gegen Abend, Herr«, sagt Godwin eifrig und sichtlich erleichtert. »Dann werden Euch Eure Kähne in diesen Stunden zur Verfügung stehen. In der übrigen Zeit des Tages bitte ich jene eurer Männer um ihre Mithilfe, die das einrichten können. Wir müssen unsere Habe möglichst rasch nach hier befördern. Wenn ihr einen Ausfall dadurch habt, werde ich euch dafür entlohnen.« Dem Fischer wird es ganz wunderlich zumute. Was ist das für ein Herr, der so mit einem Menschen spricht, der zur Fronarbeit verpflichtet ist? Eddo hat mit leuchtenden Augen das Gespräch verfolgt und Pirmins Antwort vernommen. Nun wendet er sich an den Bischof: »Darf ich mich an dem Übersetzen der Fracht beteiligen, Herr Pirmin? Mit Zustimmung von Frau Gerhildis kann ich Euch einige große Kähne mit kräftigen Ruderern zur Verfügung stellen.« Freudig nimmt Pirmin das großherzige Angebot an. Bald kreuzen auch die Kähne aus dem Thurgau den See zwischen Allensbach und der Sintlasau, und die Männer des Eddo wetteifern mit den Mönchen und den Allensbachern beim Beladen und beim Entladen der Kähne.
Bruder Gernulf, ein ehemaliger Gespannführer aus Franken, bettelt so inständig um die Erlaubnis, die Furt mit Pferd und

Wagen zu durchqueren, daß Pirmin ihm schließlich den Versuch gestattet. Schon auf halbem Wege muß der Bruder sein Vorhaben aufgeben, sein Pferd ausspannen und es auf das Festland führen. Den Wagen läßt er in der Furt stehen. Eddo holt mit seinen Männern die Ladung heraus und schiebt das leere Gefährt wieder auf das Festland. Pirmin zürnt dem reumütigen Gernulf nicht. Er betraut ihn vielmehr mit der Hauptsorge für das Beladen der Kähne in Allensbach. Bis gegen Abend kreuzen die Kähne unermüdlich den See. Dann gebietet Pirmin Einhalt. »Für heute ist es genug! Dank euch allen, die ihr geholfen habt! Nur die Mönche, die gestern mit mir gekommen sind, bleiben heute nacht auf der Insel. Die anderen fahren mit unseren braven Fischern wieder nach Allensbach.« Ein bescheidenes Mahl aus Fladenbrot und Fisch vereint die Mönche und ihre Gehilfen. Dann begeben sich die Mönche zu den Kähnen.

»Was geschieht eigentlich mit den Pferden und Wagen, Vater?« fragt Bruder Pedro, ehe sie vom Land abstoßen. »Die meisten Wagen werden wir zerlegen und die Bretter beim Bau benutzen, die anderen überlassen wir den Allensbachern oder den Leuten in Markelfingen und Kaltbrunn. Die Pferde stellen wir gegen Entgelt bei Bauern ein. Wir müssen sie bei Bedarf zur Verfügung haben. Sie können in der übrigen Zeit bei der Arbeit in Feld und Wald eingesetzt werden«, entscheidet Pirmin zur Freude der Fischer. Sie nicken sich mit breitem Lachen zu. Pferde und Wagen, von so etwas haben sie bisher nur träumen können. Ein ausgezeichneter Herr dieser Bischof Pirmin! Diese Sintlasau, die sie bislang ängstlich gemieden haben, scheint zur unverhofften Quelle des Segens und Reichtums für sie zu werden.

Bei gutem Wetter geht in den folgenden Tagen der Einsatz ohne Rast und Ruhe weiter. Auch Eddo mit seinen Leuten und die Söldner aus Jopilla leisten ihren vollen Anteil bei der schweren Arbeit des Beladens und Entladens der Kähne.

Am dritten Tag bringt Eddo aus dem Thurgau in seinen Kähnen frisches Brot, Gemüse, Obst und allerlei nahrhafte Köstlichkeiten herbei, deren Anblick das Herz des zukünftigen Bruders Küchenmeister höher schlagen lassen. »Frau Gerhildis sendet Euch dies mit einem Gruß. Sie freut sich sehr darüber, daß auf der Sintlasau ein Kloster entsteht, und sie möchte ihren Beitrag dazu leisten. Sie hat ein besonders großes Herz, wenn es um die Kirche geht.« Bischof Pirmin dankt und ist dabei seltsam zerstreut. Er überlegt nämlich gerade, an welcher Stelle das erste Gotteshaus der Klostersiedlung errichtet werden soll. Er denkt gar nicht weiter darüber nach, daß diese Frau Gerhildis eine reiche und mächtige Herrin sein muß, wenn sie solche Gaben spenden kann. »Sagt der edlen Fraue meinen Dank, Herr Eddo! Euch danke ich dafür, daß Ihr uns so tatkräftig zur Seite steht.«

Die Mönche und ihre Gehilfen errichten zunächst ein Haus für die Mönche, einen einfachen Bau, der vorerst als Refektorium und Dormitorium zugleich dienen muß. Ruinensteine des Sintlas werden abgeklopft und bilden das Fundament. Wände aus Flechtwerk und Holzstämmen werden mit Lehm und Moos beworfen und verfugt. Ein dickes Rieddach wird mit schweren Steinen belastet, damit es fest auf der dünnen Unterlage aus Wagenbrettern liegt. Die ärmliche Unterkunft hat nur eine Tür und kleine Fensterluken, die wenig Licht einlassen; aber sie schützt vor den Unbilden der Witterung. Sie bietet Raum für klobige Holztische und Bänke. Hinter einer Trennwand aus Wagenbrettern befinden sich die Strohlager des Dormitoriums.

»Und wo soll ich meine irdenen Schalen aufstellen, meine Töpfe und Teller?« jammert Bruder Anselmo, der das Refektorium versorgen soll. »Ich habe nicht einmal ein einfaches Holzbrett, um sie darauf zu stapeln. Im übrigen kann jeder Bruder selbst seine Schale, seinen Becher und seinen Löffel im See spülen. Meint Ihr etwa, ich würde nach jeder Mahlzeit mit einem hohen Stapel zum Ufer laufen und das für Euch erledigen?« »Und dabei unterwegs hinfallen und unsere ganzen Schalen zerbrechen«, neckt ihn der stets vergnügte Bruder Pedro. »Was nehmen wir als Nächstes in Angriff?« überlegt Bischof Pirmin laut. »Das Küchenhaus!« meldet sich Bruder Venantius, der zukünftige Küchenmeister, mit Nachdruck. Schmunzelnd schüttelt der Bischof den Kopf. »Ich kann verstehen, daß Euch das am Herzen liegt, mein lieber Bruder, aber Ihr müßt vorerst weiter im Freien kochen und Euer Brot in Allensbach backen lassen. Nein, anderes ist viel, viel wichtiger. Eigentlich dürfte ich Euch das nicht vorsagen. Ihr müßtet selbst darauf kommen.« Erwartungsvoll schaut er in die Runde grübelnder Mönche. »Das Haus des Herrn«, antwortet ihm Eddo spontan. »Ja, Herr Eddo, das Haus des Herrn. Es wird zwar zunächst nur ein bescheidenes Holzkirchlein sein können, aber wir wollen den Bau sofort beginnen.« Er schaut suchend umher. »Weiß jemand, wo sich mein Bischofsstab befindet? Danke, Bruder Otger!« Sorgfältig entfernt Pirmin die wollene Hülle und fügt die beiden Teile des Stabes ineinander. Neugierig drängen sich die Männer vor. Was wird der Vater nun tun? Warum hat er sich den Stab geben lassen, den er nur zu feierlichen Amtshandlungen benutzt? »Unser Gotteshaus wird den Altar dort haben, so die Sonne aufgeht. Ex oriente lux! Wir armen Sterblichen nahen uns aus dem Westen, aus dem Dunkel, dem Licht, das uns in Christus geschenkt ward.« Pirmin macht mit der Linken eine weisende Bewegung. »Tretet bitte an den Rand der Lichtung, damit ich den Platz frei umschreiten kann!« Den Bischofsstab in der Rechten nähert er sich mit feierlichen Schritten dem Ufer, wendet sich ein Stück nach links, kehrt dann in gerader Linie bis auf die Höhe seines Ausgangspunktes zurück, den er mit einer Rechtswendung wieder erreicht. Das tut er ein-, zweimal. Dann ritzt er mit seinem Stab tiefe Linien in den Boden, den Grundriß des Gotteshauses. Die obere, ein wenig gerundete Linie liegt genau im Osten, die zukünftige Apsis. »So soll es einmal werden, liebe Brüder. Vorerst wird ein einfaches Holzkirchlein seinen Dienst tun müssen, aber die Richtung soll von Anfang an stimmen. Unser Licht ist Christus. Auch unsere übrige Klosteranlage soll darauf hinweisen, daß wir alles Licht unseres klösterlichen Lebens nur von unserem Herrn Jesus Christus empfangen. Das ist der Sinn meines nur angedeuteten Bauplanes.« Ermanold, der weitgereiste Hofkaplan des Karl Martell, wagt einen Einwand: »Vater, ich habe mancherlei Klöster gesehen. Sie waren nicht alle in dieser Richtung gebaut.« Pirmin bleibt noch gelassen. »Was wir hier auf der Sintlasau bauen, die wir fortan nunmehr Augia nennen wollen, darf anders sein, Bruder, soll anders sein, etwas Neues, das sich von anderen Klöstern unterscheidet.« Damit gibt sich Ermanold nicht zufrieden. Er murmelt verdrossen: »Ob Herr Karl das auch so sieht?« Leider hat Pirmin seine Worte verstanden. Nun geht sein aufbrausendes Temperament mit ihm durch. Heftig stößt er den Bischofsstab tief in die Erde und fährt den Mönch scharf an: »Was geht es den Majordomus an, wie wir bauen? Vergeßt endlich, daß Ihr sein Hofkaplan gewesen seid! Wenn Ihr das nicht könnt, so trennt Euch von unserer Gemeinschaft!« Erneut stößt er den Bischofsstab in die Erde. »Hier! Hier! Hier wird gebaut und nicht anderswo! Habt Ihr verstanden?« Mit einem Mal bemerkt er das Erstaunen in den Gesichtern der Männer. Sind sie so entsetzt über seine Heftigkeit? Warum starren sie alle staunend und irgendwie fassungslos? War denn sein Ausbruch wirklich so schlimm? Aber sie sehen ihn gar nicht an. Sie blicken auf den Boden. Und nun bemerkt auch Pirmin, was geschehen ist. Dort, wo er den Stab mehrmals heftig in die Erde gestoßen hat, quillt kristallklares Wasser hervor, entspringt eine Quelle mit einem feinen, aber stetig rinnenden Wasserstrahl. Behutsam legt Pirmin den Stab zur Seite und kniet nieder. Er hält seine Rechte in das Wasser, biegt sie so, daß sie sich langsam mit Wasser zu füllen beginnt. Er beugt sich tief und genießt das kühle Wasser. Es schmeckt frisch und rein. Will Gott mit dieser Quelle ein Zeichen geben? Er richtet sich auf und segnet sie. »Lebendiges Wasser ist immer ein Geschenk Gottes, eine gar kostbare Gabe, liebe Brüder. Vor Gott gibt es keinen Zufall. Er will uns auch durch diesen Quell etwas sagen. Wasser ist ja das Symbol des Lebens, des Heiligen Geistes, der Einheit in Christus, des Sakramentes der Taufe. Laßt uns diese Quelle in einen Brunnen fassen und das uns geschenkte Wasser in rechter Weise nutzen!« Nach diesen Worten, die er sichtlich bewegt gesprochen hat, nimmt Pirmin seinen Stab vom Boden auf, geht zu Bruder Ermanold und bittet ihn: »Verzeiht mit, lieber Bruder! Ich war zu heftig und unbeherrscht Euch gegenüber.« Bruder Ermanold kann sich vor Rührung kaum der Tränen erwehren. »Ich … Euch verzeihen, Vater?« stammelt er. »Ihr mir …«

Nach diesem Ereignis nehmen die Brüder mit erneutem Eifer und voller Zuversicht ihre Tätigkeit wieder auf. Jeder Mönch setzt sich nach seinem Können vom frühen Morgen bis zum späten Abend ein, bis der See im Glanz der untergehenden Sonne leuchtet. Die Mönche treffen sich treu zu den Gebetszeiten, obwohl manchen Bruder dabei der Schlaf übermannt. In den ersten Tagen haben die Söldner sich von den Mönchen schleunigst entfernt, wenn diese mit dem Gebet begannen, aber nach und nach gesellen sie sich auch während der Gebetszeiten zu den Brüdern. Mancher wagt sogar, hier und da einen Vers mitzusingen oder mitzubeten, wenn auch in einem recht eigenwilligen Latein. »Wenn die Soldaten vor dem Winter bis Jopilla kommen sollen, müssen sie sich bald auf den Weg machen«, meint Bischof Pirmin in einer friedlichen Abendstunde zu seinem Stellvertreter und Berater, dem Mönch Arnulf. »Ehrlich gesagt, schicke ich sie gar nicht gerne fort. Sie nehmen inzwischen weitgehend an unserem Leben teil, und sie sind gute Arbeiter. Arno, der jüngste Söldner, kann besser eine Mauer hochziehen als ich. Ihr wißt, daß ich äußerst geringe handwerkliche Fähigkeiten besitze, Bruder Arnulf.« Kein Widerspruch wird laut. Pirmins Versuch, eine senkrechte Mauer zu errichten, ist kläglich gescheitert. Das schiefe Mäuerlein stürzte über Nacht wieder ein. Seitdem leistet der Bischof nur Handlangerdienste beim Bauen oder setzt seine große Körperkraft beim Roden ein. Er fällt Bäume und hilft beim Zersägen der Stämme und beim Ausheben von Gruben. »Der Himmel ist uns wahrlich wohlgesonnen. Wir haben beinahe jeden Tag Sonnenschein und kommen zügig voran. Trotz aller Mühsal sind unsere Brüder bei guter Gesundheit und froh und zufrieden. Wir haben allen Grund, dem Herrn zu danken!« Bruder Arnulf freut sich darüber, wie die dunklen Augen des Bischofs leuchten. Sein hageres, braungebranntes Antlitz wirkt entspannt. »Vater, habt Ihr nicht etwas zu nennen vergessen, was des Dankes würdig ist? Ich meine, die Vergrößerung unserer Gemeinschaft.« Lebhaft stimmt Pirmin zu: »Ja, dieser Eddo, der vortreffliche junge Priestermönch, ist ein Gewinn für unseren Konvent.« Der alte Mönch lächelt still vergnügt vor sich hin. »Ihr habt die anderen Mönche nicht erwähnt, Vater!« meint er mit heiterem Tadel. »Andere neue Brüder?« fragt Pirmin verblüfft. »Wer sollte das sein? Darum müßte ich schließlich wissen.« Fragend sieht er den Mitbruder an. Arnulf schweigt eine Weile, als ob er seinen Bischof etwas auf die Folter spannen wolle. Pirmin runzelt die Stirn und sinnt vergebens darüber nach, wen Arnulf meint. Außer Eddo hat niemand bei ihm angefragt, seit sie auf der Sintlasau sind. »Vater, habt Ihr nicht selbst eben davon gesprochen, daß Ulrich und seine Männer immer häufiger bei uns sind, auch dann, wenn wir beten? Glaubt mir, Vater, das ist ebenso wenig ein Zufall wie das Entdecken der Quelle durch Euch. Sie möchten ganz zu uns gehören.« Pirmin ist nicht überzeugt. »Irrt Ihr Euch in diesem Fall nicht, Bruder Arnulf? Gewiß, die Männer waren fleißig und hilfsbereit. Sie haben mancherlei von ihrer derben Soldatenart aufgegeben und sich uns angepaßt. Auf der Reise haben mich manche ihrer Redensarten und groben Späße sehr gestört. Das ist besser geworden. Aber ich kann nicht glauben, daß diese rauhen Menschen Mönche werden wollen. Sie müßten all das aufgeben, was bisher ihr Leben ausgemacht hat: Kämpfen, Beutemachen, das lustige Lagerleben mit seinen Saufgelagen. Und was bekommen sie dafür? Das bescheidene, gehorsame, gleichförmige Leben eines Mönchs. Mit dem freien Umherschweifen und den wilden Ritten wäre es endgültig vorbei, dagegen müßten sie Psalmen rezitieren und Bibelsprüche lernen.« Mit dem Freimut des Vertrauten wirft Arnulf ein: »Wenn man Euch hört, Vater, möchte man meinen, Ihr würdet dem Soldatenberuf einen besonders hohen Wert beimessen. Fragt Ulrich und seine Mannen einmal offen nach ihren Wünschen!« Der Bischof zögert einen Augenblick. Dann nimmt er die Herausforderung an. Mit raschen Schritten überquert er den Platz und geht zum Ufer. Dort lagern die Söldner ein wenig abseits um ein Feuer. Scheinbar wollen sie unter sich sein. Widerlegt das nicht Arnulfs Behauptung? Vielleicht war alles nur der Wunschtraum eines alten Mannes, der gerne hätte, daß sich die Zahl der Mönche auf diese Weise vermehren würde ... Andererseits hat sich Arnulf bisher stets als ausgezeichneter Menschenkenner erwiesen. Als Bischof Pirmin ans Feuer tritt, erheben sich die Männer ehrerbietig. Er macht eine weit ausholende Geste und zeigt auf die Bauten. »Seht Ihr, daß unser Kloster wächst und mehr und mehr Gestalt annimmt? Das Jahr schreitet rasch voran. Wäre es nicht Zeit, daß Ihr an Eure Abreise nach Jopilla denkt?« Ulrich starrt auf seine breiten Hände, als gäbe es dort etwas Besondres zu entdecken. »Herr, wir ... wir ...«, beginnt er und schaut hilfesuchend in die Runde. Seine Männer sind ebenso verlegen wie er. »Setzen wir uns, Herr Ulrich? Was Ihr mir sagen wollt, kann sicherlich auch im Sitzen geschehen«, hilft ihm Pirmin und läßt sich am Feuer nieder. Gehorsam kauern sich die Söldner um ihn herum. Ulrich nimmt einen neuen Anlauf. »Herr, es ist so, daß wir gar nicht mehr nach Jopilla wollen.« Mit voller Absicht deutet Pirmin seine Worte falsch. »Habe ich Euch denn nicht deutlich genug gesagt, daß ich keine Schutztruppe auf der Insel haben will?« Sein Unmut ist nur gespielt. Er ist nun auch davon überzeugt, daß Bruder Arnulf recht hat. Mit Schweißtropfen auf der Stirn stammelt Ulrich: »Das ... das wissen wir, Herr. Wir wollen ja auch nicht als Schutztruppe bleiben, sondern wir wollen uns unter Euren Schutz begeben. Nur Wilhelm möchte heim nach Jopilla, weil er dort Weib und Kind hat. Er wird den Majordomus davon unterrichten, daß wir auf der Augia bleiben.« Die lange Rede hat den Söldner sichtlich erschöpft, denn er ist ein wortkarger Mann. Hat ihn der Bischof immer noch nicht verstanden? Pirmin fragt gedehnt und erstaunt: »Ihr wollt unter meinem Schutz bleiben? Wie soll ich das verstehen?« Da bricht es fast schreiend aus dem Mann heraus: »Bitte, nehmt uns in die Schar Eurer Brüder auf, Herr! Wir sind ungehobelte Kerle, die sich nur auf das Soldatenhandwerk verstehen, aber wir sind bereit, mit all unseren Kräften zu dienen.« Bischof Pirmin erhebt sich. Die Männer tun es ihm nach. Ist er zornig? Wird er sie empört abweisen? Nein, er schließt Ulrich in seine Arme und sagt zu ihm und seinen Gefährten: »Seid mir im Namen Christi willkommen, meine lieben Brüder!« Dann ruft er die Mönche zusammen und verkündet ihnen voller Freude, was geschehen ist. »Obwohl die Zeit bis zum Winter kurz ist, wollen wir aus diesem Anlaß morgen einen besonderen Feiertag einlegen, einen Tag des Gebetes, der Freude, des Dankens und der Entspannung!« Bruder Arnulf tritt vor die Versammlung der Mönche. »Darf ich ein anderes Anliegen vorbringen, Vater? In freier Wahl haben sich die Brüder dafür entschieden, daß Ihr nicht nur als Mönchbischof unserem Kloster auf der Augia vorsteht, sondern daß Ihr uns als Abbas, als unser Abt führt. Wir nennen Euch zwar jetzt bereits Vater, aber wir möchten Euch Vater Abt nennen.« Pirmin schweigt überrascht. Dann meint er: »Herr Karl hat mich mit der Klostergründung auf der Augia betraut, aber er hat mir keinen Titel verliehen. Das wäre eigentlich die Sache eines geistlichen Oberhauptes. Ich bin bereit, mich Eurem Wunsch zu fügen, weil der Ortsbischof in Konstanz keinerlei geistliche Vollmacht besitzt. Ich möchte wirklich Vater für Euch sein. Wenn ich es daran fehlen lasse, sagt es mir! Bruder Arnulf hat mich mit diesem Eurem Wunsch vollkommen überrascht. Nun möchte ich ihn überraschen und Euch vorschlagen, unseren geliebten Bruder zum Prior unseres Klosters zu wählen!« Mit großer Begeisterung stimmen die Mönche diesem Vorschlag zu.

Am nächsten Tag kann Bruder Anselmo den sonst recht kargen Tisch der Mönche reicher decken. Zum geräucherten Fisch gesellen sich Wildbret und Geflügel, zum Getreidemus Salat und Gemüse, zum Fladenbrot frisches Obst, Käse und Butter.

Manche Speise ist mit den Kräutern gewürzt, die Bruder Carolus auf der Insel entdeckt hat. Ein Kräutergärtlein ist vorbereitet, das im nächsten Jahr die erste Ernte bringen wird. Wegen des außergewöhnlichen Festtages stehen Krüge mit Bier und mit weißem und rotem Wein auf dem Tisch. Unter Plaudern, Scherzen und Lachen vergeht die Zeit wie im Fluge. Die Mönche erteilen ihren neuen Mitbrüdern, den Söldnern, manchen Ratschlag für das Klosterleben. Sie übertreiben dabei so offensichtlich, daß sie dafür nur Gelächter ernten. Wer würde es ihnen abnehmen, wenn sie von der furchtbaren Strenge Bischof Pirmins berichten, vor dem sie Tag und Nacht zittern?
Mit einem Mal verstummen die Neckereien. Ein Fremder hat das ärmliche Refektor betreten. »Was will dieser Mann hier?« ruft der kecke Laienbruder Pedro ausgelassen. »Natürlich will er mit uns feiern, Dummkopf«, antwortet Bruder Anselmo gutgelaunt. »Ihr müßt eine ausgezeichnete Spürnase haben, daß Ihr ausgerechnet heute auf die Augia kommt.« Der Fremde wird rot. Die Mönche lachen herzlich, als sie seine Verlegenheit sehen. Der Mann begibt sich zu Pirmins Platz und verneigt sich höflich vor dem Abtbischof. »Ich bitte vielmals um Verzeihung, daß ich es wage, Eure so fröhliche Feier zu stören, Herr Pirmin«, sagt er salbungsvoll mit einschmeichelnder Stimme. »Mein Herr, Bischof Audoin von Konstanz, schickt mich zu Euch.« Audoin? Kaum ist der Name gefallen, als die Reden verstummen und das Lachen erstirbt. Alle Brüder wissen, was dieser Name für die Augia bedeutet. Sie beugen sich gespannt vor. In der lastenden Stille steht der Abtbischof auf und geht dem Fremden entgegen. »Ach, Ihr seid es, Herr Sekretarius«, stellt er fest, als er den rundlichen Priester erkennt. »Seid mir willkommen auf der Augia! Habt Ihr eine besondere Botschaft des Herrn Audoin für mich?« Der Sekre-

tarius tritt von einem Bein auf das andere und verhaspelt sich in seinen hastigen Worten vor Verlegenheit. »Nein, nein ... das heißt ... ja ... hm, ich soll mich nämlich überzeugen, wie ... wie es Euch geht und welche Fortschritte Eure Baupläne machen. Wie Ihr wißt, begleitet Herr Bischof Audoin das Werden Eures Klosters mit dem aufrichtigen Wohlwollen eines interessierten Nachbarn.« Ingrimmig murmelt Bruder Gersmar, der seinerzeit dabei war, als Pirmin dem Laienbischof seine Aufwartung gemacht hat: »Erstaunlich, daß der Mann nicht an seinen Lügen erstickt!« Pirmin lächelt vielsagend. »Habt Ihr Euch genügend bei uns umgeschaut, Herr Sekretarius? Soll ich Euch später herumführen und Euch die Baulichkeiten erläutern?« fragt er ruhig. Wenn seine Stimme einen fast sammetweichen Klang hat, ist er am gefährlichsten. »Ich ... ich wäre Euch für jeden Hinweis äußerst verbunden, Herr Bischof«, antwortet der Sekretarius mit einem devoten Kratzfuß. »Aber zunächst trinkt Ihr ein Glas Wein mit uns«, ordnet Pirmin liebenswürdig an. Bruder Pedro füllt einen großen Becher mit rotem Wein. »Trinkt ihn mit Andacht, Herr Sekretarius, denn es ist Festwein!« Der Mann horcht auf. »Festwein?« Darf ich wissen, welchen Festtag Ihr heute feiert, Ihr Herren?« »Wir feiern die Feste, wie sie fallen«, tut Bruder Egno die Frage mit einer großartigen, prahlerischen Geste ab. »Wir feiern unseren neuen Abt, Herr Sekretarius, und unseren neuen Prior und etliche neue Brüder. Aber wenn wir gerade keinen Grund zum Feiern hätten, würden wir ein Fest erfinden. Was haltet Ihr davon?« Mit großen Augen schaut der Gefoppte in die lachenden Gesichter der Mönche und stottert verwirrt: »Ausgezeichnet, ganz vortrefflich, eine wunderbare Idee! Aber hörte ich recht ... Ihr sagtet ... neuer Abt und neuer Prior? Darf man fragen, wer diese Herren sind?« Bruder Anselmo beugt sich zu ihm nieder: »Das dürft Ihr allemal, Herr

Sekretarius. Höret und staunet: unser neuer Abt ist selbstverständlich unser hochwürdiger Bischof Pirmin und unser neuer Prior ist Bruder Arnulf und unsere neuen Brüder ...« »Sind wir!« fällt Ulrich vergnügt ein. »Ja, wer seid denn Ihr?« Vor lauter Verwirrung trinkt der Sekretarius in einem Zug den Becher aus. Bruder Pedro füllt ihn sofort wieder. »Ihr ... Ihr seid doch Soldaten, nicht wahr? Gehört Ihr auch dazu?« Arno, der jüngste der Schar, prustet lachend heraus: »Natürlich gehören wir dazu. Wir überlegen uns nur gerade, für welche Tracht wir uns entscheiden sollen, und wir sind dabei, sie auszuprobieren.« Wieder trinkt der Sekretarius aus lauter Verlegenheit hastig seinen Becher leer. Nun greift Abt Pirmin ein. »Genug der Scherze! Diese Männer haben sich entschlossen, ihren bisherigen Beruf aufzugeben und Mönche zu werden. Allerdings können wir ihnen zur Zeit keine Kutten geben, da wir keinen Schneider unter uns haben. Kennt Ihr keinen Schneider in Konstanz, der gerne Mönch werden würde?« Dem Sekretarius läuft langsam all das rund, was er gehört und gesehen hat. Ehe er mit dem Abtbischof nach draußen geht, leert er einen dritten Becher Rotwein. An der frischen Luft macht sich der rasche Genuß des starken Rotweins bemerkbar. Ihn schwindelt. Er nimmt seine Umgebung nur verwischt wahr. »Eure Bauten wachsen«, artikuliert er mühsam und vorsichtig. »Ihr kommt erstaunlich rasch voran, aber ... aber ...« Sein dicker Zeigefinger wedelt tadelnd in der Luft herum. »Aber Eure Mönche gleichen einer Räuberhorde in ihren ärmlichen Kutten, mit den braunen Gesichtern, wilden Bärten und schrundigen Händen. Feste ... Feste ... f... f... feiern, wie sie ... fa... fallen. Das das ist allerhand. F... f... führt Ihr überhaupt ein klösterliches, ein as... aszetisches Leben auf der Sint... Sint...las...au?« Angewidert betrachtet Pirmin den Schwankenden, der in seiner Trunkenheit allzu offen redet. »Ich nehme an, daß Ihr zunächst schlafen wollt, bis Ihr wieder frisch seid«, bemerkt er und geleitet ihn zu einem Lager aus Stroh und Laub, das sich einer der Soldaten unter einem Vordach angelegt hat. Der Herr Sekretarius ist froh, von seinen wackeligen Beinen zu kommen. Schnaufend fällt er auf die harte Lagerstätte und schläft sofort ein. Pirmin sieht den Mann an, der mit offenem Mund schnarcht und schnauft. Warum hat Audoin diesen Sekretarius, scheinbar seinen Vertrauten, zur Augia geschickt? Wahrscheinlich soll der Mann spionieren und dann Bericht erstatten. Auf keinen Fall hat Audoin aus Interesse und echtem Wohlwollen diesen lächerlichen Boten gesandt. Gerade verläßt Bruder Ermanold das Refektorium. »Bruder, würdet Ihr mir einen Gefallen tun und bei dem Herrn Sekretarius bleiben, bis er sein Schläfchen aus hat? Danach verköstigt Ihr ihn gut und setzt ihn in seinen Kahn.« Bereitwillig nimmt Ermanold den Auftrag an und setzt sich in den Schatten einer alten Weide. Die unerwartete Ruhepause ist ihm ganz willkommen. Er betrachtet wie so oft die Veränderung, die an seinen Händen vor sich gegangen ist. Seine Handflächen sind nach wie vor hart und schwielig, aber das stört ihn nicht. Seine Finger weisen keine Gichtknoten mehr auf. Er biegt und streckt sie, ohne den geringsten Schmerz zu verspüren. Wie dies eigentlich gekommen ist, weiß er selbst nicht recht. Nur widerwillig, da von ständigen Schmerzen gequält, hat er beim Einfassen der Quelle geholfen, die Pirmin mit seinem Bischofsstab aus der Erde gelockt hat. Bei dieser Arbeit sind seine Hände täglich viele Male mit dem Quellwasser in Berührung gekommen, und am Ende eines jeden Arbeitstages hat er sie gründlich darin gewaschen. Nach ein paar Tagen haben seine Schmerzen nachgelassen, und seine Finger sind beweglicher geworden. Er hat einen Ledereimer voll Wasser von der Quelle geholt und seine Hände darin gebadet. Anfangs haben seine Mitbrüder ihn verlacht. Aber als seine Schmerzen vollends verschwunden sind und mit ihnen die Verdickungen an seinen Fingergelenken, ist ihr Spott verstummt und hat sich in Scheu und Staunen verwandelt. Offensichtlich ist ihre Quelle, die Pirmin-Quelle, heilkräftig.

»Wo bin ich denn?« schreckt ihn der Sekretarius aus seinen Gedanken auf. »Ihr seid bei uns auf der Augia. Habt Ihr Euch ein wenig erholt?« »Erholt?« Der Mann schluckt. »Warum habe ich nur ein solches Kopfweh und einen so häßlichen Geschmack im Mund?« Schwankend erhebt er sich. »Das wird gleich besser werden. Kommt mit zu Bischof Pirmins Brunnen!« Mit durstigen Zügen trinkt der Sekretarius aus dem Schöpfeimer und kühlt wiederholt Stirn und Wangen. Seine Übelkeit läßt nach und verschwindet schließlich ganz. Er fühlt sich wie neugeboren. »Habe ich Euch zuviel versprochen?« fragt Bruder Ermanold so stolz, als sei es sein persönliches Verdienst. »Nein, das habt Ihr nicht, Bruder«, antwortet der Mann nachdenklich. »Sagt mir: hilft das Wasser des Brunnens gegen alle Beschwerden?« Der redselige Ermanold kann der Versuchung nicht widerstehen. Er erzählt dem Aufhorchenden die ganze Geschichte vom Auffinden des Quells durch Pirmin und von seiner offensichtlich heilkräftigen Wirkung bei Mensch und Tier. »Auch bei Tieren?« zweifelt der Konstanzer. »Aber sicher, Herr Sekretarius! Ich war selbst dabei, als unser Bär durch das Wasser geheilt wurde. Ihn quälte eine schwärende Wunde, die nicht zugehen wollte. Bär wurde nach mehrmaligem Baden in einem Bottich voll Quellwasser plötzlich geheilt.« Der Sekretarius fühlt erneut Übelkeit in sich aufsteigen. Dieses Mal entspricht sie seiner Furcht. Sie haben also sogar einen Bären auf dieser verwünschten Insel! Was soll er von alledem halten? Was soll er Herrn Audoin berichten? Höflich lehnt er es ab, eine Mahlzeit zu sich zu nehmen.

»Danke, Bruder! Ich muß mich sputen. Herr Audoin erwartet mich!« Rasch steigt er in seinen Kahn. »Darf ich wenigstens Euren Namen erfahren, Bruder? Ihr habt Euch so freundlich um mich gekümmert.« Mit verzeihlichem Stolz nennt ihn Bruder Ermanold. Er fügt hinzu: »Ehedem war ich Hofkaplan bei Majordomus Karl in der Pfalz Jopilla.« Das ist zuviel des Guten! Entsetzt stammelt der Sekretarius: »Dank für alles, Bruder Ermanold! Grüßt Euren Abt und gehabt Euch wohl!« Mit großer Hast bedient er die Ruder, als fürchte er sich, auch nur einen Augenblick länger auf der Augia zu bleiben.

Audoin, der Laienbischof, lauscht gespannt dem Bericht seines Vertrauten über die Vorgänge auf der Sintlasau. Er kann nicht wissen, daß der Sekretarius manches geschickt übergeht, das ihn irgendwie belasten könnte. Außerdem erinnert er sich nicht mehr deutlich an alles. Der Wein war zu stark. Mit Wohlwollen vernimmt der Laienbischof, daß dieser Mönch Pirmin sich Abt titulieren läßt, ohne offiziell dazu ernannt worden zu sein; daß er die Kühnheit hat, besondere Festtage einzulegen, die nicht von der Liturgie vorgeschrieben sind und daß er die Mönche dabei üppig bewirten läßt. Bei der Schilderung der Tafelfreuden übertreibt der Sekretarius gewaltig, was die Fleischspeisen und die Getränke betrifft. »So geht es also bei den angeblich aszetischen Mönchen zu!« stellt Audoin befriedigt fest. »Damit läßt sich später wahrscheinlich einmal etwas gegen diesen hergelaufenen Mönch Pirmin machen.« In abgeänderter Form berichtet sein Spion ihm auch über die Quelle des Pirmin und ihre angebliche Heilkraft. Seine eigene Rolle übergeht er geschickt. Er erzählt vom ehemaligen Hofkaplan Ermanold und seiner angeblichen Heilung von der Gicht. »Auch andere kranke Menschen und ein Bär sollen durch die Quelle geheilt worden sein.« »Lächerlicher Unsinn! Dummes Geschwätz«, wehrt Audoin ab. »Dieser Ermanold ist ein gebildeter Mann, der durchaus ernstzunehmen ist«, antwortet der Sekretarius gekränkt. »Ermanold ist ein Parteigänger dieses sogenannten Abtes Pirmin. Er setzt bewußt solche Märchen in Umlauf, damit die Leute seinem Herrn und Meister huldigen. Auf der Sintlasau eine heilkräftige Quelle, daß ich nicht lache!« Unbemerkt hat Frau Ingburga, die schöne Hausgenossin des Audoin, bereits vor Minuten das Zimmer betreten und dem Gespräch gelauscht. »Sagt mir Genaueres über die Heilquelle auf der Sintlasau!« fordert sie. Bereitwillig kommt der Sekretarius ihrer Aufforderung nach und erzählt von den Heilungen. Audoin will sich ausschütten vor Lachen. Sie lacht nicht mit, sondern sie meint nachdenklich: »Und wenn doch etwas Wahres daran ist? Nimm mich einmal mit zur Insel, Audoin! Vielleicht könnte diese Quelle die Gehschwäche unseres Kindes heilen ...« »Unsinn, heidnischer Unsinn!« wehrt Audoin heftig ab. Unter dem vorwurfsvollen Blick seiner Lebensgefährtin wird es ihm unbehaglich zumute. Kann er, der als Laie durchaus heidnisch lebt, überhaupt beurteilen, was christlich ist? Zudem ahnt er, daß er Frau Ingburgas Drängen nachgeben wird. »Na ja«, brummt er unwillig. »Meinetwegen! Aber wir müssen eine passende Gelegenheit abwarten. Dann führe ich dich bei den leichtgläubigen Mönchen als meine verwitwete Base ein.«

Die Mönche auf der Augia ahnen nichts von den Plänen, die man in Konstanz macht. Für sie hat jeder Tag sein überreiches Maß an Mühe und Arbeit. Die Raumnot wird immer spürbarer. Einige Männer aus angrenzenden Gauen fühlen sich zum Klosterleben hingezogen. Manchen von ihnen muß der Abtbischof zurückweisen, wenn die Vorstellungen vom klösterlichen Leben sich auf fromme Gebetsübungen und lange Meditationen beschränken. »Wir Mönche möchten oft mehr beten und länger meditieren. Es ist herrlich, in Zeiten der Stille

Gott begegnen zu dürfen! Aber die Söhne des Vaters Benedikt müssen sich diese Gottbegegnung zuvor Arbeit und Mühe kosten lassen. Ora et labora!« Anderen wird der Verzicht auf das eigene Wollen und das Dienen und Loslassen zu schwer. Pirmin rät ihnen, ihren Weg zu Gott in der Welt zu gehen.
Mit viel Geduld bekämpft Abt Pirmin in der klösterlichen Gemeinschaft Streitereien, Eifersüchteleien und Empfindlichkeiten, die das brüderliche Zusammenleben erschweren. »Die Sonne darf nicht untergehen über einem Streit!« Das ist seine Richtschnur. Er bestellt die betreffenden Mönche in seine kleine Cella, die ihm seine Brüder für seine Schreibarbeit gebaut haben. Er hört sie beide an, spricht dann so gütig und überzeugend mit ihnen, daß die Sache beigelegt wird und die Brüder sich ehrlich und versöhnt die Hände reichen. Unter den Dächern auf der Augia leben Menschen aus verschiedenen Völkern und Kulturkreisen zusammen. Mißverständnisse bleiben daher nicht aus. Pirmin bemüht sich, der Vater aller zu sein, der Abt. Oft holt er sich Rat bei seinem früheren Novizenmeister, dem weisen und ausgeglichenen Prior Arnulf. Auch Bruder Eddo wird häufig für besondere Aufgaben herangeholt oder begleitet ihn auf Fahrten zum Festland. Der junge Priestermönch besitzt eine umfassende Bildung, ein heiteres und verbindliches Wesen und eine außergewöhnliche, charismatische Gabe, Menschen zu führen.
Täglich nehmen die Bausorgen, die An- und Ausbauten viel Zeit und Kraft in Anspruch. Aber Pirmin vergißt auch die Menschen auf dem Festland nicht, die zur Augia gehören. In Allensbach läßt er eine kleine Kapelle bauen. Er gibt Bruder Egno den Auftrag, die Leute aus den Dörfern Allensbach, Markelfingen und Kaltbrunn geistlich zu betreuen. Mit Feuereifer widmet sich der Alemanne Egno der Seelsorge unter seinen Landsleuten. Sein bisheriger Mißmut ist verschwun-

den. Er fühlt sich in Allensbach bald daheim und ist in jeder Hütte ein gern gesehener Gast. »Gott sei Dank, daß unser Bruder Egno seinen Platz gefunden hat! Er kann drüben segensreich wirken«, freut sich Abt Pirmin. »Da er weiterhin regelmäßig zu unserer Gemeinschaft kommt, ist dies für uns wirklich eine vortreffliche Lösung und für ihn die Aufgabe, die ihn erfüllt«, bestätigt Prior Arnulf. Ihm bereitet etwas anderes einige Sorge. Manche Brüder beneiden Eddo um die Gunst des Abtes. Was er geahnt hat, wird in der nächsten Rekreation für ihn zur Gewißtheit. »Warum genießt dieser Eddo bei unserem Vater eigentlich eine Vorzugstellung?« murrt Bruder Anselmo. Er spricht damit laut aus, was andere Mönche denken, vor allem jene, die mit dem Bischof aus Spanien geflüchtet sind. »Schließlich ist er erst kürzlich zu uns gekommen, und der Vater zieht ihn zu allem heran. Will er ihn zu seinem Stellvertreter machen? Stünde ein solches Amt nicht einem aus unseren Reihen zu, die wir von Anfang an bei ihm waren und alle Not der Flucht mit ihm geteilt haben? Oder genießt dieser Eddo etwa die besondere Gunst von Bischof Pirmin, weil er aus dem Adelsgeschlecht der Etichonen stammt und mit der Thurgauer Edelfrau Gerhildis verwandt ist?« Voller Trauer sieht Prior Arnulf den Sprecher an. »Ich schäme mich Eurer, Bruder Anselmo! Eure Worte sind anmaßend und häßlich. Unser Vater Abt verdient solch böse Gedanken und Worte über sein Tun nicht. Ihr seid ganz einfach neidisch. Trotzdem will ich Euch eine Antwort geben. Unser Vater hat die Gabe, Menschen zu erkennen, die von Gott dazu bestimmt sind, andere zu führen. Eddo ist ein solcher Mensch, von Gott begnadet und besonders berufen. Stört Euch Gottes Wahl? Strebt Ihr selbst ein höheres Amt an? Ja, es war der Neid, der Euch die häßliche Verdächtigung eingegeben hat, unser Vater würde Menschen wegen ihrer Abkunft bevorzugen. Nur Neid kann

edle Bilder verzerren und entstellen. Ihr rühmt Euch, unseren Vater seit Spanien zu kennen, aber Ihr kennt ihn gar nicht. Für Bischof Pirmin ist jeder Mensch vor Gott gleich, ob er aus der Hütte eines Tagelöhners stammt oder aus der Burg eines Grafen.« Der meist milde und gütige Arnulf hat ungewohnt scharf und heftig gesprochen. Seine Worte sind als Zurechtweisung gedacht, und sie werden von Bruder Anselmo auch als solche empfunden. Aber er ist nicht bereit, sein Fehlverhalten einzusehen. Er fühlt sich zu Unrecht getadelt und beklagt sich darüber bitter bei seinen Brüdern. Pirmin ahnt nicht, daß sich Mißstimmung wie Löwenzahnsamen im Wind rasch und unmerklich unter seinen Brüdern ausbreitet. Prior Arnulf ist sehr besorgt darüber. Soll er den Vater Abt informieren, ihn warnen? Er schreckt davor zurück. Wie enttäuscht wird Pirmin sein, wenn er erfährt, daß ihm die mißtrauen, denen er vollstes Vertrauen schenkt!
An einem Herbsttag, an dem Föhnstimmung die Landschaft am See beherrscht, fahren Pirmin, Arnulf und Eddo nach Ermatingen. Der junge Mönch bringt den Kahn mit machtvollen Ruderschlägen über den See ans Thurgauer Ufer. Im kleinen, wohlhabenden Dorf Ermatingen begrüßen die Leute die drei Mönche freundlich. Die Kunde von dem guten Wirken und der gnädigen Herrschaft des Abtbischofs ist ihnen vorausgeeilt. Zum Leidwesen des Laienbischofs Audoin hat sie längst ihren Weg rund um den See genommen. Der Dorfschulze und seine Frau sehen eine Ehre darin, die Mönche reichlich zu bewirten. Die Abgaben, die Ermatingen an das Kloster auf der Augia zu entrichten hat, halten sich in bescheidenen Grenzen. »Man erzählte mir, daß Ihr guten Weizenboden habt. Liefert uns den Weizen für die heiligen Hostien! Es wäre schön, wenn Ihr auch einmal an einem feierlichen Gottesdienst teilnehmen würdet. Ihr seid jedenfalls herzlich eingeladen.« Andere Er-

matinger gesellen sich zu der Gesprächsrunde. Die Bauern freuen sich über die herzliche und natürliche Art ihres neuen Herrn, der sich für ihre kleinen Leiden und Freuden interessiert. Im Eifer des Gesprächs achtet niemand darauf, wie die Zeit vergeht. »Wir müssen heimkehren«, sagt Pirmin schließlich. Draußen bietet sich ihnen ein anderes Bild. Der Himmel hat sich mit dunklen Wolken bezogen. Starker Wind wühlt den See auf. Weiße Gischt spritzt über den Uferrand. Besorgt betrachtet der Dorfschulze den See und den Himmel. »Seht nur, wie grüngelb der See ist, Herr! Diese Farbe kündet immer schweren Sturm an. Es wird ein gewaltiges Unwetter geben. Bitte, bleibt bei uns, bis das Schlimmste vorüber ist!« Abt Pirmin zögert. Er denkt an seine Brüder im Kloster, die auf die abendliche Kapitelsitzung warten. Nach längerem Zögern entschließt er sich: »Wir wollen die Überfahrt versuchen. Wenn wir merken, daß wir es nicht schaffen, kommen wir zurück.« Männer aus Ermatingen halten den Kahn fest, bis die Mönche eingestiegen sind. Dann lassen sie ihn mit einem Stoß los. Das Gefährt schießt in die aufgebrachten Wogen. Mit aller Kraft legen sich Pirmin und Eddo in die Ruder. Zunächst kommen sie trotz des starken Gegenwindes voran. Aber der Sturm nimmt jäh an Stärke zu. Der Kahn wird wie ein Spielzeug hin und her geworfen. Wasser schlägt herein. Die Ruder greifen nicht mehr. Trotz verzweifelter Bemühungen kentert der Kahn und treibt kieloben. Schwimmend klammern sich Pirmin und Eddo an ihm fest. »Wo ist Arnulf?« schreit Pirmin, aber der Sturm nimmt ihm die Worte gleichsam vom Munde. »Arnulf? Arnulf?« schreit er. Da taucht nahe bei ihm der weiße Haarschopf des Priors auf. Sofort läßt Pirmin den Kahn los und erreicht mit der Kraft der Verzweiflung den Ertrinkenden. Arnulf klammert sich an seinen Retter. Pirmin fühlt, daß seine Kräfte schwinden. Die lange Kutte hindert ihn ohnehin beim Schwimmen. Da naht im letzten Augenblick die Rettung. Die Ermatinger haben vom Ufer aus das traurige Schauspiel verfolgt und nahen nun mit ihrem größten Kahn. Sie bergen die drei Schiffbrüchigen. Die vier Ruderer haben Mühe, das Fahrzeug an das Ufer zu bringen. Im eiskalten Sturmwind zitternd, steht Abt Pirmin vor den Männern in seiner triefend nassen Kutte. »Ich danke Euch für die Rettung, und ich bitte Euch um Verzeihung, weil ich Euch in diese Gefahr gebracht habe! Ich hätte gleich Eurem Rat folgen und hierbleiben sollen.« Seine bescheidenen Worte beschämen die Männer von Ermatingen. Entschuldigend sagt der Dorfälteste: »Ihr konntet ja den See nicht so kennen wie wir, die wir hier aufgewachsen sind. Kommt rasch in meine Hütte, damit Ihr die nasse Kleidung ausziehen könnt!« Als sie in grobe Decken gehüllt am Feuer sitzen und heißen Holundertee trinken, sagt Pirmin besorgt zu dem blassen Bruder Arnulf: »Hoffentlich müßt Ihr nicht für meinen Leichtsinn büßen und werdet krank, lieber Bruder!« Am nächsten Morgen spüren Arnulf und Eddo keine Nachwirkungen des kalten und nassen Abenteuers im stürmischen See, aber Pirmin fühlt sich schwach und elend. Über das spiegelglatte Wasser rudert ein Fischer die Mönche zur Augia. Der Weg bis zum Kloster kommt dem Abt heute länger und mühsamer vor. Er atmet schwer, und er hat Mühe, seine Umgebung deutlich wahrzunehmen. Schweißtropfen stehen auf seiner Stirn. Er muß sich auf die Schulter des jungen Eddo stützen, um die letzte Wegesstrecke zurücklegen zu können. »Sorgt für den Konvent, Bruder Arnulf! Ich muß mich niederlegen, wenigstens bis morgen.«

Fiebernd, keuchend und nach Atem ringend, liegt Pirmin auf seinem armen Lager im gemeinsamen Dormitorium. Seine wilden Fieberphantasien ängstigen die Mönche und lassen sie auch nachts nicht zur Ruhe kommen. Der Geist des Kranken erlebt die Schrecken des Krieges und die Gefahren der Flucht in ihrer ganzen Furchtbarkeit, wie die Worte verraten, die aus seinem Munde kommen. Pausenlos wachen die Brüder an seinem Lager, machen ihm kalte Umschläge und flößen ihm Kräutertränke ein. All ihr Mühen ist scheinbar vergeblich. Der Abt wird zusehends schwächer. Sein Atem geht rasselnd und stockend. Sein Herz jagt und rast. Sein hochrotes Gesicht ist eingefallen. Die Nase ragt spitz daraus hervor. Ist es bereits die Maske des Todes, die sich um die Kinnpartie des Kranken ausbreitet? Verzweifelt knien die Mönche um sein Lager, auch jene, die ihn häufig kritisiert haben. Einmütig bestürmen sie nun den Himmel: »Herr, sei barmherzig und laß uns den Vater, auch wenn wir einen solchen Abt nicht verdient haben!« Wird ihr Flehen nicht erhört? Die mageren Finger des Vaters tasten suchend über die graue Wolldecke, rastlos und unaufhörlich. Diese Bewegung haben sie oft bei Sterbenden gesehen. Prior Arnulf entschließt sich zu einer letzten, verzweifelten Maßnahme: »Holt Wasser aus seiner Quelle, seinem Brunnen und füllt damit den größten Holzbottich!« Sie gehorchen, ohne ihm zu widersprechen, obwohl sie die Anordnung nicht verstehen. Was soll das für einen Sinn haben? Als der Bottich gefüllt ist, ordnet Bruder Arnulf an: »Taucht den Vater in das Wasser!« Die Mönche starren einander entsetzt an. Hat der Prior vor Leid den Verstand verloren? Sie weichen vor ihm zurück. »Wollt Ihr ihn töten? Nein, das tun wir nicht!« Da nimmt Bruder Eddo den Abt, der während der schweren Krankheit viel an Gewicht verloren hat, in seine kräftigen Arme und senkt ihn behutsam wie eine Mutter ihr Kind in das Quellwasser. Die anderen Mönche sehen wie gebannt zu. Was wird nun geschehen? Nach dem Bad reibt Eddo den Kranken mit einem grobleinenen Tuch ab und deckt ihn zu. Atmet Vater Pirmin überhaupt noch? Sie lauschen wie erstarrt, und endlich vernehmen sie leichtere, ruhigere Atemzüge. Langsam weicht das unnatürliche Rot aus dem Antlitz des Kranken. Seine mageren Hände liegen ruhig und gelöst auf der Wolldecke. Kein Mönch verläßt das Dormitorium. Alle verharren schweigend, bangend und hoffend. Nach Stunden öffnet Abt Pirmin seine Augen. Der Glanz des Fiebers ist aus ihnen gewichen. »Liebe Brüder«, flüstert er, »kann ich etwas zu trinken haben? Ich bin sehr durstig.« Verwundert vernimmt er den Jubelschrei, den seine Bitte auslöst. Manchem Bruder rinnen Tränen der Freude über die Wangen. Jeder würde ihm gern den Liebesdienst erweisen, aber nun dulden sie es alle voller Verständnis, daß Eddo den Kopf des Vaters anhebt und ihm einen Becher an die Lippen setzt. Pirmin trinkt. »Wie gut das tut«, lächelt er dankbar. »Wasser des Lebens ... lebendiges Wasser!« Dann fällt er in einen tiefen Schlaf. Er schläft der Genesung entgegen.

VI. DER GEÄCHTETE

Die letzten Büsche und Bäume werfen ihre bunten Blätter ab in den Wäldern auf der Augia. Sie strecken ihre starken Äste und das Filigran ihrer Zweige gegen den blaßblauen Himmel des Spätherbstes. Der See schimmert in hellem Blau. Die Tage mehren sich, an denen dichter Nebel in feuchten Schwaden um die Insel wogt. Manches Mal ist er so dicht, daß die Mönche kaum von einem ihrer Häuser, das sie mit harter Arbeit und Anstrengung errichtet haben, zum anderen sehen können. Die kleine Holzkirche hat keinen Turm. Die Brüder haben nur eine Art Glockengerüst aus dicken Stämmen gebaut. Die Glocke läßt auf sich warten. Vorerst ruft eine kleine Handglocke mit ihrer hellen Stimme die Mönche zum Gebet und zu den Mahlzeiten. Bruder Ermanold geht damit über den Klosterhof hin und her und schwingt sein Glöckchen mit Eifer und großer Pünktlichkeit. Abt Pirmin hat ihm außerdem ein wichtiges Amt anvertraut, die Vorratshaltung, wenn er ihn auch noch nicht offiziell zum Cellerar ernannt hat. In der Verantwortung für die Versorgung der Brüder macht er sich eines Tages zu seinem geistlichen Vater auf. Er stört ihn nicht gerne, denn er weiß, daß Pirmin in der kleinen Cella mit Schreibarbeiten beschäftigt ist. Beim schwindenden Tageslicht bringt der Abt einige Gedanken zur Missionsarbeit auf das Pergament. Die Mönche haben ihn wiederholt um schriftliche Anweisungen gebeten. Bei der schweren Arbeit des Sommers und Herbstes sind seine Finger hart und ungelenkig geworden. Er dehnt und streckt sie und seufzt wie ein ungeduldiger Scholar, der das Schreiben erst erlernen muß, bis es ihm gelingt, Daumen, Zeigefinger und Mittelfinger fest um den Kiel der angespitzten Gänsefeder zu legen. Langsam beginnt er zu schreiben. ›Hm, sehr schön sind meine Buchstaben gerade nicht geworden‹, denkt er, als er die ersten Worte kritisch betrachtet, ›aber die Hauptsache ist, daß meine Brüder sie lesen können.‹ Bruder Ermanold tritt in den Türrahmen und beraubt den Abt seiner Lichtquelle. Pirmin schaut auf, ruhig und ohne Unwillen über die Störung. »Habt Ihr ein Anliegen, Bruder Ermanold?« fragt er und legt die Gänsefeder behutsam beiseite. »Kommt! Setzt Euch zu mir!« Er weist auf den Schemel neben seinem Arbeitstisch. Nachdenklich betrachtet der Mönch das schmalgewordene Antlitz des Abtbischofs. Hat der Vater die Folgen der Krankheit eigentlich ganz überwunden? Er sieht noch immer blaß und angegriffen aus. Bruder Ermanold möchte am liebsten schweigen, aber er muß ihn mit seinen Sorgen belasten. Es geht nicht anders. Bischof Pirmin wartet geduldig, bis der andere etwas sagt. Er vermeidet es stets, den anderen zu drängen. Er soll fühlen, daß er Zeit für ihn hat, ja, daß er für ihn die wichtigste Sache auf der Welt ist. Jedes Begegnen mit einem Menschen ist zugleich ein Anruf Gottes, eine Frage nach seiner Bereitschaft, wirklich für Ihn da zu sein. Nach langem Zögern beginnt Ermanold mit jäher Entschlossenheit: »Vater Abt, ich mache mir sehr große Sorgen!« Dann hält er wieder inne und schaut vor sich nieder, als bereite es ihm übergroße Mühe, von seinen Sorgen zu sprechen. »Sagt mir, was Euch bedrückt, lieber Bruder! Kann ich Euch helfen?« Der Mönch nickt einige Male. »Ja, Ihr könnt mir helfen, Vater Abt ... und Ihr müßt mir helfen. Wie Euch bekannt ist, habe ich gestern drei unserer Brüder von Allensbach aus mit Pferd und Wagen nach Konstanz geschickt, um Dinkel, Hirse, Korn,

Hafer und Gerste zu kaufen. Sie kehrten aus der Stadt mit vollen Geldbeuteln und leerem Wagen zurück. Egno ließ mich durch Bruder Chuno wissen, daß sie in Konstanz kein einziges Getreidekorn aufgetrieben hätten.« Pirmin fährt auf. Erregung färbt seine Wangen. Er ahnt, was der Bruder ihm weiter berichten wird, und er hat sich in seiner Vermutung nicht geirrt. »Bischof Audoin hat den Kaufleuten, den Müllern und Bauern in Konstanz und in seinen sonstigen Besitzungen verboten, Getreide oder andere Nahrungsmittel an das Kloster auf der Augia zu verkaufen. Jeder würde hart bestraft, der es wage, das fränkische Kloster zu unterstützen, in dem als Mönche verkleidete Soldaten des Karl Martell nur auf eine günstige Gelegenheit warten würden, um Konstanz zu überfallen.« Zunächst schweigt der Abt. Der Schlag war zu hart. Wie hilflose, nutzlose Werkzeuge liegen seine Hände schlaff und müde auf dem Pergament. Schließlich murmelt er: »Ich habe immer gewußt, daß Dummheit und Bosheit eine gar gefährliche Mischung sind, aber daß Audoin so weit gehen würde, ein solches Verbot zu erlassen, damit habe ich nicht gerechnet.« Bruder Ermanold fühlt sich recht unbehaglich. Er würde den Vater gerne schonen, aber er muß bei einem Thema bleiben, das ihm schlaflose Nächte bereitet. »Unsere eigenen Dörfer und die Höfe im Thurgau haben gegeben, was sie entbehren können, Vater Abt. Dennoch ist unser neues Vorratshaus nicht halb gefüllt. Mit diesen geringen Vorräten an Getreide kann unsere Mönchsgemeinde die Zeit bis zur nächsten Ernte unmöglich überstehen, auch wenn wir uns einschränken.« Pirmin stützt die Ellbogen auf den Tisch und nimmt seinen Kopf in beide Hände. Bei intensivem Nachdenken spürt er seit den Tagen seiner schweren Erkrankung einen Druck hinter seiner Stirn. Mit gedämpfter Stimme murmelt er hinter seinen Händen: »Nicht alle Lande ringsum gehören dem Konstanzer Laienbischof oder sind ihm günstig gesinnt. Bruder Ermanold, wir wollen drüben im Thurgau versuchen, Getreide und andere Nahrungsmittel aufzutreiben.« Das gute Antlitz des Bruders strahlt freudig auf. »O, Vater Abt, das ist wunderbar! Frau Gerhildis wird uns sicher helfen, davon bin ich überzeugt. Sie hat uns ja auch eine Glocke für unsere Kirche versprochen.« Pirmin dämpft die Freude seines Getreuen mit leichter Abwehr. »Ich möchte nicht, daß die edle Fraue sich uns verpflichtet fühlt, weil ihr Neffe Eddo bei uns ist. Aber sie kann uns dabei behilflich sein, andere Grundherren im Thurgau zu finden, die uns Getreide verkaufen wollen.« Ermanold stimmt ihm eifrig zu. Ein Stein ist von seinem Herzen gefallen. Nun wird der Winter nicht zu einer Zeit der harten Not für das junge Kloster. Gott sei Dank! Er macht sich auf, um Bruder Eddo zu suchen und ihn um die Unterstützung des Vorhabens zu bitten. Im Vorbeigehen streichelt er liebevoll über den zottigen, rotbraunen Kopf des Hundes. Bär bewacht wie an allen Tagen die Türschwelle seines Herrn. Während Pirmins Krankheit haben die Mönche ihn nicht von der Schwelle des Dormitoriums vertreiben können. Sie mußten über ihn hinwegsteigen, wenn sie hineinwollten. An einem klaren, kalten und windstillen Tag rudern die Mönche über den See, um die Reise zum Thurgau anzutreten. Mit Rücksicht auf Pirmins Gesundheit hat Bruder Eddo den Wasserweg um die Nordwestspitze der Insel gewählt. Nun nähert sich der Kahn angesichts der schneebedeckten Alpenhöhen dem Thurgauer Ufer. Mit einem Mal ruft Bruder Chuno verwundert aus: »Vater Abt, schaut einmal zurück! Seht Ihr die Rauchsäule, die aus dem Wald auf unserer Insel aufsteigt? Dort arbeiten unsere Brüder nicht. Wer macht sich denn da wohl verbotenerweise zu schaffen?« Alle wenden sich um. »Ich dachte, es gäbe außer uns keine Menschen auf der Augia«, wundert sich Bruder Bolwin. »Das habe ich bisher auch angenommen, Bruder. Wir wollen einmal nachsehen, wer sich da herumtreibt. Bruder Eddo, wendet den Kahn und legt am Westufer unserer Insel an!« Sogleich befolgt der Bruder die Anordnung des Abtes. »Könnte eine Begegnung mit diesen Menschen, die offensichtlich wider Recht und Gesetz handeln, nicht gefährlich für uns werden, Vater Abt?« meint Ermanold zögernd. Bruder Eddo lacht. »Glaubt Ihr, daß es auf der Augia wilde Eingeborenenstämme gibt, Bruder?« Ermanold antwortet dem Spötter nicht, aber er fühlt sich nach wie vor unbehaglich. Am Ufer binden die Mönche ihren Kahn an eine junge Weide und dringen in das Dickicht ein. Immer deutlicher wird der Geruch von verbranntem Holz. »Ob diese Leute unseren Wald roden?« Die Männer kommen im Gewirr der Büsche und Bäume, der verfilzten Nadelhölzer und klammernden Ranken langsam voran. Nach einer Weile erreichen sie eine kleine Lichtung, die offensichtlich von Menschenhand geschaffen worden ist. Auf dieser Lichtung steht eine niedrige Hütte aus Flechtwerk mit einem winzigen Garten. Eben tritt eine Frau im sackleinenen Gewand aus der Tür, erblickt die Männer und stürzt mit einem lauten Aufschrei wieder in das Innere der Hütte. »Ob wir so furchterregend ausschauen?« will Bruder Eddo scherzen, aber die Worte bleiben ihm im Halse stecken. Aus dem Wald zu ihrer Rechten brechen zwei finstere, bärtige Männer hervor. Sie tragen Bauernkittel aus ungefärbtem Linnen und schwingen lange Spieße in ihren Händen. »Was wollt ihr hier?« ruft der ältere der beiden Männer mit drohender Miene. Ruhig geht Pirmin trotz der drohenden Gebärde auf ihn zu. »Das möchten wir Euch fragen. Immerhin ist die Insel, auf der Ihr Euch niedergelassen habt, unser Eigentum.« Langsam senken beide Männer ihre Spieße. »Seid Ihr fränkische Mönche? Baut Ihr auf der anderen Seite der Insel ein Kloster?« Sie nicken bestätigend. »Ist Euer Anführer ein Westgote namens Pirmin?« Als Geste des Friedens streckt ihm der Abt seine offenen Handflächen hin. »Ja, wir gehören zu diesen Mönchen, wenngleich wir durchaus nicht alle Franken sind. Aber beantwortet nun auch unsere Frage, was Ihr hier tut!« Der Mann starrt finster vor sich hin. »Wenn wir Eure Frage beantworten, liefern wir uns Euch aus. Eigentlich dürftet Ihr nicht lebend von hier fortkommen. Auch gottesfürchtige Männer wie Ihr könnten bereit sein, die Häscher zu holen.« Der jüngere Mann wiederholt seine Drohgebärde mit dem Spieß, aber der ältere zwingt seine erhobene Rechte nieder. »Vergrößere unser Unglück nicht, Roland! Begehe keine unbedachte Freveltat.« Der Mann senkt das Haupt, hebt es dann empor und sieht Abt Pirmin mit ruhigem und ehrlichem Blick in die Augen. »Es ist so, wenn wir Euch unsere Herkunft verraten, so liefern wir uns Euch aus. Sei es denn! Ich bin ohnehin des unwürdigen Versteckspielens müde. Wahrscheinlich denkt Ihr nun, wir wären flüchtige Missetäter, die sich in ihrem Versteck auf der Sintlasau der irdischen Gerechtigkeit entzogen haben. Das ist nicht der Fall. Mein Name ist Bertram. Ich bin ein Edelfreier aus dem Eritgau. Wir waren reich an Hab und Gut, lebten in Wohlstand und Frieden und in gutem Einvernehmen mit unseren Nachbarn und unseren Leuten. Da wollte es das Unglück, daß Herzog Lantfried von Alemannien anläßlich einer Jagd unser Gast war. Er sah unsere Tochter Siglind und entbrannte in heftiger Liebe zu ihr. Er lud uns an seinen Hof ein und teilte uns dort seine Pläne mit. Da er verehelicht ist, begehrte er Siglind zur Friedelehe. Empört lehnte ich ein solches Ansinnen ab, und auch meine Tochter wies ihn zurück. Da versuchte er es mit Gewalt. Es gelang mir, die Entführung meiner Tochter zu vereiteln. Er ließ uns ziehen, aber er wollte sich rächen. Unter einem nichtigen Vorwand ließ er

mich ächten und nahm uns Haus und Hof. Ich bin vogelfrei, Herr. Wer mich erkennt, darf mich ungestraft töten. Mit Hilfe eines treuen Knechtes retteten wir Leib und Leben und eine geringe Habe. Nach langem Umherirren versteckten wir uns in der Wildnis auf der Sintlasau und fühlten uns bei aller Armut auf der einsamen Insel in Sicherheit.«
Voller Anteilnahme fragt der Abt: »Wie könnt Ihr hier Euer Leben fristen, Herr Bertram?« »Mein Sohn Roland arbeitet im Sommer bei den Fischern in Ermatingen als Gehilfe. Ich bin Knecht bei Frau Gerhildis.« »Daher kenne ich Euch!« ruft Eddo aus. »Ihr seid mir auf der Burg begegnet.« Mit scharfen Augen betrachtet Bertram den jungen Mönch. »Ihr kamet mir gleich bekannt vor.« »Wie gut, daß Ihr Euch bereits kennt, Herr Bertram und Bruder Eddo! Seht Ihr ein, daß Ihr von uns nicht für Eure Sicherheit zu fürchten braucht? Im Gegenteil, Ihr gehört jetzt zu uns, und Ihr seid wie wir Mönche Bürger der Augia. Ich werde dafür Sorge tragen, daß Euer Leben leichter wird.« »Würdet Ihr Herrn Bischof Pirmin bitten, daß er uns gestattet, daß wir weiter hier am Westufer wohnen bleiben? Wenn wir anderswo siedeln und ein Mann aus Konstanz uns erkennen würde, wäre es um uns geschehen. Audoin ist der beste Freund und Verbündete von Herzog Lantfried. Es würde ihm besonderes Vergnügen bereiten, mich dem Herzog auszuliefern, zumal eine Belohnung auf meine Ergreifung gesetzt ist.« Der Geächtete kann nicht verstehen, warum die Mönche bei seiner ernstgemeinten Bitte zu lachen beginnen. Das Gelächter ärgert ihn, denn für ihn ist das Gesagte gar nicht lächerlich, sondern bitter ernst. »Nehmt uns unser Lachen nicht übel, Herr Bertram. Es ist meine Schuld. Ich habe vergessen, Euch zu sagen, wer ich bin. Mein Name ist Pirmin.« Nun lacht auch der Geächtete hell auf. Die beiden Frauen wagen sich aus der Hütte, als sie das Gelächter hören, die kränk-

liche, verhärmte Frau des Herrn Bertram und seine schöne Tochter Siglind. Sie möchten von ihren geringen Vorräten den Mönchen eine Erfrischung anbieten. Die Mönche lehnen freundlich ab. Sie sind mit der Zeit bereits in Verzug geraten. »Wir hoffen, daß wir Euch bald einige Vorräte bringen können. Wir wollen nämlich aus dem Thurgau Getreide und andere Vorräte für den Winter holen. In Konstanz will man uns nichts verkaufen.« Auf dem Weg zum Ufer erzählt Herr Bertram: »Die Ernte im Thurgau war überaus gut. Frau Gerhildis ließ zwei neue Scheunen bauen, weil die anderen die reiche Ernte nicht fassen konnten.« Ehe die Mönche ihren Kahn von dem Weidenbaum lösen, reicht Abt Pirmin dem Geächteten die Hand: »Lebt mit den Euren in Frieden unter dem klösterlichen Schutz auf der Augia! Mit der Zeit werden wir gewiß Mittel und Wege finden, um Euch zu einem leichteren Leben zu verhelfen. Der Herr segne Euch und Eure Lieben!«
In Ermatingen werden sie von den Dörflern herzlich begrüßt. Sie überzeugen sich davon, daß der gute Vater Abt, um dessen Leben sie gebangt haben, wieder gesund und munter vor ihnen steht. Als der Dorfälteste Bruder Ermanold erkennt, wird er sichtlich verlegen. »Herr, wir können Euch nichts mehr abgeben, ohne im Winter hungern zu müssen«, versichert er mit zitternder Stimme. Bruder Ermanold beruhigt ihn: »Wir wollen keine zusätzlichen Abgaben von Euch erheben. Wir sind auf dem Wege zur edlen Frau Gerhildis.« Da hellt sich das furchtsame Gesicht des Alten auf. »Zur edlen Herrin? Ja, sie versagt keinem ihre Hilfe.«
Abt Pirmin fügt sich der Bitte seiner Begleiter, in Ermatingen zu bleiben, bis Eddo mit einer Nachricht von Frau Gerhildis zurückkehrt. In der außergewöhnlich milden Nachmittagssonne sitzen die Mönche auf einer Bank. Vor sich haben sie das Bild ihrer Augia. Von hier aus gesehen, ist die Insel eine

baumbestandene Wildnis, die breit und hügelig im See lagert. »Wie wird es hier wohl in einigen Jahren aussehen, Vater Abt?« überlegt Bruder Ermanold. »Stellt Euch weniger Wald, aber dafür Felder, Gärten und vielleicht auch Rebgärten vor an den Hügeln ...« meint Pirmin nachdenklich. »Bruder Venantius meint, daß der fruchtbare Boden der Insel sich auch für den Anbau von Reben eignet und daß unser Klima mild genug ist.« Bittend hebt Ermanold die Hände. »Laßt es uns im nächsten Jahr versuchen, Vater Abt! Wenn wir das Gelände um den höchsten Hügel dort roden, gewinnen wir einen trefflichen Rebhang mit nur leichtem Gefälle. Unser Bruder Trutwin, dessen Familie an der Mosel vom Weinbau lebt, ist davon überzeugt, daß hier Trauben reifen werden.« Abtbischof Pirmin schließt seine Augen und lehnt seine Schultern gegen die Holzwand der Hütte. »Es wird etliche Jahre dauern, bis die Reben die ersten Trauben tragen, nicht wahr? Ich verstehe nicht viel vom Weinbau, aber ich habe einiges bei unseren Winzern daheim aufgeschnappt. Bei uns wuchsen herrliche blaue Trauben, wunderbar groß und süß.«
Nur ganz selten erwähnt Pirmin seine Heimat im spanischen Westgotenreich. Die Brüder hüten sich, ihm Fragen zu stellen. Sie ahnen, wie schmerzlich die Narben sind, die ihm Krieg und Flucht zugefügt haben. Um so erstaunter sind sie, als Pirmin heiteren Tones fortfährt: »Ja, wir werden im nächsten Jahr Reben pflanzen. Wir wollen es wagen, sogar auf die Gefahr hin, daß dieses Wagnis mißlingt. Bruder Trutwin mag sich darum kümmern. Es wird eine Freude für ihn sein. Ob es mir noch vergönnt ist, die ersten Trauben, die ersten eigenen Trauben, auf der Augia zu erleben und zu genießen, steht bei Gott! Die Trauben der letzten Ernte vor meiner Flucht wurden auch von anderen gegessen.« Was soll diese rätselhafte Äußerung? Denkt Bischof Pirmin ans Fortgehen? Hat er eine Vorahnung

kommenden Unheils? Die Brüder sehen einander betroffen an, als er mit geschlossenen Augen aus seinem Lieblingspsalm zitiert: »Und müßte ich wandern in finsterer Schlucht, ich fürchte kein Unheil, denn Du bist bei mir ...« Was ist los mit Bischof Pirmin, dem stets so energischen und tatenfrohen Mann? Hat ihn die Krankheit so verändert? Bruder Ermanold nimmt seinen ganzen Mut zusammen. Mit ängstlich klopfendem Herzen will er ihn fragen, wie er das denn meine, das mit den Trauben und mit dem Fortgehen. Er kämpft hart mit sich, ob er es wagen soll. Er weiß ganz genau, daß es bei dem Vater eine klare Grenze gibt, die kein Mönch überschreiten darf. Manchmal gibt er ihnen Rätsel auf. Neben seiner ruhigen Ausgeglichenheit gibt es Tage, an denen er unzugänglich, finster und niedergeschlagen wirkt. Dann kommt ihnen der vertraute, gütige Vater wie ein abweisender, schroffer Fremder vor, der eine Mauer um sich errichtet. Gerade will sich Ermanold ein Herz fassen und die Frage stellen, da vernimmt er Pferdegetrappel. Erleichtert schaut er sich um, als sei er gerade einer Gefahr nur knapp entronnen. Eddo naht mit einer kleinen Reiterschar, die ledige Handpferde mit sich führt. Abt Pirmin merkt auf, erhebt sich und geht den Ankömmlingen entgegen. Mit gelassener Sicherheit bringt Eddo kurz vor ihm seinen Fuchs zum Stehen und steigt aus dem Sattel. »Frau Gerhildis erwartet uns, Vater Abt. Wir sind ihr herzlich willkommen!« Kurz darauf setzt sich die Kavalkade aus Mönchen und Knechten in Bewegung. Bruder Eddo freut sich darüber, mit welch lässiger Sicherheit der Abt im Sattel sitzt. Sein Antlitz ist jetzt froh und entspannt. »Es ist eine Freude, wieder einmal auf einem Pferderücken zu sitzen«, ruft Abt Pirmin ihm zu. »Wahrlich der Verzicht auf das Reiten ist für mich nach wie vor ein Opfer.« Der Mönch meint eifrig: »Könnten wir auf der Augia nicht einige Pferde halten, Vater Abt? Wenn überall Wege gebahnt sind, ist die Insel groß genug dafür ...« »Daß der Klosterobere sie abreitet? Nein, Bruder Eddo, es ist schon vollauf genug der Ausnahme, daß er einen Hund besitzt.« »Aber Ihr könntet Bär nicht fortgeben. Er würde vor Heimweh nach Euch sterben, Vater.« »Ich weiß es, Bruder Eddo. Das ist auch der Grund, warum er bleiben darf.« Die beiden Reiter schweigen. Mit Wohlgefallen betrachtet Pirmin das weite Land. Die Felder sind herbstlich kahl, aber die sauberen Gehöfte inmitten hoher Bäume verraten den Wohlstand und die Fruchtbarkeit des gesegneten Thurgauer Landes. Bruder Ermanold denkt beruhigt, daß er sich keine Sorgen mehr zu machen braucht wegen der Wintervorräte. Hier wird man ihnen bestimmt aushelfen können. Nach längerem Ritt tauchen in der Ferne die grauen Mauern der Burg auf. Sie liegt auf einem Hügel und ist von festen Ringmauern umgeben. In gestrecktem Galopp sprengen die Reiter der Burg entgegen. Wie herrlich dies Gefühl der Freiheit ist! Am liebsten hätte Pirmin laut aufgejauchzt, weil er dies noch einmal erleben darf, die reine Freude am raschen Ritt, bei dem der Wind um die Ohren pfeift, die Pferdehufe eifrig klappern und die Pferdemähne wallt und weht. Unwillkürlich hebt er sich im Sattel und gibt dem Pferd mehr Raum. Das Tier versteht den Wunsch seines Reiters und greift noch rascher aus. Pirmin kann nicht verhindern, daß ihm ein Ruf der Freude entfährt. Dann sieht er die Frau, die aus dem Burgtor getreten ist, die hohe, hellgekleidete Frauengestalt. Er zügelt behutsam und dann mit wachsender Kraft das schnaubende Tier. Kurz vor der Frau bringt er den Rappen zum Stehen. Rasch gleitet er aus dem Sattel und macht, selbst noch atemlos vom raschen Ritt, eine tiefe Verneigung vor der Frau, in der er die Herrin der Burg, die verwitwete Gräfin Gerhildis, vermutet. »Ihr seid ein ausgezeichneter Reiter, Herr ...« lächelt sie und bietet ihm ihre Rechte dar. »Pirmin«, ergänzt er und nimmt ihre Hand. »Nun habe ich Euch zuviel versprochen, Frau Tante?« hört er Bruder Eddo mit Stolz sagen. »Unser Vater, Abtbischof Pirmin, beherrscht alle Künste eines Edelmannes.« Ehe das Loblied auf seine Person für den Bischof peinlich werden kann, haben die anderen Mönche die drei erreicht. Nach der freundlichen Begrüßung bittet Frau Gerhildis: »Seid meine willkommenen Gäste, Ihr Herren von der Augia!« Sie folgen ihr in die Burg und genießen dankbar die Gaben des reich versorgten Tisches. »Ich bin froh, Euch in meiner Burg bewirten zu dürfen, Vater Abt, und Euch, Ihr Herren! Anderenfalls wäre ich bald einmal zur Augia gekommen. Ihr wißt, daß ich in Basel eine Glocke für Euch gießen ließ. Sie ist zwar nicht allzu groß, hat aber einen schönen Klang. Sie wird, bis ihr einmal einen Kirchturm habt, an dem behelfsmäßigen Gerüst neben der Kirche ihren Dienst versehen. Später könnt Ihr sie dann in den Turm hängen und ihr eine andere, größere Glocke beigesellen.« Nachdenklich schaut Bischof Pirmin in das wohlgeformte Frauenantlitz der Gastgeberin. »Wie kommt es, daß Ihr so überaus gut informiert seid, was die Lage der Dinge auf der Augia anbetrifft?« Freimütig sehen ihre blauen Augen ihn an. »Vater Abt, verübelt Ihr etwa meinem Neffen, daß er mir manchmal durch die Ermatinger Kunde zukommen ließ, wie es um Eure Klostersiedlung bestellt ist und wie es Euch ergeht? Ich wäre ansonsten gekommen und hätte bei Euch Nachschau gehalten. Für mich ist die Augia nämlich sehr, sehr wichtig, das Haus Gottes mitten im See und ein Widerpart zum gottlosen Treiben des sogenannten Bischofs Audoin zu Konstanz. Meine Bauern und meine Knechte haben durch Audoin falsche Vorstellungen vom Christentum bekommen, wenngleich ich ihnen das rechte Bild zu zeichnen versuche. Glaubt mir, was sie von dort hören, von der Unterdrückung und Ausbeutung der kleinen

Leute, vom Luxus und der Unmoral der Herrschenden, das machte manchen wieder wankend und führte ihn dem alten Götterglauben zu. Wie gut ist es darum und wie wichtig für uns alle, daß es auf der Augia nun ein Bollwerk des christlichen Glaubens gibt!« »Aber wir stehen erst am Anfang, Frau Gerhildis, und wir konnten kaum die ersten geistigen Fundamente legen. Wir mußten uns nämlich gewaltig anstrengen und beeilen, um einfache Klosterbauten vor dem Anbruch des Winters zu errichten. Darum konnten wir uns noch nicht so recht um die Menschen auf dem Festland kümmern.« »Seid nicht zu bescheiden, Herr Pirmin! Glaubt mir, der Ruf Eurer jungen Gründung und die Mär über das wahrhaft christliche und bescheidene Leben Eurer Mönche sind längst um den See gewandert, eine Freude für alle Gutmeinenden, eine Stärkung im Glauben für alle Schwachen und ein Dorn im Auge für jene, die sich nur Christen nennen und ein heidnisches Leben führen. Ich möchte das Meine zu Eurem Werk beitragen dürfen und Euch außer der Glocke auch das benötigte Getreide und alle anderen Nahrungsmittel schenken dürfen und dazu das Saatgut für die Aussaat im Frühjahr. Bei mildem Winter, und die haben wir hier meist, könnt Ihr die Rodungsarbeiten fortsetzen, damit Ihr mehr Ackerland gewinnt. Wie herrlich wird dann demnächst Eure Ernte auf dem jungfräulichen Boden der Augia sein!« Sie hat ihn mit Absicht nicht zu Wort kommen lassen und Dankesbezeugungen oder Einwände durch ihr ununterbrochenes Sprechen unmöglich gemacht. Auch jetzt fährt sie hastig fort: »Meine Boten sind zu meinem Vater, Herzog Eberhard von Egisheim im Elsaß, unterwegs. Falls das nicht ausreicht, was mein Land Euch bieten kann, wird er Euch gerne das Fehlende liefern. Eure Sorgen um den Unterhalt Eures Klosters in der Winterzeit sind somit gegenstandslos geworden, Abt Pirmin.« Endlich schweigt sie, und er kann fragend und ein wenig verstört einwerfen: »Wie sollen wir Euch nur für all Eure Fürsorge danken, Frau Gerhildis?« Sie lacht herzlich und streicht sich über ihr dunkles Haar. »Am besten dankt Ihr mir, indem Ihr einige Tage völlig sorglos meine Gäste seid. Ich werde in dieser Zeit alles Notwendige für den Transport der Güter zur Augia regeln. Macht Euch auch darüber keine Sorgen. Manche Gemeinde am See ist mir verpflichtet und wird mir ihre Hilfe nicht versagen.« Begeistert reibt sich Bruder Ermanold die Hände. Eine wunderbare Frau, diese Gräfin Gerhildis! Im Geiste sieht er bereits die wohlgefüllten Vorratskammern des Klosters vor sich, aus denen er im Winter ohne kleinliches Abwägen an den Bruder Küchenmeister austeilen darf. Dann denkt er daran, daß Frau Gerhildis ja auch in Basel die Glocke für das Kloster bestellt hat, die in diesen Tagen dort eintreffen wird. Er braucht fortan nicht mehr mit der Handglocke umherzulaufen. »Wunderbar, einfach wunderbar!« ruft er spontan aus. »Wie schade, daß Ihr kein Mönch seid, Frau Gerhildis!« Als die anderen lachen und die Gräfin ernsthaft sagt: »Mönch kann ich wirklich nicht werden«, merkt er erst, welchen Unsinn er geredet hat. Er schämt sich und errötet über sein ganzes rundes Gesicht bis in seine spärlichen graubraunen Haare.

Die Mönche verbringen unbeschwerte Tage auf der Burg. Mit berechtigtem Stolz zeigt ihnen die Gräfin den ganzen Besitz, den sie von ihrem Gatten geerbt und seither musterhaft verwaltet hat. An ihrer Seite reiten sie durch ihre große Besitzung, sie besuchen Dörfer, Weiler und Einzelhöfe und erleben mit, welch gutes Einvernehmen zwischen der Herrin und ihren Untergebenen besteht. Überall werden die Mönche freundlich aufgenommen und gut bewirtet. Es zeigt sich, daß Frau Gerhildis recht hatte, als sie sagte, daß der gute Ruf, den die Augia bereits genießt, ihnen vorausgeeilt ist. Am letzten

Tag stellt Abt Pirmin fest: »Die Menschen knüpfen hohe Erwartungen an unsere Gründung. Uns bleibt unübersehbar viel zu tun. Erlaubt uns daher, edle Herrin, daß wir uns morgen in der Frühe von Euch beurlauben und uns heimwärts wenden?« Sie seufzt ein wenig und hebt mit ergebener Geste die Hände. Dann sagt sie mit leisem Vorwurf: »O, ich habe bereits bemerkt, daß Euch diese Muße zu lange dünkte, Herr Pirmin. Ihr seid ein unruhiger Geist.« »Ich wollte Euch durchaus nicht kränken, Herrin, aber ...« Sie hebt die Hand zu einem abwehrenden Winken. »Ach, erspart Euch, mir das Aber zu erläutern, Bischof Pirmin! Ich habe Euch in diesen wenigen Tagen gut kennengelernt. Ich ahne allerdings auch, daß der Geist, der Euch zu immer neuem Handeln treibt, der Geist Gottes ist, für den Ihr die Welt erobern wollt.« Eine Antwort erhält sie nicht. Er wüßte nicht auszudrücken, was er empfindet. Diese geistvolle Frau hat ihn durchschaut, diese Frau, die ganz Herrin und zugleich mütterlich und sanft ist, eine Frau, die man ehrfürchtig bewundern muß. Der Mönch Otger hat dem Gespräch beigewohnt. Er horcht nachdenklich dem Wohlklang der weichen Frauenstimme nach. Er betrachtet die beiden Menschen. Beide sind hochgewachsen, beide klug und edel. »Wäre der Vater nicht Mönch und Priester, könnte eine solche Frau eine ebenbürtige Gefährtin für ihn sein«, flüstert er Ermanold zu. Der schüttelt verweisend den Kopf. »Redet keinen Unsinn, Bruder! Gebt solch törichten Gedanken nicht nach. Das sind müßige und nicht ungefährliche Spielereien. Unser Vater Abt ist mit Leib und Seele Mönch und Priester.«

Mit einigen ihrer Frauen und ihrer Knechte begleitet Frau Gerhildis die Mönche bis nach Ermatingen. Nach herzlichem Abschied verweilt sie so lange am Ufer, bis der Kahn den See überquert und die Gestade der Augia erreicht hat. Sie weiß, daß die Mönche zuerst die Familie des Geächteten Bertram

aufsuchen und beschenken wollen, ehe sie zum Kloster wandern. In einem vertraulichen Gespräch hat ihr der Abt von dem traurigen Schicksal des Edelfreien Bertram und seiner Familie erzählt. Bereitwillig hat Frau Gerhildis der Familie Asyl angeboten für den Fall, daß ihr Verbleiben auf der Insel nicht mehr möglich sein wird. »Das wird sofort geschehen, wenn Audoin erfahren sollte, wen Ihr auf Eurer Klosterinsel beherbergt. Er würde keinen Augenblick zögern, den Geächteten zu verraten und seine Anwesenheit bei Herzog Lantfried gegen Euch zu verwenden. Er muß Euch ablehnen. Er kann gar nicht anders bei seinem Lebenswandel. Bitte, hütet Euch vor ihm, Herr Pirmin! Zwar wirkt er in seiner angemaßten Würde lächerlich und komisch, doch er ist in seiner Skrupellosigkeit und Arglist recht gefährlich, ein nicht zu unterschätzender Gegner.«
Als der Kahn der Mönche am behelfsmäßigen Landesteg des Klosters angelegt hat – sie haben das Umfahren der Insel doch dem Fußmarsch vorgezogen – springt Bär vor Freude jaulend am Ufer auf und ab. »Wie gut, daß Ihr wieder hier seid!« freuen sich die Brüder, allen voran Bruder Arnulf. Er hat mit Umsicht und Treue die Klostergemeinde in der Abwesenheit des Abtes geleitet. Am folgenden Tag bringt ein Kahn von Ermatingen die Glocke aus Basel. In einer kleinen Feierstunde segnet Bischof Pirmin sie und weiht sie der Gottesmutter. Mit viel Kraftaufwand befestigen die Mönche sie im Gerüst. Am Abend ertönt erstmals ihr heller, eherner Klang über Insel und See. Bruder Egno in Allensbach horcht auf, als er den Glockenruf vernimmt, und er ruft erfreut: »Horcht, Leute, die Glocke von unserer Augia! Nun kann ich sie wenigstens täglich hören und mich im Gebet mit meinen Brüdern vereinen, wenn ich nicht nach drüben kann.«
Ehe eine Woche vergeht, bringen schwere Lastkähne die ver-

sprochenen Wintervorräte aus dem Thurgau herbei. Überglücklich leitet Bruder Ermanold das Entladen der Kähne und das Unterbringen der reichen Vorräte. Anschließend sorgt er für die Bewirtung der Knechte. Der Altknecht teilt ihm mit: »Bruder, wir kommen nicht zum letzten Mal. Wir bringen Euch noch mehr. Außerdem läßt die Herrin Euch sagen, daß Ihr fest mit Lieferungen aus dem Elsaß rechnen könnt. Die Boten, die unsere Herrin zum Herrn Herzog Eberhard ausgesandt hat, haben ihn bereits auf halbem Weg getroffen. Er wollte seine Frau Tochter besuchen. Er hat Euch sofort großzügige Hilfe zugesagt.«

Wieder sucht Bruder Ermanold den Abt in seiner Cella auf. Nun bringt er gute Kunde. Mit dem Abt freut sich Bruder Arnulf über das Hilfsversprechen des Egisheimers. »Nun können wir den Allensbachern manche der Abgaben erlassen«, meint er erleichtert. »Ja, Bruder Arnulf, das ist gut. Ich werde es Bruder Egno selbst sagen«, antwortet der Abt. »Wollt Ihr nicht jemand anders nach Allensbach rudern lassen, Vater Abt, und an Eurer Schrift weiterarbeiten?« bittet der Prior. »Habt Ihr immer noch Sorge um meine Gesundheit, Bruder Arnulf? Ich habe die Reise in den Thurgau vortrefflich überstanden.« »Dennoch wäre es mir wohler, wenn Ihr Euch mehr Ruhe gönnen würdet, Vater!« beharrt Arnulf eigensinnig. »Ihr seht am Abend oft recht erschöpft, abgespannt und blaß aus.« »Schließen wir einen Kompromiß, lieber Freund. Ich bringe die Freudenbotschaft selbst nach Allensbach und gönne mir danach einige Tage der Ruhe. Seid Ihr einverstanden?« »Was bleibt mir anderes übrig? Schließlich seid Ihr der Obere«, gibt der greise Mönch resigniert nach. Mit kräftigen Schlägen rudert Abt Pirmin seinen Kahn über den glatten Spiegel des Sees. Er hat sogar einen Gefährten an Bord. Im letzten Augenblick ist Bär in den Kahn gesprungen. Dieses Mal schickt

Pirmin ihn nicht fort. In Allensbach eilen die Leute herbei. Sie wollen ihm die Hand geben, ihn willkommen heißen oder wenigstens verstohlen sein Gewand anfassen. In welch kurzer Zeit haben die einfachen Menschen am See ihren gütigen Herrn lieben gelernt! »Ich habe eine gute Nachricht für Euch, liebe Brüder und Schwestern!« ruft er laut, um das Stimmengewirr zu übertönen. Sofort tritt Schweigen ein. Die Menschen sehen ihn voller Erwartung an. »Ab sofort braucht ihr in diesem Jahr für unser Kloster keine Abgaben mehr zu machen. Alle Fische, die ihr fangt, könnt ihr für euch behalten oder verkaufen. Die edle Gräfin Gerhildis aus dem Thurgau versorgt uns mit reichem Wintervorrat. Dabei wird gewiß auch manches für Allensbach abfallen.« Die Begeisterung der Leute kennt kaum noch Grenzen. »Ihr seid wirklich ein Vater für uns!« schreit eine zahnlose Alte ihm zu. »Jetzt glaube ich daran, daß es einen guten Gott gibt.« Später vertraut ihm Bruder Egno an, daß dieses alte Weib eine Art Dorfhexe ist und bisher eine hartnäckige Verteidigerin des heidnischen Aberglaubens war. »Nun werden hier die letzten Vorbehalte gegen das Christentum verschwinden, Vater Abt!« jubelt der Mönch, dem als Leutpriester das Wohl seiner Pfarrkinder ehrlich am Herzen liegt. »Würdet Ihr an einem Sonntag herüberkommen und in unserem Kirchlein die heilige Messe mit uns feiern, Vater? Das wäre für uns eine große Ehre und Freude.« Pirmin lächelt still vor sich hin und krault das zottige Fell des Hundes. »Wenn mein Herr Prior es mir gestattet, will ich gerne kommen. Er ist immer noch besorgt um meine Gesundheit und meint, ich würde zuviel tun.« Bruder Egno betrachtet das schmalgewordene Gesicht des Abtes, in dem die Züge tiefer gekerbt, schärfer geworden sind. »Ihr habt Euch zweifellos sehr verausgabt, Vater Abt. Vor uns allen habt Ihr an erster Stelle die Last und Hitze des Tages getragen.« »Manche der

Brüder haben weitaus härter gearbeitet«, wendet Pirmin ein. »Aber keiner von ihnen hat die ganze Last der Sorge und der Verantwortung getragen, die Ihr tragen mußtet und tragen müßt. Darf ich Euch ausnahmsweise einen Rat erteilen, Vater Abt, oder verübelt Ihr mir dies, dem Jüngeren?« »Ich bitte Euch darum, Bruder Egno!« erwidert Pirmin schlicht. »Nicht weit von Allensbach, da drüben in den Bergen, an einem See, der zwischen den beiden Armen des großen Bodensees liegt, wohnt mitten im Wald ein Eremit.« Unbehaglich verzieht Pirmin sein Gesicht. Aus seiner Miene spricht deutliche Abwehr. Bruder Egno nimmt allen Mut zusammen und fährt fort: »Vater Abt, Ihr meint gewiß, dieser Mann sei ein frömmelnder Eigenbrötler oder ein phantasiebegabter Visionär. Das ist er nicht. Er ist einfach ein tiefgläubiger Mann, der in der Stille am Mindelsee bedürfnislos in seiner Klause lebt, betet und meditiert. In der Stille wird ihm Weisheit zuteil. Menschen von nah und fern nehmen ihre Zuflucht zu ihm, wenn sie Rat für Leib und Seele brauchen. Eine wunderbare, erfüllte Ruhe geht von ihm aus, ein völliges Geborgensein in Gott, das heilend und helfend auf andere Menschen einwirkt, ohne daß er viel sagt, Wunder vollbringt oder geheimnisvolle Dinge verrichtet. Sein ganzes Geheimnis ist das Ruhen in Gott und in Seiner Güte.« Abt Pirmin hält lange den Kopf gesenkt. Schläft er? Bruder Egno stört sein Schweigen nicht. Mit einem Mal hebt der Vater den Kopf wieder, schaut Egno an und sagt ruhig: »Am nächsten Sonntag feiere ich hier das heilige Meßopfer. Später, ein anderes Mal, werde ich auch zum Mindelsee wandern. Danke, lieber Bruder!« Einen Augenblick lang legt er den Arm um die Schultern des erstaunten Bruder Egno, eine seltene Geste der Freundschaft bei ihm. Auf der Augia ertönt die neue Glocke wie eine Aufforderung zur Heimkehr.

VII. STILLE

Abt Pirmin feiert, wie er versprochen hat, am Sonntag den Gottesdienst mit den Leuten von Allensbach. Bruder Egno erinnert ihn vorsichtig an seinen Vorschlag, den Einsiedler vom Mindelsee zu besuchen. »Dazu habe ich noch keine Zeit, Bruder, aber ich komme wieder.«

Langsam und unmerklich geht der Herbst in den Winter über. Im November hüllt dichter Nebel den See, die Insel und das Festland ein. Die feuchte Kälte läßt manchen der Brüder erkranken. In der Kirche wird der Chorgesang immer wieder durch Husten und Niesen unterbrochen. Unermüdlich kocht der Kräuterbruder seine Tees oder bereitet heiße Milch mit Honig zu, um die Beschwerden seiner Mitbrüder zu lindern. Eines Morgens ist der Himmel wieder klar, von einem hellen Blau. Büsche, Bäume, Dächer und der Rand des Brunnens sind mit glitzerndem Rauhreif bedeckt. Die Planken der Landungsbrücke glänzen wie reines Silber. Jedes Körnchen Rauhreif am fahlen Ried glitzert und funkelt wie Edelgestein. Die Mönche vergraben ihre Hände fröstelnd in den Kuttenärmeln und legen einen wollenen Umhang um ihre Schultern, wenn sie länger draußen sein müssen. »Welch ein Glück, daß unsere Vorratsräume so gut gefüllt sind«, meint Bruder Ermanold zufrieden. »Hoffentlich trifft auch die letzte Sendung, die uns Herzog Eberhard von Egisheim versprochen hat, bei uns ein, ehe der Schnee fällt. Bernwards Familie und unsere guten Leute in Markelfingen, Allensbach und Kaltbrunn können sicher einiges gebrauchen.« Bruder Chuno, der immer etwas mißmutige Wetterprophet, hat einen strengen Winter vorausgesagt. Die Mönche sind auch an diesem Tag, an dem die Natur ihnen ein so herrliches Schauspiel der Schönheit bietet, durchaus nicht müßig. Auf Pirmins Anweisung haben sie damit begonnen, die Büsche und Bäume zu roden, die auf dem höchsten der Hügel wachsen. Das ist eine harte und schweißtreibende Arbeit, bei der sie die Kälte des Tages rasch vergessen. Beim Ausgraben der Wurzeln lassen sie sich nach vorbereitendem Lockern des Bodens durch zwei Maultiere helfen, die den Wurzelstock aus dem Boden ziehen. Die beiden Maultiere sind die einzigen Zugtiere auf der Augia. Sie teilen sich ihren Stall mit sechs Kühen und zwei Ziegen. So fehlt es der Klostergemeinde nicht an Milch und Käse. Einige der Brüder zimmern an einer neuen Scheune, andere zerkleinern Äste zu Brennholz für den Winter. Aldrich, ein neuer Laienbruder aus dem Thurgau, hat sich als geschickter Schneider erwiesen. Er kann so gut mit Schere, Nadel und Faden umgehen, daß Abt Pirmin ihn, den Novizen, mit der Anleitung anderer Brüder beauftragt. Sie fertigen Alltagskleider, Meßgewänder und die sackleinenen Arbeitsschürzen an, welche die Mönche über ihren Kutten tragen, um diese bei der Arbeit zu schonen. Baumeister Meinolf ist mit einigen Brüdern damit beschäftigt, Häuser und Ställe winterfester zu machen, die Ritzen zu dichten und mit Lehm und Mörtel zu verfugen. Die Dächer erhalten eine doppelte Lage aus Röhricht und Stroh. Im Dormitorium hat jetzt jeder Bruder einen Bettkasten mit Strohsack, und im Refektorium haben Wandbretter das Geschirr aufgenommen. Abgelagerte Stämme werden zu handlichen Brettern zersägt für neue Bauarbeiten im nächsten Frühling. Die Tage der Mönche sind ausgefüllt mit Gebet und Arbeit und kurzen Ruhepausen. Auf Wunsch des Abtes verfaßt Prior Arnulf einen kleinen Bericht über den Neubeginn auf der Sintlasau, der Augia. Darin nennt er die Namen der Mönche und der neuen Brüder. Ganz bewußt schreibt er nichts über die Familie des Bernward. Der Bericht ist für Karl Martell gedacht, aber er könnte irgendwie in die Hand des Konstanzer Laienbischofs geraten. Dann wäre die Erwähnung Bertrams das sichere Ende für den Geächteten und seine Familie. Im Kapitel hat Abt Pirmin seinen Brüdern die Anwesenheit der Familie auf der Insel mitgeteilt und ihr schweres Los angedeutet. Dann hat er sie im Namen Christi zu strengem Stillschweigen verpflichtet. Er selbst arbeitet auf Drängen seiner Brüder weiter an seinen Anweisungen für die Missionsarbeit. Die Zusammenstellung bereitet ihm keine sonderliche Mühe. Er schöpft aus dem Reichtum der Schriften, die er in seiner spanisch-westgotischen Heimat studiert hat. Manche Stellen kann er mühelos wörtlich zitieren. Dabei ist er ganz konzentriert auf diese Aufgabe und gestattet sich keinen wehmütigen Rückblick auf Vergangenes und Verlorenes. Wie immer hält dabei Bär Wacht auf der Schwelle seiner kleinen, ärmlichen Cella. Mit einem Mal hebt der Hund den Kopf und knurrt grollend und böse. Dann bellt er laut und springt auf. Pirmin will es ihm ärgerlich verwehren. Hat Bär sich wieder über eine kecke Möwe aufgeregt oder über einen dreisten Raben? Mit einem Seufzer bläst er die Kerze aus, legt die Gänsefeder aus der Hand und geht nach draußen. Er sieht, daß Mönche und Brüder mit langen, unfeierlichen Schritten zum Ufer, zum Landesteg des Klosters hasten. Bär bellt und bellt. »Was ist denn los?« fragt der Abt Bruder Gersmar, der an ihm vorbeihastet. »Kähne, große und kleine Kähne mit Bewaffneten, Vater Abt!« keucht Gersmar. Pirmin fühlt jähes Erschrecken. Bewaffnete? Macht Bischof Audoin seine Drohung wahr und überfällt das ihm unbequeme Kloster auf der Augia? Was hätte er, Pirmin, dem entgegenzusetzen? Beinahe wäre er losgelaufen wie seine Brüder. Aber er ermahnt sich zur Besonnenheit. Er atmet einige Male ganz tief durch und schlägt ein großes Kreuzzeichen. »Sei Du mit uns, Herr!« betet er und geht mit ruhigen Schritten zum Landungssteg. Zuvor verweist er dem aufgeregten Hund das Bellen. Bär gehorcht und knurrt nur noch ganz verstohlen und leise vor sich hin. Inzwischen sind die fremden Besucher bereits gelandet. Als er an der Landestelle eintrifft, weichen die Mönche auseinander und geben ihm den Weg zu den Fremden frei. Mit sichtlichem Erstaunen sehen die Angekommenen dem hochgewachsenen Mönch entgegen, der von einem großen rotbraunen Hund begleitet wird. Auch ohne jedes Rangabzeichen erkennt man in ihm den Herrn der Insel, den Abt der Augia und Leiter der neuen klösterlichen Niederlassung. Zwischen einem Trupp bewaffneter Söldner steht der Laienbischof Audoin aus Konstanz und neben ihm ein höfisch gekleideter Edelmann. Abtbischof Pirmin stutzt bei seinem Anblick. Er erkennt ihn wieder. Das ist Herzog Lantfried, dem er im Auftrag Karls einen Besuch abgestattet hat, ehe er sich zur Augia begeben hat. Nach einer höflichen Verbeugung sagt er mit ruhiger Stimme: »Willkommen bei uns auf der Augia, Ihr Herren! Darf ich wissen, was uns die überraschende Ehre Eures hohen Besuches verschafft?« Herzog Lantfried verzieht seine schmalen Lippen über dem herrischen Kinn zur Andeutung eines Lächelns. Seine behandschuhte Rechte weist auf die bescheidenen Klosterbauten aus Flechtwerk, Fachwerk, Holz und Steinen. »Wir kamen aus Neugier, Bischof Pirmin, ganz einfach aus Neugier. Man hört so mancherlei über Euch und Euer Kloster auf der Sintlasau. Da wollten wir uns einmal davon überzeugen, was an dem Erzählten Wahrheit ist. Hoffentlich verübelt Ihr uns unser Interesse nicht?« Pirmin verzieht keine Miene. »Mitnichten, Herr Herzog! Schaut Euch hier um, wie es Euch beliebt. Ihr werdet sofort bemerken, daß wir in der Kürze der Zeit nur einen ganz bescheidenen Anfang machen konnten. Aber wir sind damit zufrieden, und wir haben das klösterliche Leben auf unserer Augia in vollem Maße aufgenommen.« »Mit einer recht stattlichen Zahl an Mönchen«, wirft Audoin mit seiner hellen Stimme ein. »Ihr seht nicht alle unsere Brüder. Einige arbeiten auf jenem Hügel dort und roden den Wald.« Der Laienbischof wirft einer vornehm gekleideten Frau, die einem der Kähne entstiegen ist, einen vielsagenden Blick zu. »Wollt Ihr auf diesem Hügel auch bauen, Herr Pirmin? Ihr seid scheinbar unersättlich.« »Nein, Herr Audoin, auf dem Hügel wollen wir im nächsten Jahr einen Rebhang anlegen, richtiger gesagt am Hügel.« Der Laienbischof lacht spöttisch. »Trauben auf der Sintlasau? Trauben in dieser Inselwildnis? Nein, wer hätte das gedacht! Hoffentlich werden die Trauben hier nicht zu sauer.« Lauernd fügt er hinzu: »Aber zunächst müßt Ihr wohl Sorge dafür tragen, daß Ihr überhaupt durch den Winter kommt, nicht wahr?« Abt Pirmin winkt Bruder Ermanold herbei. »Bruder, zeigt Herrn Audoin unsere Scheune und das Vorratshaus, damit er der Sorge enthoben ist, es könne uns hier an etwas mangeln!« Mit verblüffter Miene wendet sich Audoin an den Abt. »Was? Ihr habt ausreichende Vorräte für den Winter?« staunt er und hätte beinahe hinzugefügt, daß er doch den Verkauf von Getreide und anderen Nahrungsmitteln an die neue Abtei untersagt hat. »Gewiß hat Euer Gönner, der fränkische Hausmeier Karl, Euch versorgen lassen, nicht wahr?« »Wir konnten im Thurgau einkaufen«, erwidert Pirmin kurz und unfreundlich. »Ah, dann gewiß bei der schönen Frau Gerhildis«, meint Audoin mit häßlichem Grinsen. Seine Begleiterin kichert anzüglich. Der Abt schweigt mit steinernem Gesicht. Er fordert den Herzog auf, sich die Klostergebäude anzusehen, und er bestimmt Prior Arnulf zu seinem Führer. »Aber Eure Bewaffneten mögen derweil hier am Ufer bleiben«, fügt er mit gelassener Sicherheit hinzu. Herzog Lantfrieds Augen ziehen sich zu einem schmalen Spalt zusammen. »Seid Ihr davon so ohne weiteres überzeugt, Herr Pirmin?« Der Abt nickt. »Ja, Herr Herzog. Ich nehme nämlich nicht an, daß Ihr die Zusage brechen wollt, die Ihr dem Majordomus Karl gemacht habt. Das Eindringen Bewaffneter in unseren Klosterbezirk wäre Landfriedensbruch, den Karl zweifellos ahnden würde.« Erschrocken ziehen die Mönche die Köpfe ein. Wie wird der stolze Alemannenherzog die kühnen Worte ihres Abtbischofs aufnehmen? Lantfried beißt sich auf die Lippen. Er zieht die Brauen zusammen und betrachtet Pirmin finster. Dann entspannt sich seine Miene wieder und er brummt: »Alle Achtung! Ihr seid ein mutiger Mann, Herr Pirmin! Dabei wißt Ihr doch, daß Ihr eigentlich in meiner Hand seid. Ich brauche meinen Männern nur einen Wink zu geben.« Furchtlos hält Pirmin seinem scharfen Blick stand. Lange stehen die beiden Männer einander gegenüber, zwei Gegner, die ihre Kräfte messen. Der treue Bär knurrt drohend, als Lantfried einen Schritt auf Pirmin zumacht. Endlich lächelt der Herzog, ein dünnes, etwas klägliches Lächeln, denn er hat die leisen, nur für ihn bestimmten Worte des Abtbischofs vernommen: »Ich bin in Gottes Hand.« Rasch wendet er sich von ihm ab und winkt dem Prior. »Würdet Ihr die Güte haben und mir Eure Klosterbauten zeigen?« Er macht den Soldaten durch einen herrischen Wink klar, daß sie am Ufer bleiben sollen und geht mit dem Mönch davon. »Schade, wirklich schade«, murrt der Anführer der Bewaffneten. »Wie gerne hätte ich dem Mönchsgesindel den Garaus gemacht!« »Was nicht ist, das kann noch werden«, lacht einer seiner Männer und fährt mit dem Zeigefinger liebkosend über die scharfe Schneide seines

Messers. Audoin ist voller Interesse dem geistigen Zweikampf der beiden Herren gefolgt. Dieser unheimliche Pirmin ist wieder einmal Sieger geblieben. Nun spielt der Laienbischof den Beschämten und Vergeßlichen, als er die Frau, die neben ihm steht, nach vorne schiebt. Er sagt: »Darf ich Euch übrigens meine Base, Frau Ingburga, vorstellen, Herr Bischof?« Die breit grinsenden Gesichter seiner Begleiter verraten Pirmin sofort, welcher Art diese angebliche Verwandtschaft ist. Er macht nur eine förmliche Verneigung vor der Frau, obwohl sie deutlich zu erkennen gibt, daß ihr gefällt, was ihre Augen sehen. Welch ein Gegensatz – Audoin, der kleine, dickliche Laienbischof und dieser hochgewachsene, dunkelhaarige Mönch, ein Bild männlicher Würde und Kraft. Ihr überfreundliches Lächeln erzeugt keine Gegenwirkung. Der Zeigefinger des Abtes weist auf zwei hochbeladene Lastkähne, die langsam auf die Anlegestellen zusteuern. »Darf ich erfahren, was das bedeutet, Herr Audoin?« fragt er knapp. »Da müßt Ihr Euch an Herzog Lantfried wenden. Er wollte Euch Eure mißliche Lage auf der Sintlasau, die sich gewiß im Winter hier einstellen wird, ein wenig erleichtern und Euch etliche Vorräte zukommen lassen, damit Ihr die kalte Jahreszeit überstehen könnt. Er war sichtlich ungehalten darüber, daß ihm die schöne Frau Gerhildis zuvorgekommen ist. Wißt Ihr übrigens schon, daß der verwitwete Herzog um sie wirbt?« »Sie wird ihn nie und nimmer erhören!« ruft eine aufgebrachte Stimme aus. Audoin dreht sich um und sieht den jugendlichen Sprecher vernichtend an. »Seit wann ist es üblich, daß sich Knaben ungefragt in ein Gespräch mischen, Herr Pirmin?« »Unser Bruder Eddo ist der Neffe der edlen Frau Gerhildis«, entgegnet der Abt mit mehr äußerer Gelassenheit, als er innerlich verspürt. »Bruder Eddo? Ist er etwa der Enkel des Egisheimers?« Weiter sagt der Laienbischof nichts mehr. Nun ist ihm recht unbehaglich zumute. Was wird Herzog Lantfried sagen, wenn er von seiner unbedachten Äußerung erfährt? Eddo, der Enkel des Egisheimers, ist hier Mönch. Hätte er das gewußt, so hätte er geschwiegen. Frau Gerhildis und ihr Vater, der Egisheimer, beide verkörpern zusammen eine Macht, die der Bischof von Konstanz zu fürchten und der Herzog von Alemannien zu würdigen hat. Im Hintergrund erhebt sich zudem deren Verbündeter, der übermächtige Karl Martell, als drohender Schatten.

Bei der Besichtigung des Klosters zeigen sich die Besucher von den Bauten gebührend beeindruckt. Wie rasch und gründlich haben die Mönche für den Winter vorgesorgt! »Ihr habt sogar schon eine Glocke«, staunt Herzog Lantfried vor dem behelfsmäßigen Glockenturm. »Die Glocke ist ein Geschenk der Frau Gerhildis«, erklärt Arnulf dankerfüllt. Nachdenklich kraust Herzog Lantfried die niedrige Stirn unter dem struppigen braunen Haar. Ein unangenehmes Lächeln spielt um seine schmalen Lippen: »Augenscheinlich ist diese wunderbare Frau Gerhildis der gute Engel des Klosters auf der Sintlasau. Warum tut sie dies nur mit einer solchen Hingabe?« Sein Blick streift Abt Pirmin, der gerade dem Laienbischof und dessen angeblicher Base das wohlgefüllte Vorratshaus zeigt. Prior Arnulf weiß den häßlichen Blick des Herzogs zu deuten. Er antwortet: »Frau Gerhildis ist eine edle Herrin, der das Werk Gottes am Herzen liegt.« »Ach, was Ihr nicht sagt?« wundert sich der Herzog. »Meint Ihr nur das Werk Gottes und nicht die Gottesmänner?« Zu diesen unverschämten Worten verweigert der Mönch jede Antwort. Warum nur müssen die Menschen die edelsten und reinsten Beweggründe anzweifeln und gute Taten in den Schmutz ihrer Verdächtigungen ziehen? Der Herzog begreift scheinbar, daß er entschieden zu weit gegangen ist. Überraschend lenkt er ein: »Was soll ich nun mit dem Getreide und all den guten Dingen tun, die ich Euch zugedacht hatte? Ihr könnt die Sachen wahrscheinlich gar nicht mehr unterbringen. Aber es wäre schade, wenn meine Männer sie wieder mitnehmen müßten.« Abtbischof Pirmin weiß sofort eine Lösung. »Wenn Ihr uns die Sachen wirklich überlassen wollt, lagern wir sie vorerst in unserer Kirche. Vielleicht können wir vor Wintereinbruch einen festen Schuppen dafür bauen. Teilt uns bitte mit, was wir Euch für die beiden Ladungen schuldig sind?« »Nichts, gar nichts, mein Freund«, erwidert der Herzog mit falschem Lächeln und zum sichtlichen Mißbehagen des geldgierigen Laienbischofs Audoin. »Ich habe mich schließlich verpflichtet, wie es in dem Schutzbrief des Majordomus angeführt wird, Euch bei Eurer Klostergründung auf der Augia beizustehen.«

Während die Soldaten des Herzogs mit den Mönchen die beiden Lastkähne entladen, bewirtet Pirmin die ungebetenen Gäste im Refektor mit dem, was den Mönchen zur täglichen Nahrung dient: Fladenbrot, Milch und Getreidebrei. Dazu reicht Bruder Anselmo Speck, geräucherten Fisch und Kohlgemüse. Schmerzlich vermißt Audoin den gewohnten Tischwein und die Fleischspeisen. »Warum braut Ihr kein Bier, wie es so manche Klöster tun?« fragt der schmatzend und ohne eine Antwort zu erwarten. Die Mönche auf der Sintlasau haben anderes zu tun bei ihrem schweren Neuanfang, als Bier zu brauen. Seine angebliche Frau Base spielt mit einem Stücklein geräucherten Speck herum und wirft völlig aus dem Zusammenhang eine Frage ein. Sie spricht in gleichgültigem Ton, aber ihre Augen verraten ihr fieberndes Interesse. »Sagt mir, Bischof Pirmin, sind die Geschichten eigentlich wahr, die man sich allenthalben über Euren Brunnen erzählt?« Sie lehnt sich herausfordernd vor und sieht ihn mit halbgesenkten Lidern an. »Welche Geschichten meint Ihr, Frau Ingburga? Gott gab uns diesen Brunnen. Sein Wasser ist gut«, lautet die Antwort des Abtes. Sie fährt auf, starrt ihn an und sagt mit beleidigend scharfem Ton: »Wollt Ihr etwa leugnen, daß das Wasser Heilkraft besitzt, Bischof?« »Sollte dies wirklich der Fall sein, gab Gott ihm die Heilkraft. Ich weiß es nicht, obwohl man sich solches erzählt.« Wieder braust sie häßlich auf und ruft mit verzerrtem Gesicht: »Ihr wollt nur nicht zugeben, daß es so ist! Und immer das Gerede von Gott, Gott und nochmals Gott. Ihm schreibt Ihr wohl alles zu?« Da lächelt Abt Pirmin die Erregte mit Ruhe und Würde an, und ohne den Blick von ihrem verzerrten Gesicht zu lassen, spricht er: »Ihr habt es gesagt. Gott schreibe ich alles und jedes zu.« »Ihr leugnet also Euren Anteil an diesem Brunnenzauber, und Ihr wollt mir kein Wasser mitgeben?« herrscht sie ihn an. »Ich brauche es, für unser ... für mein Kind!« Pirmin hört den Versprecher, und er bemerkt die Röte der Verlegenheit im feisten Antlitz des Laienbischofs. Er hat gleich vermutet, was es mit dieser Base auf sich hat. Er läßt sich nichts anmerken. »Ihr stellt zwei Fragen auf einmal. Mein Anteil am Brunnen ist der, daß ich die Quelle entdeckt habe. Das hat gar nichts mit Zauber zu tun. Es war ein ganz natürlicher Vorgang. Wollt Ihr Wasser aus dem Brunnen mitnehmen, füllt Eure Krüge damit. Bedenkt aber dabei, was unser Herr immer bei einer Heilung zu den Geheilten sagte: ›Dein Glaube hat dir geholfen!‹ Und das war nicht der Glaube an ein Heilmittel, sondern an Gott!« Die Frau wirft ihren Kopf in den Nacken und würdigt ihn keines Blickes mehr. Sie hat ihr Ziel erreicht. Sie wird Wasser aus dem Brunnen mitnehmen, aus dem, wie sie nach wie vor glaubt, Zauberbrunnen des Bischofs Pirmin und sie wird ihrem Kind davon zu trinken geben. Wie herrlich wäre es, wenn der Kleine sich daraufhin erheben und gehen könnte. Mit einem Mal wird ihr herbes Gesicht weich und fraulich. Herzog Lantfried ist mit sichtlicher Ungeduld dem Wortwechsel zwischen Frau Ingburga und Bischof Pirmin gefolgt. War es nötig, daß dieser Laie auf dem Bischofsthron zu Konstanz ausgerechnet seine Geliebte mit auf die Klosterinsel schleppte? Dieser Pirmin rechnet sich bestimmt alles genau zusammen und wird es dem fränkischen Hausmeier melden. Obwohl der Majordomus selbst recht großzügig mit Ehe und Moral umgeht, würde er sich in diesem Fall wahrscheinlich sehr entrüsten, wenn er von Audoin mit seiner Freundin und seinem Kind erfahren würde. Vielleicht gäbe ihm das wieder einen willkommenen Vorwand, um Ordnung im Alemannenland zu schaffen und die Kirche Christi in Konstanz aus den Händen eines Unwürdigen zu erretten. Aber die Krisen und die kriegerischen Verwicklungen zwischen Franken und Alemannen sind ohnehin längst noch nicht ausgestanden. Dieser Emporkömmling Karl soll nicht meinen, er hätte die freiheitsliebenden Alemannen endgültig auf die Knie gezwungen! Lantfried lacht ingrimmig vor sich hin und zerkrümmelt mit seinen Fingern ein Stück Brot. Genußvoll zerreibt er es zu Staub. So möchte er zu gerne mit den Heeren der Franken verfahren. Die Zeit wird kommen ... »Wir wollen aufbrechen, Bischof Audoin! Wir haben die Zeit unseres Gastgebers über Gebühr in Anspruch genommen.« Er erhebt sich. »O, aber ich brauche zuerst das Wasser«, begehrt Frau Ingburga auf. »Dann holt Euch das Wasser, damit wir aufbrechen können!« befiehlt der Herzog barsch. »Könnt Ihr mir einen Krug leihen?« bittet sie nun fast schüchtern den Abt. Sie kam, um Wasser zu holen und hat nicht einmal einen Krug bei sich ... Auf einen Wink des Abtes geht ein Laienbruder zum Brunnen, füllt einen braunen Tonkrug bis zum Rand mit Wasser und verschließt ihn sorgfältig. »Bruder Erwin trägt den Krug für Euch zum Kahn«, sagt Pirmin freundlich. »Ich danke Euch! Ich danke Euch so sehr!« flüstert sie mit Tränen in den Augen. Dabei denkt sie wieder einmal, welch erbärmliche Gestalt ihr Liebhaber Audoin gegen diesen Mönch abgibt. Hat Audoin ihre Gedanken erraten? Ist er ihren Blicken gefolgt? Jedenfalls gibt er ihr einen unwilligen Stoß. Sie stolpert über den Hund, der wie immer die Schwelle des Raumes bewacht, in dem sein Herr sich aufhält. »Verdammter Köter«, brüllt Audoin, als das Tier nach ihm schnappen will. Er will dem Hund einen Tritt versetzen. Das Tier entblößt sein furchterregendes Gebiß, zieht die Lefzen hoch und will den feindseligen Mann anspringen. »Zurück, Bär!« ruft Bischof Pirmin. Das Tier würde gehorchen, aber einer der Diener des Laienbischofs hat seinen Spieß geschleudert. Er trifft das mächtige Tier mitten im Sprung in die Seite. Mit schauerlichem Aufheulen bricht der Hund zusammen. »Bär! Bär!« schreit Abt Pirmin, kniet nieder und hebt den Kopf des treuen Tieres an. Bär winselt leise, ganz leise, wie das schmerzliche Wimmern eines Kindes. Seine großen braunen Augen sehen sein Herrn an. Mit letzter Kraft leckt er seine Hand. Dann geht ein Ruck durch den Körper des Hundes. Seine Augen werden starr. Bär ist tot. Pirmin kniet auf dem Boden und hält den Kopf des toten Tieres in seinen Händen. Er bemerkt nicht, daß sich seine Besucher verlegen an ihm vorbeischieben und hastig in ihre Kähne steigen. Ohne jedes Abschiedszeremoniell stoßen sie rasch vom Land ab. »Soviel Aufhebens um einen Hund«, meint Audoin verächtlich, als sie auf dem See sind. »Scheint mir eine rechte Memme zu sein, dieser großartige Klosterbischof!« Seine Geliebte preßt das Krüglein mit dem kostbaren Wasser fest an sich. »Nein, Bischof Pirmin ist keine Memme. Er wagt es nur, ein Herz zu haben.«

Als sie Bär unter der alten Linde begraben haben, spricht wie auf Vereinbarung keiner der Mönche mehr von dem unwillkommenen Besuch und seinen Folgen. Abt Pirmin verhält sich wie zuvor, er arbeitet viel und rasch, so als müsse er etwas nachholen. Er legt selbst Hand mit an, als ein Schuppen gebaut wird, um die neuen Vorräte aufzunehmen. Er übernimmt den schwierigsten und härtesten Teil der Arbeit selbst. Seit dem Besuch des Herzogs und des Laienbischofs schreibt er nicht mehr. Nur die harte Handarbeit scheint ihm Ruhe und Befriedigung zu schenken. Seine Unterweisungen an die Mönche sind klar und verständlich wie immer, und im Kapitel ist er der Gütige und Gerechte. Dennoch spricht er wie einer, der träumt, und der im Traum unablässig in Eile ist. Prior Arnulf macht sich Sorgen um ihn. Die Überfülle der Arbeit, das ständige Gefordertsein durch die Brüder, die feindselige Haltung des Konstanzers, die harte Anspannung im Einsatz um Mönche, die ihren Beruf aufgeben wollen, seine schwere Krankheit und – ja – und auch der Tod des treuen Tieres, das alles summiert sich zu einer Last, unter der auch ein Mann wie Abt Pirmin schließlich zusammenbrechen könnte. Nachts wandert er ruhelos umher, als wäre er noch immer der getriebene Flüchtling. Er schläft kaum, träumt schwer und alpdruckartig, schreckt nach kurzer Ruhe wieder auf und beginnt seine Wanderung von neuem. »Was sollen wir tun, um unserem Vater zu helfen? So geht es mit ihm nicht weiter. Es muß unbedingt etwas geschehen«, überlegt der Prior mit dem jungen Mönch Eddo, dessen reifer Klugheit er vertraut. Er weiß sich mit ihm in ehrerbietiger Zuneigung zu Abt Pirmin einig. »Als unser Vater seinerzeit aus Allensbach kam, erzählte er uns von einem Einsiedler am Mindelsee, zu dem die Menschen förmlich wallfahren. Er soll vielen ein Helfer in inneren Nöten geworden sein.« Zweifelnd wiegt Bruder Arnulf sein weißhaariges Haupt. »Könnt Ihr Euch unseren Vater als Schüler eines Einsiedlers vorstellen, Bruder Eddo? Er wird uns wahrscheinlich auslachen, wenn wir ihm mit einem solchen Vorschlag kommen.« Der Mönch macht ein verzagtes Gesicht. »Vorstellen kann ich es mir nicht, daß Bischof Pirmin sich freiwillig zu dem Einsiedler begibt ... Aber müssen wir nicht versuchen, ihm irgendwie zu helfen? Bitte, sprecht ganz offen mit ihm, Bruder Arnulf! Er hat zu Euch großes Vertrauen. Ihr habt die Würde und die Weisheit des Alters. Er wird Euch ein offenes Wort nicht verübeln.« Dennoch ist es ein schwerer Gang für Prior Arnulf, als er sich zu der Cella des Abtes begibt. Bischof Pirmin sitzt vor seinem Tisch, aber er schreibt nicht. Seine Hände rollen das Pergament sinnlos auf und zu. Er sieht Arnulf fragend an. »Wollt Ihr mich mahnen, mit meinen schriftlichen Anweisungen fortzufahren, Bruder? Ich möchte es wohl, finde aber nicht die innere Ruhe dazu. Was immer ich beginne, drinnen in meinem Herzen und in meinem Geist geht es zu, als ob ich auf einem galoppierenden Pferd sitzen würde. Ich möchte gerne anhalten und abspringen, kann es aber nicht ...« Etwas wie Verzweiflung klingt aus der Stimme des Abtes. »Ich möchte gerne Ruhe finden, Arnulf, so gerne!« »Dann habt doch den Mut abzuspringen, Vater«, bittet der Greis mit bebender Stimme. »Glaubt Ihr, daß es mir nur an Mut dazu fehlt?« fährt Pirmin auf. »Haltet Ihr mich etwa für einen Feigling?« Prior Arnulf nimmt alle Kraft zusammen, um ruhig zu bleiben. Mit fester Stimme entgegnet er: »Nein, Vater Abt, ich weiß, daß Ihr heroisch und tapfer gegen Eure innere Unruhe ankämpft, aber Ihr werdet allein nicht damit fertig. Ihr braucht Hilfe.« Mit wirrem Haar und unsicherem Blick wendet sich Pirmin ihm zu, »Ihr habt recht, Bruder. Ich brauche Hilfe. Aber wer gibt sie mir? Meine Gebete bleiben ohne Antwort.« »Ihr lauft viel zu schnell, Vater, um Gottes Stimme vernehmen zu können. Ihr müßt still werden, in die Stille gehen. Erinnert Ihr Euch, daß Ihr uns vor einiger Zeit von dem Einsiedler am Mindelsee erzähltet? Vielleicht kann er Euch helfen. Sucht ihn auf und laßt Euch von ihm in die Stille

führen.« Pirmin sieht ihn zweifelnd an. »Glaubt Ihr wirklich, daß dieser Mann es vermag?« Bittend legt ihm der Mönch die Hand auf den Arm. »Versucht es, Vater Abt! Ich bitte Euch um Euret- und um unseretwillen darum, versucht es!«
Ein wortkarger Fischer führt Abt Pirmin durch den dichten Wald an den Mindelsee. Unter seinem wollenen Umhang trägt Pirmin nur ein leichtes Bündel. Eine zusammengerollte Decke enthält einen Becher, eine Eßschale und einen Holzlöffel. In einem Säckchen bringt er für den Einsiedler einen Nahrungsvorrat mit, damit durch sein Kommen keine Not entsteht. Der Fischer deutet mit seinem Daumen auf eine Hütte am Ufer eines Sees zwischen tiefhängenden Buchenästen. Dann dreht er sich grußlos um und stapft davon. Regungslos bleibt der Mönchbischof stehen und nimmt seine Umgebung in sich auf. Hinter ihm liegt ein fast undurchdringlicher Wald aus Nadelgehölz, wirrem Strauchwerk und blattlosen Laubbäumen. Vor ihm breitet sich der Mindelsee aus, eine glatte Wasserfläche, deren Anfang und Ende er nicht ausmachen kann. Zur Zeit spiegelt sie das lichte Grau des Himmels wider, nur unterbrochen von schwarzen Schatten am Ufer, den Bäumen. Hie und da ragen tote Baumäste aus dem Wasser. Röhricht hebt sich in fahlbraunem Filigran von der Wasserfläche ab. Unwillkürlich wartet Pirmin darauf, daß etwas geschieht, daß wenigstens ein Windhauch das Wasser bewegt und das Röhricht erzittern läßt. Aber der See ist still, fast unheimlich still. Seit die Schritte des Fischers verhallt sind, vernimmt er keinen Laut mehr. Kein Vogelruf durchbricht das fast gespenstige Schweigen. Was soll er eigentlich hier? Soll er nicht umkehren? Aber wäre das nicht eine feige Flucht? Den Brüdern zuliebe, muß er zumindest versuchen, diese Stille auszuhalten und den Einsiedler vom Mindelsee kennenzulernen. Zum Umkehren bleibt immer noch Zeit. Er ist nicht verpflichtet, hier zu blei-

ben. Mit vorsichtigen Schritten nähert er sich der Hütte, einem erbärmlichen Hüttchen aus Weidengeflecht, Lehm und Holzbrettern, Moos und Strohgarben, mit Ried gedeckt. Ein paar Felsbrocken stützen den Stamm, der das Ganze trägt. »Wie unsere ersten Schlafhöhlen aus der Augia«, denkt Pirmin unwillkürlich. Er weiß nicht, daß sein Gesicht sich in der Erinnerung entspannt, daß er lächelt. »Nun, was willst du denn hier?« fragt eine brüchige Stimme hinter ihm. Wie ein ertappter Dieb zuckt Pirmin zusammen und dreht sich um. Da steht er Aug in Aug mit dem berühmten Einsiedler vom Mindelsee. Er hätte beinahe gelacht. Der berühmte Eremit ist ein kleiner, verschrumpelter Alter mit Resten von weißem wirrem Haar um ein knitteriges Gesicht, in dessen vielen Falten eigentlich nur die hellen Augen leben, die einen scharfen, durchdringenden Blick haben. In seiner mageren Rechten hält der Mann einen zappelnden Fisch, den er wohl gerade für seine Abendmahlzeit gefangen hat. Sein Gewand besteht aus mehreren Stücken Stoff, die ungeschickt aneinandergenäht sind und hauptsächlich durch einen Lederriemen um den mageren Leib zusammengehalten werden. Der Alte tritt nahe an den Mönch heran und äugt zu ihm empor. »Vermutlich bist du stumm. Du bist ein Mönch. Ein solcher war nie hier. Was sucht ein Mönch bei mir?« Verlegen wie ein Scholar vor seinem Lehrer murmelt Bischof Pirmin: »Ich suche die Stille, Vater!« Der Alte lacht ein kicherndes, ein glucksendes Lachen. »Hast du das gehört, Jakob? Er sucht die Stille, ausgerechnet die Stille?« Mit wem redet der Einsiedler? Ist er geistesgestört? Aber da ertönt deutlich die Antwort, ein krächzendes Lachen und dann: »Stille ... hahaha!« Wieder kichert der Alte, nun über die Verblüffung seines Besuchers. »Darf ich bekanntmachen: Jakob, mein sprechender Rabe, und du ... Wer bist du denn?« »Pirmin«, antwortet der Mönch unwillkürlich ehrlich, obwohl er sich vorgenommen hatte, einen anderen Namen zu nennen. Zum Glück scheint der Einsiedler nichts vom Abt der Augia zu wissen. Er wiederholt nur: »Hast du gehört, Jakob, das ist Pirmin!« Wieder krächzt der Rabe. Er wiederholt den Namen, allerdings nur die zweite Silbe: »Min, Min, Min.« Das scheint ihm zu gefallen. »Auch gut. Dann bist du hier eben Min ... Minor.« Dann breitet der Alte seine knochigen Greisenarme aus und ruft: »Bitte, Minor, hier hast du die Stille!« Er weist mit beiden Händen auf den Mindelsee, als ob das schweigende Gewässer sein Eigentum wäre. »Setz dich an den See und mach' sie dir zu eigen.« Verärgert möchte Pirmin sich umwenden und davongehen. Was soll dieser Unsinn? Wie soll er sich die Stille zu eigen machen? »Setz dich, Minor!« befiehlt der Alte erneut. Da gehorcht ihm der Abt mit innerem Widerstreben. Er läßt sich auf einen umgestürzten Baum nahe am Uferrand nieder und blickt finster auf das Wasser. Der Einsiedler kümmert sich nicht weiter um ihn. Er überläßt ihn einfach sich selbst und der Stille. Irgendwo hinter ihm bereitet er wohl seine Abendmahlzeit zu, denn ein leiser Duft von Suppe und gebratenem Fisch weht zu ihm herüber. Pirmin möchte noch immer fortgehen, entfliehen, aber er zwingt sich dazu, auf dem Baumstamm sitzen zu bleiben, fest in seinen Umhang gehüllt. ›Was mache ich eigentlich hier? Was soll das?‹ Aus dem stillen Wasser springt ab und zu ein Fisch hoch. Dann zieht das Wasser kleine Kreise, aber es bleibt still. Die Abendsonne bricht durch die Wolken und vergoldet den See und die Berge am anderen Ufer. Die stille Welt im goldenen Schimmer ist wunderschön. Sie ist schön und leise, still, wohltuend still. Pirmin weiß noch nicht, daß er innegehalten hat, daß er abgestiegen ist von dem galoppierenden Pferd seiner Unrast. Die Augia ist ferngerückt mit all ihren Sorgen und Nöten, mit all ihrer Betriebsamkeit und mit dem festen Rhythmus ihrer klösterlichen Ordnung. Mit einem Mal ist er frei. Keine Glocke mahnt, und keiner ruft nach ihm und bittet ihn um Hilfe. Keiner ruft ihn? Ist das wirklich wahr? Gibt es da nicht ein leises, werbendes Rufen aus der Tiefe seiner Seele, das er lange nicht mehr vernommen hat? Pirmin lauscht und schweigt. Er achtet nicht darauf, daß die Sonne Abschied nimmt und den See in ein tiefes Goldrot taucht. Er atmet ganz ruhig und lauscht der Stille und der Stimme in seinem Innern. Es dunkelt bereits, als der Eremit ihn behutsam anrührt und ihm wortlos bedeutet, ans Feuer zu kommen. Dort gibt er ihm eine Schüssel Gemüsesuppe, ein Stück Brot und einen gebratenen Fisch. Dann weist er auf ein Lager aus Streu, das er an einer Wand seiner Hütte aufgeschichtet hat. Pirmin will ihn etwas fragen, aber der Alte hebt nur abwehrend die Hand. »Morgen sehen wir weiter.« Beim Essen merkt der Abt, wie hungrig er war. Er reinigt die Schüssel und den Löffel im See, wäscht seine Hände, betet ein kurzes Abendgebet und wickelt sich in seine Decke. Er schläft rasch ein auf dem harten Lager, so gut wie lange nicht mehr. Einmal nur wird er mitten in der Nacht wach. Er muß sich besinnen, wo er ist. Das Feuer brennt noch. Er sieht den Alten, der mit ausgebreiteten Armen betet, und schläft seltsam beruhigt und getröstet wieder ein. Als er am nächsten Morgen erwacht, ist der Alte nicht in der Hütte. Nur Jakob, der Rabe, starrt ihn mit funkelnden Äuglein vom Querbalken aus an. Irgendwie fühlt sich der Abt enttäuscht, alleine gelassen. Er hat erwartet, mit dem Eremiten in ein klärendes Gespräch zu kommen. Was soll er jetzt anfangen? Was soll er tun? Tun? Nein, stille sein, schweigen. So geht er wieder an den See, wäscht Gesicht und Hände und setzt sich wieder auf den Baumstamm. Über der weiten Wasserfläche schweben Frühnebel. Wieder umgibt ihn die Stille. Er kann sie bereits gut ertragen, sich ihr stellen und sie in sich einlassen. »Verkaufe alles, was du hast! Kennst du diese Stelle aus der Heiligen Schrift?« Der Alte spricht ihn so unerwartet an, daß er förmlich zusammenfährt. Scheinbar liebt er das plötzliche Auftauchen. Wieder reagiert Bischof Pirmin wie ein gehorsamer Scholar auf den Anruf seines Lehrers. Er antwortet: »Ja, so sprach Jesus zu dem reichen Jüngling, der Ihm nachfolgen wollte.« Der Alte setzt sich neben ihn und weist mit seinem spitzen Zeigefinger auf ihn. »So spricht Jesus heute zu dir, Minor. Er sagt zu dir: ›Verkaufe alles, was du hast!‹« Ratlos sieht er den Einsiedler an. »Aber ich habe alles verkauft oder verloren – sogar meine Heimat.« Der Alte schüttelt den Kopf, und er macht dabei ein betrübtes Gesicht. »Das meinst du nur, Minor. Du hast nicht alles verkauft. Du bist nicht ganz arm und los von dir selbst. Du besitzt Furcht, Sorge, Eile und Stolz, nicht wahr? Oder hast du dies alles wirklich ganz dem Herrn übergeben? Bist du still vor Ihm, wie das Wasser hier, das sich nur dann bewegt, wenn ein Windhauch es trifft? Meinst du nicht vielmehr, unentbehrlich zu sein, aus Eigenem handeln zu können und jemand zu sein vor Gott und vor den Menschen?« Am liebsten würde Abt Pirmin den Alten jetzt auslachen und seine bohrenden Fragen zurückweisen, die er als Zumutung empfindet. Aber er tut es doch nicht, denn er spürt, daß der Alte seine knorrigen Finger auf eine Wunde gelegt hat, die in seinem Innern schmerzt und brennt. Er vergißt Essen und Trinken. Er merkt nicht, daß der Einsiedler so leise geht, wie er gekommen ist. Er bleibt auf dem umgestürzten Baum am Mindelsee sitzen, während die Sonne ihren bereits durch den nahen Winter verkürzten Lauf über den Himmel nimmt. Die Worte Jesu tönen in ihm nach: »Verkaufe alles, was du hast!« In diesen Stunden am See ist er ganz offen, ganz ehrlich vor sich selbst und vor Gott. Und er weiß, daß er nicht alles verkauft hat. Sein stilles Gebet, seine Meditation und Be-

sinnung am See, wird zum Gespräch mit dem Herrn, das keiner lauten Worte bedarf. »Verkaufe alles, was du hast! Herr, ich habe Dir manches vorenthalten. Ich war von meiner Bedeutung überzeugt, nahm mich zu wichtig und diente an manchen Tagen mir und meinen Zielen. Nicht selten war ich hart und fordernd zu meinen Brüdern. Ich sah nur das Ziel und im Ziel mich statt Dich. Wie scharf tadelte ich, wenn mich jemand verletzte, und wie unbeherrscht war ich in meinem Zorn! Wie schwer fiel es mir, jenen zu verzeihen, die meinen Stolz verletzt hatten! Herr, ich habe Dich und die Deinen vorübergehend beinahe vergessen, weil ich um ein Tier getrauert habe. Und mein stetes Drängen und Vorwärtseilen war nicht selten alles andere als demütiger Dienst. Ich wollte einfach das Leben zwingen, wollte Erfolg haben. Ich war stolz darauf, daß mein Name um den See ging. Wie heilsam ist es, daß ich für den Alten hier nur Minor, der Geringe, bin!«
Stunde um Stunde hält Pirmin in der Stille aus, aber sein äußeres Schweigen ist nun erfülltes Schweigen. Er spricht mit seinem Gott. Er spürt auch, daß Gott ihm die Gnade eines neuen Anfangs schenkt.

VIII. IL LAGO DELLA GRAZIA

Im Dezember setzt harter Winter ein. Tagelang fällt Schnee und hüllt die Klosterbauten, die Büsche und die Bäume in eine weiße Decke. Jeder Pfahl trägt eine weiße Schneehaube, und die Kähne sind halb mit Schnee gefüllt. Die Äste der Bäume biegen sich unter der Schneelast. Nach trüben Tagen mit tiefhängenden Wolken wird der Himmel wieder hell und hoch. Die Sonne strahlt, aber zugleich wird es sehr kalt. Langsam aber sicher friert der See zwischen der Augia und dem Dorf Allensbach zu. Nur die Quelle des Pirmin strömt unablässig. »Ist das ein Wunder, Vater Abt?« fragt einer der jungen Novizen den Bischof. Zuerst möchte Pirmin die Frage schroff zurückweisen, aber er denkt an die Tage der Stille am Mindelsee und an den alten Einsiedler, der ihm gesagt hat: »Und du hast noch etwas zu verkaufen, Minor, was du dir nicht eingestanden hast.« Er hat lange und ernsthaft nachgedacht. Hat er denn nicht all das aufgezählt, was er dem Herrn ›verkaufen‹ könnte? Mit leisem Schmunzeln hat ihn der Alte beobachtet und dann vergnügt gemeint: »Du mußt dem Herrn dein zornmütiges Wesen schenken, mein Sohn. Dein Topf kocht zu leicht über, und wer zu rasch und zu heftig redet, der tut dabei nicht selten Unrecht ...« ›Verkaufe alles, was du hast ...‹ Der Abt lächelt den Novizen an und erklärt geduldig: »Wahrscheinlich steigt die Quelle aus einer großen Tiefe empor, und im Innern der Erde ist es wärmer als hier oben. Ich habe in Spanien einmal ein Bergwerk besichtigen dürfen, und ich war erstaunt, wie warm es unter der Erde im Stollen war.«

Mitte Dezember ist der See zugefroren und die Eisschicht so dick, daß man trockenen Fußes von der Insel nach Allensbach gehen kann. Pirmin gönnt den Mönchen den schönen Spaziergang über das Eis, und er gibt Weisung, die Allensbacher gastlich aufzunehmen, die den umgekehrten Weg wagen. Als der ›ausgeliehene‹ Leutpfarrer, der Mönch Egno, über das Eis zum Kloster kommt, wundert er sich, den Vater Abt inmitten einer Schar Allensbacher Kinder anzutreffen, die über das Eis auf die Insel gekommen sind. Sie lassen sich von dem freundlichen Mönch mit Brot, Käse und warmer Milch bewirten. »Vater, Ihr macht das selbst?« staunt Egno. »Laßt mir die Freude, Bruder Egno. Sie ist mir nicht oft vergönnt. Unser Bruder Küchenmeister und unser Cellerar schlindern drüben auf dem Eis und sind vergnügt wie kleine Buben.« Bruder Egno setzt sich zu ihm und sagt: »Ich finde es großartig von Euch, daß Ihr den Brüdern diese Winterfreude gönnt, Vater Abt. Hört Ihr, wie sie lachen und scherzen?« Pirmin verfolgt lächelnd das Geschehen auf dem gefrorenen See. Da rutschen die würdigen Söhne des Benediktus ausgelassen über das Eis und geben manchmal recht komische Figuren ab, wenn sie dabei hinpurzeln und im Sitzen ein Stück weiterrutschen. »Und das in der heiligen Adventszeit!« meint Egno mit verstellter Stimme und erhobenem Zeigefinger. »So hätte der alte Bruder Cassildus gesagt, den wir auf unserer Herreise unterwegs getroffen haben und der die Regel des Benediktus wunderbar interpretierte.« »Und ihr losen Mönchlein machtet euch über den ehrwürdigen Eiferer lustig ... Aber glaubt Ihr im Ernst, daß unser Herr Jesus Christus etwas gegen die Freude hat? Freude reinigt die Seele von trüben Gedanken und erfrischt zugleich den wintermüden Körper. Lachen ist eine herrliche und kostenlose Medizin, die der Herrgott wachsen läßt.« Begeistert schlägt der Leutpriester von Allensbach in seine Hände. »Das muß ich mir merken, Vater Abt. Das gibt eine herrliche Predigt. Ich drohe meinen Schäflein nämlich gar nicht gern mit dem Höllenfeuer, wie dies mein seliger Vorgänger getan hat. Sie sollen vor allem unseren Herrn lieben, denn Er liebt sie auch.« Die Kinder haben genug gegessen und getrunken, und das Gespräch der beiden Mönche langweilt sie. »Nun lauft schon! Das Eis ruft euch!« scheucht Pirmin sie fröhlich fort. Sie stieben wie ein Spatzenschwarm davon. »Wie würde unser Bär jetzt über das Eis fegen!« Entsetzt preßt Egno seine Hand auf den Mund. Was hat er da angerichtet? Aber Bischof Pirmin fährt gelassen in seiner Tätigkeit fort, die Becher der Kinder zu sammeln. »Habt Ihr übrigens gute Nachricht vom alten Einsiedler am Mindelsee? Bei diesem Wetter müßt Ihr öfter nach ihm sehen!« Mit einem Mal ist von Egnos Antlitz alle Heiterkeit wie weggewischt. Er starrt auf den gefrorenen See, als gäbe es dort nicht einen lustigen Zwischenfall, die heitere Szene mit Bruder Ermanold, der eine weite Strecke sitzend zurücklegen muß, weil sein Anlauf zu stürmisch war. Unwillkürlich lacht Pirmin laut auf, denn der ehemalige Hofkaplan, umgeben von hüpfenden Buben und Mädchen, bietet im Rutschen kein allzu würdiges Bild. Da fällt ihm auf, daß Bruder Egno nicht mitlacht. »Was ist geschehen, Bruder Egno? Verbergt Ihr mir etwas?« forscht er. »Ist dem Klausner etwas geschehen?« »Er weilt nicht mehr am Mindelsee. Ich habe ihn zu mir nach Allensbach geholt.« »Nun«, meint der Abt gelassen, »das war wahrscheinlich sehr vernünftig bei dieser Kälte.« »Es geschah nicht deshalb, Vater Abt. Man hat seine Hütte verbrannt. In den Flammen kam auch der zahme Rabe Jakob um, sein einziger Gefährte.« Vor dem geistigen Auge des Bischofs steht die arme Hütte aus Flechtwerk, die friedvolle Stätte der Armut am Mindelsee. Wer hat einen solchen Frevel begangen und die gotterfüllte Stille dieses Fleckchens Erde gestört? Verkaufe alles, was du hast! War diese Stille auch ein zu großer Besitz für den armen, alten Mann? »Warum läßt Du so etwas zu, Gott?« möchte er aufbegehren, aber er zwingt sein rebellisches Herz nieder und fragt nur: »Habt Ihr eine Ahnung, wer das getan hat, Bruder?« Der zögert lange. Er will kein Öl auf das Feuer gießen, das ohnehin zwischen dem Abt und Audoin schwelt. »Sagt mir, was Ihr wißt, Bruder!« befiehlt Pirmin mit rauher Stimme. Er appelliert damit an den Gehorsam des Mönchs. »Doch sagt mir zuerst, wie es dem Einsiedler geht?« »Er ist völlig unversehrt. Als die Leute in Kaltbrunn das Feuer bemerkten und zur Hütte eilten, kam er ihnen wohlbehalten entgegen. Er trägt den Verlust seiner geringen Habe mit Gelassenheit. Er läßt Euch sagen, daß er auch dem Herrn noch etwas zu verkaufen gehabt hätte. Er habe einmal gemeint, bereits ganz arm zu sein. Nun wisse er es besser.« Vom See tönen laute Rufe, Lachen und Jubel in das ernste Gespräch. Abt Pirmin schaut zu, aber nimmt er die Menschen auf dem Eis überhaupt wahr? Verkaufe alles, was du hast … Dann will auch er seinen Zorn und seinen Unmut ›verkaufen‹, aufgeben, Gefühle, die sich mit dem Wunsch nach Rache und Vergeltung in ihm regen. »Bitte, sagt mir, wen man mit der Tat in Verbindung bringt, Bruder Egno!« »Fischer Godwin brachte mit einem Gefährten geräucherte Fische nach Konstanz, um sie dort zu verkaufen. Vor dem weiten Rückweg leisteten sich die beiden Männer in einer Schenke einen Krug warmes Dünnbier. Dabei hörten sie, wie einer der Söldner des Bischofs Audoin damit prahlte, daß sie es dem alten Zauberer vom Mindelsee ordentlich gezeigt hätten. Dem wäre das Zaubern gründlich vergangen, als die Hütte abbrannte. Schade sei nur, daß der Alte nicht in der

Hütte gewesen wäre, der alte Zauberer und der Freund des Zauberers von der Sintlasau.« Eine ganze Weile steht Schweigen zwischen den beiden Mönchen. Bruder Egno spürt, daß sein Herz allzu rasch pocht. Er wartet auf einen Zornausbruch des Abtes. Er könnte ihn in diesem Fall durchaus verstehen. Wie erstaunt ist er daher, als Pirmin mit ruhiger Stimme fragt: »Wo würde sich der Einsiedler am wohlsten fühlen, bis wir ihm im Frühjahr eine neue Hütte bauen, bei Euch in Allensbach oder hier auf der Augia?« Der Leutpriester sieht ziemlich ratlos drein. »Wenn ich das wüßte, Vater! Die große Gemeinschaft wird ihn sicherlich stören. Er braucht einen Ort der Stille, des Alleinseins.« »Ich wäre gerne bereit, ihm meine Cella zu überlassen«, schlägt Pirmin vor. »Das wird der demütige Alte auf keinen Fall annehmen, Vater Abt. Er hat sich die ganze Zeit schwer damit getan, Euch so zu behandeln, Euch Wasser tragen, fegen und flicken zu lassen, obwohl er wußte, wer Ihr seid.« Nun bietet das Gesicht des Abtes in seiner Verblüffung ein gar köstliches Bild. Am liebsten würde Bruder Egno laut auflachen. »Er hat es gewußt? Das hat er ganz vortrefflich verborgen. Und ich, ich Tor, war auf eine Art stolz darauf, der unbekannte Minor zu sein, der Geringe. Ah, Bruder Eddo, Ihr kommt mir gerade recht. Wir haben nämlich ein Problem, bei dessen Lösung Ihr uns helfen könnt. Man hat die Hütte des Einsiedlers vom Mindelsee verbrannt. Haben wir eine Möglichkeit, ihn bei uns so unterzubringen, daß er seine Einsamkeit nicht allzu sehr vermißt?« Nach einem Ausruf des Bedauerns denkt Bruder Eddo nach. Sein Gesicht leuchtet auf. »Vater Abt, ich glaube, mir ist etwas eingefallen. Wir haben doch damit begonnen, in unserer Kirche den Raum für eine Sakristei abzutrennen. Können wir darauf nicht für diesen Winter verzichten und statt der Sakristei eine Klausnerzelle daraus machen? Auch bei Frostwetter können wir

drinnen Zimmermannsarbeiten leisten. Was meint Ihr dazu, Vater?« »Ihr habt mir eine Last von der Seele genommen, Bruder Eddo! Er wird gerne im Haus Gottes weilen. Unsere Gesänge und Gebete werden ihn nicht stören. Wir können für ihn sorgen und ihm trotzdem sein Alleinsein sichern.«
Bereits am nächsten Tag verwandelt die Schar der klösterlichen Bauhandwerker die halbfertige Sakristei hinter dem Altar in eine Zelle für den Einsiedler. Abt Pirmin überzeugt sich selbst davon, daß für alles gesorgt ist, arm und einfach und dennoch besser als in der Hütte am See, vor allem ohne Spinnen, Mäuse und sonstiges Getier. Eine Bettlade mit gut gefülltem Strohsack, warme Decken, ein Tisch, ein Stuhl, ein Betschemel vor einem Holzkreuz, das genügt als Einrichtung. Die Mahlzeiten wird der Eremit bei den Mönchen im Refektor einnehmen. Dort ist ja die Einsamkeit des Schweigens beheimatet. Da das Frostwetter noch andauert, kann Bruder Egno den Gast über das Eis zur Augia bringen. »Wie soll ich Euch nur danken, Vater Abt?« fragt der Alte gerührt, als er den bescheidenen Raum hinter dem Altar in Augenschein genommen hat. »Indem Ihr nicht vergeßt, daß ich Min... Minor bin, Vater!« meint Pirmin herzlich. Der Alte blinzelt zu ihm auf. »Das ist schwer, wenn man Euch hier in Eurer Würde erlebt! Aber wenn Ihr wollt, könnt Ihr jeden Tag ein Stündchen zu mir kommen. Dann will ich Euch Minor nennen«, meint er schalkhaft. »Aber jetzt seid Ihr an der Reihe, mir den Segen zu geben, damit ich eine gute Zeit hier verbringe.« Mühsam kniet der Alte nieder, und der Abt erfüllt ihm seinen Wunsch.
Nach den Tagen der Winterfreude zieht adventliche Stille in die junge Abtei ein. Pirmin führt seine Mönche mit behutsamer Ehrfurcht in die Tiefe des Geheimnisses ein, das Gottes Kommen für den Menschen bedeutet. Es ist, als würde er mit ehrfürchtigen Händen ein wunderbares Gemälde vor ihnen

entfalten. Kein Mönch kann sich dem entziehen, was aus dem gläubigen Herzen des geistlichen Vaters strömt an wachsender Freude, an Zuversicht und Dankbarkeit. ›Alle Narben, die er trägt und alle Wunden, die das Leben ihm geschlagen hat, haben das gläubige Kind in ihm nicht zerstören können. Er geht Gott entgegen mit dem reinen Herzen, dem aufrichtigen Vertrauen und der Demut eines Kindes‹, denkt Prior Arnulf nach einer Adventsmeditation. Später fragt er ihn: »Wo nehmt Ihr nur alle die Worte und Bilder her, Vater Abt, die mühelos von Euren Lippen strömen?« »Sie werden mir von Gott geschenkt, Bruder Arnulf. Ich kann nur geben, was ich empfange. An manchen Tagen bleiben Herz und Hände leer. Dann kann ich nur warten, geduldig warten, bis der Herr sich meiner erbarmt und mir gibt, damit ich geben kann.«
Mancher Arme findet den Weg durch Eis und Schnee zur Insel, auch arme Leute aus Konstanz und den benachbarten Orten. Offensichtlich hält Herr Audoin nicht viel von christlicher Barmherzigkeit. Die Mönche auf der Augia weisen keinen Armen ab. Sie rücken enger zusammen und bergen manchen Armen in ihren bescheidenen Räumen, bis er sich gestärkt und beschenkt wieder auf den Weg machen kann. Der gute Ruf der Augia verbreitet sich mehr und mehr. Regelmäßig kämpft sich Abt Pirmin mit einem Begleiter, meist mit Eddo, durch den dichten Schnee bis zu der Hütte des Geächteten. Aber auch Frau Gerhildis hat die Familie des Bertram nicht vergessen. Durch einen ihrer Vertrauten läßt sie ihr regelmäßig Nahrungsmittel zukommen, damit sie an nichts Mangel leiden muß. Bei einem seiner Besuche trifft Pirmin in Bertrams Hütte mit dem Boten der Frau Gerhildis zusammen. »Würdet Ihr der edlen Frau unsere Einladung für die Feier der heiligen Weihnacht überbringen?« bittet er den Burgvogt, der sich dieses Mal selbst auf die harte Winterreise gemacht hat.

»Unsere Kirche ist zwar recht bescheiden, aber wir möchten das Wunder der Heiligen Nacht feierlich begehen. Wir würden uns besonders freuen, wenn es unserer Gönnerin, Frau Gerhildis, möglich wäre, daran teilzunehmen.« Der Burgvogt dankt mit gemessenen, aber freundlichen Worten für die Einladung. Er meint mit einem Seitenblick auf Bruder Eddo: »Ich darf Euch versichern, daß die Frau Gräfin der Einladung gerne Folge leistet, wenn es ihr eben möglich ist.« Der Abt lädt auch Herrn Bertram und seine Familie ein, an der heiligen Feier teilzunehmen. »Kann ich das wagen, Vater Abt? Wenn mich jemand erkennt, wäre das eine Katastrophe, auch für Eure Abtei«, gibt Bertram zu bedenken. »Wahrscheinlich habt Ihr Euch gegenüber früher verändert, Herr Bertram, und Eure winterliche Kleidung stellt eine weitere Tarnung dar. Bitte, macht mir die Freude und kommt! In der Heiligen Nacht möchte ich gerne alle um mich scharen, denen ich mich verbunden fühle.«

Über die Leute von Allensbach, die sich mit großer Freude auf die Heilige Nacht vorbereiten – Bruder Ermanold hat ihnen auch verraten, daß sich an die fromme Feier ein ausgiebiges Festmahl anschließen wird –, gelangt die Kunde von diesem Vorhaben nach Konstanz. Wer kann es den Allensbacher Männern verübeln, daß sie mit Begeisterung von der Güte des Abtes erzählen und dabei ein wenig prahlen: »Solch einen guten Herrn wie den unsrigen gibt es nirgendwo mehr in den Landen rund um den See!« Bischof Audoin nimmt die Aussage nicht gerade begeistert auf. Seine Leute sind immer unterwegs und teilen ihm alles mit, was Bettler oder Schankwirte über die Augia berichten. Er mag den Mönchbischof von Tag zu Tag weniger, zumal sogar seine Geliebte das Lob des Pirmin singt. Sie meint nämlich, das Befinden ihres Kindes hätte sich durch das Wasser vom Pirmin-Brunnen wesentlich gebessert. Er merkt auch, daß sie ihn, den intriganten, weichlichen und faulen Menschen mit dem aufrichtigen und tatkräftigen Mönch vergleicht. Er weiß, daß er bei diesem Vergleich schlecht abschneidet. Frau Ingburga wird immer mürrischer und fordernder. »Das habe ich alles diesem Pirmin zu verdanken!« grollt er völlig ungerecht. Er bedauert, daß der Brandanschlag auf den Einsiedler vom Mindelsee kein voller Erfolg war. Er hat damit Pirmin treffen wollen, von dessen Aufenthalt bei dem Eremiten er längst erfahren hatte. Nun wohnt dieser alte Eremit, den das dumme Volk wie einen Heiligen verehrt, auf der Augia. Diesem furchtbaren Mönch Pirmin scheint alles zu gelingen. Er hat sich sogar die Gunst der reichen Grafenwitwe Gerhildis gesichert, um die Herzog Lantfried lange erfolglos geworben hat.

Aber dann ist das Glück scheinbar auf Seiten des Laienbischofs. Ein entfernter Verwandter aus Augsburg kommt zu Besuch. Dohard, der Sohn einer Base zweiten Grades, ein ehrgeiziger junger Mann, hat die Rechte studiert. Er möchte gerne am üppigen Hof seines Onkels in Konstanz unterkommen oder zumindest durch Audoin gefördert werden. »Das will ich tun, mein Junge«, meint der Verwandte leutselig. »Ich kann deiner Karriere sicherlich nützlich sein. Aber ich möchte, daß du mir zuvor einen großen Gefallen erweist. Später kann ich dich an Herzog Lantfried weiterempfehlen. Du hast ihn ja ohnehin damals kennengelernt, als die Sache mit Bertram war.« Mißtrauisch sieht ihn der junge Gelehrte der Rechtskunde an. Was wird der Bischof nun von ihm verlangen? Nicht umsonst steht Audoin in dem Ruf, daß er viel von andern fordert und wenig zurückgibt. Als Audoin ihm seinen Plan auseinandersetzt, ist Dohard wenig geneigt, dem zuzustimmen. Es bedarf etlicher Versprechungen, vieler Geduld und Überredungskunst, ehe der Jurist in den reichlich phantastischen Plan seines Onkels einwilligt. »Das Ganze gefällt mir zwar nicht, und wenn ich daran denke, welche Rolle ich spielen muß, wird mir übel. Aber Euch zuliebe, Onkel Audoin, will ich es tun.«

Vierzehn Tage vor Weihnachten kommt ein junger Mann über das Eis von Allensbach her. Er trägt ein kleines Bündel in der Hand. Er macht einen höflichen, bescheidenen und aufgeweckten Eindruck. Zunächst begegnet er Bruder Ermanold, begrüßt ihn und fragt: »Herr, wäre es möglich, daß ich Bischof Pirmin sprechen kann?« Ein neuer Kandidat? Eifrig bittet Bruder Ermanold ihn ins Warme und bietet ihm etwas zu trinken an. »Ich werde Abt Pirmin holen! Geduldet Euch einen Augenblick.« Verstohlen blickt sich Dohard, denn er ist dieser scheinbar so bescheidene Mann, im ärmlichen Refektorium um. Welch ein Gegensatz zu den üppig eingerichteten Gemächern im Bischofshaus zu Konstanz! Lange Tische, klobige Bänke, ein Holzbrett mit Schüsseln und Schalen, ein Kreuz an der Wand, das ist schon alles. Fröstelnd zieht er die Schultern hoch. Onkel Audoin verlangt viel von ihm, wenn er sich diesem allzu einfachen Lebensstil anpassen soll, sei es auch nur für eine Weile. Und dabei muß er auch noch so tun, als ob ihm alles hier gefalle.

Er erhebt sich, als Abt Pirmin das Refektorium betritt und macht eine tiefe Verbeugung. »Ihr wolltet mich sprechen?« fragt der Abt nach freundlicher Begrüßung. Unter dem ruhigen Blick der dunklen Augen wird es Dohard unbehaglich zumute. Wie forschend sieht ihn dieser Mönch an! Aber er hat Audoin sein Wort gegeben, und er geht darum ohne Umschweife auf sein Ziel zu. »Vater Abt, ich trage mich seit längerer Zeit mit dem Gedanken, Mönch zu werden. Es ist seit meiner Kinderzeit mein innigster Wunsch, mich dem Herrn ganz zu weihen. In Augsburg erfuhr ich durch einen Reisenden, der vom Bodensee kam, daß auf der Sintlasau ein neues

Kloster entstanden ist. Da ließ ich alles hinter mir und eilte hierher. Es war mir, als ob Gott mich gerufen hätte.« Pirmin lauscht den eifrigen, ja drängenden Worten des Mannes nach. Wirkt sein Ton nicht irgendwie gekünstelt, unaufrichtig und übertrieben? An dem Wortlaut ist nichts auszusetzen, aber es schwingt etwas Unehrliches mit. Er blickt in das spitznasige Gesicht mit den unruhigen Augen und dem schmallippigen, verkniffenen Mund. Von der Begeisterung, die aus den Worten sprechen soll, ist in dem Gesicht nichts zu merken, auch nicht in den kleinen, knochigen Händen, deren Ausdruck irgendwie gierig und grausam ist. Zumindest ist dieser Dohard ein zwiespältiger Mensch. Abt Pirmin fühlt einen Widerwillen gegen ihn, will aber nicht vorschnell urteilen und macht daher den Vorschlag: »Kommt probeweise zu uns, Herr Dohard und nehmt an unserer klösterlichen Lebensweise teil. Wenn sie Euch zusagt, wollen wir erneut darüber sprechen, ob Ihr bei uns bleiben wollt. Ihr müßt unser Leben kennenlernen, und wir müssen Euch kennenlernen.« Was sich dieser Mönch einbildet! Als ob es eine besondere Gnade sei, wenn er ihm, dem Rechtsgelehrten, erlaube, in diesem primitiven Kloster zu bleiben! Wenn der wüßte, wer er in Wahrheit ist! Er besinnt sich auf seine Rolle, verzieht sein Gesicht zu einem scheinbar glücklichen Lächeln und dankt dem Abt mit überströmenden Worten. Ein Bruder bringt ihm auf Anordnung des Abtes eine Kutte. Er nimmt sie scheinbar begeistert entgegen, küßt sie und legt sie an. Für das ärmliche Lager im gemeinsamen Dormitorium und das Mahl aus einem Gemisch von Getreide und Gemüsebrei vermag er sich nicht zu erwärmen. Mühsam verbirgt er seine Abneigung gegen die Strenge der klösterlichen Ordnung und die langen Gebetszeiten. Schließlich ist er Onkel Audoin etwas schuldig, aber er freut sich schon jetzt auf den Tag, an dem er diesem Kloster den Rücken kehren darf.

»Wie gefällt Euch dieser Dohard?« fragt Bruder Eddo den greisen Prior. »Ach, er ist mir zu kriecherisch, zu unterwürfig, Bruder. Das kann nicht echt sein. Er paßt sich allem aalglatt an. Scheinbar bereitet ihm gar nichts Schwierigkeiten, was sonst bei unseren Neuen stets der Fall ist. Er widerspricht nie, hat keinerlei Fragen und ordnet sich klaglos unter. Dieses Verhalten ist unnatürlich.« Bruder Eddo stimmt ihm zu. »Auch ich kann mich eines Mißtrauens nicht erwehren. Gestern wollte er mich recht plump über unseren Vater Abt ausfragen. Seine Bewunderung für ihn wirkte falsch, weil sie übertrieben war.« »Nun, lassen wir ihn vorerst gewähren, Bruder Eddo. Schließlich haben wir in unserer Gemeinschaft nichts zu verbergen oder geheimzuhalten. Wenn er sich nicht bewährt, kann er uns jederzeit wieder verlassen.« In der Gemeinschaft der Mönche gibt sich Dohard bescheiden und liebenswürdig. Dabei verachtet er viele Brüder. Sind sie nicht einfache Bauernburschen, rüde Gesellen aus allen möglichen Stämmen und Ländern? Manche von ihnen stolpern förmlich über das Latein der Hymnen und Gesänge. Dohard spricht es leicht und elegant. Die einfache Einrichtung der sogenannten Abtei macht ihm sehr zu schaffen. Es ist nach wie vor bitterkalter Winter, aber nur einmal am Tag, und zwar am Abend können sich die Mönche länger der Wärme des offenen Feuers im Refektorium erfreuen, ehe sie ihr eiskaltes Dormitorium aufsuchen. Es dauert lange, bis Dohard auf dem knisternden Strohsack unter der kratzig rauhen Decke Schlaf findet. Auffallend oft beschäftigt sich der neue Bruder mit dem Brunnen, der trotz des strengen Winters nicht zufriert. Ob er wirklich heilkräftig ist? Über einen Konstanzer Gefolgsmann des Audoin, der als Bettler verkleidet die Augia aufsucht, gibt Dohard Bericht um Bericht nach Konstanz weiter. Die Berichte sind belanglos. Dieser Abt Pirmin hat zwar eine eigene kleine Cella für seine

Schreibarbeiten, aber er nimmt sonst mit allem vorlieb, was die Mönche erhalten. ›Wenn Onkel Audoin auch nur einen Tag so leben müßte‹, denkt Dohard hämisch, ›das würde er nicht aushalten.‹ Die Predigten des Abtes und seine Unterweisungen sind nicht die unbeholfenen Stammeleien eines ungebildeten und unbelesenen Mannes, wie Audoin behauptet hat. Pirmin zitiert mühelos ganze Stellen aus der Heiligen Schrift und bedient sich ausgedehnter Psalmtexte und Stellen aus den Schriften des Augustinus und anderer Theologen. In seiner Person hat sich Bischof Audoin gründlich geirrt.
Um seinen Bericht anreichern zu können, wagt sich Dohard zu dem Eremiten in die Sakristei. Pirmin hat es zwar ausdrücklich verboten, aber was kümmert ihn das? Er möchte dem Onkel etwas über den vermeintlichen Zauberer vom Mindelsee mitteilen können. Der verhutzelte Alte hat gar nichts Furchteinflößendes an sich. Im Gegenteil, er wirkt kindlich und harmlos. Dohard kann nicht begreifen, warum die Mönche von diesem Greis mit Ehrfurcht reden. Daran merkt er, wie dumm sie sind. Sie halten die übertriebene Askese, die das Männlein übt, und seine scheinbar geheimnisvollen Sprüche für ein Signum der Heiligkeit. Ob Audoin nicht recht hatte, als er sagte: »Vielleicht ist sogar der Majordomus Karl Martell eines Tages froh, wenn er einem Mann wie dir, einem Gelehrten deines Formates, statt diesem allzu barmherzigen Iberer die Leitung der Abtei anvertrauen kann! Das ergäbe dann eine harmonische Zusammenarbeit mit Konstanz.« Voller Neugier sieht sich Dohard in der Zelle des Einsiedlers um. Hier gibt es wirklich nichts Besonderes zu sehen, es sei denn, man suche nach Anzeichen von Armut und Bedürfnislosigkeit. Mit einem Mal trifft ihn die gebrochene Stimme des alten Mannes wie ein gut gezielter Pfeil: »Was tust du hier auf der Augia, Fremder? Du gehörst nicht hierher!« Dohard wird blaß, aber er zwingt sich

zu einem krampfhaften Lächeln und weist auf seine Kutte. »Aber das seht Ihr doch, Vater!« »Nein, nein, nein!« krächzt der Alte und schüttelt mehrmals den Kopf. »Mönch wirst du nie und nimmer. Geh fort! Du hast Böses im Sinn.« Hat ihn der Alte durchschaut? Zuerst steht Dohard wie erstarrt vor ihm. Dann verläßt er fluchtartig den Raum. Draußen läuft er geradewegs dem Abtbischof in die Arme. »Was hattet Ihr bei dem Einsiedler zu suchen, Bruder? Habe ich Euch nicht deutlich gesagt, daß jeder Besuch bei ihm an meine Erlaubnis gebunden ist? Wenn Euch der Gehorsam so schwer wird, bin ich von Eurer Berufung nicht überzeugt!« weist ihn Pirmin ärgerlich zurecht. Scheinbar demütig senkt Dohard das Haupt und birgt die Hände in den Kuttenärmeln. Dort ballt er sie insgeheim vor mühsam unterdrückter Wut. »Vater Abt, verzeihet meine Eigenmächtigkeit! Ich werde alles tun, um in Zukunft in Abhängigkeit zu handeln.« Der unterwürfige Ton klingt unecht. Er gefällt Bischof Pirmin ebenso wenig wie zuvor der Ungehorsam des Novizen. Man muß diesen Dohard im Auge behalten ... Wieder beschleicht ihn das unbehagliche Gefühl des Mißtrauens, das er stets in der Begegnung mit diesem Menschen empfindet.

Das Wetter bleibt winterlich. Aber trotz aller wetterbedingten Reiseschwierigkeiten treffen die geladenen Gäste ein. Frau Gerhildis wohnt auf einem Gutshof bei Ermatingen. Von dort kann sie am Heiligen Abend rasch zur Augia gelangen. Einige Leute aus Konstanz haben angefragt, ob sie an den Weihnachtsfeierlichkeiten auf der Insel teilnehmen dürfen. Pirmin weist niemand ab. Mit großem Eifer bereiten die Brüder Brote, Speisen und Getränke für die Gäste vor. Bruder Ermanold ist sichtlich in seinem Element. Aus dem behäbigen Hofkaplan des Karl Martell ist ein umsichtiger und praktischer Verwalter geworden, der keine Mühe und Arbeit scheut.

Die Heilige Nacht ist klar und kalt. Sterne blinken am wolkenlosen Himmel, und der Mond hüllt die verschneite Landschaft in ein geheimnisvolles weiches Licht. In der einfachen Holzkirche brennen viele Kerzen, die Bruder Manegold mit seinen Helfern gegossen hat. Ein großes, schlichtes Steinkreuz über dem Altar ist der einzige Schmuck des Kirchenraumes, in dem sich Mönche und Gäste dicht an dicht versammeln. Zur Feier des Tages trägt Abtbischof Pirmin sein Reliquienkreuz auf der Brust. Er hält den Bischofsstab in der Hand mit der Krümme aus Elfenbein, die ein Kreuz darstellt. Liebevoll sieht er auf die vielen Menschen nieder, die sich im Kirchenraum drängen; auf seine guten Brüder, die sich nach zwei Monaten der Wanderschaft und einem halben Jahr schwerer Arbeit diese Feier redlich verdient haben. Ihre guten Gesichter schauen im Glanz der vielen Kerzen froh und zufrieden aus. »Dank Dir, Herr, für meine lieben Brüder!« betet er still. Neben und hinter ihnen stehen die biederen Leute aus Allensbach, Markelfingen und Kaltbrunn und die Ermatinger. Tief vermummt weilt auch Bernward, der Geächtete, mit seiner Familie unter ihnen. Auch Frau Gerhildis mit einigen ihrer Frauen nimmt an der Feier teil. »Meine lieben Brüder und Schwestern, uns alle hier eint der eine Glaube und die eine Liebe zu unserem Herrn Jesus Christus ...« beginnt Bischof Pirmin zu sprechen. Dabei fällt sein Blick unwillkürlich auf das verkniffene magere Gesicht des Dohard. Das Gesicht des Novizen ist unfroh, die schmalen Lippen sind fest zusammengepreßt. Hat er eben die Wahrheit gesagt? Sind sie wirklich *alle* eines Sinnes? Hat jemand sein Zaudern bemerkt? Der Alte vom Mindelsee wirft ihm einen verstehenden Blick zu. Entschlossen fährt Abtbischof Pirmin mit seiner Weihnachtsansprache fort, in der er alle zum festen Vertrauen und zum frohen Glauben an den Gott einlädt, der ihnen in unendlicher

Güte seinen eigenen Sohn gesandt hat. Dann beginnt der feierliche Gottesdienst der Heiligen Nacht. Bauern und Fischer verstehen zwar die lateinischen Gesänge der Mönche nicht, aber sie fühlen die Würde und Andacht der heiligen Feier. Ihnen zuliebe wiederholt Pirmin das Weihnachtsevangelium vom Kommen Christi in ihrer Mundart, und er fügt hinzu: »Ja, Er ist da, unser guter Herr! Seine Liebe und Sein Erbarmen gelten vor allem jenen, die sich klein und arm wissen vor Ihm und den Brüdern ...«
Nach der heiligen Messe drängen sich die Gäste im Refektor. Brüder und Mönche bedienen sie mit Brot, Fisch und Fleischspeisen. Unermüdlich füllen sie die tönernen Becher mit Dünnbier, Wein oder Milch. Mitten zwischen den einfachen Dörflern sitzt Frau Gerhildis, als wäre sie eine von ihnen. Ein harmlos fröhliches Gelage bahnt sich an. Scherzworte fliegen hin und her. Daran beteiligt sich sogar der Alte vom Mindelsee. Zur Feier des Tages verzehrt der Asket mit sichtlichem Behagen die guten Speisen, auch eine Scheibe von der zarten Rehkeule. Alle fühlen sich wohl. Keiner wird grob oder zu laut. Zufrieden überschaut Abt Pirmin die Schar seiner Gäste und greift zum Krug, um nachzuschenken. Frau Gerhildis beobachtet ihn und sagt zu Bruder Eddo, der ihr eine Scheibe Käse reicht: »Ihr habt wahrlich einen guten Vater in diesem Herrn Pirmin!« Gerade will ihr Neffe diese Worte bestätigen, da ertönt draußen wüstes, wütendes Geschrei und stört den Frieden des festlichen Mahles. Böse, schimpfende Männerstimmen werden laut. Abt Pirmin setzt den Krug hin und ist mit ein paar raschen Schritten auf dem Klosterhof. »Was gibt es?« fragt er scharf. »Wer stört den Frieden der Heiligen Nacht?« Zwei Brüder zerren einen Mann durch den Schnee. Er wehrt sich verzweifelt. Magnus, ein kräftiger Laienbruder aus Bayern, hält einen zerlumpten Kerl in seinem eisernen Griff,

und Bruder Dohard zerrt an dessen zerfetztem Ärmel. In seiner Rechten schwingt er den vergoldeten Kelch, den Abt Pirmin beim heiligen Meßopfer benutzt hat. »Was soll das?« fragt der Abt erneut. Dieses Mal klingt seine Stimme noch schärfer und ungeduldiger. Hinter ihm drängen sich die Menschen neugierig aus dem Refektorium. Während Magnus den Mann festhält, baut sich Bruder Dohard vor Abt Pirmin auf und streckt ihm den Kelch entgegen. Ärgerlich runzelt der Abtbischof die Stirn. Was hat dieser dreiste Bursche aus Augsburg wieder vor? »Bruder Magnus hat den da erwischt, als er den Kelch stehlen wollte. Er machte sich gerade damit aus dem Staub.« Aus der Menge werden Rufe des Schreckens und der Empörung laut. Einer erkennt den Dieb. »Das ist Frowin aus Konstanz«, ruft ein Allensbacher Fischer. »Der hat nie was getaugt.« Die Menschen drängen an Pirmin vorbei nach vorne auf den Dieb und seine Bewacher zu. Der Abt bahnt sich einen Weg durch die Menge der Neugierigen und Empörten. Obwohl dieser Frowin ein Dieb ist, empfindet er auch Unwillen gegen Dohard, der es offensichtlich darauf anlegt, nach Schwierigkeiten Ausschau zu halten oder sie herbeizuführen. Sind seine Gefühle Dohard gegenüber berechtigt? Er sieht ihn an. Boshaft glitzern Dohards kleine Augen in seinem mageren, bräunlichen Gesicht und seine schmalen, farblosen Lippen verziehen sich in hämischem Triumph. Freut er sich, die friedliche Feier gestört zu haben? Mit seidenweicher Stimme versichert er scheinbar demütig: »Ich bedauere außerordentlich, den Frieden der Heiligen Nacht auf diese Weise stören zu müssen, Vater Abt, aber wir konnten den Lump schließlich nicht mit Eurem Kelch entkommen lassen!« Wieder werden empörte Rufe laut. »Warum stiehlst du, Frowin, und das in der Heiligen Nacht?« forscht Abt Pirmin und versucht, den Blicken des wildmähnigen Mannes zu begegnen. »Der stiehlt gewiß jederzeit. Ihm ist es ganz gleichgültig, daß Weihnachten ist«, ereifert sich der Novize Dohard. In wütendem Eifer sprudelt er die nächsten Worte hervor: »Wenn Bruder Magnus ihn nicht bemerkt hätte, wäre er über das Eis entkommen.« Der schweigsame Laienbruder nickt bestätigend und hält den Dieb fest im Griff. Bruder Ermanold stößt zornig hervor: »Unser Hausmeier Karl hat auf den Diebstahl heiliger Geräte die Todesstrafe gesetzt. Es ist ein doppelter Frevel – Diebstahl fremden Eigentums und die Entweihung des Heiligen.« Von allen Seiten ertönen wütende, laute und teils johlende Rufe der Zustimmung. Mönche, Bauern, Fischer, Männer, Weiber und Kinder bilden einen Kreis um die drei Mönche und den Schuldigen. Unwillig fordern sie seine sofortige Bestrafung. Frau Gerhildis steht mit ihren Frauen und dem Einsiedler abseits. Die Gruppe schweigt. Abt Pirmin blickt auf und betrachtet mit fremdem, kaltem Blick die verzerrten Gesichter der Menschen, die er so genau zu kennen glaubte. Ihre Mienen spiegeln Haß, Rachsucht und Unbarmherzigkeit wider. Sie sind ihm alle mit einem Male ganz fremd bis auf Bruder Arnulf, Eddo, Egno, Frau Gerhildis, den Einsiedler und Herrn Bertram und seine Familie. Die Haltung der Menge wird drohend und fordernd. Er richtet sich ganz gerade auf. »Euch gelüstet mitten im Frieden der Heiligen Nacht nach dem Blut dieses Menschen? Gerade noch haben wir Gottes unendliche Barmherzigkeit erfahren dürfen ...« »Vater Abt, die Strafe ist gerecht«, unterbricht ihn Dohard schreiend, Speichelfäden vor dem Mund. »Gerechtigkeit ohne Barmherzigkeit ist Unrecht.« Die Worte des Abtes sind von heiligem Ernst getragen. »Sagt mir, wer von uns ist nicht auf Gottes Barmherzigkeit angewiesen, weil er oft in Gedanken, Worten und Werken gegen das Eigentum Gottes, den Menschenbruder, gefrevelt und ihn irgendwie seiner Rechte beraubt hat? Ist nicht der allerärmste

Mensch in den Augen Gottes wertvoller als ein Stück Metall?« Haben seine Worte Wirkung gezeigt? Schon beginnt er zu hoffen, da widerspricht ihm der sonst so ausgeglichene Romane Justus aufgebracht: »Mit Verlaub, Vater Abt, das sind Haarspaltereien, theologische Spitzfindigkeiten, die mit dem konkreten Fall nichts zu tun haben.« »Ihr seid wirklich alle für das Todesurteil gegen den Dieb Frowin?« fragt Pirmin traurig und sieht seine Mönche und seine Gäste lange an, eindringlich und schweigend. Wenige können seinen Blicken standhalten. Sie senken die Augen oder sehen an ihm vorbei, aber nur Bruder Arnulf, Eddo, Egno, Pedro und Anselmo treten zu ihm mit dem alten Einsiedler vom Mindelsee, der Familie des Bertram und Frau Gerhildis mit ihren Frauen. Voller Trauer senkt Bischof Pirmin daraufhin sein Haupt. Endlich sagt er mit gebrochener und heiserer Stimme: »Die Augia ist eine gottgeweihte Insel, eine Stätte des Friedens. Auf diesem Boden wird nie und nimmer ein Blutgericht vollzogen. Zudem ist Weihnacht, heilige Zeit, Zeit der Güte und des Erbarmens ...« »Aber der Mann verdient den Tod!« murren Mönche, Bauern und Fischer aufgebracht. »So haltet ihn in Gewahrsam. Erst wenn die heilige Zeit vorbei ist und das neue Jahr beginnt, wird darüber entschieden. Merkt euch das! Wenn ihm jemand etwas zuleide tut, werde ich ihn zur Rechenschaft ziehen. Der Mann steht unter meinem persönlichen Schutz. Wehe dem, der sich an ihm vergreift!« Wütend zischt Dohard: »Er will ihn ja nur retten! Ist das gerecht, einen solchen Frevel am Heiligsten ungesühnt lassen zu wollen? Seht nur, wie diese Frau Gerhildis ihm eifrig zustimmt! Ist ihr Interesse an der Augia nicht auffallend, oder gilt es etwa mehr dem Abt Pirmin als seinem Kloster?« Mit boshaftem Geschick nutzt Dohard die aufgewühlte Stimmung der Mönche aus. Er hütet sich davor, den Abtbischof schlechtzumachen. Er fordert einfach nur Gerechtigkeit.

Der immer noch zu selbstgerechte ehemalige Hofkaplan Ermanold läßt sich bereitwillig vor seinen Karren spannen. Er glaubt dabei, er tue ein gutes Werk, weil in diesem Fall dem Vater sein gutes Herz einen Streich spielt. Bruder Arnulf kann zu den bisherigen Getreuen des Abtes zwar einige Mönche hinzugewinnen, aber die anderen beharren auf ihrer Forderung. Der Frieden der Weihnacht ist nachhaltig gestört. Auch das Wetter beteiligt sich am allgemeinen Aufruhr. Nach schweren Stürmen setzt Tauwetter ein. Die Schneemassen schmelzen, und das Eis auf dem See zerbirst. Zu Beginn des Jahres 725 bedecken graue Wolken den Himmel über der grauen Wasserfläche. So trostlos wie die Landschaft ringsum ist auch die Stimmung auf der Insel. Stürmisch fordern die Mönche die entscheidende Sitzung. Die meisten von ihnen stimmen trotz Pirmins ernstem Einspruch für den Tod des Diebes. Er soll in Allensbach gehängt werden. Der Abt erhebt sich mit undurchdringlicher Miene. »Ihr habt euch für seinen Tod ausgesprochen. Wie ich diese Entscheidung beurteile, brauche ich nicht mehr auszuführen. Ihr kennt meine Einstellung, denn ich habe hinreichend meine Meinung kundgetan. Als Abbas mache ich nun von meinem Recht der Begnadigung Gebrauch, das ab heute für alle Zeiten gelten soll: wenn immer ein Übeltäter zu seiner Hinrichtung über den See nach Allensbach gebracht wird, soll er aller Schuld und Strafe ledig sein, wenn unsere Glocke ertönt, ehe der Kahn das Festland erreicht hat!«

Als Bruder Magnus und Bruder Dohard den verzweifelten, zitternden Mann zum Kahn zerren, hält der Abt sie an. Lange blickt er dem Dieb in die Augen, lange und stumm. Dann wendet er sich ab und eilt in die Kirche. Er nimmt seinen Kelch in die Hand und hebt ihn zum Kreuz empor. »Nein, Herr Jesus Christus, es kann nicht Dein Wille sein, daß ein junges Menschenleben ausgelöscht wird, weil es der Versuchung erlegen ist. Du bist gekommen, um die Verlorenen zu retten. Er soll für Dich leben!« Abt Pirmin eilt nach draußen zum Glockengerüst und zieht machtvoll am Glockenseil, wieder und wieder, so als könne er nicht damit aufhören. Das eherne Glockenlied zieht über den grauen See. Die Mönche strömen zusammen, als die Glocke noch hin- und herschwingt. »Was habt Ihr getan, Vater Abt?« faucht Bruder Ermanold in selbstvergessenem Zorn. Atemlos erwidert der Abt: »Was der Herr uns allen tun möge, Bruder. Ich habe ihm Barmherzigkeit erwiesen.« Ruhig und aufrecht schreitet er zum Ufer. Neben ihm humpelt der alte Einsiedler. Beide Männer schauen dem Kahn entgegen, der den Dieb und seine enttäuschten Ankläger zur Insel bringt. Dabei sagt Bruder Anselmo erstmals die Worte, die fortan diesem Teil des Sees seinen Namen geben: »Ecco, il lago della grazia ... Seht, den Gnadensee!«

IX. VERRAT

Anfang März setzt mildes Frühlingswetter ein. Anemonen, Schlüsselblumen und erste Veilchen blühen an den Waldrändern auf der Augia. Nun wird die schwere Arbeit des vorigen Jahres belohnt. Große gerodete und gepflügte Ackerflächen stehen für die Aussaat von Getreide und für die Anpflanzung von Gemüse und Kräutern zur Verfügung.

Abt Pirmin setzt mit einigen Mönchen auf das Festland über. In Allensbach fragt er die Leute, die ihn freudig begrüßen: »Wer von euch ist bereit, mit uns an den Mindelsee zu gehen? Wir wollen dem guten Einsiedler dort eine neue Hütte bauen. Ich werde ihm auch einen jungen Gehilfen geben, der ihn beschützt und unterstützt.« Bei diesen Worten lächelt er dem begnadigten Dieb Frowin freundlich zu. Frowin hat ihn seinerzeit flehentlich darum gebeten, auf der Augia bleiben zu dürfen. Im Winter hat Pirmin ihm dies gewährt, obwohl manche Mönche darüber murrten. Bruder Dohard und seine Verbündeten haben insgeheim die unbegreifliche Milde des Abtes scharf verurteilt und sie Weichheit genannt. Bald hat der Mönchbischof gemerkt, daß sie den Begnadigten oft verächtlich behandelt und ihm bei der Arbeit Schwierigkeiten bereitet haben. Zunächst hat er dies geschehen lassen, denn so hat der Mann reichlich Gelegenheit, sich zu prüfen, ob er die Last des klösterlichen Lebens auf sich nehmen kann. Immer wieder wird er ja einen Menschen wie Bruder Dohard antreffen, der ihm sein früheres Vergehen vorhält. Er wird Mißtrauen und Verachtung zu spüren bekommen.

Bei einem seiner häufigen Besuche beim Alten vom Mindelsee hat Pirmin dies Thema berührt. Es liegt ihm sehr am Herzen. Der Alte hat lange nachgedacht und vorgeschlagen: »Gebt ihn mir mit an den Mindelsee! Dort hat er viel mehr zu kämpfen als hier. Er muß mit der Stille und Einsamkeit zurechtkommen und mit seinem eigenen Gewissen. Andererseits hätte ich Euch ohnehin um einen Gehilfen gebeten. In diesem Winter haben meine Kräfte nachgelassen.« Dankbar hat Pirmin die knochige Hand des Alten ergriffen: »Danke, Vater, das ist eine ausgezeichnete Idee. Euch wird dadurch geholfen und dem jungen Frowin. Ich kann in seiner Abwesenheit das aufarbeiten, was sich gerade im Zusammenhang mit seinem Diebstahl und mit der Begnadigung durch mich an Ungutem in unserem Konvent angesammelt hat. Wir werden Eure Hütte entsprechend bauen, so daß Ihr Euch nicht behindert fühlt durch die Anwesenheit eines anderen Menschen.« Schelmisch hat der Greis ihn angeblickt. »Nun, ich denke doch, daß wir beide uns in der alten Hütte ganz gut vertragen haben trotz ihrer Enge, nicht wahr?« »Ich war gerne bei Euch, Vater, und ich habe wie Ihr Heimweh nach dem Mindelsee.«
Aus der Schar der freiwilligen Helfer, die sich zum Bau der Hütte melden, wählt Pirmin einige kräftige Männer. Zu Bruder Egno, der immer noch als Leutpfarrer in Allensbach tätig ist, sagt der Abt: »An Euch habe ich eine etwas eigenartige Bitte, lieber Bruder. Würdet Ihr Euch umhören, ob es irgendwo, sei es auch in Konstanz, einen zahmen Raben oder eine Dohle zu kaufen gibt, einen Vogel, dem man das Sprechen beibringen kann? Ich möchte dem Alten einen Ersatz für seinen zahmen Raben Jakob geben. Er hat mir nämlich verraten, daß er manchmal unwillkürlich mit dem Tier spricht, bis ihm einfällt, daß es verbrannt ist.«
Frohen Mutes ziehen die Bauleute und ihre Gehilfen mit ihren

Gerätschaften an den Mindelsee. Sie führen vorbereitete Stämme und anderes Baumaterial mit sich. An der Brandstätte beseitigen sie zunächst die traurigen Überreste der alten Hütte und fällen eine Buche, die beim Brand halbverkohlt ist. Dann beginnen sie mit dem kleinen Neubau. Bereits in der Mitte des April stehen zwei feste Holzhütten am Ufer des stillen Waldsees. Sie sind sorgfältig verfugt und mit Stroh gedeckt. Von der Augia wird das einfache Mobiliar herbeigebracht und die nötigen Gerätschaften für den kleinen Haushalt. Wohlgefällig betrachtet der Abt die beiden Hütten, in denen es an nichts fehlt für das einfache Leben in der Einsiedelei. An die beiden Hütten schließt sich ein Stall an, in dem zwei Ziegen untergebracht werden und ein Vorratsschuppen für Brennholz und Getreide. »Wenn ihr Vorräte anlegt, braucht ihr nicht immer bis nach Kaltbrunn oder Allensbach zu laufen«, sagt Pirmin zu Frowin. Dann fragt er ihn: »Frowin, hast du dir auch gut überlegt, was du hier auf dich nimmst? Du wirst Woche für Woche mit dem einsilbigen Alten alleine sein und selten andere Menschen zu Gesicht bekommen. Du mußt ihm dienen, seine Mahlzeiten bereiten, seine Hütte säubern, seine Kleidung waschen und flicken, das Vieh versorgen. Vor allem mußt du viel, viel Stille aushalten können. Glaube mir, das Alleinsein mit sich selbst im Schweigen ist nicht einfach! Ich habe es selbst erprobt. Manchmal möchte man am liebsten der Stille entfliehen. In ihr kann man nämlich nicht ausweichen. Man sieht sich selbst, so wie man ist: klein, gering und sehr arm. Wenn man das aushält und seine Armut bejaht und das große Schweigen, vernimmt man die Stimme Gottes im Herzen und wird froh.« Bescheiden erwidert der Begnadigte: »Darf ich es wenigstens versuchen, Vater Abt?« »Du darfst es, mein Sohn, und ich bete täglich darum, daß dir der Mindelsee zum Heile wird wie zuvor der Gnadensee.«

In feierlichem Geleit bringen die Mönche den Einsiedler über den Gnadensee und durch die Wälder zu seinem neuen Heim. In einer Feierstunde segnet der Abt die Einsiedelei. Die Mönche singen das Te Deum. Bewegt nehmen sie Abschied von dem Alten und von Frowin. Sie gehen durch den Buchenwald im ersten Frühlingsgrün über einen schmalen Weg, den die Männer von Allensbach auf Wunsch des Abtes gebahnt haben, wieder an den Gnadensee, um zu ihrer Insel zu fahren. Die beiden Menschen am Mindelsee nimmt die große Stille auf. Sie wird nur einmal unterbrochen. Bruder Egno bringt dem Alten eine zahme Dohle, die er auf einem Hof bei Kaltbrunn erworben hat.

Auf der Augia nimmt die Frühjahrsbestellung ihren Fortgang. Abt Pirmin schreibt an seinem Büchlein. Er will seinen Brüdern klare Anweisungen für die Missionsarbeit geben. Aber zwischendurch beteiligt er sich immer wieder an den körperlich schweren Arbeiten seiner Mönche. Seine Sorge gilt dem zügigen Ausbau der Abtei. Ende des Monats findet sich ein Edelfreier namens Tutilo auf der Insel ein und bittet den Abt um ein Gespräch. Pirmin nimmt ihn mit in seine Cella, bietet ihm den einzigen Lehnstuhl an und setzt sich auf den Schemel. »Vater, ich bringe Euch Grüße vom Majordomus aus Jopilla. Herr Karl nimmt regen Anteil am Gedeihen Eures Klosters. Er bat mich, da ich ohnehin zu Herzog Lantfried muß, auch bei Euch vorzusprechen und mich nach dem Stand der Dinge hier zu erkundigen. In Konstanz war man allerdings nicht gerade gut auf Euch zu sprechen.« Abt Pirmin schenkt dem Gast einen Willkommenstrunk ein und meint: »Das hat Herr Karl bestimmt nicht anders erwartet. Wie könnte ein Laienbischof sich über ein Kloster in der Nähe seiner Stadt freuen? Wir müssen bei ihm Anstoß erregen, obwohl wir alles vermeiden, was ihm Schaden zufügen könnte. Mit dieser Feindseligkeit, wie sie uns aus Konstanz zuweht, müssen wir leben. Wollt Ihr Euch auf der Insel umschauen, um Herrn Karl Genaueres berichten zu können? Wir sind überall mit der Erweiterung unserer Bauten beschäftigt. Wir haben eingesät und setzen nun die ersten Reben, pflanzen Gemüse und Kräuter an. Im vergangenen Winter hätten wir Not leiden müssen, wenn uns Frau Gerhildis aus dem Thurgau nicht tatkräftig unterstützt hätte. In Konstanz konnte niemand etwas kaufen, der von der Augia kam.« Tutilo spielt mit seinem Becher. »Dieser seltsame Laie auf dem Bischofsthron von Konstanz erzählte mir natürlich eine ganz andere Version. Ihr hättet von ihm nichts kaufen wollen wegen Eurer feindseligen Einstellung zu ihm und Ihr hättet einen Zauberquell. Ihr würdet seltsame Menschen um Euch sammeln, einen vergreisten Eremiten, einen Dieb, den Ihr seiner verdienten Strafe entzogen hättet, und allerlei seltsames Volk, das Ihr unter Eure Brüder aufnähmet. Ich ließ ihn reden, und ich vermerkte bei mir, daß dieser Mann alles Erdenkliche tut, um Euch zu schaden. Das, gerade das werde ich in Jopilla berichten. Übrigens hat Euch Herr Karl eine kurze Zeit lang ernstlich gezürnt ... Ihr seht mich erstaunt an. Nun der Grund ist einfach der, daß Ihr ihm gute Soldaten abgeworben und sie zu Mönchen gemacht habt.« »Es war ihr freier Entschluß, Herr Tutilo, und ich habe ihnen die Entscheidung nicht besonders leicht gemacht. Aber schließlich ist der Dienst in der Heerschar Christi der vornehmere«, antwortet Abt Pirmin mit ruhiger Sicherheit. »Wollt Ihr mich etwa auch abwerben, Herr Pirmin?« lacht Tutilo und leert mit einem kräftigen Zug seinen Becher. »Wir brauchen auch Streiter im Heer unseres Herrn Karl. Die Scharen des Mohammed haben Septimanien erobert und dringen weiter auf fränkisches Gebiet vor. Wir müssen alle Kräfte daran setzen, um uns auf eine Entscheidungsschlacht vorzubereiten. Ist das nicht auch

Heerdienst für die Sache Christi?« Prior Arnulf betritt die Cella und enthebt den Abtbischof dadurch einer Stellungnahme. »Darf ich stören, Vater Abt? Die Angelegenheit ist sehr dringend. Eben habe ich beobachtet, daß Bruder Dohard, vor dem ich Euch wiederholt gewarnt habe, unten am Gnadensee einem Fischer eine Pergamentrolle übergab und dabei eifrig auf ihn einsprach. Ehe ich die beiden Männer erreichen konnte, ruderte der Fischer davon. Bruder Dohard brachte ich mit Hilfe von Bruder Gersmar hierher. Er wartet draußen.« Müde seufzt der Abtbischof. »Immer wieder dieser Dohard! Bringt ihn herein. Herr Tutilo mag mitanhören, was er uns zu sagen hat. Dohard ist Augsburger, ein ausgezeichneter Schreiber und kluger Rechtskundiger, aber er ist in der Gemeinde der Mönche zu wiederholten Malen unangenehm aufgefallen.« »Ein Augsburger mit Verbindung nach Konstanz«, murmelt Tutilo nachdenklich. Der Ertappte betritt die Cella, ohne Scham oder Betroffenheit zu zeigen. Sein spitzes Gesicht wirkt ganz gelassen. »Nun, was habt Ihr uns zu sagen, Bruder Dohard?« beginnt der Abt. »Für wen war das Schreiben bestimmt, das Ihr dem fremden Fischer gabt?« Der Mönch reißt weit die Augen auf und erwidert im Tone beleidigter Unschuld: »Schreiben, Vater Abt? Ich weiß von keinem Schreiben.« Da wird die Stimme des Abtes scharf: »Wollt Ihr etwa unseren ehrwürdigen Bruder Arnulf der Lüge zeihen? Er hat mit eigenen Augen gesehen, daß Ihr dem Fischer ein Schreiben übergeben habt.« Dreist mustert der widerspenstige Bruder den greisen Mönch. »Ob unser Herr Prior sich auf seine alten Augen verlassen kann, Vater Abt? Ich weiß nichts von einem Schreiben, das wiederhole ich noch einmal. Ich gab einem Fischer lediglich ein Stück Pergament mit, damit er sich in Konstanz erkundigen soll, ob man dort Pergament von solcher Güte kaufen kann.« Der sonst stets gelassene Bruder Arnulf ringt mühsam um seine Fassung. »Meine alten Augen haben ihre Sehschärfe keineswegs verloren, Bruder! Ich kann ein Stück Pergament von einer beschriebenen Pergamentrolle unterscheiden.« Abt Pirmin beugt sich vor und sieht den respektlosen Dohard mit kaltem Blick an. »Und selbst wenn es sich so verhalten würde, wie Ihr es darzustellen beliebt, Bruder Dohard, ist Eure eigenmächtige Handlung ein Verstoß gegen den Ordensgehorsam. Ohne Erlaubnis könnt Ihr keinen derartigen Auftrag erteilen. Das wißt Ihr ganz genau. Gerade über dieses Kapitel haben wir erst gestern in der Unterweisung der jungen Mönche gesprochen. Zudem laßt Ihr es an der schuldigen Ehrfurcht gegenüber einem alten Mitbruder fehlen, der zugleich Euer Vorgesetzter ist. Das sind beides ernste Vergehen, für die Ihr Euch im Kapitel verantworten werdet. Nach diesem Vorkommnis möchte ich Euch nicht mehr in der Schreibstube sehen. Ab sofort werdet Ihr dem Bruder am Rebhang beim Setzen der Pflanzen helfen! Dort könnt Ihr Euch recht nützlich machen. Wir erwarten bereits morgen eine größere Sendung Reben aus dem Thurgau.« Der Bestrafte murmelte einen undeutlichen Dank zwischen seinen zusammengebissenen Zähnen. Mit geballten Fäusten geht er davon. »Er ist keineswegs zerknirscht, sondern nur wütend«, meint Tutilo, der ihm nachgesehen hat. »Ja, er ist erbost«, bestätigt Pirmin, »vielleicht vor allem deshalb, weil ihm die Schreibstube verschlossen bleibt und er somit weitab vom Geschehen ist.« »Die Versetzung an den Rebhang wird seine Spionagetätigkeit für Konstanz erheblich erschweren«, setzt Bruder Arnulf grimmig hinzu. »Glaubt mir, Vater Abt, er hat dem Fischer ein Schreiben mitgegeben. Einer unserer Leute erkannte in dem fremden Fischer einen Mann aus Konstanz.« »Gebt Bruder Trutwin oben am Rebhang die Anweisung, daß er Dohard gut im Auge behalten soll!«

Bruder Trutwin nimmt die Rebpflänzchen, eins nach dem andern, mit einer fast zärtlichen Gebärde in die Hand, ehe er es in das vorbereitete Erdreich setzt und vorsichtig die Erde andrückt. »Seht Ihr, so müßt Ihr das machen, Bruder Dohard! Jedes Pflänzchen ist ein Lebewesen, das mit Ehrfurcht und Liebe behandelt werden muß.« Mit geringschätzig geschürztem Mund hört sich Dohard die Anweisungen des Weingärtners an. Was interessieren ihn diese lächerlichen, unscheinbaren Pflänzchen! Er, der gelehrte, rechtskundige Mann, soll sich fortgesetzt bücken und in der Erde wühlen? Vor allem ist er wütend, weil ihm die Informationsquelle verschlossen ist, die er in der Schreibstube durch den redseligen Bruder Digmundus besessen hat. Was wird Audoin von ihm denken, wenn die Berichte von der Augia mit einem Male aufhören? Wütend stopft er die Reben achtlos in die Erde. »Aber doch nicht so, nicht so hart und fest, Bruder! Das verträgt kein zartes Pflänzchen«, mahnt Bruder Trutwin geduldig. Vorübergehend nimmt sich Dohard zusammen, aber bald ist er wieder achtlos, weil er in seinen unangenehmen Gedanken verstrickt ist. Soll er sich einfach so ungeschickt anstellen, daß Trutwin ihn als unbrauchbar fortschickt? Aber wer weiß, wo man ihn dann hinstecken wird! Schließlich gibt es auch Vieh auf der Augia, dessen Ställe ausgemistet werden müssen. Stallarbeit, Küchendienst, Hilfsarbeit in der Schneiderei oder beim Fischfang, beim Räuchern, beim Schlachten, all das sind furchtbare Möglichkeiten, von denen dieser Pirmin sich nach Belieben eine für ihn aussuchen kann. Daß der Abt so hart durchgreifen würde, wie er es getan hat, wäre ihm nie in den Sinn gekommen. Seine geschickten Dienste als Schreiber und als Kenner der lateinischen Sprache haben ihn zu selbstsicher gemacht. Wie hat er immer die Tölpel unter seinen Brüdern verachtet, die kaum die Gänsefeder zu führen wissen und mit der lateinischen Sprache sogar bei den täglichen Horen auf Kriegsfuß stehen! Nach dieser Überlegung reißt er sich zusammen, arbeitet langsamer und richtet sich nach Trutwins Anweisungen. Bruder Trutwin ist mit seinem neuen Gehilfen einigermaßen zufrieden. »Aber das rechte Gespür, das Herz für die Pflänzchen, geht ihm völlig ab, Vater«, klagt er am Abend dem Abt. »Das glaube ich Euch ohne weiteres Bruder. Ich frage mich überhaupt, wofür dieser Dohard ein Herz hat.« Dieser Äußerung des Abtbischofs fügt der greise Arnulf hinzu: »Für sich selbst.« »So kenne ich Euch gar nicht, Bruder Arnulf«, wundert sich Pirmin. »Sonst seid Ihr immer überaus mild und vorsichtig in Eurem Urteil.« »Es ist nur die Wahrheit, Vater Abt. Glaubt mir, ich habe in meinem langen Leben selten einen Menschen getroffen, der so berechnend ist und dabei in seiner zeitweise freundlichen und beredten Art andere überzeugen und beeinflussen kann. Bei den Brüdern verändert er in seinen Aussagen die Dinge so lange und so geschickt, bis alles zu seinen Gunsten aussieht. Darum bedauern ihn sogar einige Mönche wegen seiner Versetzung an den Rebhang.« »Da kommt er ja gerade.« Abt Pirmin geht auf Dohard zu. »Nun, Bruder, wie ist es Euch am Rebhang ergangen?« Dohard schaut lächelnd zu ihm auf, als wäre der Abt sein bester Freund. »Anfangs war ich zwar etwas ungeschickt, Vater Abt, weil ich eine solche Arbeit nicht kenne. Aber nachdem Bruder Trutwin mich voller Güte und Geduld angeleitet hat, begann mir die Sache Spaß zu machen. Außerdem dürfte die Tätigkeit an der frischen Luft recht gesund sein.« Dieses Mal spielt Pirmin das Spiel des Dohard mit, indem er so tut, als sei er davon überzeugt, daß der Novize ihm die Wahrheit gesagt habe. Er zeigt sich sichtlich erleichtert. »Das ist ja ausgezeichnet, lieber Bruder. Wie freue ich mich darüber! Ich hatte bereits erwogen, Euch in die Schreibstube zurückzuholen, aber das ist nach Eurer Schilderung nicht mehr vonnöten.« Nach diesen Worten geht Pirmin davon. Er sieht den Blick reinen Hasses nicht mehr, mit dem Dohard ihm nachschaut. Der junge Mann möchte sich am liebsten ohrfeigen wegen seiner Dummheit. Warum hat er nicht über die Arbeit am Rebhang gestöhnt? So hat er selbst die Gelegenheit vereitelt, in die Schreibstube zurückzukommen. Er hat nun große Schwierigkeiten, um überhaupt an irgendwelche Informationen zu kommen. Abends sind die Mönche nach der Arbeit des Tages rechtschaffen müde und reden in der Rekration nur über Nebensächlichkeiten. Was interessiert es ihn, ob die Saat gut aufgegangen ist, wie viele Fische gefangen wurden, und ob man statt des Fladenbrotes einen Brotlaib backen soll? Nein, Wesentliches erfährt Dohard nicht. Er hört nur, und das mit Mißbehagen, daß am nächsten Tag aus dem Thurgau eine größere Menge neuer Rebpflänzchen eintreffen wird. Frau Gerhildis hat sie besorgt. »Die würde für Pirmin alles tun«, denkt er hämisch. Sein Gesicht entspannt sich nicht einmal im Schlaf. Es behält den berechnenden und mißgünstigsen Ausdruck bei. Verdrossen verrichtet er seine Arbeit am Rebhang. Er sieht gar nicht, welch klarer, milder Frühlingsmorgen See und Insel geschenkt worden ist. Sein Rücken schmerzt bald vom Bücken, und so ist ihm eine Unterbrechung sehr willkommen. Er richtet sich ächzend auf, als er eine Männerstimme rufen hört: »Bruder Trutwin, ich bringe Euch die neuen Rebpflänzchen von Frau Gerhildis!« Sprecher ist ein bärtiger Mann im Bauernkittel. Er trägt behutsam einen Leinensack herbei. »Wie schön, daß Ihr schon kommt, Herr Bertram! Wir sind gerade mit den anderen fertig geworden! Vielen Dank! Nun haben wir wieder reichlich zu tun.« Behutsam öffnet Bruder Trutwin den Sack und holt die

Pflänzchen an die frische Luft. »Wunderbar!« stellt er dabei begeistert fest. Dohard kann an den Pflänzchen nichts Wunderbares entdecken. Er fragt sich vielmehr, warum Trutwin diesen bärtigen Mann im Bauernkittel mit ›Herr‹ angeredet hat. Irgendwie kommt ihm der Mann bekannt vor. Wo hat er ihn nur schon einmal gesehen? Während er vergeblich darüber nachsinnt, bietet Bruder Trutwin dem Mann einen Becher Milch an. »Wein von der Augia kann ich leider noch nicht anbieten«, scherzt er dabei. »Das wird gewiß eine ganze Weile dauern, bis es so weit ist«, gibt der Mann lachend zurück. Er trinkt dem Weingärtner zu. Dohard sieht den Blick, die Augen des Mannes über dem Becherrand. Mit einem Male weiß er, wen er da vor sich hat. Das ist Bertram, der geächtete Edelfreie! Bei einem Mahl am Hofe des Herzogs Lantfried hat er ihm gegenübergesessen. Damals hat der edle Herr seiner schönen Tochter Siglinde zugetrunken, die er dem Herzog nicht überlassen wollte. Damals hat die ganze Geschichte begonnen, denn an diesem Abend hat der Herzog das Mädchen für sich beansprucht, obwohl seine Gattin noch lebte. Bertram hat sie ihm verweigert. Das zog in der Folgezeit Acht und Bann für Bertram nach sich. Die Familie ist geflohen. Nun findet er diesen Bertram auf der Augia wieder. Ob seine Familie auf dem Festland im Thurgau lebt? Dann wäre sie unter dem Schutz der Gräfin Gerhildis und dem Zugriff des Herzogs entzogen. Mit einem Mal fiebert Dohard förmlich vor Jagdeifer. Das muß er herausfinden! Hier bietet sich ihm eine Gelegenheit, sich vor Audoin und Lantfried auszuzeichnen und sich gleichzeitig an dem verhaßten Abt Pirmin zu rächen. Was aus Bertram und seiner Familie wird, ist ihm völlig gleichgültig. Nun kommt es darauf an, daß es gelingt. Bertram darf ihn nicht erkennen. Mit geheucheltem Eifer wendet er sich seinen Pflänzchen zu. Bis zum Abend hat Trutwin nicht über ihn zu klagen. Der Weingärtner kann nicht ahnen, daß Dohard sich fortgesetzt mit dem Mann beschäftigt, der die Pflänzchen gebracht hat.

Niemand bemerkt, daß Dohard sich in der nächsten mondhellen Nacht heimlich auf den Weg macht, um herauszufinden, ob die Familie des Geächteten irgendwo auf der Insel lebt. Er fragt keinen Mitbruder, weil er sich nicht verdächtig machen will. Dadurch könnte die gesuchte Familie gewarnt werden. In der ersten Nacht geht er in Richtung Konstanz über die Insel. Außer einer Fischerfamilie aus Allensbach, die sich mit Erlaubnis des Abtes auf der Insel angesiedelt hat, trifft er niemanden an. Auch in der entgegengesetzten Richtung stößt er auf keine Siedlung. Er will seine Suche schon aufgeben, als er betroffen innehält und sich einen Esel schilt. Dieser Bertram ist im Auftrag der Frau Gerhildis gekommen. Warum hat er da nicht gleich an die Westseite der Insel gedacht?

In der nächsten mondhellen Nacht nimmt er sich einen Kahn und umrundet damit das Inselchen, das sich an die Augia anschließt. Er erreicht das Westufer. Zufrieden entdeckt er einen einfachen Anlegesteg und einen schmalen Trampelpfad, der ins Innere der Insel führt. Vorsichtig schleicht er voran und erspäht eine Hütte. Er stockt, als wütendes Hundegebell ertönt. »Was ist denn los, Schnell?« fragt eine verschlafene, aber für ihn unverkennbare Männerstimme, die Stimme des Herrn Bertram. Das Triumphgefühl des Dohard verflüchtigt sich rasch, als ein großer Hund durch das Gebüsch bricht. Gehetzt flieht er davon, doch er kann nicht verhindern, daß das Tier ihm ein Stück aus der Kutte reißt. Mit letzter Kraft erreicht er den Kahn und stößt hastig vom Ufer ab. Der enttäuschte Hund bellt wütend, aber ehe sein Herr neben ihm steht und Ausschau nach dem Störenfried hält, versperren Weiden den Blick auf den Kahn. »Hast du wieder ein Tier verbellt?« fragt Bertram den Hund. Leider kann das Tier nicht sprechen, und das Stück Stoff aus der Kutte liegt im Gebüsch. Am nächsten Tag wartet Bruder Trutwin vergeblich auf seinen Mitarbeiter Dohard. Sein Fehlen ist diesem oder jenem Mönch bereits bei der Laudes aufgefallen, aber niemand hat sich etwas Besonderes dabei gedacht. Manches Mal ist einer der Brüder mit einem Sonderauftrag des Abtes unterwegs, und dann geziemt es sich nicht, neugierige Fragen zu stellen. Bruder Trutwin ärgert sich zwar über Dohards Fernbleiben, aber er hat keine Zeit darüber nachzudenken, denn er muß sich beeilen, die Rebpflänzchen der Frau Gerhildis in die Erde zu bekommen. So erkundigt er sich erst am Abend nach dem Verbleib des Bruders Dohard und fügt vorwurfsvoll hinzu: »Wenn Ihr ihn wieder in der Schreibstube nötig habt, Vater Abt, wäre ich für einen neuen Gehilfen sehr dankbar. Wir können es uns nicht erlauben, daß auch nur eines der kostbaren Pflänzchen verdorrt.« Erstaunt hat Abt Pirmin dem Bruder zugehört. »Aber ich habe Dohard keine andere Arbeit zugewiesen, Bruder Trutwin. Ist das wieder einmal eine seiner eigenmächtigen Handlungen? Jetzt ist das Maß voll! Bruder Gersmar, holt mir Dohard sofort hierher!« Nach einer Weile kommt der Bruder alleine zurück. »Vater Abt, Dohard ist nirgendwo zu finden. Seit gestern hat ihn keiner der Brüder gesehen. Sein Lager ist unberührt.« Die nächste Hiobsbotschaft lautet: »Einer unserer Kähne fehlt.« »Offensichtlich ist dieser Bursche geflohen, Vater Abt«, stellt Bruder Arnulf sachlich fest. »Wohin ihn sein Weg geführt hat, das können wir uns denken. Er wäre nie ein guter Mönch geworden. Sollen wir uns nicht freuen, daß er selbst den Schritt getan hat, wenn auch auf häßliche Art und Weise?« »Nein, Bruder Arnulf«, erwidert Pirmin finster. »Darüber kann ich mich nicht freuen. Ich habe das Gefühl, daß nicht nur die Flucht dahintersteckt.«

Leider dauert es nicht lange, bis Abt Pirmins Ahnung eine dramatische Bestätigung erfährt. Die Mönche wollen sich gerade zu einer geistlichen Unterweisung in der Kirche versammeln, als zwei Frauen mit lautem Weinen und Wehklagen herbeieilen, die kränkliche Frau des Geächteten und seine Tochter. Ein furchtbarer Verdacht durchzuckt den Mönchbischof. Steht Dohards Verschwinden in Zusammenhang mit der Not dieser Frauen? Die Frau des Geächteten bricht zusammen. Seine Tochter Siglinde fällt vor dem Abt auf die Knie und klammert sich an seinem Gewand fest. »Sie ... sie haben meinen Vater und meinen Bruder geholt!« stößt sie hervor. »Wer war es?« fragt Pirmin knapp. Seine Finger graben sich unbewußt in die zuckenden Schultern der Frau. »Konstanzer Söldner haben uns überfallen. Sie haben meinen Vater und meinen Bruder gefesselt mitgeführt, nachdem sie unseren Hund Schnell erschlagen haben. Sie wollten auch uns ergreifen, aber durch die tapfere Gegenwehr meines Vaters und meines Bruders konnten wir in die Wälder entfliehen. Ehe sie gingen, steckten sie unsere Hütte in Brand und verwüsteten unseren Garten. Helft uns, Herr, helft uns!« Sie hält ihm mit zitternden Händen ein Stück Stoff, das aus einer Mönchkutte stammt, entgegen. Das Mädchen murmelt mit leichenblassem Gesicht: »Das habe ich im Gebüsch gefunden, Vater Abt.« »Stoff aus einer Kutte? Das ist Dohards Werk«, sagt Pirmin. Rufe der Empörung werden bei den Mönchen laut. »Bruder Arnulf, kümmert Euch um die Frauen! Wenn Frau Ronna wieder dazu in der Lage ist, bringt Ihr sie mit einigen Brüdern nach Ermatingen. Ihr bittet den Dorfältesten, sie nach der Brug von Frau Gerhildis zu geleiten. Dort sind sie in Sicherheit.« »Darf ich nicht in der Nähe meines Mannes und meines Sohnes bleiben«, flüstert Frau Ronna, die sich nach einem Kräutertrunk ein wenig erholt hat. »Das kann ich zwar verstehen, Frau Ronna, aber ich kann Euch leider hier keine Sicherheit bieten, nachdem der Gottesfriede der Augia so frech gestört worden ist. Mit Eurer Person und vor allem mit Eurer Tochter bekäme Audoin ein wichtiges Pfand in seine Hände. Ich verspreche Euch, daß ich alles tun werde, um Euren Mann und Euren Sohn auszulösen.« Schweren Herzens fügt sich Frau Ronna seinen Weisungen. Sie sieht ein, daß sie durch ein weiteres Verweilen auf der Insel die Lage ihres Mannes und ihres Sohnes nur verschlechtern könnte. Abt Pirmin geleitet die beiden Frauen und die Mönche bis an den Gnadensee und achtet darauf, daß die Ruderer sofort vom Ufer abstoßen.

»Aber wie wollt Ihr Herrn Bertram helfen, Vater Abt?« stellt Bruder Eddo laut die Frage, die sich alle Mönche im Herzen vorlegen. Ist das nicht unmöglich, einen, nein, zwei Menschen aus den Klauen des Laienbischofs zu befreien? Audoin hat Bewaffnete. Die Mönche haben keine Waffen. Oder doch? »Bringt mir die Hülle mit dem Hirtenstab!« ordnet Abt Pirmin an. Sorgsam verbirgt er die goldene Reliquienkapsel, die er nur bei liturgischen Feierlichkeiten trägt, unter seiner Kutte. Mit dem eingehüllten Bischofsstab in der Hand wendet er sich an seine Brüder: »Ich brauche zwölf Brüder, die gute Reiter sind und die den Mut haben, mit mir in die Höhle des Löwen zu gehen, in das Haus des Audoin. Wir setzen nach Allensbach über und reiten von dort nach Konstanz. Gebe Gott, daß Audoin die beiden noch nicht fortgeschafft hat!«

In der Stadt Konstanz bleiben die Menschen offenen Mundes auf den engen Straßen stehen, als die dreizehn Reiter an ihnen vorbeibrausen. Anführer ist ein großer, dunkler Mann, der einen verhüllten, länglichen Gegenstand in der Hand hält. Ist das ein Spieß? Sind das Mönche von der Augia, die Leute des Zauberers, von dem Wunderdinge in Konstanz berichtet werden? Geht es dem Audoin etwa an den Kragen? Das wäre zu schön! Manche laufen mit einem Gemisch aus Neugier und Erwartung hinter den Reitern her. Richtig, die Mönche halten vor dem Haus des Audoin an und steigen von ihren Pferden. Bereitwillig bieten sich Konstanzer Bürger an, die Tiere zu halten. Der Türhüter des Laienbischofs will die Mönche aufhalten. Abt Pirmin schiebt ihn kurzerhand zur Seite. Dann löst er die Hülle von seinem Bischofsstab und nestelt das kreuzförmige Reliquiar unter der Kutte hervor. »Kommt!« sagt er zu seinen Brüdern. Ein Ah des Staunens geht durch die Menge. Das ist ja selbst ein Bischof! Ohne einen Augenblick zu zögern, führt er seine Mönche in das Gemach Audoins. Seine angebliche Base, Frau Ingburga, ist bei ihm. Die beiden starren den Mönchen staunend und furchtsam entgegen. Endlich rafft sich die Frau auf und kommt mit geschmeidigen Schritten auf sie zu. »Wie reizend, daß Ihr uns einen offiziellen Gegenbesuch macht, Herr Bischof Pirmin, wenn auch völlig unerwartet. Setzt Euch, Ihr Herren! Ich werde gleich dafür Sorge tragen, daß man Euch bewirtet.« Entschieden weist Pirmin den Beschwichtigungsversuch der Frau zurück. »Spart Euch die höflichen Worte, Frau Ingburga! Wir haben ein ernstes Wort mit Herrn Audoin zu reden, und die Sache duldet keinen Aufschub.« In seiner ganzen Größe tritt er, den Bischofsstab in der Rechten, nahe an den Laienbischof heran, legt die Linke auf das kreuzförmige Reliquiar auf seiner Brust und sagt: »Im Namen unseres Herrn Jesus Christus erhebe ich in aller Form Einspruch dagegen, daß Ihr durch Eure Männer den Gottesfrieden auf unserer Klosterinsel gebrochen habt durch den feigen Überfall auf Herrn Bertram und seine Familie! Ich habe ihm auf der Augia ausdrücklich Asyl gewährt.« Unter dem drohenden Blick des über ihn Gebeugten kriecht Audoin in sich zusammen, wie eine Schildkröte, die bei Gefahr den Kopf einzieht. Dann bietet er sein bißchen Mut auf und zischelt durch seine Zahnlücke: »Wißt Ihr auch, daß es der Herzog selbst war, der Euren edlen Herrn Bertram für vogelfrei erklärt hat?« Ob er annimmt, er könne Pirmin damit einschüchtern? Der Abt lächelt verächtlich und zugleich bitter. »Das weiß ich, Herr Audoin. Ich weiß aber auch, daß Herr Bertram im Recht war, als er die Ehre seiner Tochter verteidigt hat.« Jetzt lacht auch Audoin, aber es ist ein häßliches und unsauberes Lachen. »Pah, als ob die Dirn nicht allzu gern dem Herzog gefügig gewesen wäre! Laßt Euch doch nicht für dumm verkaufen!« Pirmin tritt noch dichter an ihn heran, seine Linke umklammert förmlich das Reliquiar. Mit gefährlicher Ruhe stellt er fest: »Eine Frau, die etwas auf sich hält, achtet Gottes Gebot und schützt ihre Ehre.« Da wird die Base rot und blaß und starrt den Mönch haßerfüllt an. »Ach, was Ihr nicht sagt? Und woher wollt Ihr, ein Mönch, eine solche Erfahrung haben?« geifert Audoin. Da gibt Pirmin seinen Stab dem ihm zunächst stehenden Begleiter, greift mit der Rechten nach dem Gewand des Audoin und zieht ihn hoch, bis er Auge und Auge mit ihm ist. »Eine solche Äußerung sollte nicht ungestraft bleiben! Genügt es Euch, daß ich die Ehre meiner geliebten Mutter verteidige, wenn ich die Ehre aller guten Frauen und Mädchen in Schutz nehme? Herr Audoin, nachdem Ihr Frevel auf kirchlichem Gebiet verübt und die Ehre reiner Frauen und Mädchen mit Euren gemeinen Reden beschmutzt habt, fordere ich Wiedergutmachung! Gebt sofort die beiden Männer frei!« Audoin zappelt mit hochrotem Gesicht unter dem festen Griff des Bischofs. »Was ... was habt Ihr mir gegenüber für eine Macht?« winselt er feige und drohend zugleich. »Ich habe Bewaffnete.« »Und ich habe viele Getreue und das Recht auf meiner Seite. Zudem wäre ich gezwungen, den Majordomus anzurufen, weil Ihr sein Wort, seinen Schutzbrief mißachtet habt. Ihr wißt, wie zornmütig der

Majordomus ist und wie rasch im Handeln. Sind wir bis zum Abend nicht mit unseren beiden Freunden wohlbehalten in Allensbach eingetroffen, brechen von dort Eilkuriere auf; sie werden die nächste fränkische Garnison alarmieren und weiter zu Karl Martell reiten. Was wird Herzog Lantfried wichtiger sein, eine Rache an einem Unschuldigen oder ein Krieg mit den Franken? Was würden Eure Konstanzer wohl zu einer fränkischen Strafexpedition sagen?« Plötzlich läßt er den Laienbischof los. Audoin plumpst unbeholfen wie ein Mehlsack auf seinen Sessel. »Gib die beiden frei!« fordert die Base kreischend. »Du kannst es dir nicht leisten, die Gunst des Herzogs zu verscherzen, wenn Karl ihn deshalb angreift! Dieser Dohard hat dir einen schlechten Dienst erwiesen. Ich habe dich vorher davor gewarnt, das Asylrecht zu verletzten.« Audoin gibt ohne weiteren Widerspruch auf. Er läutet nach einem Diener und erteilt Anweisung, die Gefangenen freizulassen. Ein Söldner bringt die beiden Männer. Ihre Kleidung ist schmutzig, und ihre Gesichter tragen Spuren von Mißhandlungen. Sie reiben sich die Handgelenke, an denen rote Striemen von zu engen Fesseln zeugen. »Gott sei Dank, Vater Abt!« ruft Bertram aus. »Ich dachte, mein letztes Stündlein hätte geschlagen, als sie uns überfielen. Wie geht es meiner Frau und meiner Tochter?« »Beruhigt Euch, Herr Bertram«, erwidert er freundlich. »Die beiden Frauen sind in Sicherheit. Herr Audoin bedauert das Unrecht, das er Euch zugefügt hat. Er stellt Euch darum zwei ausgezeichnete Pferde zur Verfügung. Wir müssen uns beeilen, um bis zum Anbruch der Dämmerung Allensbach zu erreichen! Sonst alarmieren Eilboten den nächsten fränkischen Stützpunkt und den Hausmeier Karl.« Ehe Abt Pirmin und seine Mönche mit den Befreiten das Haus verlassen, macht Audoin seinem haßerfüllten Herzen noch einmal Luft. »Wer weiß, wie Herzog Lantfried

diesen Vorgang beurteilen wird, Herr Pirmin! Vielleicht wird der Gottesfriede Eurer Insel demnächst empfindlicher gestört als jetzt.« Pirmin verbeugt sich. »Ich danke Euch für diesen Hinweis, Herr Audoin. Ich weiß Eure Offenheit zu schätzen.«
Auf dem Flur gibt es einen letzten Aufenthalt. Bruder Eddo hat Dohard, den Verräter entdeckt, der gerade aus einer der Türen tritt und beim Anblick der Mönche wie erstarrt stehen bleibt. Der Mönch möchte ihn ergreifen, aber Pirmin untersagt es ihm: »Überlaßt ihn sich selbst und seinem Gewissen. Irgendwie wird Gott ihn erreichen. Er duldet nicht, daß Heiliges mißbraucht wird.«

Am folgenden Tag begleitet der Abt mit Bruder Eddo die beiden Befreiten zu Frau Gerhildis. Er verbringt in der Burg einige Tage als gern gesehener Gast. Der Edelfreie Bertram ist sehr glücklich, daß seine Lieben in Sicherheit sind. Frau Ronna hat den Überfall nicht recht überwunden. Sie bleibt kränklich und hinfällig, obwohl ihre Familie und Frau Gerhildis alles tun, was möglich ist, damit sie wieder zu Kräften kommt. Sie leidet geduldig und ohne zu klagen. »Wichtig ist nur, daß wir hier in Sicherheit sind«, wiederholt sie immer wieder, wenn man sie nach ihrem Befinden fragt. Hat sie sich schon so weit von sich selbst gelöst, daß sie nur noch an die Ihren denkt und nicht mehr an sich selbst?

Frau Gerhildis macht sich Sorge um das Schicksal des Inselklosters. Ihr Neffe, Bruder Eddo, hat ihr von den unverhüllten Drohungen des Laienbischofs von Konstanz erzählt. »Wäre es nicht besser, wenn Ihr Euer Kloster von der Augia weg auf das Festland verlegen würdet? Ihr könntet es in meinen Landen, etwa in der Gegend von Pfäfers, wieder aufbauen, Abt Pirmin. Ich würde diese Gründung mit allen nur erdenklichen Mitteln unterstützen.« Bruder Eddo sieht den Vater erwartungsvoll an. Wie wird Pirmin dieses ehrlich gemeinte, großzügige Angebot beantworten? Er läßt sich Zeit mit seiner Antwort. Dann sagt er ruhig: »Ich möchte Euch für Euer großzügiges Angebot danken, Frau Gerhildis! Von der Augia aus läßt sich später wahrscheinlich einmal eine Gründung in Pfäfers vornehmen, aber jetzt muß ich meinem Auftrag treu bleiben, der mir für das Kloster auf der Insel gegeben wurde. Ich werde gehen, wenn man mich dort nicht mehr brauchen kann.« Spontan ruft Bruder Eddo aus: »Das wird nie und nimmer geschehen, Vater Abt!« Pirmins Schweigen ist Antwort genug. Er fürchtet sich nicht vor dem Kommenden, aber er ahnt, daß Audoin und im Hintergrund Herzog Lantfried nach dem Vorfall mit Herrn Bertram keine Ruhe geben werden, bis er die Augia verlassen hat. »Wenn nur das Kloster, die Abtei, erhalten bleibt«, denkt er und spürt zugleich ein geheimes Sehnen nach der Stille am Mindelsee. Es wäre eine Flucht, wenn er das Leben eines Einsiedlers wählen würde, und er darf sich dem Willen des Herrn nicht entziehen. »Aber Du gönnst mir ab und zu ein Aufatmen in der Stille, Herr«, betet er und lächelt dabei.

Abt Pirmin und Bruder Eddo wollen die Rückreise antreten, als ein seltsamer Gast in der Burg der Gräfin Gerhildis eintrifft, Dohard, der falsche Mönch und der Vertraute des Audoin. Zunächst bittet er um eine Unterredung mit der Burgherrin. Mit einschmeichelnden und drohenden Reden versucht er, ihr die Zusage zu entlocken, daß sie Herrn Bertram und seiner Familie nicht länger Asyl gewährt. Empört weist die edle Frau dieses Ansinnen zurück. »Was habt Ihr für Ehrbegriffe, Herr Dohard?« fragt sie entrüstet. »Ihr spieltet den Mönch und standet in Wirklichkeit im Dienst des Herrn Audoin.« Dohard gibt sich gekränkt. »Ich spielte den Mönch, so sagt Ihr. Ist das nicht zu hart geurteilt, Herrin? Vielleicht habe ich mich eine Weile wirklich mit dem Gedanken getragen, Mönch zu werden ...« Sie schüttelt den Kopf und weicht angewidert einige Schritte zurück. »Ein Mönch steht nur in *einem* Dienst, im Dienst Jesu Christi. Ich bin keine Ordensperson, doch ich weiß, daß Euch wesentliche Voraussetzungen für das Mönchsein fehlen: Glaubenstiefe, Wahrhaftigkeit und Demut. Ihr seid stolz und ehrgeizig, Herr Dohard!« Mit einem Mal läßt Dohard seine freundliche Maske fallen. »Ihr wißt recht gut über mich Bescheid, Frau Gerhildis. Hat Euch Euer Freund, der hergelaufene Bischof Pirmin, über mich berichtet?« Sie sieht ihn an, ohne zu antworten. Ihr edles Angesicht ist blaß, aber ihre Augen halten unverwandt seinem Blick stand. Dann sagt sie ganz ruhig und leise: »Eure Worte sind zu häßlich, um aus dem Munde eines Edelmannes zu kommen. Wiederholt sie bitte vor Abt Pirmin!« Als Abt Pirmin das Gemach betritt, wechselt Dohard die Farbe. Er ist zu feige, um seine Worte zu wiederholen, aber er will auf andere Weise verletzen. »Gut, ich tauge also nicht zum Mönch, weil ich nicht dienen kann und nicht dienen mag. Seid Ihr denn ein Diener, Herr Pirmin? Spielt Ihr nicht auf dieser kleinen Insel mit ihren erbärmlichen Bauten aus Holz und Fachwerk den Herrn und Herrscher? Fühlt Ihr euch nicht im Grunde genommen hoch erhaben über Eure Brüder?« Bruder Eddo will wütend dazwischenfahren und den Schwätzer und Verleumder angreifen. »Laßt ihn reden, Bruder. Er muß sein Gift loswerden.« »Meint Ihr, Herr Pirmin, ich wüßte nicht, daß Ihr mit Eurer unbeholfenen Schrift und in Eurem holperigen Latein ein Predigtbüchlein verfaßt? So verbringt Ihr Stunde um Stunde, während Ihr Eure Brüder schwer arbeiten laßt.« Pirmin betrachtet seine schwieligen Hände und winkt ab. »Spart Euch Euer Geschwätz, Herr Dohard! Ihr könnt mich nicht kränken.« »Wie schade!« ruft der Verräter zornig. »Ihr haltet Euch wohl für einen Felsen in der Flut? Wer weiß, wie bald der Boden unter Euren Füßen wanken wird, auch wenn Ihr ein

Günstling des Hausmeiers Karl Martell und der edlen Gräfin Gerhildis seid.« Dieses Mal hat Pirmin kaum die Kraft, sich nicht an dem boshaften Menschen zu vergreifen. Er verwehrt es Bruder Eddo nicht, als er den Geifernden mit festem Griff an den Schultern faßt und ihn im Geschwindschritt aus der Burg schafft. »Verzeiht, daß ich dazu beigetragen habe, daß Ihr solches mitanhören mußtet, Frau Gerhildis!« bittet Pirmin sie mit rauher Stimme. Sie sieht ihn offen an. »Was in Gott gegründet ist, wie unsere Freundschaft, Vater Abt, das braucht das Gerede der Menschen nicht zu scheuen.«

X. REBEN UND TRAUBEN

Dem Kloster auf der Augia ist eine ruhige Zeit des Aufbaus gegönnt. Immer neue Bauten entstehen, und die Kirche zeigt langsam die Umrisse ihres zukünftigen Aussehens. An die Stelle des Holzbaues wird eine einschiffige Basilika aus Sandstein treten. Pirmin wacht sorgfältig darüber, daß die Ost-West-Richtung erhalten bleibt. Für das Fenster über dem Altar läßt er das noch so seltene und kostbare Glas aus rheinischen Glashütten kommen. Dort haben die Römer den Menschen die Kunst der Glasherstellung hinterlassen. Vasen, Kelche und Schmuckstücke geben Zeugnis davon. Flachglas für Kirchenfenster wird selten hergestellt und darum als große Kostbarkeit gehandelt, wenn auch die Farbgebung sich nur auf Grün und Gelb oder einen Mischton von beiden Farben beschränkt. »Für das Haus des Herrn darf uns nichts zu teuer sein«, meint Abt Pirmin, als einige Mönche über die beträchtliche Summe und die hohen Transportkosten stöhnen, die für das rheinische Glas aufgebracht werden müssen. Als die Kirche vollendet ist und zum ersten Mal die Morgensonne durch die grüngelben Fenster neben dem Altar mit seinen schlichten Knotenmustern scheint, murrt niemand darüber, daß ihr Bischof für die Einsetzung der Fenster sogar rheinische Glaskünstler kommen ließ. Einer der Männer aus dem Rheinland, ein lebhafter, vielseitig begabter Romane namens Luigi, bleibt auf der Augia, als die andern wieder abziehen. Neben dem Umgang mit Glas beherrscht er die Kunst der Elfenbein-

schnitzerei. Die Mönche bewundern die zarten Kunstwerke, die aus der Werkstatt hervorgehen, die Abt Pirmin ihm eingerichtet hat.
Bruder Arnulf weiß, daß sich der Jahrestag der Bischofsweihe des Abtes zum zehnten Male jährt, wenn der Herbst wieder seinen Einzug auf der Insel hält. Nach Beratung mit den Mönchen bittet er den Künstler eine neue Krümme für Pirmins Bischofsstab zu schnitzen. »An welche Symbole habt Ihr dabei gedacht?« fragt ihn der kleine Mann mit lebhaft glänzenden Augen. »Meister Luigi, ich kann nicht beurteilen, was möglich ist. Könnte Christus, der ganz im Mittelpunkt des Lebens unseres verehrten Abtbischofs steht, dort sichtbar werden, vielleicht mit einer Weinrebe und Trauben als Zeichen des Werks auf unserer Augia, das mehr und mehr Frucht zu tragen beginnt?« Bruder Eddo fügt eifrig hinzu: »Meister, könntet Ihr auch irgendwie Wasser andeuten, Wasser des Lebens, Gnadensee?« Meister Luigi lächelt den beiden Mönchen zu. »Ihr habt gerade keine kleinen Ansprüche an mein Können gestellt, aber ich will versuchen, was ich machen kann.« Er begibt sich fröhlich ans Werk und nimmt sich vor, für den Abtbischof zudem eine kleine Marienstatue zu schnitzen und sie ihm dafür zu schenken, daß er auf der Augia bleiben darf. Luigi lebt als freier Handwerker auf der Insel. Er hat nicht vor, sich in die Gemeinschaft der Mönche einzureihen. »Wir wollen überhaupt mehr Männer zum Siedeln auf der Augia ermutigen, Männer mit Familien«, meint der Abt. »Auf die Dauer können unsere Mönche nicht all das verrichten, was unsere wachsende Gemeinschaft an Arbeit und Einsatz verlangt. Unsere Insel bietet genügend Raum. Durch weitere Rodung kann viel Ackerland gewonnen werden. Aber wir wollen auf keinen Fall die schönen Wälder ganz beseitigen.« In der nächsten Kapitelsitzung trägt er diese Überlegung den Mönchen vor. Er hat

noch ein weiteres Anliegen, das er ihnen besonders ans Herz legen will. »Was haltet Ihr davon, wenn wir eine Klosterschule gründen und begabte Jungen als Scholaren aufnehmen? Ich denke dabei nicht nur an Söhne aus dem Adel, sondern an alle jungen Menschen, deren Begabung eine Förderung verdient. Wer von ihnen nicht Mönch werden will, der ist später auf seine Weise ein Bote Christi in seiner Familie und in seinem Beruf.« Begeistert stimmen die Mitbrüder diesem Plan zu. Baumeister Bruder Haimo wird damit beauftragt, für die zukünftige Klosterschule einen Bauplan zu entwerfen, der einen Lehr- und Eßraum und einen Schlafsaal umfaßt. Der Bruder dankt für den Auftrag und bittet zugleich um das Wort. »Ja, Bruder Haimo, was ist Euer Anliegen?« fragt der Abt freundlich. »Vater Abt, ich wage ein Thema wieder anzuschneiden, das Ihr vor längerer Zeit zurückgewiesen habt. Ich habe mit einigen Brüdern darüber gesprochen, ob es nicht doch sinnvoll wäre, unser Kloster wie eine Stadt durch Mauern zu schützen. Der See bildet zwar ein natürliches Hindernis für einen Angreifer, aber wäre es dennoch nicht besser, wenn wir uns durch eine Mauer vor Überraschungsangriffen schützen würden? Wir dachten dabei an die kriegerischen Auseinandersetzungen, die Hausmeier Karl beinahe jedes Jahr mit den Alemannen hat.« Während seiner Worte hat sich das Antlitz des Mönchbischofs verfinstert. Er schaut in die Runde. Einige Mönche nicken zustimmend. Sie wollen mehr Sicherheit für die junge Gründung. Er überlegt. Dann erwidert er: »Liebe Brüder, ich kann sehr gut verstehen, daß Ihr in Frieden Eurem Tagewerk, dem Gotteslob durch Gebet und Arbeit, nachgehen wollt. Das möchte ich auch. Dennoch bin ich dagegen, daß wir uns mit Mauern umgeben. Sie würden nur im Augenblick Schutz geben, wären aber keinesfalls unüberwindlich, da wir keine Soldaten haben, um sie zu verteidigen.

Außerdem würden sie uns von unseren Brüdern und Schwestern trennen, die jenseits des Sees zu uns gehören und nicht von Mauern geschützt sind. Der gewichtigste Grund für mich ist aber der, ich habe es schon einmal in ähnlicher Weise zu Euch gesagt, daß der Mönch, der wirklich alles verlassen hat, sich ohne Vorbehalt dem einen und einzigen Schutz anvertrauen soll, der ihm zuteil wird: unserem Herrn Jesus Christus. Das Vertrauen auf Ihn und unsere Liebe zu Ihm sind unser Schutz. Geben wir unsere Abtei in Seine gütigen Hände! Wenn er will, daß unser Werk Fortbestand hat, so wird Er dafür Sorge tragen. Von Herzen bitte ich darum, meine lieben Brüder, sprecht Euer Gelöbnis täglich und übergebt Euch immer wieder aufs neue dem Herrn, gerade dann, wenn menschlich natürliche Ängste in Euch aufsteigen! Wie das Wasser in unserem Brunnen auch dann fließt, wenn der Gnadensee im Winter zu Eis erstarrt ist, wird Gottes Gnade für die Augia strömen, wenn wir uns dem Herrn nicht verweigern. Wir Mönche dürfen keine Mauern um uns bauen, nein, wir müssen unsere Tore und unsere Herzen weit, weit auftun für unseren guten Gott und für Seine Brüder, die Menschen. Darum bitte ich Euch heute mit allem Ernst: gehet hinaus und bringet den Menschen rings um den See die Frohe Botschaft! Ihr sollt nicht mit Feuer und Schwert, nicht mit Drohungen und Bildern ewiger Verdammnis zu ihnen kommen, sondern Ihr sollt denen, die in Finsternis und Todesschatten sitzen, das Licht, den Gott der Liebe, Güte und Barmherzigkeit nahebringen. Sie leben in innerer Armut und in sklavischer Furcht vor der Rache und Launenhaftigkeit ihrer Götter, und sie versuchen, ihre Gunst durch allerlei Gaben und Opfer zu erringen. Zeigt Ihr ihnen, daß da wirklich Einer ist, der sie liebt, so wie sie sind, und zu dem sie ohne Furcht auch ihr Versagen bringen dürfen!«

Nach der Kapitelsitzung bleiben Bruder Egno, der immer noch als Leutpriester in Allensbach tätig ist und auch Kaltbrunn betreut, Bruder Arnulf und Bruder Eddo, bei Abt Pirmin. »Besäßen wir nur alle Euren Glauben und Euer Vertrauen, Vater!« seufzt er. »In den Gesichtern einiger Brüder sah ich Skepsis und Unwillen, als Ihr wiederum, wie gleich zu Beginn, den Bau einer Mauer verweigert habt.« »Glaube ist kein persönliches Verdienst, sondern ein Geschenk«, wehrt der Abt ab und greift nach einem Pergament. »Bruder Wolfhard hat von einigen Stellen meines Büchlein, das nicht fertig werden will, bereits eine Abschrift für Euch angefertigt, Bruder Egno. Nehmt sie mit für Eure Arbeit drüben. Sucht Euch unter den Brüdern drei oder vier aus, die Ihr dafür geeignet haltet, in den umliegenden Dörfern und Weilern zu missionieren! So lange Ihr mir nicht die auf der Augia notwendigen Inhaber wichtiger Ämter entführen wollt, habt Ihr freie Hand bei der Auswahl.« »Ich danke Euch, Vater Abt! Ihr seid sehr großzügig und schenkt mir viel Vertrauen. Darf ich aber auch eine Bitte äußern? Würdet Ihr von Zeit zu Zeit zu uns kommen und unsere Arbeit durch eine Eurer mitreißenden Predigten unterstützen?« »Ich komme gerne, zumal ich Bruder Arnulf und Bruder Eddo unser Kloster getrost übergeben kann. Ihr verübelt mir dann aber nicht, wenn ich die Gelegenheit benutze, um den Einsiedler am Mindelsee aufzusuchen, nicht wahr?«
Bereits im Frühherbst nimmt die bescheidene Klosterschule ihre Lehrtätigkeit auf. Die ersten Scholaren, drei Adelige und fünf Söhne einfacher Leute, ziehen in die Schule ein, betreut von ihrem neuen Magister Radolf, einem klugen Gelehrten aus Aachen, und seinem Gehilfen, dem immer vergnügten Laienbruder Pedro aus Spanien. Nach kurzer Zeit sind den Mönchen die kleinen, meist recht vergnügten Jungen in ihren kuttenähnlichen Gewändern auf der Insel, an den Ufern, in

den Gärten und in der Kirche ein vertrauter Anblick. Das fröhliche Gelächter und die jungen Stimmen zaubern nicht selten auch ein Lächeln auf ein altes, runzeliges Gesicht. Die Scholaren bewundern den Abtbischof und sie ehren in ihm den Vater der Mönche. Ein ärgerliches Stirnrunzeln von ihm nach einem ihrer Streiche dünkt sie furchtbarer, als die geharnischte lateinische Bußrede, die ihnen ihr Magister hält. Der Abt läßt es sich nicht nehmen, die Scholaren selbst in das religiöse Leben einzuführen und sie in Glaubensfragen zu unterweisen. Am Anfang ist er betroffen darüber, wie wenig religiöses Wissen bei ihnen vorhanden ist, obwohl sie aus christlichen Familien kommen. Darin unterscheiden sich die Söhne des Adels nicht von den Jungen, die von einfacher Herkunft sind. Sorgfältig beginnt er, den Boden für den Samen des Gotteswortes zu bereiten. Zuerst muß er roden, er muß manche halbheidnische Vorstellung, manchen Aberglauben und manches Mißverstandene entfernen. Dann zieht er die Furchen, ruhig und tief. Mit den Scholaren hält er in schlichter Form Betrachtungen über die Größe und Güte Gottes ab. Einer der aufmerksamsten Scholaren ist Thietmar, der jüngste Sohn der Frau Gerhildis. Er kam als letzter und brachte traurige Kunde aus der Burg im Thurgau mit. Frau Ronna, die Gattin des Edelfreien Bertram, hat den Schrecken des Überfalls nie verwinden können. Nun ist sie heimgegangen. Abt Pirmin feiert für die Verstorbene das heilige Opfer und empfiehlt sie in das Gebet seiner Brüder.

An einem goldenen Herbsttag nimmt der Abt die Scholaren mit auf die höchste Erhebung der Insel. Er macht sie auf die Schönheit des Landes, der Berge und des Sees im Sonnenglanz aufmerksam und weist sie auf das Gedeihen der Rebpflanzen am Rebhang hin. Oben auf dem Hügel zitiert er Stellen aus der Abschiedsrede Jesu beim Letzten Abendmahl und die

Gleichnisse von den Reben und Trauben. »Von dieser hohen Warte haben wir einen weiten Blick«, sagt er und weist auf das Land, das wie ein Garten zu ihren Füßen liegt, auf die schimmernden Wasser und die schneebedeckten Alpenberge. »Bemüht euch immer wieder, eure Herzen aus den Nöten des Alltags herauszureißen, sie emporzuheben und alles gleichsam von einer hohen Warte aus zu betrachten. Dann bewahrt ihr euch einen weiten Blick und ein freies Herz für Gott.« Beim Rückweg fragt der Scholar Thietmar: »Vater Abt, Ihr habt eben von einer hohen Warte gesprochen. Dürfen wir den Hügel mit dem Rebhang Hochwart nennen?« Pirmin erlaubt es freundlich und fährt mit der Rechten über den hellen Lockenkopf des Buben. Beim Kräutergarten bleiben sie stehen. »Seht nur, wie sorgfältig Bruder Gerlach die Kräuter angepflanzt hat! Kein Unkraut darf zwischen ihnen gedeihen. Aus Blättern, Blüten und manchmal sogar aus den Stengeln und Wurzeln der Kräuter bereitet er später Salben und Tees. Damit kann er manche Krankheit heilen oder zumindest die Schmerzen lindern.« Der Bruder schmunzelt über sein rundes Gesicht und blinzelt den Buben, auf seinen Spaten gestützt, freundlich zu. »Ihr habt etwas Wichtiges vergessen, Vater Abt! Wie wichtig sind manche der Kräuter für Bruder Venantius und seine Gehilfen. Wie fade und eintönig würde unser Essen schmecken, wenn wir es nicht mit Kräutern würzen könnten! Denkt an unsere guten Fische aus dem Gnadensee! Wie köstlich schmecken sie in würzigem Kräutersud ...« Dabei fährt sich Bruder Gerlach mit seiner erdigen Rechten genußvoll über sein rundes Bäuchlein und spitzt die Lippen, als verkoste er bereits den herzhaften Kräutersud. »Ihr habt recht, Bruder«, lacht Pirmin gutmütig, »aber manchmal dünkt mich Eure Wissenschaft recht weltlich.« Da verdreht Bruder Gerlach die Äuglein und legt sein wettergegerbtes Gesicht in würdige Falten. »Der Mensch besteht aus Leib und Seele, Vater Abt. Eine gewisse Zufriedenheit des Leibes dient nur der seelischen Wohlgeneigtheit, sich mit höheren Dingen zu beschäftigen.« Lachend verabschiedet sich Pirmin von dem klugen Kräutergärtner und wandert mit seiner jungen Schar dem Kloster zu. Dort wartet bereits der gestrenge Magister Radolf. Er will mit dem lateinischen Unterricht fortfahren. Nach dem schönen Spaziergang mit dem Abt ist das eine große Buße. Die Jungen seufzen verstohlen. Thietmar versucht den Magister von der langweiligen Grammatikübung abzulenken. »Erlaubet Ihr mir zuvor eine Frage, Magister Radolf?« bittet er bescheiden und artig. »Aber nur eine einzige, mein Sohn!« erklärt der Gestrenge. »Herr Abtbischof Pirmin nannte den Teil des Sees zwischen der Augia und Allensbach den Gnadensee. Dürften wir vielleicht von Euch erfahren, wie dieser Teil des großen Bodensees zu seinem Namen gekommen ist?« Bruder Radolf stutzt. Zuerst möchte er die Frage abwehren, weil sie nicht zum Lateinunterricht gehört. Dann überlegt er es sich anders und erzählt so langatmig und weitschweifig, wie es bei ihm stets der Fall ist. Die ganze Geschichte vom Diebstahl am Heiligen Abend, von der anschließenden Verurteilung des Diebes Frowin und von der Art und Weise, wie Abt Pirmin die Begnadigung vollzieht und Bruder Anselmo dem See seinen Namen gibt, all das führt er in aller Genauigkeit aus. Mit heißen Wangen lauschen die Buben, auch die beiden Allensbacher, denen die Geschichte längst vertraut ist. »Von diesem Tag an heißt der See Gnadensee!« schließt Magister Radolf. Da läutet die Klosterglocke zur Vesper. Bruder Radolf kraust seine hohe Denkerstirne. »Wie? Es ist schon Zeit? Ich glaube, ich habe mich verplaudert. Wie schade! Ich wollte heute soviel durchnehmen. Nun, so denkt einmal über die Fügungen und Führungen Gottes in unserem Leben nach, meinetwegen am

Ufer des Gnadensees.« Eilig entfernt sich der Magister. Bruder Pedro hebt lächelnd den Zeigefinger und droht dem Scholaren Thietmar scherzhaft. Als er dem Magister folgt, um pünktlich zur Hore zu kommen, spricht ihn ein alter Mann mit seinem verhutzelten Weiblein an. »Bruder«, bittet der Mann ängstlich, »könnt Ihr uns vielleicht sagen, wo dieser Bischof Pirmin ist? Wir möchten ihn dringend sprechen, mein Weib und ich.« Während Pedro überlegt, ob er den Abt einfach aus der Kirche holen dürfe wegen dieses armen Paares, kommt der Ersehnte gerade mit weiten Schritten über den Hof. Er hat sich etwas verspätet. Als er das ärmliche Paar erblickt, verhält er den Schritt. »Habt ihr ein Anliegen?« fragt er freundlich. »Herr, wir möchten gerne den Bischof Pirmin sprechen!« fleht der Alte und dreht eine zerschlissene Mütze in den knochigen Händen. »Könnt Ihr uns helfen, ihn zu finden?« Pirmin nickt. »Ja, das kann ich. Bruder Pedro, sagt dem Bruder Prior, daß er mich vertreten soll.« Er führt das verschüchterte Paar in seine Cella. »Ich bin Pirmin«, gibt er sich ihnen zu erkennen. Sofort wollen sich die beiden alten Leute wieder von der Bank erheben. »Bleibt bitte sitzen. Ihr habt sicher schon einen weiten Weg hinter euch gebracht.« Aufmerksam betrachtet er das ärmliche Paar. Er sieht nicht nur die Spuren der Erschöpfung sondern auch Kummer und Leid. »Wartet!« sagt er sanft. Dann holt er einen Krug mit Milch und einen Teller mit Brot. »Stärkt euch zunächst! Dann geht das Reden besser.« Gehorsam greifen die beiden zu. Sie trinken die Milch bis auf den letzten Tropfen und sammeln sorgfältig das letzte Krümchen Brot auf. »Danke, Herr Bischof, das tat gut!« meint der Alte. Sein Weib lächelt mit ihrem eingefallenen Mund. »Und not, wie ich annehme. Nun sagt mir, wo ihr herkommt und welches Anliegen euch auf die Augia führt.« Der Alte hebt seine faltigen Lider und sieht den Bischof aus matten blauen Augen an.

»Herr Bischof, wir wohnen in einer Hütte bei Kaltbrunn. Wir sind arme Leute. Ich habe als Tagelöhner bei den Bauern gearbeitet und mein Weib und meine Tochter haben etliches dazuverdient in der Erntezeit. Wir hatten unser Auskommen. Wir füttern zwei Ziegen und bestellen einen kleinen Acker mit Korn und einen Garten mit Gemüse. Bislang waren wir mit unserem Leben recht zufrieden. Am Sonntag gingen wir stets nach Allensbach zur heiligen Messe, obwohl der Weg ziemlich weit ist. Herr, wir waren immer zufrieden, bis ...« Er stockt. Geduldig wartet Abt Pirmin. Er weiß, daß der alte Mann die langatmige Einleitung braucht, um etwas für ihn beinahe unsagbar Schweres auszusprechen. Der Mann sieht seine Frau an, senkt den Kopf und beißt sich auf die Lippen. Da fährt die Frau mit mutigem Entschluß fort. Es ist schwer, ihren Worten zu folgen. Sie kommen aus ihrem zahnlosen Mund .»Herr, wir waren zufrieden, bis unsere Tochter sich mit einem reichen Bauernsohn eingelassen hat und ein Kind von ihm erwartete. Wir waren bereit, das Kind aufzuziehen und haben es ihr auch gesagt. Sie ist jedoch zur weisen Frau in den Wald gelaufen. Sie hat versucht, das Kind loszuwerden. Lange Zeit war sie schwer krank, hat aber das Kind behalten. Danach hat sie sich scheinbar damit abgefunden, daß das Kind bei uns bleiben sollte. Aber kurz vor ihrer Niederkunft ist sie wieder verschwunden. Sie hat das Kind bei der weisen Frau zur Welt gebracht. Sie ist ohne Kind wiedergekommen und hat uns ein Geldstück in die Hand gedrückt. Die weise Frau hat das Kind verkauft. Sie sagt uns nicht einmal, wohin sie es gebracht hat. Wir wissen nur, daß es ein Junge ist.« Während der kläglichen Worte der alten Frau hat sich das Antlitz des Abtes mehr und mehr verhärtet. »Und wer ist diese sogenannte weise Frau, die Kinder abtreibt oder verkauft?« fragt er mit kalter Stimme. Der alte Mann zuckt schreckhaft zusammen. »Niemand kennt

ihren Namen, Herr. Sie wohnt im dichten Wald bei Markelfingen. Viele Leute suchen sie auf. Sie braut Zaubertränke gegen Krankheiten aller Art, gegen Liebeskummer und gegen die ungewollten Kinder. Die Leute fürchten sich vor ihrer Zauberkraft, denn sie belegt jene mit einem Fluch, die ihr nicht zu Willen sind. Uns hat sie auch damit gedroht. Wenn sie wüßte, daß wir jetzt mit Euch sprechen, würde sie uns bestimmt verfluchen.« Mühsam hält sich Pirmin zurück, um nicht seinen Abscheu gegen diesen törichten Aberglauben zu äußern. Er will diese armen Menschen nicht noch mehr erschrecken. »Ich freue mich, daß ihr trotzdem den Mut gefunden habt, zu mir zu kommen und offen mit mir zu sprechen.« Vertrauensvoll beugt sich die Alte vor: »Wir haben gehört, daß Ihr ein guter Zauberer seid, Herr. Wir hoffen, daß das Gute stärker ist als das Böse.« Am liebsten möchte der Abt sie heftig anfahren. Aber es hat keinen Sinn, diese Frau wegen des törichten Geredes zurechtzuweisen, das über ihn im Umlauf ist. Außerdem gefällt ihm der letzte Teil des Satzes. So sagt er nur bestätigend: »Das Gute ist stärker als das Böse. Führt mich morgen zu der weisen Frau!« Ängstlich zucken die beiden zurück. Pirmin beruhigt sie. »Ihr wartet morgen früh in Allensbach beim Kirchlein auf mich und zeigt mir die Hütte der Frau. Dann könnt ihr heimkehren. Fürchtet euch nicht. Euch wird nichts geschehen und mir kann diese Frau kein Leid antun.«
Am nächsten Tag machen sich Bischof Pirmin und Bruder Eddo mit dem alten Paar von Allensbach aus auf den Weg in die Wälder. Stundenlang bahnen sie sich schweigend einen Pfad durch das Dickicht. Gegen Mittag bleibt der alte Mann stehen, legt den Zeigefinger auf die Lippen und deutet mit der anderen Hand auf eine Lichtung. Dort steht eine windschiefe Hütte, aus deren niedrigem Kamin eine dichte schwarze Rauchwolke aufsteigt. Bruder Eddo hüstelt und hält sich vor

dem widerlichen, stechenden Geruch die Nase zu. »Gut«, flüstert Pirmin dem Paar zu. »Geht jetzt nach Allensbach und wartet bei Bruder Egno auf unsere Rückkehr.« »Wir beten für Euch«, stammelt die Alte und zittert. Eilig schleichen beide davon. »Welche Angst die beiden haben?« Bruder Eddo sieht ihnen kopfschüttelnd nach. »Leider ist der Aberglaube in vielen Herzen tiefer verwurzelt als der Glaube, Bruder Eddo. Bringen wir es hinter uns!« Die beiden Mönche gehen auf die Hütte zu. Auffallend daran sind nur die vielen Kräuterbündel, die zum Trocknen unter dem vorspringenden Strohdach hängen. Die Türe steht weit offen, und aus der Hütte strömt ein widerlicher Geruch, begleitet von Wolken schwarzen Qualmes. »Nein, wie das stinkt!« hustet Bruder Eddo. »Wer weiß, welch teuflischen Sud das Weib dort zusammenbraut.« Er hat die Stimme nicht gedämpft und sofort tritt ein Weib aus der Hütte. Die Frau ist in buntes Tuch gekleidet. Ihr graues Haar hängt in wirren Zotteln um ihr faltenreiches, verschlagenes Gesicht mit unruhigen Augen, die beinahe farblos sind. In ihren Ohrläppchen hängen schwere goldene Ringe. Mit katzenhafter Geschmeidigkeit nähert sie sich den beiden Mönchen. »Was wollt ihr denn hier?« fragt sie frech und herausfordernd. »Solch heilige Männer wie ihr haben bei mir nichts zu suchen, oder wollt Ihr etwa einen Liebestrank?« Abt Pirmin tritt nahe an sie heran. »Was treibst du hier, Frau?« Seine Stimme ist kalt und herrisch. »Aber, lieber Herr, das seht Ihr doch. Ich sammele Kräuter, Heilkräuter, gegen alle möglichen Leiden«, gurrt sie nach einem verstohlenen Blick in sein strenges Antlitz. Sie benutzt nun wohlweislich die höfliche Anrede ›Ihr‹. »Dagegen habt Ihr sicher nichts einzuwenden? Wenn ich mich nicht irre, tun das Eure Mönche auf der Sintlasau schließlich auch.« Aus den Augen des Mönchbischofs blitzt heiliger Zorn. Bruder Eddo ruft ungestüm aus: »Du unverschämtes Weib!« Sie weicht zurück und senkt züchtig die Lider mit den langen Wimpern. »Herr, glaubt mir: ich bin nur eine arme, alte Kräuterfrau, ungeachtet der Gerüchte, die Euch zu Ohren gekommen sein mögen. Eine arme, alleinstehende Frau wie ich, die sich mühsam durchs Leben schlägt, muß mit Neid und übler Nachrede rechnen. Dabei habe ich immer nur Gutes tun und den Menschen helfen wollen, wenn sie zu mir kamen.« »Helfen? Helfen?« donnert da der Abt. »Unerwünschte Kinder abtreiben, das nennst du Hilfe? Ein solcher Eingriff in die Schöpfungsordnung Gottes ist und bleibt Mord, Frau! Außerdem hast du dich heidnischer Praktiken bedient und angebliche Zaubertränke bereitet und sie für gutes Geld an Leichtgläubige und Dummköpfe verkauft. Und du hast dies alles auf dem Grund und Boden getan, der zu meinem Kloster auf der Augia gehört. Ich habe dort die Gerichtsbarkeit. Du weißt, welches Urteil auf deinem Tun steht. Weib, sag', wem du das Kind der Rantrud verkauft hast!« Nun ist sie kreideweiß im Gesicht. Sie zittert und bebt. In sich zusammengesunken, schwankt sie vor den beiden Mönchen. Ihre fahlen Augen wandern unruhig hin und her. Zuerst murmelt sie etwas Unverständliches. Schließlich gesteht sie: »Ich gab das Kind dem Freien Baldmar in Schienen. Seine Frau kann keine Kinder gebären, und er brauchte einen Erben. Es war ein gesunder Junge.« Plötzlich wirft sie den Kopf in den Nacken und begehrt mit einem Anflug ihrer vorherigen Frechheit auf: »Was ist eigentlich Schlechtes daran? So kann das Kind im Wohlstand aufwachsen. Anderenfalls wäre es in der Armut einer Tagelöhnerhütte großgeworden.« Der Abt fährt sie an: »Spiel dich nicht als Wohltäterin auf, Weib! Du kommt jetzt mit uns nach Allensbach. Dort werden wir überlegen, was mit dir geschieht. Nein, du nimmst nichts mit! Bruder Eddo, lösche das Feuer! Was mit der Hütte, den Essenzen und Kräutern geschieht, mag unser Kräuterbruder Gerlach entscheiden. Erinnert mich daran, Bruder, daß ich ihn und ein paar Gehilfen morgen zur Hütte schicke!« Da wagt das Weib einen letzten Widerspruch: »So? Ihr wollt mich also bestehlen, ihr scheinheiligen Mönche!« Wortlos greift Bruder Eddo nach ihrem Handgelenk und zieht sie vorwärts. Nach einiger Zeit sträubt sie sich nicht mehr. Sie senkt scheinbar bußfertig das Haupt, als sie Allensbach erreichen. Die Menschen, die ihnen begegnen, bekreuzigen sich hastig und schleichen davon. Sie wollen mit der Gefangennahme der Hexe nichts zu tun haben. Sie könnte ihnen sonst den bösen Blick zuwerfen oder einen Fluch über sie aussprechen. Bruder Egno läßt die Frau in einen sicheren Kellerraum bringen, wo sie bis zur Verhandlung ihres Falles bleiben soll. Abt Pirmin und Bruder Eddo teilen dem Tagelöhnerpaar mit, an welchem Ort sich ihr Enkelkind befindet. »Es wurde zum Freien Baldmar nach Schienen gebracht.« »O weh«, jammert die Frau. »Herr Baldmar ist ein gar mächtiger Mann.« »Dann müssen wir die Hoffnung aufgeben«, seufzt ihr Mann. Abt Pirmin verspricht ihnen, daß er sich mit Baldmar in Verbindung setzen werde. »Vielleicht hört Herr Baldmar auf mich.« Dann weist er Bruder Egno an, die äußere Not der armen Leute zu lindern. »Nehmt euch in acht, Vater Abt, wenn Ihr Euch nach Schienen begebt! Gerade dort leben zahlreiche Anhänger des Bischofs Audoin und Heiden, die Wodan, Thor und Ziu verehren.«

Seinem Versprechen gemäß, sucht der Abt wenige Tage später den Freien Baldmar auf. Er wird höflich empfangen, findet aber kein Verständnis für sein Anliegen. »Wo habt Ihr den Beweis, daß mein Sohn das Kind eines Mädchens namens Rantrud und der Enkel von Tagelöhnern ist? Ausgerechnet Ihr, der hochgelehrte Abt der Augia, stützt sich auf die Aussage einer Hexe«, höhnt Baldmar, aber er kann dem Abt nicht offen in die

Augen sehen. »Euer Handel wird Euch kein Glück bringen, Herr Baldmar«, sagt Abt Pirmin, als er die Vergeblichkeit seines Tuns einsieht. »Ach, wollt Ihr mir etwa genau so fluchen, wie es die alte Hexe bei Markelfingen mit denen tut, die sie nicht mag? Ob ein christlicher Fluch wirksamer ist als ein heidnischer?« spottet der Mann. »Ihr scheint diese Frau jedenfalls gut zu kennen«, stellt Pirmin fest, ehe er das Haus Baldmars verläßt. Er weiß nicht, daß Baldmar am gleichen Abend etliche Männer nach Allensbach schickt. Sie brechen in das Haus ein, in dem die weise Frau untergebracht ist und befreien sie.

Von Schienen rudert Abt Pirmin mit seinem Begleiter Bruder Otger über den See zur Insel, eine weite Fahrt, bei der sie sich im Rudern abwechseln. Wie oft haben sie sich schon über den See der Insel genähert, aber sie freuen sich immer wieder aufs neue, wenn das Kloster mit jedem Ruderschlag näherrückt. Sie werden bereits sehnsüchtig erwartet. Ein Mönch hält Ausschau nach ihnen, ruft einen der Scholaren. Der rennt in unklösterlicher Eile, daß die kleine Kutte nur so fliegt, zum bescheidenen Fachwerkhaus, das die Gäste des Klosters aufnimmt. Kurze Zeit später nähern sich von dort einige Männer dem Ufer. Ein Mann eilt den anderen voraus, so als ob er nicht warten könne. Diese Gestalt und der leichte, rasche Schritt ... »Mein Gott, das ist doch ... Marquard!« ruft Abtbischof Pirmin freudig bewegt aus und springt aus dem Kahn ans Ufer. »Marquard!« ruft er noch einmal. Zwei lange Jahre sind vergangen, seit er sich von dem Freund in Aachen verabschiedet hat, zwei schwere und erfolgreiche Jahre auf der Augia. Dem Grafen verschlägt es vor Bewegung die Stimme. Pirmin legt beide Hände auf die Schultern des Freundes und schiebt ihn dann ein Stückchen von sich fort. Er sieht die tiefen Falten im schmalen Antlitz des Grafen und seine weißen Haare an den

Schläfen. »Zwei lange Jahre sind wir einander fern gewesen, seit wir uns in Aachen getrennt haben, Freund Marquard.« Bisher hat Marquard kein Wort gesprochen. Jetzt räuspert er sich und fragt mit belegter Stimme: »Waren es gute Jahre für Euch, Herr Pirmin?« »Ja und nein, Herr Marquard,« antwortet der Abt. »Es waren gute Jahre, weil der Herr unser Wirken auf der Augia sichtbar gesegnet hat. Es waren harte Jahre, Jahre voller Kämpfe und Mißhelligkeiten hier in einem Land, dessen Menschen dem Majordomus feindlich gesinnt sind. Zum Segen gehört das Kreuz.« »Zum Segen gehört das Kreuz«, wiederholt Graf Marquard die letzten Worte und senkt sein Haupt. Dann schaut er wieder auf und sagt nach einem tiefen Atemzug: »Zunächst darf ich Euch heute Grüße von Herrn Karl entbieten. Er zeigt nach wie vor reges Interesse an Eurem Kloster. Dann möchte ich Euch bitten, einige Tage der Rast hier verbringen zu dürfen. Meine Gefährten und ich, wir befinden uns auf einer Pilgerfahrt nach Rom.« Lächelnd weist Abt Pirmin auf das einfache Fachwerkhaus. »Bleibt, so lange Ihr möget, Herr Marquard. Wir freuen uns, Euch Herberge geben zu dürfen. Aber wir haben Euch nicht viel Bequemlichkeit zu bieten, obwohl wir stolz sind, ein eigenes Gästehaus zu besitzen.«

»Ich bewundere Eure Tatkraft, mit der Ihr gleichsam aus dem Nichts ein Kloster erbaut habt, Herr Pirmin«, bemerkt Graf Marquard staunend, als der Mönchbischof ihn später über die Insel führt und ihm die Kirche und die anderen Klostergebäude zeigt. »Das wäre nicht möglich gewesen ohne den unermüdlichen und selbstlosen Einsatz meiner lieben Brüder und der Leute aus unseren Dörfern. Ich darf auch unsere edle Wohltäterin, Frau Gerhildis, nicht vergessen. Ohne sie hätten wir nicht einmal den ersten Winter hier überstehen können.« Der Abt erzählt aus den wechselvollen Tagen des Neubeginns, während die beiden Männer durch die Weinberghänge zum Hochwart hinansteigen. Bisher hat Pirmin es vermieden, nach Burg Marquard und der Familie des Freundes zu fragen. Er denkt an seinen Abschied von Frau Renfrid. Was wird Marquard von ihr erzählen? Schon fallen die ersten Schatten der Dämmerung über das sommerliche Inselland, als Graf Marquard von daheim zu sprechen beginnt. Er hat dabei den Blick fest auf den schimmernden Gnadensee gerichtet. »Ihr ahnt bereits, daß meine liebe Gattin mich bald nach Eurem Abschied von Burg Marquard für immer verlassen hat. Sie hat mir zuvor anvertraut, daß sie Euch gestanden hat, wie es um sie bestellt war. Nach ihrem Tod ist alles anders geworden, wenigstens für mich. Das Leben auf dem Burggut nimmt seinen geordneten Gang, und ich soll Euch von allen Gefährten Eurer Flucht aus Spanien herzlich grüßen. Sie haben in Marquard eine Heimat gefunden. Mich machte der Tod meiner Gattin heimatlos. Ich bat meinen Sohn, das Heer des Majordomus zu verlassen, und habe ihm meinen ganzen Besitz übertragen. Ich stieß mit einigen Getreuen zum Heer. Aber ich merkte rasch, daß mein Sinn nicht mehr nach Kriegen und Schlachten steht. So habe ich für mich und die Meinen Urlaub erbeten, um eine Wallfahrt nach Rom zu machen. Karl gewährte ihn mir erst nach einigem Zögern. Er wollte mich nämlich wenigstens für den Dienst am Hofe gewinnen. Dann ließ er mich endlich ziehen mit der Auflage, für ihn zu beten.« Herr Marquard weist auf Insel und See im Abendlicht. »Seit dem Tod von Frau Renfrid habe ich nie mehr einen solchen Frieden verspürt wie hier. Laßt mich bei Euch bleiben und Mönch werden, Herr Pirmin!« Mit nachdrücklichem Ernst entgegnet der Abt: »An diesem herrlichen Sommerabend hat es den Anschein, als sei unser Kloster ein Vorhof des Himmels, ein Ort des Friedens. Das scheint Euch nur so, Herr Marquard. Im Kloster gibt es neben viel Gutem und Schönem, neben echter Frömmigkeit, Nächstenliebe und Opferbereitschaft auch erbitterte Kämpfe, Rangstreitigkeiten, Eifersüchteleien und Intrigen. Menschen bleiben für das Böse anfällig, auch wenn sie ein Ordensgewand tragen. Man kann in der Gemeinschaft einsam sein. Nur die innige Bindung an Christus wiegt auf, was man aushalten und ertragen muß. Sie allein wiegt auch das auf, worauf man verzichtet, vor allem die natürliche Geborgenheit in der Wärme und Liebe einer Familie.« Der Ernst dieser Worte macht den Grafen sichtlich betroffen. »Wolltet Ihr damit sagen, daß Ihr es bedauert, Mönch geworden zu sein, Herr Pirmin?« Forschend versucht er, in der wachsenden Dämmerung den Gesichtsausdruck des Freundes zu erkennen. Abt Pirmin wendet sich ihm ganz zu und versichert ihm: »Ich bedaure es keinen Tag und keine Stunde, Herr Marquard. Aber mein Herz, das sehr empfindsam ist, trägt manche Narbe, auf die unser Herr in Seiner Güte Seine Hand legen muß, damit ich nicht bitter werde. Der alte Einsiedler vom Mindelsee, bei dem ich innere Einkehr gehalten habe, hat mich erkannt. Er sagte mir, der ich meinte, bereits alles für den Herrn getan zu haben, einfach die Worte Jesu aus dem Evangelium: ›Verkaufe alles, was du hast, und dann komm und folge Mir nach!‹ Alles, wirklich alles geben – und das täglich neu – das ist Klosterleben, Herr Marquard.« Die beiden Männer begeben sich langsam an das Ufer des Gnadensees und schauen über seine stille Wasserfläche, die von der sinkenden Sonne vergoldet wird. Behutsam schlägt Pirmin seinem Freund vor: »Macht Eure Wallfahrt nach Rom, wie Ihr es Euch vorgenommen habt. Überdenkt dort am Grabe des heiligen Petrus vor Gott Euren Wunsch, Mönch zu werden!« Zwischen raschelndem Ried schreiten sie am Ufer entlang. »Unter dem Baum dort haben wir unseren Bär begraben. Audoins Leute haben ihn getötet.« Marquard

verharrt kurz an der Stelle und meint im Weitergehen: »Unterwegs kam mir manches Gerücht zu Ohren über die feindselige Einstellung des Konstanzer Bischofs zu Euch. Läßt Euch das nicht um die Zukunft Eures Klosters bangen?« Pirmins Rechte fährt mit einer leichten Bewegung über die schlanken Halme am Wegrand. »Ich kenne Furcht, Herr Marquard, und mich bedrängt die Ahnung, daß meines Bleibens auf der Augia nicht mehr lange sein wird. Der Gedanke schmerzt. Das gebe ich zu. So habe ich dem Herrn wieder einmal etwas zu geben, was mir viel bedeutet. Ich weiß nicht, ob ich es Euch seinerzeit in Burg Marquard schon erzählt habe. Wenn es so ist, tue ich es heute zum zweiten Mal. Daheim in der Abtei Maria Peralta del Sol sagte mir ein ehrwürdiger alter Mönch einmal, es würde immer mein Los sein, wandern zu müssen, Pilger zu sein. Als er daraufhin meine Betroffenheit sah, denn ich glaubte damals noch, mein irdisches Glück wäre unlösbar mit unserer Abtei verbunden, schenkte er mir ein Wort aus dem 5. Buch Mose als Weisung mit auf meinen Weg: ›Gott hat dein Wandern auf Sein Herz genommen.‹ Sagt mir, Herr Marquard, was könnte einem Pilger wie mir Besseres geschehen?«
Herr Marquard und seine Gefährten weilen bereits einige Wochen auf der Klosterinsel, da bringt ein Bote aus dem Thurgau die Kunde, daß Herr Bertram und Frau Gerhildis einander die Ehe versprochen haben. Sie lassen den Abt bitten, die kirchliche Trauung vorzunehmen. Während Abt Pirmin und Bruder Eddo sich darüber freuen, daß die beiden Menschen zueinander gefunden haben, will der Scholar Thietmar zunächst nichts davon wissen, daß sich seine Mutter wieder vermählen will. Er weigert sich, den Abt und Bruder Eddo zu den Festlichkeiten zu begleiten. Pirmin läßt ihn zu sich rufen. »Warum lehnst du dich so sehr dagegen auf, daß deine Mutter und Herr Bertram heiraten wollen? Beide sind wertvolle Menschen,

beide haben ihr Ehegemahl durch den Tod verloren. Warum sollen sie einander nicht das Glück einer zweiten Ehe schenken dürfen? Ist dir Herr Bertram denn nicht sympathisch? Ich hatte den Eindruck, daß du ihn als Freund betrachtetest, Thietmar?«

»Er soll mir meine Frau Mutter nicht wegnehmen!« begehrt Thietmar trotzig auf. »Ich wußte gar nicht, daß du noch ein so dummer Junge bist, Thietmar! Die Liebe deiner Mutter bleibt dir ungeschmälert erhalten, und du bekommst einen zweiten Vater dazu. Später wirst du deine eigenen Wege gehen und dein Leben vielleicht fern von eurer Burg verbringen wollen. Soll dann deine Mutter alleine sein, weil du ihr das Glück nicht gönnst? Denke einmal darüber nach, wie selbstsüchtig du bist.« Er schickt den Scholaren fort. Graf Marquard hat dem Gespräch als stiller Zuhörer beigewohnt. »Bis heute abend ist er anderen Sinnes geworden. Man sah es ihm bereits an. Sein Gesichtsausdruck hatte sich verändert. Der starre Trotz war gewichen. Ich bewundere Euch, Herr Pirmin. Ihr kämpft sogar für das Glück einer Familie.« »Lohnt es sich nicht dafür zu kämpfen, Herr Marquard? Ist die Familie nicht das höchste natürliche Gut auf dieser Erde? Auch Ihr, Freund Marquard, könntet Euch ein neues Glück aufbauen. Ihr würdet gewiß eine edle Gefährtin finden. Überlegt es Euch gut, ehe Ihr den Entschluß faßt, ins Kloster einzutreten!« Graf Marquard antwortet nicht. Er hat diesen Entschluß längst gefaßt. Er lenkt ab. »Begleitet Ihr uns ein Stück des Weges, wenn wir übermorgen unsere Pilgerfahrt nach Rom fortsetzen, Herr Pirmin?« Fragend blickt der Abt Bruder Eddo an. »Was meint Ihr, Bruder Eddo? Bleibt uns die Zeit dazu, bis wir in der Burg von Frau Gerhildis erwartet werden?« Eifrig stimmt der Mönch ihm zu: »Es ist beinahe die gleiche Wegesstrecke, Vater Abt ...«

Mit einem Mal sieht er betroffen drein. »Allerdings klappt etwas anderes dann zeitlich nicht mehr! Gestattet Ihr, daß ich mich entferne? Ich muß ganz dringend mit Bruder Arnulf sprechen.« Mit auffallender Eile entfernt er sich. ›Was hat Bruder Eddo nur? Er war plötzlich ganz verstört‹, denkt Pirmin verwundert. Der gradlinige Eddo kennt sonst keinerlei Heimlichkeiten. Er braucht nicht lange auf die Lösung des Rätsels zu warten. In der nächsten Kapitelsitzung bittet der greise Prior Arnulf um das Wort. »Vater Abt, eigentlich wollten wir bis zum Jahrestag Eurer Bischofsweihe damit warten, aber nun hat sich gezeigt, daß Ihr dann ferne von uns seid. Darum möchten wir Euch heute als Zeichen unserer Dankbarkeit und unserer brüderlichen Verbundenheit ein Geschenk machen dürfen!« Er nimmt das verhüllende Tuch von einem länglichen Gegenstand. Dann geht er mit langsamen und feierlichen Schritten auf Abt Pirmin zu und überreicht ihm den neuen Bischofsstab aus Eichenholz von der Augia. Er besitzt eine herrliche Krümme mit feinster Elfenbeinschnitzerei, angefertigt von Meister Luigi. Mit Tränen in den Augen, die er fortblinzeln muß, betrachtet Abt Pirmin das kleine Kunstwerk des Luigi: es stellt Christus, den Herrn dar, der die Arme in Kreuzesform ausgebreitet hat. Er ist von Rebblättern und zarten Trauben umgeben und schreitet über die Wellen. Was der Abt dann mit stockender Stimme sagt – war es ein Versprecher, eine Ahnung oder gar eine Prophezeiung – das erschüttert alle: »Mein neuer Wanderstab! Und müßte ich gehen in finsterer Schlucht. Ich fürchte kein Unheil, denn du bist bei mir ... Dank Euch, liebe Brüder, nun habe ich in diesem meinem Stab und in meinem Herzen die Augia immer bei mir!«

XI. DROHENDE WOLKEN

Abt Pirmin und seine Gefährten begleiten Herrn Marquard und seine Mitpilger bis nach Chur. Es ist ein langsamer, besinnlicher Ritt durch die Thurgauer Lande. »Nehmt Ihr einen besonderen Gruß an den Heiligen Vater mit, Herr Marquard? Wiederholt habe ich andere Rompilger darum gebeten und ihnen aufgetragen, dem Papst von unserem Kloster auf der Augia zu erzählen. Ich habe nie eine Antwort aus Rom erhalten, obwohl ich ihnen jedes Mal einen Brief mitgegeben habe. Allerdings bin ich jetzt nicht so weit gekommen, einen Brief zu schreiben, aber Ihr seid ja unser bester Anwalt und werdet in Rom alles recht berichten. Ich wäre gerne einmal nach Rom gepilgert, wie es jener Angelsachse Winfried gemacht hat, den Papst Gregor II. mit der Mission im Hessenland beauftragt hat. Er nannte ihn Bonifatius. Insgeheim habe ich Bonifatius ein wenig um sein Glück beneidet, von höchster Stelle gesegnet und ausgesandt zu werden! Eine längere Abwesenheit von der Augia wäre mir in diesen Jahren nicht möglich gewesen. Unsere Gründung ist so jung und so bedroht, daß sie mich braucht – wenigstens zur Zeit noch braucht.« Graf Marquard wendet sich zur Seite und blickt dem Freund prüfend ins Gesicht. Pirmins Augen, die dunklen, unergründlichen Augen seiner iberischen Mutter im hageren, nordischen Antlitz seines westgotischen Vaters, sehen in unbekannte Fernen. »Ihr sprachet schon an jenem Abend davon, daß Eures Bleibens auf der Insel nicht mehr allzu lange sein wird. Seid Ihr weiterhin von dieser dunklen Ahnung gequält, Herr Pirmin?« wagt er zu fragen. Mit einem Lächeln wendet sich der Abt ihm zu. »Lieber Freund, ich ahne zwar, daß ich die längste Zeit auf der Augia gewesen bin, aber ich habe mich bereits in Gottes Willen ergeben. Ich darf zudem mein Werk in die Hände eines würdigen und tüchtigen Nachfolgers legen. Er wird als Alemanne nicht mit den Schwierigkeiten zu kämpfen haben, die mir daraus erwachsen, daß ich ein Landfremder bin. Audoin und Lantfried werden ihn eher bejahen.« Der Graf weiß, an wen der Abt dabei denkt. Bruder Eddo wird zweifellos das Werk auf der Insel in seinem Geiste weiterführen. Dennoch fühlt er sich niedergedrückt bei dem Gedanken, wie das Leben auf der Klosterinsel weitergehen wird und soll, ohne daß Abt Pirmin dort weilt, der bisher das Geschick des Klosters und das Leben der einzelnen Mönche fest und väterlich geführt hat. Auch die Leute in den Dörfern, die zur Augia gehören, werden den gütigen und freigebigen Herrn schmerzlich vermissen, der Zeit und ein offenes Ohr für jeden hatte und meist helfen konnte. Errät der Abt seine düsteren Gedanken? »Schenkt Euer Grübeln dem Herrn, Graf Marquard. Unser Los ruht in Seinen guten Händen«, bittet er ihn. Dann reicht er ihm zum Abschied die Hand. »Lebt wohl, Herr Marquard. Vergeßt nicht, daß wir beide Pilger sind, Pilger in Gott und mit Gott! Beten wir füreinander und gehen wir unverzagt auf den Wegen voran, die Er uns gehen heißt, auch wenn unsere Augen gehalten sind und uns der Weg befremdlich und mühsam erscheinen mag! Er weiß um das Ziel, und Er ist das Ziel.« Feierlich erteilt Bischof Pirmin den Rompilgern seinen Segen. Dann wendet er rasch sein Pferd, als habe er große Eile und sprengt davon. Er wendet sich nicht mehr zurück. Graf Marquard bleibt lange stehen und blickt ihm und seinen Begleitern nach, bis die Ferne sie aufnimmt. War es dieses Mal ein Ab-

schied für immer? Gebe Gott, daß es nicht so ist! Wird er Abt Pirmin noch auf der Insel antreffen, wenn er von Rom kommt? Am liebsten hätte er die weite Reise gar nicht angetreten und wäre zur Augia geritten. Ob Papst Gregor II. bereit sein wird, Abt Pirmin ebenso zu unterstützen wie diesen Mönch Bonifatius? Marquard nimmt sich vor, alles dafür zu tun, daß Abt Pirmin Segen und Beistand aus Rom erhält. Ja, darum will und muß er nach Rom. Mit einem ergebenen Seufzer setzt er sein Pferd in Bewegung und reitet mit den Seinen den Alpen zu.
Während Herr Marquard die schwierige Strecke über die Alpenpässe meistern muß, weilen Abtbischof Pirmin, Bruder Eddo und Thietmar auf der Burg der Gräfin Gerhildis. Dort herrscht ein geschäftiges Leben und Treiben. Immer neue Gäste treffen ein. Die Gräfinwitwe erfreut sich großer Beliebtheit bei Hoch und Niedrig. Bischof Audoin von Konstanz zählt auch zu den geladenen Gästen, obwohl er ihr ganz gewiß das neue Glück mißgönnt. Auch der Alemannenherzog Lantfried wird unter den geladenen Gästen sein. Um der Form zu genügen, mußten beide Männer eingeladen werden. »Ihr werdet eine Art Bewährungsprobe zu bestehen haben, Herr Pirmin«, sagt Frau Gerhildis. »Wahrscheinlich werdet Ihr auf meinem Grund und Boden Euren beiden Widersachern begegnen, wenn sie nicht in letzter Minute noch absagen.« »Ist die Bewährungsprobe für Euren Bräutigam, Herrn Bertram, nicht viel härter, Frau Gerhildis? Herzog Lantfried hat ihn zu Unrecht verbannt und all seiner Habe beraubt, und Audoin ließ ihn überfallen und war sein Kerkermeister.« »Dann fehlt uns dazu noch Herr Dohard, der neuerdings als Sekretarius des Laienbischofs fungiert. Er hatte ja schon einmal die unglaubliche Frechheit, hier aufzutauchen«, meint Bruder Eddo finster. »Wie gut, daß mein Großvater, Herzog Eberhard, sein

Kommen zugesagt hat! Ihr werdet sehen, Vater Abt, er ist nicht nur ein mächtiger, sondern auch ein frommer Mann. Er besitzt eine stürmische Wesensart, die sehr geeignet ist, dem Alemannenherzog Achtung einzuflößen, von Audoin erst gar nicht zu reden.« Bruder Eddo lacht vergnügt vor sich hin. »So? Ist Euer Herr Großvater stürmischer als ich?« forscht Abt Pirmin mit vergnügtem Blinzeln. Der Bruder überlegt ganz ernsthaft. »Ihr? Ja, Ihr seid von stürmischer Wesensart, das stimmt, Vater Abt. Aber ... verzeiht mir, wenn ich ganz offen mit Euch rede ... Ihr habt Euch in der letzten Zeit verändert. Ihr habt gelernt, Euer Temperament zu zügeln und Euren Zorn zu dämpfen, wenn er Euch überwältigen möchte.« Waren diese Worte allzu kühn? Das Antlitz des Abtbischofs ist ernst, fast abweisend. »Verzeiht, Vater Abt, wenn ich zu frei redete«, bittet Bruder Eddo. Wie ein Erwachender blickt Pirmin ihn an. Es ist so, als ob er aus weiter Ferne heimfinde. »Ich habe Euch nichts zu verzeihen, mein Sohn. Ihr habt nur die Wahrheit gesagt, und ich danke Euch dafür. Eben war ich im Geiste weit fort von hier ... beim Alten vom Mindelsee.« Der Bruder äußert sich nicht. Still nickt er dem Vater zu. Er weiß, was ihm jene Zuflucht bedeutet. Immer wieder sucht Abt Pirmin dort die Stille auf, um in ihr zu sich selbst und zu Gott zu finden. –

Am Festtag nimmt Bischof Pirmin die feierliche Trauung des Brautpaares in der reich geschmückten Burgkapelle vor. Er hält den neuen Bischofsstab in der Rechten und trägt das kostbare kreuzförmige Enkolpion, das verzierte Reliquiar, auf der Brust, das er einst bei seiner Bischofsweihe in der Abtei Maria Peralta del Sol erhalten hat. Mit fester Stimme geloben Frau Gerhildis und Herr Bertram einander eheliche Treue bis in den Tod. In der großen Schar der Gäste fehlen zwei hohe Würdenträger: Laienbischof Audoin und Herzog

Lantfried haben mit fadenscheinigen Entschuldigungen abgesagt und nur reiche Geschenke geschickt. Sie wollen sich scheinbar doch nicht der Peinlichkeit einer Begegnung mit dem ehedem geächteten und verfolgten Herrn Bertram aussetzen. Der alte Herzog Eberhard aus dem Elsaß ist pünktlich zur Hochzeit eingetroffen. Mit der ganzen Macht seiner starken Persönlichkeit steht er seiner Tochter Frau Gerhildis und ihrem zweiten Gatten zur Seite. Der Egisheimer ist ein alter Mann, aber er ist zugleich jugendlich in seiner ungebrochenen körperlichen Stärke, seinem regen Geist, seiner zupackenden Tatkraft und seinem überschäumenden Temperament. Beim Festmahl sitzt der Vogesen-Herzog in der Nähe des Abtes von der Augia. Pirmin merkt, daß ihn der Herr von Egisheim fast fortgesetzt beobachtet. Seine hellen Augen unter den dichten weißen Brauen wenden kaum den Blick von ihm ab. Schließlich kann er es sich nicht versagen, ihn mit feinem Spott zu fragen: »Herzog Eberhard, seid Ihr zufrieden mit dem Mann, den Ihr betrachtet?« Die faltigen Wangen im bräunlichen Gesicht des Herzogs röten sich. Seine hellen Augen blitzen, und er sagt mit dröhnender Stimme: »Ihr gefallt mir, Abt Pirmin! Von meiner Tochter und von meinem Enkel habe ich so viel von Euch gehört, daß ich darauf brannte, Euch kennenzulernen. Noch einmal: Ihr gefallt mir. Ihr seid ein Mann nach meinem Herzen. Wie wäre es, wenn Ihr zu mir ins Elsaß kommen würdet? Ich habe etwas ganz Besonderes vor«, er schmunzelt, »ich möchte nämlich nicht nur als Krieger und Haudegen in die Geschichte eingehen, sondern auch als frommer Stifter eines Klosters. Wißt Ihr, drüben in der Ortenau, jenseits des Rheines, haben sie Kloster um Kloster gebaut. Nun möchte ich meinerseits auch mithalten und eines im Elsaß gründen. Herr Widegern, der Bischof von Straßburg, hat meinem Plan seinen Segen gegeben. Ich habe auch bereits einen passenden Platz gefunden, ein waldreiches Seitental des Flüßchens Lauch in den Südvogesen mit einem fischreichen Gewässer, dem Murbach. Meine Leute haben mit den Rodungsarbeiten begonnen, Baumaterial wird herbeigeschafft. Alles wird bestens vorbereitet. Mir fehlt eigentlich nur noch der geeignete Abt, der mir allerdings auch einige Mönche zuführen muß, und Kloster Murbach kann gegründet werden! Wie wäre es mit Euch? Wäre das kein Angebot, was Euch reizen könnte?« Abt Pirmin sieht ihn unentwegt an, aber er schweigt lange, zu lange. Herzog Eberhard spielt ungeduldig mit seinem Löffel. Wann redet dieser Mönch endlich? Abt Pirmin netzt seine Lippen mit einem Schluck aus seinem Becher. Dann antwortet er: »Euer Angebot ehrt mich, Herr Herzog Eberhard! Aber Ihr wißt, daß Majordomus Karl mir Auftrag und Schutzbrief für das Kloster auf der Sintlasau gegeben hat. Er hat mich damit in die Pflicht genommen. Ich kann mich ihr nicht ohne weiteres entziehen.« Mit einer jähen Bewegung schleudert der Egisheimer den Löffel von sich, der klappernd auf den Steinboden fällt. »Redet keinen Unsinn, Herr Pirmin«, sagt er beinahe beleidigend schroff. »Ein Mann muß sich nur dann einer Sache verpflichtet fühlen, wenn er ihr wirklich sinnvoll dienen kann. Dieser Audoin und Herzog Lantfried bedrängen Euch doch mehr und mehr. Das weiß inzwischen auch Herr Karl. Er wird sich jederzeit bereitfinden, für Euch einen Schutzbrief auf das Kloster Murbach im Elsaß auszustellen, wenn ich ihn darum ersuche.« Pirmin senkt die Augen. Er weiß am besten, daß der Herzog aus dem Elsaß die Wahrheit gesagt hat. Und die Augia? Er schaut auf und begegnet Bruder Eddos klaren grauen Augen. »Die Augia wäre versorgt«, stellt er leise fest. Zum Egisheimer gewandt, fährt er fort: »Laßt mir noch etwas Zeit, Herr Eberhard! Ich rechne damit, daß die Entscheidung in den nächsten Monaten fallen wird.« Ihn schmerzt der Gedanke, daß er die Augia bald verlassen muß, aber er ist davon überzeugt, daß es so kommen wird und kommen muß. Vorerst gibt sich der Herzog mit seiner Antwort zufrieden. Er reicht Pirmin seine Hand, die dieser mit festem Druck ergreift. »So Gott will – im nächsten Jahr!« Es ist mehr als nur eine Geste, es ist ein Versprechen.

Nach Tagen geruhsamen Verweilens auf der Burg verabschieden sich Abt Pirmin, Bruder Eddo und Thietmar und treten die Heimreise an. Als sie von Ermatingen aus auf die Insel zurudern, bittet Abt Pirmin sie, wieder um die Westspitze herumzufahren und am Kloster zu landen. Es ist eine geruhsame Fahrt, bei der die sommerlichen Gestade der Insel langsam an ihnen vorbeiziehen und von Ferne die Basaltkegel des Hegaus grüßen. Endlich tauchen die Gebäude der Abtei auf, die Kirche und die Häuser aus Stein, Holz oder Fachwerk, einfach, bescheiden und zweckmäßig, wie es bei der Kürze der Zeit nicht anders möglich war. Wieder spürt der Abt, daß er die Klostersiedlung auf der Insel liebt, und daß es ihm schwer werden wird, wenn er sie, seine Brüder und die Menschen ringsum verlassen muß.

Glückstrahlend nimmt Bruder Ermanold, der Cellerar, sie an der Landungsbrücke in Empfang. »Wie haben wir auf Euch gewartet, Vater Abt! Und das hier habe ich für Euch verwahrt. Wir entdeckten in unserem Weinberg eine erste reife Traube. Die müßt Ihr verkosten!« Begeistert reicht er ihm das Träubchen mit vier Beeren. Freundlich nimmt Pirmin die Gabe an, die mit Herzlichkeit gereicht wird. Er und seine Begleiter probieren eine der süßen Beeren. Die vierte muß Bruder Ermanold selbst genießen. »Das wird einmal ein vortrefflicher Wein«, prophezeit er daraufhin kühn. »Ihr denkt weit voraus, guter Bruder«, lächelt der Abt. »Gebe Gott, daß Eure Hoffnung sich erfüllt!«

An einem grauen Novembertag nimmt einer der Getreuesten Abschied von Abt Pirmin und seinen Brüdern. Prior Arnulf, dem die Beschwerden des Alters seit einiger Zeit zu schaffen gemacht haben, kehrt so still und bescheiden, wie er gelebt hat, heim zu seinem Schöpfer. Abt Pirmins Trauer um den väterlichen Freund und Berater ist tief und echt. Im Refektor brennt auf Arnulfs Platz eine Kerze. Sie mahnt die Brüder, seiner zu gedenken. In einer schlichten, ergreifenden Feier nehmen die Mönche Abschied von Bruder Arnulf und betten seinen Leib in die Erde der Augia. »Meine lieben Brüder, nun haben wir einen besonderen Fürbitter vor Gottes Thron. Unser Bruder wird der Augia Segen erflehen. Ich möchte unserem Bruder Eddo alle die Aufgaben übertragen, deren Bruder Arnulf sich mit nie erlahmendem Eifer und großer Pflichttreue angenommen hat. Bruder Eddo wird mich auch jetzt vertreten, wenn ich für einige Tage von Euch gehe«, teilt Bischof Pirmin im Kapitel den Mönchen mit. »Gewiß habt Ihr Verständnis dafür, daß ich ein paar Tage stiller Einkehr am Mindelsee verbringen möchte.« Bereits auf dem Weg zum Mindelsee, als er durch den beinahe schon winterlich kahlen Wald geht, erfährt Abt Pirmin die Wohltat der Stille und empfängt sie wie ein Geschenk. Da hämmert und sägt niemand. Nur ein Specht klopft an der Rinde eines Baumes. Ein Eichelhäher warnt vor dem Eindringling, ein Eichhorn äugt von einem hohen Baum auf ihn herab, und auf einer Lichtung macht ein Hase erstaunt Männchen, ehe er die Flucht vor ihm ergreift. Von ferne schimmert der See durch das rotbuntbelaubte Brombeergesträuch. Brombeerranken haken sich in seine Kutte, als wollten sie ihn vom Mindelsee fernhalten. Während er sich geduldig von ihnen befreit, genießt er das Schweigen rings umher.

Aber er weiß auch, daß ihm dieses Mal aus der Stille heraus eine Frage gestellt wird. Er ist bereit, sich der Stille zu geben, um in ihr eine Antwort auf die Frage zu finden, die Gott an ihn richten wird.

Die Armut und Stille der Hütte des Eremiten und seines Gefährten Frowin nehmen ihn auf. Frowin teilt nun die Schweigsamkeit und die Fröhlichkeit des Alten. Abt Pirmin läßt sich Zeit. Er wartet in Stille, bis sie in ihn eindringt, bis er so still ist, daß die Fragen und Probleme, das Drängen und die Unruhe schweigen. Auch die Augia ist für ihn nun weit fort, fast unwirklich geworden, und das darf und soll so sein. In der Stille einsamer Stunden am spätherbstlichen Mindelsee begegnet Pirmin in seinem Innern dem Herrn. Er fühlt sich ihm nahe, und er übergibt Ihm vorbehaltlos alles, sich selbst und die Augia.

Vor seiner Rückkehr zur Insel spricht er lange mit dem Alten vom Mindelsee. Der Eremit warnt ihn vor der wachsenden Mißstimmung in Konstanz: »Man hat mir von dort mancherlei zugetragen. Dort braut sich etwas gegen Euch zusammen, Vater Abt. Ihr dürft diesen Audoin nicht unterschätzen. Eigentlich ist dieser Mensch feige und niederträchtig, aber er ist auch tückisch und rachsüchtig. Er hat Euch die Niederlagen, die er unter anderem durch die Befreiung des Geächteten erlitten hat, nicht verziehen, zumal dieser Herr Bertram als Gatte der Frau Gerhildis unangreifbar geworden ist und sich höchster Achtung erfreut. In Audoins Augen seid Ihr allein für alles Mißgeschick verantwortlich, auch dafür, daß ihn Frau Ingburga mit dem Kind verlassen hat.« Pirmin breitet seine Hände aus als Zeichen der Ratlosigkeit. »Was soll ich tun, Vater? Ich kann ihn nie und nimmer vom Gegenteil überzeugen. Ich werde zur Augia heimkehren und meine Arbeit so lange tun, wie der Herr mich dort haben will.« Die beiden Männer schauen auf die stille Fläche des Mindelsees. Am Morgen hat sich am Uferrand eine erste dünne Eisschicht gebildet. »Bald hält der Winter seinen Einzug, Vater Abt. In diesem Winter wird Euch nichts Böses mehr geschehen. Dann ruht nicht nur die Natur vor dem Neubeginn im Frühjahr, sondern auch die Bösen ziehen sich in ihre Schlupfwinkel zurück, wenn Eis, Schnee und Winterstürme ihr Tun behindern. Macht es wie ich, Vater Abt. Ich freue mich an jedem Morgen, daß der Herr mir diesen Tag schenkt, und ich gebe ihn am Abend nach bestem Vermögen ausgefüllt in Seine Hände zurück. Übrigens muß ich Euch noch berichten, daß man kürzlich versucht hat, meinen Gefährten abzuwerben. Ich hatte ihn in die Wälder von Schienen gesandt, um dort beim Köhler Holzkohle zu holen.« »Wollte der Köhler ihn als Gehilfen bei sich behalten?« fragt Pirmin. »Nein, aber Helmwart, der immer noch den alten Göttern anhängt und in den Wäldern dort oben Wodan, Thor und Ziu verehrt, gab sich die größte Mühe, Frowin dem Christentum abspenstig zu machen.« »Haben diese Menschen nicht begriffen, daß ihre Zeit vorbei ist?« meint der Abt beinahe belustigt. »Wer glaubt heute noch im Ernst an die Götter und an Wallhall?« Der Alte sieht ihn ernst und fast strafend an. »Ihr unterschätzt die Gefahr, die im Alemannenland dem Christentum durch den Götterglauben droht. Für viele Leute in den Landen rund um den See ist das Christentum die Religion des Feindes, der sie trotzen, gegen die sie sich ebenso zur Wehr setzen müssen wie gegen die Krieger des Karl Martell. Ihre Götter sind für sie gleichsam alemannische Helden und Widersacher der verhaßten Franken. Wenn Helmwart die Menschen nicht durch seine Worte überzeugen kann, tut er es mit Feuer und Schwert. Manche Bewohner eines Einödhofes wurden auf diese Weise von ihm zwangsbekehrt. Die Leute im Land am Hegau fürchten ihn und seine Horde. Sie wagen

nichts gegen ihn zu unternehmen, zumal Lantfried ihnen die Unterstützung versagt. Der Herzog will Helmwart als Verbündeten behalten. Im Kampf gegen die Franken ist ihm jedes Mittel recht.« Pirmin erhebt sich langsam. Es ist Zeit, daß er auf die Augia heimkehrt. Die blasse Sonne steht schon tief. »So Gott will, werde ich im Frühjahr einmal nach diesem Helmwart schauen. Wir können es nicht zulassen, daß die Menschen hier unter Druck gesetzt werden von einem fanatischen Anhänger der alten Götter.« Beim Abschied warnt der Einsiedler: »Wagt Euch nicht zu weit vor, Vater Abt! Es könnte Euch das Leben kosten.« Frowin, der begnadigte Dieb, geleitet ihn bis zum Waldrand. »Darf ich mit Euch gehen, wenn Ihr die Augia verlaßt, Vater Abt? Ich habe ungewollt mitangehört, daß Ihr meintet, dies könne im nächsten Jahr der Fall sein.« Pirmin sieht ihn prüfend an. »Macht dir die Stille am Mindelsee zu schaffen, Frowin, die Einsamkeit dort?« »Das ist es nicht, Vater Abt. Ich habe viel und lange über mein Leben nachgedacht. Ich möchte ganz neu anfangen und mein Leben, das ich Eurer Güte verdanke, Gott schenken als Laienbruder in Eurer Gemeinschaft.« Welche Wandlung ist mit diesem jungen Dieb und Taugenichts vor sich gegangen! Im Stillen dankt Pirmin Gott für den Sinneswandel des Mannes, den er vor dem Galgen bewahrt hat. »Wir wollen nichts übereilen, Frowin«, rät er ihm. »Ich halte es für besser, wenn du vorerst, wenigstens in diesem Winter, bei dem Einsiedler bleibst und ihm wie bisher treu zur Seite stehst. Ich lasse dich aber wissen, wenn es soweit ist und wenn ich einen Nachfolger für dich gefunden habe.«
Der Winter hat eine erste Drohgebärde vollbracht. Danach werden die Tage Anfang Dezember beinahe frühlingshaft mild. Die Außenarbeiten an den Bauten, das Roden des Waldes und das Fischen können ungehindert weitergehen. Eines

Tages rudert eine kleine Schar wildaussehender Fremder über den Gnadensee, in ungefärbtes Linnen und in Schaffelle gekleidet. Sie haben zerzauste Bärte und ungekämmtes Haupthaar. Sie wollen Brot und Milch, aber sie fordern es eigentlich in einer finstern und unfreundlichen Art und Weise. Mürrisch und ohne ein Dankeswort nehmen sie die Gaben an, die Bruder Ermanold reicht. Der Anführer, ein besonders grobknochiger grauhaariger Mann, spuckt die warme Milch verächtlich auf den sauberen Bretterboden des Gästehauses. »Pfui, dieses warme Geschlabbere paßt zu euch! Habt ihr nichts Besseres, ihr Männer in den Weiberröcken?« fragt er grob und knallt den Becher so fest auf den Tisch, daß er zerbricht. Nun ist sogar bei dem stets verbindlichen Bruder Ermanold das Maß voll. Er läuft eilends zur Cella des Abtes und berichtet dem Mönchbischof von den unmöglichen Bettlern. »Sie sehen unheimlich aus, Vater Abt, so haßerfüllt ...« Pirmin muß mühsan seinen Unwillen unterdrücken. Er hat gerade erst mit seiner Schreibarbeit begonnen. Mit einem Seufzer legt er die Gänsefeder hin und löscht die Kerze. »Wartet, Bruder, ich komme mit Euch.« Er trifft die Fremden nicht mehr im Gästehaus an. Betroffen betrachtet er die Brotreste, die Milchlachen und die Scherben. Da vernimmt er laute Stimmen und unbändiges Gelächter. Sind die Burschen etwa in der Kirche? Mit raschen Schritten eilt er dorthin. Bruder Ermanold bleibt im Gästehaus, um die häßliche Unordnung zu beseitigen. Der Abt öffnet die Kirchentür, und er erblickt die Männer. Sie haben das große Kreuz von der Wand gerissen, und sie sind dabei, es zu zerstören. Der Große, Grauhaarige hat es über seine Knie gelegt und will es zerbrechen. »Vorwärts, Helmwart, das schaffst du schon!« ermutigen ihn johlend und lachend seine Gefährten. Helmwart? Hat der Alte vom Mindelsee diesen Namen nicht genannt als den Anführer der Männer, die in den

Wäldern von Schienen dem alten Götterglauben huldigen? »Untersteht euch, unser Gotteshaus zu entweihen!« ruft Pirmin empört und springt zwischen die Männer. Erschrocken weichen sie zurück, aber das dauert nur einen Augenblick. Auf einen Wink des Grauhaarigen ergreifen sie ihn. Mit grobem Gelächter schreit der Mann: »So, nun haben wir das Haupt dieser fränkischen Mönchsbande gefangen!« Dann bricht er das Kreuz auseinander, wirft die Stücke Pirmin zu Füßen, tritt darauf herum und spuckt verächtlich aus. »Da hast du deinen Weibergott, der nicht fähig ist, die Seinen zu beschützen«, höhnt er, zieht ein Messer hervor und tritt ganz dicht an Pirmin heran. »Ich kann dich töten, Priester. Wenn du tot bist, verschwindet auch dein Kloster von der Sintlasau. Schon einmal haben unsere Vorfahren einen Priester und seine Genossen auf dieser Insel erschlagen.« »Du irrst dich, Helmwart. Du kannst mich töten, aber nicht das, was in mir ewig ist. Du konntest das Bild meines Gottes zerstören, aber Er lebt in Herrlichkeit und lacht über deine Torheit und deine Drohungen. Jesus Christus lebt. Wodan, Thor und Ziu sind nur die Gestalten menschlicher Fantasie ...« Wütend brüllt Helmwart auf: »Schweig, du verdammter Frankenknecht!« und schwingt sein Messer. Gerade das hätte er nicht tun sollen. Mit einem Mal läutet draußen stürmisch die Glocke. Bruder Ermanold hat das Gebrüll des Helmwart gehört und weiß den Vater in Gefahr. Von allen Seiten strömen die Mönche herbei, als er läutet und läutet. »Was ist geschehen?« rufen sie schon von weitem. »In die Kirche ... der Vater ...«, keucht Bruder Ermanold statt einer Erklärung atemlos. Da dringen die Mönche, sechzig an der Zahl, in das Gotteshaus ein. Als die Heiden aus den Wäldern von Schienen die riesige Schar der keineswegs sanften und stummen Mönche sehen, lassen sie Pirmin los und stürzen zum einzigen Ausgang, der ihnen offensteht, zur

Sakristei hinter dem Altar. Der Raum hat weder Tür noch Fenster nach draußen. Mit Wucht wirft Bruder Pedro die Tür hinter dem Altar zu und verriegelt sie. »So«, meint er zufrieden, »die haben wir gefangen!« Abt Pirmin bückt sich, hebt das zerbrochene Kreuz von den Brettern auf und küßt es. »Verzeihe ihnen, Herr, denn sie wissen nicht, was sie tun!« Wieder einmal gehen in der Versammlung der Mönche die Wogen hoch. Fordert der furchtbare Frevel nicht die allerstrengste Bestrafung? »Wie kann ich etwas verunehren, an das ich nicht glaube? Für Helmwart und seine Männer ist das Kreuz nur das Feldzeichen der fränkischen Feinde, ein Zeichen des Triumphes der Franken über die Alemannen. Sie wissen nicht um den Herrn und Seine Erlöserliebe. Wie können sie Ihn verehren und lieben, wenn sie Ihn nicht kennen?« mahnt der Abt seine Brüder zur Besonnenheit. »Niemand von Euch trug Verletzungen davon und meine sind nicht nennenswert. Ich möchte keinen verurteilen, der aus Unkenntnis handelt. Denkt daran, daß uns der Glaube lehrt, daß wir nur nach dem Maße unserer Erkenntnis schuldig sind!« Bruder Eddo gibt nach langer Debatte den Ausschlag. »Vater Abt, redet Ihr bitte mit diesem Helmwart und versucht, ihn von unserer Lehre zu überzeugen!« »Holt die Männer aus der Sakristei, verwahrt sie wohl und gebt ihnen Speise und Trank. Ich werde mit Helmwart sprechen.« Mit starrem Gesicht, das keine Gefühlsregung erkennen läßt, hört Helmwart die einfachen und eindringlichen Worte des Abtes an. Abt Pirmin erzählt ihm mit Geduld und Wärme von der Lehre, dem Leben und dem Opfer Christi, von seiner Liebe zu den Menschen und seiner Barmherzigkeit. »Willst du uns zum Christentum bekehren, ehe du uns hängen läßt? Wird in dieser Zeit der Galgen in Allensbach gerichtet?« stößt Helmwart schließlich verächtlich hervor. »Unser Tod ist längst beschlossene Sache. Was soll da all das

fromme Geschwätz?« »Warum meinst du, daß wir euch töten lassen wollen?« fragt Pirmin. Ein rascher Blick aus den wilden Augen verrät ihm, daß der Mann gar nicht so gelassen ist, wie er sich gibt. »Du wirst dich natürlich rächen. Wir haben euch überfallen und euer Götzenbild zerstört und deshalb den Tod verdient. Die weise Frau, die du vertrieben hast, riet uns, euch zu vernichten, weil ihr uns sonst vernichten würdet.« »Die Frau hat euch belogen. Wir wollen euch nichts Böses. Nehmt euren Kahn und fahrt davon!« Ungläubig starrt Helmwart ihn an. »Warum tust du das? Du läßt uns, deine Feinde, frei? Warum, sag mir das?« »Weil mir dies mein Herr Jesus Christus gebietet. Er will Liebe statt Haß.«
Mit einem Mal springt Helmwart auf. »Dann bist du aber sehr dumm, Priester!« lacht er höhnisch mit verzerrtem Gesicht. »Liebe ruhig weiter! Ich bin stolz darauf, weiter zu hassen.« »Du bist ein armer Mensch, Helmwart«, ist die einzige Erwiderung des Abtes. Auf seinen Wink lassen die Mönche Helmwarts Gefährten frei. Die Männer fahren lachend und spottend davon. »Ihr Weichlinge in den Weiberröcken«, das ist das mildeste Schimpfwort, das über den See schallt. »Warum habt Ihr sie nicht in Gewahrsam gehalten, bis sie sich taufen ließen?« brummt Bruder Gersmar mißvergnügt. »Soll ich ihnen den Glauben überstülpen wie eine fremde Kapuze? Sie müssen bereit sein, Christus wirklich an- und aufzunehmen. Beten wir für sie! Meister Luigi, würdet Ihr uns ein neues Kreuz anfertigen, ein größeres und schöneres Kreuz? Wenn Ihr einmal Langeweile habt, schnitzt mir bitte aus den Resten des zerstörten Kreuzes ein kleines Reisekreuz.«

XII. ABSCHIED

Der Winter 726 ist wieder außergewöhnlich hart und streng. Der Gnadensee ist mit einer dicken Eisschicht bedeckt. Tagelang schneit es unaufhörlich. Manche Bäume brechen unter der Schneelast zusammen, und sogar bei den stattlichen Eichen auf der Augia können nicht alle Äste dem Druck der Schneelast standhalten. Die Mönche müssen jeden Morgen einen Weg zur Kirche und zu den Werkstätten und Ställen freischaufeln. Immer wieder befreien sie die Dächer ihrer Häuser von der drückenden Schneelast. Der Abt erlaubt den Mönchen, sich einige Male am Tag in der Wärme des Refektors oder in der Küche aufzuhalten und sich gründlich aufzuwärmen, ehe sie die Arbeit in ihren ungeheizten Räumen oder die langen Gebetszeiten in der Kirche beginnen. Er läßt auch weitere Wolldecken ausgeben und sorgt für warme Fußbekleidung. »Hoffentlich haben die beiden am Mindelsee genügend Wintervorräte!« meint Bruder Eddo besorgt. »Zur Zeit kommt niemand zu ihnen durch.« Bruder Gersmar berichtet, daß sogar der große Bodensee zugefroren ist. »Dann wird allenthalben die Not wachsen«, fürchtet Abt Pirmin. »Weist keinen Bedürftigen ab!« Unwillkürlich wandern seine Gedanken zu den halbwilden Männern im Wald von Schienen. Wie mag es ihnen ergehen? Sie werden sicher keine geordneten Vorräte für den Winter gesammelt haben? Ob sie wieder Raubzüge gegen Höfe und Weiler unternehmen, um sich das Notwendige mit Gewalt zu beschaffen? Über den zugefrorenen Gnadensee kommt mancher Arme auf die Klosterinsel. Halb verhungert und fast erfroren, bittet er um der Liebe Christi willen um ein warmes Plätzchen und um einen Bissen Brot. Die Anweisung des Abtes, keine Bedürftigen abzuweisen, stimmt den Cellerar bei der Menge der Hilfesuchenden langsam bedenklich. »Ich habe festgestellt, daß auch Konstanzer Leute unter den Bettlern sind. Könnte nicht in der Stadt für sie gesorgt werden?« »Fürchtet Ihr am Ende wieder, Eure Vorräte könnten zu rasch abnehmen, Bruder Ermanold? Wollt Ihr wirklich auch nur einen dieser armen Menschen der ›Barmherzigkeit‹ eines Audoin ausliefern? Dann könnt Ihr ihn auch gleich auf dem Eis des Gnadensees aussetzen und ihn verhungern oder erfrieren lassen.« Mit besonderem Mitleid wendet sich der Abt einer jungen, verhärmten Frau mit zwei kleinen Kindern zu. Die drei Menschen stecken in erbärmlichen Lumpen, zittern vor Kälte und haben blaugefrorene Hände. Die beiden Kinder greinen leise wimmernd vor sich hin. Wahrscheinlich besitzen sie nicht mehr die Kraft, um laut zu weinen. Abtbischof Pirmin führt sie in das Gästehaus. Im Kamin brennt ein helles Feuer aus Buchenscheiten. »Leute, macht Platz für die Frau und ihre Kinder!« fordert er die Bettler auf, die dicht am Feuer lagern. »Verdammtes Lausepack!« knurrt ein recht wohlgenährter Mann, aus dessen Gesicht weder Not noch Elend sprechen. Pirmin zieht drohend seine dunklen Brauen zusammen und wiederholt, ohne dabei die Stimme zu heben: »Macht Platz!« Widerwillig und gewollt ungeschickt und langsam rücken die Bettler ein Stück zur Seite. Die arme Frau zögert ängstlich. Sie fürchtet sich vor den Männern, die sie böse anstarren. Da schiebt der Abt sie und die Kinder nahe an das Feuer heran. Er selbst bringt ihnen Brot und warme Milch. Unter den gierigen Blicken der anderen Bettler, die zusehen, als wollten sie einen jeden Bissen nachzählen, verzehren die Frau und ihre Kinder hastig die Mahlzeit. Sie beeilen sich dabei so sehr, als ob sie befürchten würden, die anderen könnten ihnen das Brot aus der Hand reißen. Abt Pirmin überschaut derweil die Bettlerschar. »Bis auf das Väterchen dort in der Ecke seid ihr, Männer, alle kräftig und gesund. Darum wird euch Arbeit bestimmt nicht schaden. Kommt mit mir! Bruder Pedro wird euch zeigen, wo ihr Bäume fällen könnt. Es schneit ja nicht mehr. Darum können einige von euch im Klosterhof Äste zu Brennholz zerkleinern.« Mit langen Gesichtern und halblautem Murren befolgen die Bettler seine Anweisungen. »Die Frau da braucht natürlich nichts zu tun«, zischt der Wohlgenährte boshaft und wirft ihr einen giftigen Blick zu. Sie kauert am Feuer und hat die dünnen Arme um die Schultern der Kinder gelegt, die sich eng an sie schmiegen. Pirmin beugt sich zu ihr nieder. »Wie kamt Ihr in eine solche Not, Frau?« Trotz ihrer Lumpen sieht er an ihrem Gesicht, daß sie nicht immer arm gewesen ist. »Mein Mann war Anführer der Söldner bei Bischof Audoin. Wir hatten unser gutes Auskommen. Da wurde er schwer verletzt und starb. Obwohl ich mit meinen Kindern ohne seinen Sold nichts zum Leben hatte, gab der Herr Bischof meinem Flehen nicht nach. Er ließ uns aus dem Haus werfen und verweigerte uns jede Hilfe. Nach und nach habe ich unsere Habe verkauft. Dann fand ich Arbeit bei einem Bauern. Er ließ uns im Stall wohnen. Aber in einem solchen Winter hat er für uns keine Arbeit mehr. Ich mußte betteln und hörte dabei von Eurer Mildtätigkeit. So setzten wir unsere letzte Hoffnung auf die Augia.« Die Not dieser Frau und ihrer kleinen Kinder erschüttert den Abt. Hat dieser Audoin überhaupt kein Herz? Dieser Frau und ihren Kindern muß geholfen werden. »Seid beruhigt, gute Frau! Wir werden Euch irgendwie helfen, Euch und Euren Kindern. Bleibt zunächst einmal hier im Raum und wärmt Euch gründlich!« Die Bettler hacken Äste klein oder arbeiten als Holzfäller in dem nahen Wäldchen. Einige haben es allerdings vorgezogen, sich über den Gnadensee nach Allensbach abzusetzen. Mit Arbeit haben sie nicht gerechnet ... Bruder Pedro ist bei seinen Holzarbeitern ein gar gestrenger Vormann, der kein Faulenzen zuläßt und selbst tüchtig mit anpackt. Sein Wahlspruch ist: »Fleißige Arbeit macht warm!« Tatsächlich geraten die Bettler beim Holzfällen ins Schwitzen. Um die Mittagszeit sind sie zu müde und zu hungrig, um sich mit der Frau und ihren Kindern anzulegen. Die drei sind vor dem Feuer eingeschlafen. Sie müssen zuerst geweckt werden, als die Mahlzeit angekündigt wird. Zwei Brüder kommen mit einem großen Kessel voll nahrhafter Gemüsesuppe; andere bringen Schalen und Löffel für die armen Gäste. Die Suppenschalen werden bis zum Rand gefüllt. Zwischen Gemüse und Getreidekörnern schwimmen zahlreiche Fleischbrocken. Zur Suppe erhält jeder eine dicke Scheibe dunkles Brot. »Wir wollen beten!« sagt Abt Pirmin, als einige sofort mit dem Löffeln beginnen wollen. Er spricht ein Tischgebet. Nach dem Amen setzt die große Stille ein, hie und da unterbrochen durch ein Schlürfen und Schmatzen oder durch die Bitte: »Bruder, darf ich noch ein bißchen Suppe haben? Sie schmeckt so gut!« Als alle versorgt sind, verläßt Abt Pirmin mit Bruder Eddo das Gästehaus. Es ist ein klarer Tag. Die Kälte hat ein wenig nachgelassen. Der scharfe Nordostwind ist eingeschlafen. »Hoffentlich wird es bald wärmer«, meint Bruder Eddo. »Ja, es wäre zu wünschen, daß die Hauptmacht des Winters gebrochen ist«, stimmt ihm der Abt zu. »Wir werden unsere Vorräte strecken müssen, wenn wir weiterhin so viele Bettler beköstigen müssen. Nun, wir werden schon einen Weg finden, um alle zu versorgen. Aber was machen wir mit dieser jungen Frau aus Konstanz und ihren Kindern? Wir können sie unmöglich in das

Elend entlassen. In Konstanz hat sie keine Bleibe.« »Darf ich Euch einen Vorschlag machen, Vater Abt?« Erfreut horcht Pirmin auf. »Unser Schnitzermeister Luigi könnte jemanden gebrauchen, der für seinen Haushalt sorgt. Dann hat er mehr Zeit für seine Schnitzereien und mehr Ordnung in seinen Räumen und in seiner Kleidung. In der Werkstatt neben seiner Hütte sind zwei leere Räume, in denen er Holz und andere Werkstoffe lagern wollte. Wenn wir sie ein bißchen herrichten lassen durch unseren Bruder Zimmermann, könnte dort die Frau mit ihren Kindern wohnen. Im Frühjahr würden wir ihr dann eine eigene Hütte bauen können. Erst gestern stöhnte mir Luigi vor, daß es ihm schwer werde, seine Hütte auch nur einigermaßen sauberzuhalten, zu kochen, seine Kleider zu waschen und zu flicken und genügend Zeit für seine Schnitzereien zu finden. Er ist ein Künstler und für häusliche Dinge kaum tauglich. Was meint Ihr zu meinem Vorschlag, Vater Abt?« »Ich wundere mich immer wieder darüber, daß Ihr viel praktischer seid und rascher Abhilfe findet als ich, Bruder Eddo! Ich freue mich neidlos darüber. Ich finde Euren Vorschlag ausgezeichnet. Sprecht bitte mit Meister Luigi und holt seine Zustimmung ein! Wißt Ihr, um wen ich mir in diesen kalten Tagen immer wieder Gedanken mache? Ich habe Sorge um die Männer im Wald von Schienen. Sie leiden bestimmt Not.« Mit großen Augen staunt der Bruder ihn an. »Vater, was seid Ihr für ein Mensch! Helmwart wollte Euch ermorden und Ihr sorgt Euch um ihn?« Abt Pirmin wehrt leicht verlegen ab. »Er ist mir damals sehr nahegekommen. Das wird es wohl sein.« Mit einiger Spannung sieht er einem Mann entgegen, der eilig über das Eis des Gnadensees daherkommt. »Ist das nicht Godwin? Ob er wohl eine Nachricht für uns hat?« Atemlos gelangt der Fischer bei den Mönchen an, nimmt seine Kappe ab und sagt: »Vater Abt, Bruder Egno schickt mich zu

Euch. Er möchte euch die Sorge um den Einsiedler am Mindelsee nehmen. Er ist gestern unter großen Mühen bis zu ihm vorgedrungen. Dem Alten und seinem Gefährten Frowin geht es gut. Der Mindelsee ist zugefroren, aber die beiden haben Löcher ins Eis geschlagen und haben einen guten Fischfang. Die Vorräte reichen noch lange.« »Ich danke dir, Godwin! Geh' ins Gästehaus und lasse dich versorgen, ehe du den Rückweg antrittst. Bruder Eddo, der alte Mann am Mindelsee ist erstaunlich zäh. Als ich zum ersten Mal bei ihm war, nahm ich an, daß er so gebrechlich sei, daß er keinen Winter überstehen würde.« Der Mönch lächelt ihm zu. »Jetzt habt Ihr eine Sorge weniger, aber ich weiß, daß Euch Helmwart und seine Männer weiterhin beschäftigen.« Pirmin nickt. »Ihr kennt mich gut, Bruder Eddo. Ich kann es nicht leugnen, daß sie mich unablässig beschäftigen, seit sie hier waren. Zuerst mußte ich ein Gefühl der Abneigung und des Grolls niederringen. Es war eine demütigende Erfahrung für mich, daß ich hier auf unserer Insel ohnmächtig in ihrer Hand war. Aber dann konnte ich an sie denken, als seien sie meine Brüder. Liebet eure Feinde! Es fällt mir sehr schwer, Audoin von Konstanz zu lieben. Warum sollte ich dann diesen Heiden Helmwart und seine Männer von meiner Liebe ausschließen, weil sie unseren Herrn nicht kennen und nicht lieben? Sie haben wenigstens eine Überzeugung, für die sie sich einsetzen. Ist es nicht schlimmer, das Christentum als Mittel zum Zweck, als Mittel zur Macht zu benutzen?« Nach einigen Tagen, an denen das Wetter milder zu werden scheint, setzt erneut Frost ein. Die Tage sind klar, aber sehr kalt. Wie gerne wäre der Abt nach Schienen gefahren! Aber der Gnadensee ist aufs neue mit einer geschlossenen Eisschicht bedeckt, die sich aber in Richtung Schienen in einzelne Schollen auflöst. Soll er sich auf dem Landweg nach dort begeben? Wie will er auf ungebahnten Wegen vorankommen?

Mit Pferd und Wagen wird er es nicht schaffen, und er möchte den Männern Vorräte mitbringen. Er überlegt hin und her, will nach Markelfingen wandern und sich von dort aus vorwagen. Er will es mit Bruder Eddo überlegen, da wird ihm die Entscheidung abgenommen. An einem eiskalten und nebeligen Februartag wird es nicht richtig hell. Die Welt ringsum besteht scheinbar nur noch aus den wenigen Schritten, die man sehen kann. Der feuchte und kalte Nebel dringt überall ein und erschwert das Atmen. Unaufhörlich brennen die Feuer im Refektorium, im Gästehaus und in der Küche. Freiwillige Helfer stehen den Brüdern heute bereitwillig zur Seite und schleppen Äste und Brennholz herbei. Über den Gnadensee tappen einige dicht vermummte Männer auf die Insel zu. Sie stützen sich schwer auf knorrige Stöcke und bewegen sich mühsam auf der dicken, unebenen Eisdecke voran. Am Ufer verharren sie eine Weile und ringen keuchend nach Atem, ehe sie wie Blinde voranwanken. Bruder Pedro, der gerade Brennholz für seine Klosterschüler holen will, erschrickt, als die wildbärtigen, schwankenden Gestalten aus dem Nebel vor ihm auftauchen. Eisstückchen hängen in den wirren Bärten und den langen Haaren der zerlumpten Männer. Einer kommt geradewegs auf ihn zu, hustet und krächzt mit heiserer Stimme: »Heh, Bruder, kannst du ...« Aber, mein Gott, das ist ja Helmwart, der schreckliche Heide aus den Wäldern von Schienen! Mit einem Ausruf des Entsetzens läßt Bruder Pedro seine Holzscheite fallen und stürzt mit wehender Kutte davon. »Vater! Vater Abt!« ruft er angstvoll und reißt die Tür der Cella des Abtes auf. Befremdet hebt Pirmin seinen Blick vom Pergament, auf das er beim Schein einer Kerze gerade schreibt. Ehe er eine Frage stellen kann, was Bruder Pedros stürmischer Eintritt zu bedeuten habe, stammelt der aufgeregt: »Vater, die ... die Heiden von Schienen sind da! Helmwart und die anderen!« Pirmin faltet seine Hände und sagt mit sichtlicher Erleichterung: »Gott sei Dank!« Jetzt hat er es eilig. Er verläßt die Cella und vergißt sogar, die Kerze zu löschen. Das besorgt der völlig verstörte Bruder Pedro. Er kann die Welt nicht mehr verstehen. Der Vater freut sich über das Kommen dieser furchtbaren Männer.

Die stehen immer noch an der gleichen Stelle, seltsam schwankend und zusammengesunken, schwer auf ihre Stöcke gestützt. Der Abt eilt zu ihnen. »Helmwart und ihr anderen, seid willkommen!« begrüßt er sie, als seien sie seine besten Freunde. »Wie gut, daß ihr gekommen seid! Geht mit mir!« Er stützt Helmwart, dessen unsicheren Gang er bemerkt und führt ihn in die Wärme des Gästehauses. Dort hocken bereits wieder etliche Bettler von beiden Ufern des Sees. Sie blicken den Ankömmlingen nicht gerade begeistert entgegen. Ein Raunen und Flüstern weht durch den Raum. Helmwart, ist das nicht der gefürchtete Heidenpriester aus den Wäldern am Höri? Sie rücken ängstlich zur Seite, so daß Helmwart und seine Männer bis zum Feuer gelangen. In der Wärme beginnt das Eis in ihren Haaren und auf ihren Kleidern zu tauen. Dampfwölkchen steigen auf. »Ich sorge dafür, daß ihr etwas zu essen bekommt.« Nach dieser Ankündigung will der Abt den Raum verlassen. Da erreicht ihn die krächzende, aber unverkennbar aufsässige Stimme des Helmwart: »Wir sind nicht nach hier gekommen, um uns bekehren zu lassen.« »Das weiß ich, Helmwart«, antwortet Herr Pirmin friedlich. »Die Not hat euch hergetrieben.« Die Männer werden auf sein Geheiß gut und reichlich versorgt. Sie erhalten am Abend alle einen Strohsack und eine Decke für die Nacht. Am nächsten Tag sieht sich Abt Pirmin ihre recht mangelhafte Kleidung an und gibt Weisung, ihnen mit manchem Teil aus der Kleiderkammer auszuhelfen, wenn es auch ein Gewand ist, das für den

Klostergebrauch bestimmt war. Mancher Lumpenkittel wandert ins Feuer. Die Haltung des Helmwart und seiner Männer wird darum nicht freundlicher und verbindlicher. Die Brüder beginnen über die ihnen unverständliche Güte des Abtes gegenüber diesem undankbaren Volk aus den Wäldern zu murren. Bei der nächsten Kapitelversammlung macht sich Bruder Anselmo zum Wortführer derer, die den Abt in diesem Falle für zu großherzig halten. »Wie danken Euch diese Männer Eure Güte, Vater Abt? Kaum ging es ihnen besser, als sie das gleiche Verhalten an den Tag legten wie beim ersten Mal. Sie verspotten unsere Religion und denken nicht daran, für alle erwiesenen Wohltaten einen Dank zu sagen. Sie nehmen alles als selbstverständlich hin.« Mit dem Rot der Erregung auf den Wangen setzt sich der Romane wieder hin, ein Bild der Selbstgerechtigkeit und Selbstzufriedenheit. Das mußte einmal gesagt werden! Abt Pirmin läßt sich mit seiner Antwort Zeit. Zum Erstaunen aller weist er dann Bruder Anselmo nicht zurecht. Er stellt nur einige Gegenfragen: »Wie danken wir Mönche für die Güte Gottes? Geht es uns gut, so vergessen wir Ihn nicht selten ganz. Unser Verhalten zeigt, daß wir uns und unseren eigenen Zielen dienen. Leben wir oft das nicht, was wir gelobt haben? Nehmen wir nicht alle Wohltaten Gottes als selbstverständlich, als uns zustehend hin? Vergessen wir nicht allzu oft das Danken?« Bruder Anselmo hat keine unmittelbare Antwort auf seine Beschwerde erhalten, und er muß zugleich zugeben, daß Abt Pirmins Worte der Wahrheit entsprechen. Er fühlt sich gedemütigt und wirft Bruder Gersmar einen auffordernden Blick zu. »Darf ich um das Wort bitten, Vater Abt?« Gersmar erhebt sich. Sein schmales Aszetengesicht wirkt verkniffen. »Ich möchte ein ernstes Problem vortragen und den Brüdern zur Erwägung vorlegen«, beginnt er. Spannung macht sich breit. Was will dieser Bruder Gersmar, den sie scherzhaft den Hüter des Gesetzes nennen, wohl vorbringen? Wahrscheinlich geht es wieder um irgendeine Haarspalterei in der Deutung der Ordensregel. »Wir haben ein Problem auf unserer Klosterinsel, das unbedingt aus der Welt geschafft werden muß.« Jetzt horcht auch der Abt auf. Was hat dieser manchmal zu engstirnige und buchstabengerechte Hüter des Gesetzes nur vor? »Es geht um die Frau!« Er macht eine Kunstpause. »Ja, um die Frau, die hier auf der Insel lebt.« »In den Familien unserer Fischer und Bauern leben etliche Frauen auf unserer Insel«, sagt der Abt verständnislos. »Die meine ich nicht! Ich denke an die junge Frau, die mit ihren beiden Kindern neben der Hütte von Meister Luigi wohnt. Sie ist eine junge, alleinstehende Person, und sie bildet somit eine Gefahr für Sitte und Moral auf der Augia.« Die Brauen des Abtes ziehen sich zusammen. »Wollt Ihr die arme Frau schmähen, Bruder?« »Das liegt mir völlig ferne, Vater Abt! Sie mag das tugendhafteste Wesen sein, aber sie stellt dennoch in sich eine immerwährende Gefahr dar, weil sie nicht verehelicht ist und ...« Schroff unterbricht ihn der Abt: »Ihr braucht das nicht weiter auszuführen. Ich weiß, was Ihr meint, Bruder! Ein solcher Gedanke wäre mir nie gekommen. Ich wollte nur die Not der Frau und ihrer beiden Kinder lindern, als ich ihr auftrug, für den Haushalt des Meisters Luigi zu sorgen. Wie kommt Ihr nur auf solche Gedanken, Bruder?« »Einige Brüder und ich, wir machen uns seither Sorge um das sittliche Wohlverhalten unserer Brüder, namentlich der jüngeren«, gibt Bruder Gersmar überheblich zurück. »Haben Euch die Brüder oder hat Euch die Frau Ursache gegeben, solche Befürchtungen zu hegen?« fragt Pirmin zornig. »Immerhin sahen wir, daß einer unserer jungen Brüder ihr Brennholz brachte«, stellt Gersmar fest. »Und dahinter vermutet Ihr etwas Schlechtes? Bruder, Bruder, schaut in Euer eigenes Herz!

Mutmaßungen haben immer ihren Grund und Boden im eigenen Herzen und in den eigenen Gedanken. Das gilt für Euch, Bruder Gersmar und für alle, die Euch zum Sprecher erkoren haben.« Dann hebt der Abt mit den Schlußgebeten das Kapitel auf.

»Sie werden keine Ruhe geben, Vater Abt«, seufzt Bruder Eddo traurig. »Nun haben sie ein Thema, das sie ausgiebig durchhecheln können. Nun können sie sich scheinheilig entrüsten und auf der Jagd nach Schlechtem sein, das nur in ihren eigenen Vorstellungen besteht. Sie werden sich nicht scheuen, der Frau Vorhaltungen zu machen ...« »Und was sollen wir tun, Bruder Eddo? Muß ich die Frau mit ihren Kindern von der Insel verweisen? Soll ich mich wieder an die Güte der Frau Gerhildis wenden müssen, nur weil einige unserer Brüder böse Gedanken haben?« Pirmin weiß keinen Rat. In seinen Gedanken war nie auch nur der Schatten eines solchen Verdachtes aufgetaucht. Wie soll er sich verhalten, ohne die Liebe zu verletzen? Er darf den Vorstellungen dieser Gesetzeshüter keine neue Nahrung geben, aber er muß auch weiterhin der Frau zu helfen versuchen. Schließlich begibt er sich zu Meister Luigi. Eine Weile bewundert er die Werkstücke, an denen der Schnitzer arbeitet, und er erschrickt bei einem Relief der Gottesmutter aus Elfenbein. Trägt das Antlitz der hohen Frau nicht deutlich die Züge jener Frau, die Bruder Gersmar als Gefahr für die Insel bezeichnet hat? »Ihr habt es bemerkt, Vater Abt?« fragt Meister Luigi sanft. »Ich habe Maria ihre Züge gegeben, die Züge einer guten Mutter.« Abt Pirmin nickt und scheut sich, erneut das Wort zu ergreifen. Meister Luigi kommt ihm zuvor. »Ich habe die Frau liebgewonnen, Vater Abt. Ich möchte sie heiraten und ihren Kindern ein guter Vater sein. Ich bin zwar viel älter als sie, aber bei mir hat sie Heim und Geborgenheit. Seid Ihr damit einverstanden?« »Von Herzen gern, Meister Luigi!« ruft der Abt erleichtert aus und wirft dem Relief der Gottesmutter einen freundlichen Blick zu. »Ich werde Euch trauen.« In den Tagen nach der schlichten Hochzeitsfeier, die den Gesetzeshütern die Waffen aus der Hand nimmt, wird auch das Wetter milder. Die Eisdecke auf dem Gnadensee zerbirst in einzelne Schollen. Diese schmilzen unter einem linden Wind und einer wärmenden Sonne rasch dahin. Überall auf der Insel führen kleine Rinnsale das Schneewasser fort. Die Büsche tragen zartes Grün, und die Obstbäume zeigen dicke Knospen. Mit einem abendlichen Schneeschauer verabschiedet sich der Winter endgültig. Der Schnee bleibt nicht liegen. Am nächsten Morgen zeigt sich die Insel frisch und klar im Sonnenlicht, und auf dem See glitzern und funkeln tausend Sonnensternchen im Wasser. Ein Bettler nach dem andern begibt sich wieder auf Wanderschaft. Mancher verschwindet einfach, ohne sich mit einem Dankeswort für die gewährte Unterkunft aufzuhalten. Mit neuem Mut reinigen die Brüder das Gästehaus nach ihrem Abzug. Das ist ein mühsames Werk, bei dem mancher Strohsack, der voller Ungeziefer ist, draußen im Feuer landet. Laienbruder Johannes reckt und streckt sich zufrieden, als der letzte Schmutz aus dem Gästehaus gefegt und geputzt ist. Mißtrauisch beobachtet er dabei Helmwart und seine Männer, die in ihren seltsam zusammengewürfelten, halb klösterlichen Gewändern bei der Cella des Abtes herumstehen. »Hoffentlich kommt diese Bande nicht ins Gästehaus zurück!« lautet sein weltlicher Stoßseufzer. Wie anmaßend haben sich diese Halbwilden in all den Wochen verhalten, fordernd und grob! Helmwart will sich nur von Pirmin verabschieden. »Wir wissen, daß wir Euch unser Leben schulden, Bischof. Ohne Euch wären wir in den Wäldern verhungert oder erfroren. Was wollt Ihr dafür von uns haben?« stößt er finster und unwirsch hervor. »Ihr seid mir nichts schuldig, Helmwart. Ich habe nur das getan, was mein Gott von mir will. Ihm schuldest du alles.« »Ich bin nicht gerne Schuldner«, knurrt Helmwart böse. »Dann überlege dir, wie du deine Schuld abbezahlen kannst«, erwidert Pirmin. »Ich lasse euch übersetzen.« Ohne ihm ein Wort des Dankes oder des Abschieds zu sagen, steigen Helmwart und seine Männer in den Kahn. Am anderen Ufer stapfen sie wortlos davon. »Undankbares Gesindel!« schimpft Bruder Werinher aus dem Kahn hinter ihnen her.

Auf der Insel stehen die Bäume in voller Blüte, als Herr Marquard eintrifft. Er kommt allein. Abt Pirmin freut sich über sein Kommen und heißt ihn herzlich willkommen. »Wo habt Ihr Eure Gefährten gelassen, Herr Marquard? Sind sie in Rom geblieben?« »Zwei meiner Männer sandte ich voraus. Sie werden jetzt in Jopilla angekommen sein und Hausmeier Karl mein Schreiben überreicht haben. Die anderen sandte ich von Konstanz aus nach Hause. Sie waren bis gestern bei mir.« Pirmin weiß, warum Marquard dies getan hat, aber er stellt dennoch die Frage: »Warum seid Ihr allein zur Augia gekommen, Herr Marquard?« »Das fragt Ihr mich noch, Vater? Die Pilgerfahrt nach Rom bestärkte mich nur in meinem Entschluß, ins Kloster einzutreten. Am Grab des heiligen Petrus gelobte ich, mein Leben Gott zu weihen. Wenn Ihr mir den Eintritt in Eure Mönchsgemeinde nicht gestattet, werde ich Eremit.« Bischof Pirmin lächelt. »Eine gar fürchterliche Drohung, mein Freund! Ich werde meine Brüder fragen, ob sie Euch haben wollen.« Die Gemeinschaft der Mönche nimmt den Rompilger begeistert in ihre Reihen auf. Ehe sich der Novize seiner weltlichen Habe entledigt und die Kutte anzieht, fällt ihm ein Versäumnis ein. Unter seinen Sachen entdeckt er eine kleine Pergamentrolle, an die er nicht mehr gedacht hatte. »Vater Abt, nun kann ich Euch gleich mein erstes Vergehen eingestehen:

ich habe vergessen, Euch diesen Brief zu geben. Der Heilige Vater hat ihn mir für Euch anvertraut.« Das Schreiben enthält nur wenige Zeilen, freundliche und aufmunternde Segensworte des Papstes. Um so umfangreicher ist ein anderes Schreiben, das ein Bote aus Jopilla dem Abt überbringt. Der Brief enthält eine scharfe Rüge. Darin heißt es unter anderem: »Eigentlich bedauern wir, daß wir Euch, einem Landfremden, die Gründung des Klosters auf der Sintlasau anvertraut haben! Wie konntet Ihr es wagen, Herrn Marquard, einen meiner reichsten Grundherren, in Euer Kloster zu locken? Ferner ward uns Kunde von Eurer zu großen Milde gegen Eure Untertanen. Ihr treibt den Zehnten nur ungenügend ein. Nehmt Ihr etwa an, Ihr könntet immer aus meiner Schatulle leben?« In diesem verletzenden Ton ist das ganze Schreiben gehalten. Offensichtlich haben Leute aus dem Alemannenland, die Bischof Audoin und Herzog Lantfried nahestehen, am fränkischen Hof Gehör gefunden. Die ungerechten Vorwürfe des Majordomus tun ihm weh, aber andererseits tönt es für ihn aus dem Wortlaut des Briefes wie ein Signal zur Freiheit. Ist er nicht durch dieses Schreiben aller moralischen Verpflichtungen gegen den Herrscher ledig? »Die Schlinge ist zerrissen, und wir sind frei!« Das Kloster auf der Augia wird ohne festere Bindung an das fränkische Herrscherhaus auf eigenen Füßen stehen und für Christus und seine Kirche wirken. Das junge Werk hat den Segen von Papst Gregor II. Was will er mehr?
Sorgfältig ist er darauf bedacht, alle Pflichten seines Amtes mit Bruder Eddo zu teilen, den die Brüder längst ohne Gegenstimme zum Prior gewählt haben. Er überlegt mit ihm jeden Schritt, den er unternimmt. Wiederholt läßt er ihn predigen und bittet ihn, die Unterweisung der Brüder an seiner Stelle zu halten. »Vater Abt, seid Ihr dabei, Euren Abschied einzulei-

ten?« fragt ihn Bruder Ermanold eines Tages offen. »Mein Bündel ist geschnürt, lieber Bruder«, erwidert Pirmin ruhig. »Ich habe allerdings noch einen Wunsch.« Er deutet nicht an, um was es sich handelt, und der Bruder wagt nicht danach zu fragen. Vorsichtig tastet er sich voran, um auf andere Weise etwas Näheres gewahr zu werden. »Wir werden im Herbst erstmals so viele Trauben ernten, daß wir Wein daraus gewinnen können, Vater Abt.« Pirmin lächelt und schweigt. Er hat die Absicht des Bruders herausgespürt.

An einem heiteren Sommertag meldet Bruder Otger dem Abt, daß Fischer Godwin wieder einmal gekommen ist und ihn zu sprechen wünscht. Pirmin holt den Mann in seine Cella und heißt ihn sich setzen. Mit Wohlwollen betrachtet er den treuen Mann im Fischerkittel. »Nun, was führt dich dieses Mal zur Augia?« fordert er ihn freundlich auf. Godwin knetet verlegen seine kräftigen Hände ineinander. Die Worte wollen sich nicht einstellen. Das Reden fällt ihm dieses Mal schwerer denn je. Er muß dem allseits beliebten Vater Abt eine traurige Botschaft bringen. Der Abt wartet geduldig. Endlich beginnt Godwin nach einem tiefen Atemzug: »Vater Abt, ich muß Euch heute etwas ganz Übles sagen, und ich tue es gar nicht gerne.« Pirmin lächelt ihm ermutigend zu und versucht zu scherzen. »Ja, das wäre auch schlimm, wenn du mir gerne eine schlechte Nachricht bringen würdest, nicht wahr?« Godwin geht auf den Scherz nicht ein. Seine Miene wird noch bedrückter. Er rafft sich zusammen und stößt hervor: »Man will Euch gefangennehmen!« Unwillkürlich zuckt der Abt bei diesen Worten zurück. »Wer will mich gefangennehmen?« fragt er hastig. »Audoin schickt seine Söldner. Mein Schwager, der Pferdeknecht beim Bischof ist, hat es mir verraten. Ich wollte Euch warnen, Vater Abt. Dieses Mal meint Audoin es ernst. Wenn die Mönche euch verteidigen, will er das Kloster zerstören lassen.« Nun ist es so weit! Pirmin erblaßt. Er schließt einen Augenblick lang die Lider. Er hat den Schlag erwartet, und dennoch trifft er ihn schwer. Nun gibt es keinen Ausweg mehr. Er muß die Augia verlassen, wenn er sie nicht gefährden will. »Ich danke dir für deine Treue, Godwin, die du mir vom ersten Tage an bewiesen hast! Sprich mit niemandem darüber. Benimm dich ganz unbefangen, bis ich die Augia verlassen habe!« Beide Männer reichen einander die Hände. Für Abt Pirmin hat damit der Abschied von der Augia bereits begonnen. Als Godwin die Cella verlassen hat, bleibt er eine Weile ganz still sitzen. Dann hat er seinen Entschluß gefaßt. Er geht zum Glockengerüst und zieht am Glockenseil wieder und immer wieder. Laut hallt die Glocke der Frau Gerhildis über Insel und See. Von allen Seiten strömen die Brüder zusammen. »Was gibt es?« fragen sie einander. »Gehet bitte in die Kirche, liebe Brüder! Ich möchte Euch etwas Wichtiges mitteilen«, erwidert Abt Pirmin mit ernstem Gesicht. »Was ist wohl geschehen?« Während die Spannung in der Schar der Brüder spürbar steigt, geht Abt Pirmin in die Sakristei, ein ungewöhnlicher Vorgang. Die Mönche verharren schweigend in ihren Bänken, die Hände in den Kuttenärmeln verborgen. Ruhig brennen zwei hohe Kerzen auf bronzenen Leuchtern, die der Schmied Bruder Gosbert angefertigt hat. Bruder Marquard muß hart schlucken. Ihn erinnert diese abendliche Szene an zwei andere Abende, an denen er Pirmin bei Kerzenschein in einem Gotteshaus aufgesucht hat – in der Burg Marquard und in der Pfalz Jopilla. Beide Begebenheiten waren wie Meilensteine auf dem Weg des Wanderbischofs Pirminus. Wird auch dieser Abend eine solche Station und zugleich der Beginn eines neuen Weges für ihn sein? Als die festen Schritte des Abtes ertönen, beginnt das Herz seines neuen Mitbruders rascher zu klopfen. Mit dem kreuzförmigen Reliquiar, dem

Enkolpion, auf der Brust und dem neuen Hirtenstab in der Rechten tritt der Abtbischof unter das große Altarkreuz, ein Werk des Luigi, ein Kreuz auf ruhigen Wellen. Im Kerzenlicht wirkt das Antlitz des Abtes hager und abgespannt. Die dunklen Augen liegen tief in den Höhlen. Aber seine Stimme ist klar und gefaßt und volltönend wie immer. »Meine lieben Söhne und Brüder in Christo, all das, was heute gesagt werden muß, wollen wir sogleich unserem Herrn Jesus Christus schenken und klaglos auf dem Wege voranschreiten, den Er uns zu gehen heißt. Nichts geschieht von ungefähr. Alles ist Gnade, und gerade das Kreuz ist ein Zeichen Seiner Nähe. Unser guter Herr schenkte mir fast drei Jahre auf unserer geliebten Augia, in denen wir miteinander wirken und aufbauen durften. Dank sei Gott dafür. Dank sei Euch für all Eure Treue und Euer selbstloses Mühen! Dank sei Euch für all Eure Nachsicht, mit der Ihr, liebe Brüder, mein häufiges Versagen, mein ungestümes Wesen und meine anderen Fehler ertragen habt! Verzeiht mir, wenn ich Euch wehgetan habe. Ja, verzeiht mir und betet für mich, denn nun ist es für mich an der Zeit, von Euch zu gehen ...« Ein Murmeln des Entsetzens, des Protestes, will sich erheben. »Bitte, sagt nichts dazu, meine Brüder! Ich will Euch erklären, warum ich gehen muß. Es geschieht unserer Augia zuliebe. Ihr wißt, daß Audoin von Konstanz mir immer ablehnend gegenüberstand. Mittlerweile ist seine Abneigung gegen mich so gewachsen, daß er unser Kloster nur dann bestehen lassen will, wenn ich es verlasse. Dazu bin ich schweren Herzens bereit, weil ich glaube, daß auch ein Audoin nur ein Werkzeug in der Hand eines Höheren ist. Gott heißt mich wieder wandern. Ich muß bald gehen, wenn ich die Gefahr von der Augia abwenden will. Wenn Ihr der gleichen Meinung seid wie ich, bitte ich Euch, Bruder Eddo als meinen Nachfolger anzuerkennen! Ich möchte nicht alleine gehen, sondern wie ehe-

dem einige Mönche bei mir haben, und zwar zwölf an der Zahl. Ich will Euch auch die nächste Station des Wegs verraten, den der Herr mich gehen heißt. Herzog Eberhard von Egisheim, der Vater unserer Gönnerin Frau Gerhildis, möchte im waldreichen Gebirge der Südvogesen ein Kloster gründen, genauer gesagt im Tal des Murbaches. Bischof Widegern von Straßburg ist dieser geplanten Gründung wohlgesonnen, und Majordomus Karl hat bereits seine Zustimmung dazu gegeben. Ein Schutzbrief für das Kloster an dem Murbach ist in Vorbereitung. Überlegt nun miteinander, meine lieben Brüder, wer von Euch die Kraft hat, die Augia zu verlassen und in der Fremde mit mir ganz von vorne zu beginnen!« Dann segnet er sie feierlich und verläßt das Gotteshaus. Hinter ihm wird erregtes Reden, Fragen und Schluchzen laut, dem Bruder Eddo zuerst keinen Einhalt gebietet. Die übervollen Herzen der Brüder müssen sich Luft machen. Es wird eine lange, erregte Aussprache werden.
Der Abt geht mit dem Bischofsstab in der Hand, ohne recht zu wissen, was er tut, an das Ufer des Gnadensees. Dort verweilt er lange, steht regungslos im zunehmenden Dunkel, horcht auf das leise Lied der Wellen, das Rauschen im Röhricht und auf das Pochen seines eigenen Herzens. In seinen Augen brennen ungeweinte Tränen, und der Kummer bereitet ihm ein Gefühl der Übelkeit. Nein, es wird ihm nicht leicht, diese Insel zu verlassen, der er viel von seiner Lebenskraft geopfert hat! War es nicht erst gestern, daß Eddo hier am Ufer stand? Eine geheimnisvolle Gestalt im ersten Morgenlicht, in der er den Herrn zu sehen glaubte? »Als der Morgen dämmerte, stand Er am Ufer ...« War Er nicht wirklich die ganze Zeit mit ihnen auf dieser Insel gewesen? Würde Er den Mönchen nicht beistehen in den kommenden Tagen, Jahren, Jahrzehnten und Jahrhunderten? In dieser Abendstunde am Gnadensee ahnt

Pirmin, daß das Werk auf der Augia so lange Bestand haben wird, wie die Brüder sich in Glaube und Liebe auf den Herrn einlassen, den einen und einzigen Herrn der Augia. »Segne Bruder Eddo, Herr! Segne sie alle, die ich liebe!« betet er innig. Schwer auf seinen Bischofsstab gestützt, wandert er langsam wie ein müder Pilger über seine Insel. Im ersten Morgenschein erreicht er den Hochwart. Er war die ganze Nacht unterwegs. Mit wachen Sinnen verfolgt er das Schauspiel jeden klaren Tages. Der Himmel im Osten wird lichter. Über den Bergen, in denen der Mindelsee liegt, zeigt sich ein erstes goldenes Ahnen. Dann steigt lautlos und majestätisch der feurige Ball der Sonne empor. Der einsame Mann auf dem Hochwart bereitet weit die Arme aus und steht eine ganze Weile da, als wäre er ein lebendiges Kreuz, oder als wolle er mit dieser Geste Insel und See umfassen. Dann segnet er Land und See nach Osten und nach Westen, nach Süden und nach Norden. Die Glocke der Frau Gerhildis mahnt. Er möchte unterwegs bereits einige Psalmen vorwegnehmen, denn er wird zu spät kommen. Nur ein Psalm kommt ihm in den Sinn: »Der Herr ist mein Hirte.«

Nach diesem nächtlichen Rundgang zeigt sich der Abt ruhig und gefaßt. Bruder Eddo nimmt ihm das schwere Amt ab, die zwölf Mönche auszuwählen, die ihn begleiten werden. Kaum einer möchte zurückbleiben, und Pirmin will niemand abweisen. Er vertraut, daß Bruder Eddo die richtige Auswahl treffen wird. Nach ernsten Auseinandersetzungen, die er aber vor dem Abt geheimhält, gelingt es dem Prior, die Zwölfe zu benennen. Natürlich fühlen sich andere übergangen oder benachteiligt, aber er hat die ausgewählt, deren Treue, Verläßlichkeit und Können dem Vater in der Fremde nützlich sein werden. Von den Mönchen, die mit Pirmin aus Spanien gekommen sind, wird keiner mit ihm gehen außer dem Laien-

bruder Pedro. Dem getreuen und schlichten Mann legt Bruder Eddo besonders die Sorge für die Gesundheit und das Wohlergehen des Vaters ans Herz. »Gebt gut auf ihn acht, Bruder Pedro! Eigentlich ist er seit seiner Krankheit nach dem Unfall im See bei Ermatingen nie mehr ganz der alte gewesen. Seine Kraft ist seit damals irgendwie gebrochen, wenn er auch nach wie vor ein starker Mann ist.« Dieses Mal ist der sonst immer zu Scherzen aufgelegte Bruder Pedro ganz ernst, als er dem Prior versichert: »Ich werde tun, was in meinen Kräften steht, Bruder Eddo!« Abt Pirmin sorgt dafür, daß die Reisevorbereitungen keine lange Zeit in Anspruch nehmen. Jeden Tag kann die Drohung, die über dem Kloster liegt, zur Wirklichkeit werden, können von Konstanz plötzlich Kähne mit Söldnern nahen, um das Strafgericht zu vollziehen. Die Reisebündel werden bereits an das Westufer geschafft. Sie sind nicht sehr umfangreich. »Wir werden in Murbach alles Notwendige vorfinden, wie mir Herr Eberhard versichert hat. Ich nehme Kelch, Enkolpion und Bischofsstab mit mir, wie bei meiner Flucht aus Spanien. Allerdings ist es ja jetzt ein neuer Stab mit der Krümme, die Christus über den Wogen zeigt. Ich werde mir dieses Bild jeden Tag anschauen und jeden Tag für Euch und die Augia beten, liebe Brüder!«
An einem hellen, freundlichen Maientag geleiten die Mönche den Vater und seine zwölf Gefährten durch das Grünen und Blühen rings umher zum Westufer. Vögel singen in den Bäumen, Schwalben schwirren durch die Luft, Bienen summen und bunte Schmetterlinge gaukeln vor den Männern über den schmalen Pfad. Die Insel zeigt sich an diesem Morgen in ihrer ganzen Schönheit, und der See leuchtet in reinem Blau. Es scheint, als ob die Natur den Reisenden das Abschiednehmen erschweren wolle. Abt Pirmin schreitet neben Prior Eddo her. »Helmwart wird kommen, Bruder Eddo. Unser Gott läßt das

Herz dieses Mannes nicht mehr los, so sehr er sich dagegen wehrt. Nehmt ihn freundlich auf und führt ihn zu unserem Herrn! Sagt auch bitte all unseren guten Leuten in Allensbach, Markelfingen und Kaltbrunn ein gutes Wort von mir. Ich werde sie in meinen Gebeten nicht vergessen. Vor allem bitte ich Euch, den Alten am Mindelsee und Frowin aufzusuchen. Bringt beiden meinen Segen. – Aber nun bitte ich Euch darum, daß Ihr mich segnet, mein geliebter Sohn!« Den Brüdern steigen Tränen in die Augen, als Pirmin auf dem harten Uferkies niederkniet und andächtig Eddos Segen empfängt. Dann erhebt er sich, schließt Bruder Eddo schweigend in die Arme, löst sich rasch von ihm und segnet wortlos die Brüder. Er hastet förmlich zum Kahn, als könne er es nicht erwarten, die Insel zu verlassen. Er wendet sich nicht mehr um, als das Gefährt vom Ufer abstößt. Er vermöchte seine Brüder und die Augia auch gar nicht wahrzunehmen, denn Tränen verschleiern seinen Blick. Er schämt sich nicht, als die Mitbrüder im Kahn bemerken, daß ihm Tränen über die Wangen laufen. Dann senkt er das Haupt, wischt die Tränen ab und macht langsam ein großes Kreuzzeichen. »Im Namen des Vaters und des Sohnes und des Heiligen Geistes ...«

Am Ufer in Ermatingen warten die Dörfler und Frau Gerhildis mit Herrn Bertram auf die Mönche. Abt Pirmin schlägt das Anerbieten aus, einige Wochen der Rast auf der Burg zu verbringen nach dem überstürzten Aufbruch von der Insel. »Ich danke Euch für Eure Fürsorglichkeit, aber gerade weil der Abschied so rasch kam und so schwer war, möchten wir bald eine neue Aufgabe beginnen dürfen, die uns Heimweh und Grübeln ersparen wird. Wenn Ihr uns Pferde für die Weiterreise zur Verfügung stellt, so ist das der größte Dienst, den Ihr uns erweisen könnt.« Frau Gerhildis und Herr Bertram geleiten die Mönche am Untersee entlang. Ehe sie in das Rheintal einbiegen, wenden sie sich zurück. Ihre Augen suchen die Augia, die wie ein ferner Schemen im Sonnendunst liegt. »Ob wir sie jemals wiedersehen werden?« flüstert Bruder Pedro bedrückt vor sich hin.

Die Mönche auf der Klosterinsel kehren betrübt zum Kloster zurück. Was sollen sie einander sagen? Wie sollen sie einander trösten? Erst jetzt, nachdem der Vater und die Brüder sie verlassen haben, kommt ihnen das ganze Ausmaß ihres Verlustes zu Bewußtsein. Wie soll es ohne den Vater werden? Nun denkt niemand mehr an diesen oder jenen Ärger, den er gelegentlich über ihn empfunden hat, aber jeder erinnert sich an seine Güte, seine Menschenfreundlichkeit, seine Großmut. »Er hat uns Wertvolles hinterlassen, meine Brüder. Er gab uns nicht nur jene Worte, die jeder von ihm im Herzen trägt, er schenkte uns auch ein Büchlein für unsere Missionsarbeit. Er konnte es nicht mehr vollenden, aber er hat mir versprochen, uns später, von Murbach aus, das Fehlende zu senden, wenn er es ausgearbeitet hat«, sagt der Prior, um sich und den Seinen ein wenig Trost zu spenden. »Ach«, seufzt Bruder Anselmo, »mir kommt vor, als läge dieses Murbach auf einem anderen Stern.«

Die Mönche haben kaum das Kloster erreicht, als mehrere Kähne mit Bewaffneten anlegen. »Wo ist der Mann Pirmin?« herrscht der Anführer der Söldner Prior Eddo an. »Unser Abt und Bischof Pirmin hat die Augia verlassen. Er wird anderswo wirken. Das Kloster befindet sich in meiner Obhut«, erwidert der Prior ruhig. »Und wer bist du?« fährt der Soldat ihn an. »Mein Name ist Bruder Eddo.« Einer der Söldner zupft den Anführer am Ärmel. »Das ist der Neffe der Gräfin Gerhildis.« Der Name der Gräfin ist auch dem Mann ein Begriff. So beschränkt er sich auf wütende Drohgebärden. »Ich hätte nicht übel Lust, meinen Leuten den Befehl zu geben, dieses Kloster zu plündern und niederzubrennen, weil uns dieser Pirmin entkommen ist!« »Und in wessen Namen wollt Ihr heilige Stätten entweihen, die Gott gehören?« fragt Bruder Eddo furchtlos. Seine Haltung und seine alemannische Mundart verunsichern die Söldner. Sie hatten ja auch nur den Auftrag, diesen Pirmin zu fangen und nach Konstanz zu bringen. Der Anführer winkt ab. »In die Kähne, ihr Männer. Wer weiß, ob Herr Bischof Audoin später nicht doch einmal mit Euch abrechnen wird, Bruder Eddo! Ihr seid ein Pirminsmann.« Mit dieser letzten Drohung wendet er sich ab und steigt in den schwankenden Kahn. »Ja, ich bin ein Pirminsmann!« wiederholt Bruder Eddo. »Ich bin stolz darauf, und ich werde es mein Leben lang bleiben.«

XIII. MURBACH

Unter Abt Eddos Leitung nimmt das klösterliche Leben auf der Augia seinen ruhigen Verlauf. Bischof Audoin von Konstanz und Herzog Lantfried melden sich nicht mehr. Sie haben scheinbar mit dem Fortgang des Abtes Pirmin ihr Ziel erreicht. Aber haben sie die unbequeme Nachbarschaft des Inselklosters ganz vergessen, den, wie Karl Martell es ausgedrückt hat, ›Pfahl im Fleisch‹ des Alemannenreiches? Von Abt Pirmin sind außer einem Gruß, den ein Bote von Frau Gerhildis und Herrn Bertram gebracht hat, keine weiteren Nachrichten eingetroffen. In der Rekreation drehen sich die Gespräche der Brüder immer wieder um das eine Thema: »Wie mag es ihnen ergehen? Ob sie schon in Basel angekommen sind? Wie mag es ihnen zumute sein?« Der junge Abt vermißt den Vater ebensosehr wie seine Brüder, aber er ist ja ein ›Pirminsmann‹, wie ihn der Söldner nannte, und so bemüht er sich nach besten Kräften alles so zu tun, wie er es bei Abt Pirmin gelernt hat. Vor allem nimmt er selbst teil, wenn eine besondere Arbeit erforderlich ist wie beim Einbringen der reichen Ernte von Korn, Gerste, Dinkel und Hafer und bei der Traubenlese. »Hätte Vater Pirmin diesen Reichtum noch gesehen!« seufzt Bruder Ermanold, als Abt Eddo ihm hilft, einen mit Trauben gefüllten Bottich zum Kloster zu tragen. »Wie würde er sich über den ersten Wein von unserem Rebhang freuen. Schließlich war er es, der veranlaßt hat, daß die Reben gepflanzt worden sind. Damals waren manche Brüder skeptisch, ob hier Trauben gedeihen würden.« Abt Eddo lächelt ihm zu. »Wir werden eigens ein Fäßchen Wein für ihn richten und es ihm senden, wenn wir wissen, daß er die Klostergründung in Murbach begonnen hat. Hoffentlich wird er dort alles so vorfinden, wie er es bis zum Winter braucht, um genügend Unterkünfte und Schutz gegen die Kälte zu schaffen! Die Vogesen sind ein wildes, teils unzugängliches Gebirge. Es ist nicht zu vergleichen mit unseren beinahe lieblichen Höhen hier um den See herum. Manche Bergbewohner sind von rauhen Sitten. Die Männer aus dem Wald von Schienen erinnern mich an sie. Mein Großvater, Herr Eberhard, hat wiederholt versucht, den Glauben an die alten Götter auszurotten. Er hat manchen heiligen Hain zerstört. Aber seine Bekehrungsversuche mit Feuer und Schwert erreichten meist nur das Gegenteil. Die Geschlagenen zogen sich tiefer in die Wälder zurück und hielten trotzig an ihrem Heidentum fest. Ob es unserem Vater vergönnt sein wird, mit Geduld, Festigkeit und Milde bei den Leuten in den Vogesen Erfolg zu haben? Nun, so weit ist es noch nicht. Ich nehme an, daß unsere Reisenden länger in Basel verweilen. Der Bischof dort wird sie nicht so rasch weiterziehen lassen.« Die beiden Mönche bleiben stehen, um einmal Atem zu schöpfen. Mit gerunzelten Brauen blickt Abt Eddo zur Anlegestelle. »Was sind denn das für seltsame Leute, die da zu uns kommen?« Einem Kahn entsteigen wildbärtige Männer in eigenartiger Kleidung, die teils klösterlicher Herkunft ist. »Mein Gott!« ruft Bruder Ermanold in ungespieltem Entsetzen aus. »Das sind die Heiden aus dem Wald von Schienen.« Sie beschleunigen ihre Schritte und erreichen die Cella des Abtes zur gleichen Zeit mit den Männern. »Wir wollen zu Bischof Pirmin«, sagt Helmwart, der nach wie vor Anführer der Männer ist. »Leider weilt unser Abt Pirmin nicht mehr auf unserer Insel. Er hat die Augia verlassen, um in den Vogesen ein neues

Kloster zu gründen. Ich habe sein Amt übernommen.« Finster und mißtrauisch betrachtet Helmwart den jungen Mönch, als bezweifle er, daß ein solch junger Mann diesem Amt gewachsen ist. »Der Vater hat mir aber ausdrücklich aufgetragen, Euch Grüße von ihm zu sagen. Er hat oft von Euch gesprochen.« Das fügt Abt Eddo hinzu und sieht, wie es im finsteren Antlitz des andern aufleuchtet. »Unser Vater ist nicht gerne von hier fortgegangen, aber er wurde dazu gezwungen.« Unwillkürlich hat die Rechte des Abtes in Richtung Konstanz gewiesen. Helmwart nickt. »Ich verstehe! Das hat dieser Audoin schon lange gewollt. Wir hätten gerne mit dem Vater gesprochen, aber das geht ja nicht mehr. Da er Euch vertraut hat, wollen wir es auch tun. Wir haben lange mit uns gekämpft, ehe wir zu Euch gekommen sind. Er hat uns damals gesagt, daß wir Schuldner des Christengottes wären. Wir wollen unsere Schuld zurückzahlen, Vater Abt. Helft uns dabei. Wir möchten nämlich Christen werden.« »Wie hätte sich unser Vater darüber gefreut!« entfährt es Bruder Ermanold. »Er wird es erfahren, Bruder«, verspricht Abt Eddo.
Die Unterrichtsstunden, die Eddo den Männern aus den Wäldern von Schienen gibt, fordern seine ganze Kraft und Geduld. Immer wieder muß er Einwände dieser klugen Heiden entkräften. Es ist schwer, ihnen klarzumachen, daß Leiden und Ertragen heldischer, tapferer sind als Kämpfen und Dreinschlagen. Er zeichnet die Gestalt Jesu Christi vor ihren Augen ganz groß, ganz erhaben und doch ungemein menschlich und gütig. Nach einer dieser Stunden will er sich erschöpft eine kleine Ruhepause gönnen, weil er sich wirklich verausgabt hat, als ihn der kleine Schnitzermeister Luigi aufsucht. Das Antlitz des Künstlers ist traurig und verstört. Er sagt mit einem abgrundtiefen Seufzer: »Heute habe ich es fertigbekommen, und nun kann ich es ihm nicht mehr geben. Der Auf-

bruch kam viel zu überraschend.« Was meint er denn? Abt Eddo kann es beim besten Willen nicht erraten. »Das müßt Ihr mir näher erklären, Meister Luigi!« bittet er. »Ich habe für unseren Vater Abt Pirmin damals ein Muttergottesrelief begonnen aus Dankbarkeit, weil er geholfen hat, daß ich eine Familie bekommen habe. An meinem Entwurf hatte er sehr viel Freude. Aber als er dann so plötzlich fortmußte, war ich nicht fertig damit. Jetzt habe ich es endlich fertig ...« Der kleine Meister hält inne, ganz in sein Elend versunken. Abt Eddo denkt nach. Kann er dem Vater diese Freude nicht doch noch bereiten? Gewiß hält er sich mit seinen Gefährten zur Zeit in Basel auf. Frau Gerhildis hatte den dortigen Bischof zuvor bereits bitten lassen, den Mönchen der Reichenau Tage der Gastfreundschaft zu gewähren, in denen sie sich von der allzu jähen Trennung von ihrer Klosterheimat erholen sollten. Wenn er nun einen Boten mit dem Relief zu ihm senden würde? Es müßte ein guter Reiter sein ... Beim Mittagsmahl fällt der Blick des jungen Abtes auf den Novizen Marquard. Das Antlitz des Mönchs ist gefaßt, aber zugleich unheimlich traurig. Für ihn, der das Opfer gebracht hat, Ehre, Ruhm, Einfluß und Reichtum in der Welt zurückzulassen, ist die Trennung von Abt Pirmin allzu plötzlich gekommen. Marquard ist ein ausgezeichneter Reiter. »Ich sende ihn, und ich ordne an, daß er bei Abt Pirmin bleibt.«

Langsam geht die Reise der Zwölf unter Leitung des Bischofs Pirmin vonstatten. Immer wieder bitten ihn christliche Gemeinden in den Dörfern und Weilern am Rhein, einige Tage bei ihnen zu bleiben, die heilige Messe zu feiern und zu predigen. Die Leutpriester nehmen nicht selten ihr Amt unregelmäßig wahr und besitzen manches Mal ein recht oberflächliches Glaubenswissen. Abt Pirmin entspricht den Bitten der Menschen am Rhein und feiert in der kleinsten und ärmsten

Kapelle aus Lehm und Flechtwerk das heilige Opfer mit der gleichen Andacht, als wäre er in der prächtigsten Bischofskirche. Seine Brüder verschönern mit ihren Hymnen die Feier. Er predigt schlicht und innig, damit auch die einfachen Leute ihn verstehen. Er teilt mit ihnen ihre Armut und die kargen Gaben, die sie den Mönchen bringen. Sie können mit ihm über ihre Sorgen und Nöte, über Ackerbau und Viehzucht sprechen. Seine schwieligen Hände und sein natürliches, herzliches Wesen flößen den Leuten Vertrauen ein. Er macht keinen Unterschied, ob er mit den Armen oder mit hochadeligen Edelfreien spricht. Seine Brüder wundern sich, mit welcher Gelassenheit und Heiterkeit er die Verzögerungen der Reise erträgt. Ein schweres Unwetter hält sie tagelang in einer ärmlichen Siedlung fest, ehe sie endlich Basel erreichen. Der Erzbischof wartet bereits auf sie, denn Frau Gerhildis Boten haben sie angekündigt. »Ihr müßt Euch hier etwas ausruhen, Abt Pirmin, und neue Kraft für die Vogesen schöpfen«, fordert er sie freundlich auf. Während die Mönche sich die Stadt ansehen, arbeitet Abt Pirmin weiter an seinem Pastoralbüchlein. Der Erzbischof wundert sich über die Ruhe und Heiterkeit seines Gastes. »Habt Ihr Eurer Kloster auf der Augia etwa nicht schweren Herzens verlassen, Herr Pirmin?« fragt er endlich wenig taktvoll. Die gleichmütige Verfassung seines Gastes ist ihm unbegreiflich. »Ein Stück meines Herzens ist dort geblieben, Herr Erzbischof. Wahrscheinlich liebe ich die Augia so sehr, daß Gott mich von dort fortgehen hieß.« »So seht Ihr auch in dem erzwungenen Weggang von der Insel Gottes Werk?« wundert sich der Erzbischof. »Wann ist Gott in unserem Leben nicht am Werke?« fragt Pirmin und erhält keine Antwort. Der Erzbischof verläßt seinen Gast, der ihm irgendwie unbegreiflich vorkommt. Pirmin wendet sich wieder seiner Schreibarbeit zu, aber nicht für lange Zeit, denn ein Diener des Bischofs meldet: »Ein Mönch möchte Euch sprechen, Vater Abt!« Pirmin wundert sich. Seit wann lassen sich seine Brüder durch einen Diener anmelden, wenn sie ihn sehen wollen? Da betritt ein müder, erschöpfter Mönch den Raum. Man sieht ihm deutlich die Strapazen eines langen Rittes an. Er bleibt an der Türe stehen. »Ja, Bruder?« meint der Abt fragend und schaut auf. Dann weiten sich seine Augen und sein Mund öffnet sich. »Marquard, Ihr?« In seinem Kopf überschlagen sich die Gedanken. Hat Marquard die Trennung von ihm nicht ausgehalten und ist ihm einfach nachgeritten? Das wäre furchtbar und würde Trennung für immer bedeuten. Zum Glück kommt ihm Bruder Marquard zuvor. »Vater Abt, ich komme im Auftrag des Abtes Eddo zu Euch, um Euch dies zu bringen ...« Mit der Rechten, die vom raschen Ritt zittert, hält er Pirmin ein verhülltes Päckchen hin. »Im Auftrag des Abtes Eddo«, wiederholt Pirmin mit spürbarer Erleichterung. »Ja, ich soll Euch seine und der Brüder Grüße überbringen. Auf der Augia nimmt alles einen guten Verlauf, die Ernte war ausgezeichnet, auch die erste Lese der Trauben am Rebenhang. Vor allem aber soll ich Euch sagen, daß Helmwart und seine Männer aus den Wäldern von Schienen gekommen sind, um das Christentum anzunehmen.« »Gott sei Dank!« ruft Pirmin innig aus. Dann erst bemerkt er die Erschöpfung in Gesicht und Gestalt des anderen. »Setzt Euch, Bruder Marquard! Ich will Euch eine Erfrischung besorgen.« Während Marquard ißt und trinkt, löst Pirmin die Hülle des kleinen Päckchens. »Das Muttergottesrelief des Luigi ... O, wie schön!« Ergriffen betrachtet Abt Pirmin das kleine Meisterwerk aus Elfenbein. »Unsere Liebe Frau über den Wellen ... Unsere Liebe Frau von der Augia. Ihr müßt Meister Luigi und Abt Eddo für diese Gabe meinen ganz besonderen Dank sagen, Bruder Marquard!« Der Angesprochene hebt seinen Kopf von dem Teller mit dampfender Suppe. »Leider kann ich das nicht, Vater Abt,« meint er. Sein Ton ist keineswegs bedauernd. »Wie?« wundert sich Abt Pirmin. »Warum könnt Ihr das denn nicht?« Marquard legt den Löffel hin, ehe er antwortet: »Abt Eddo hat mir ausdrücklich aufgetragen, bei Euch zu bleiben, Vater Abt.« »Ihr sollt bei mir bleiben, Marquard?« Pirmin staunt. »Ihr sollt bei mir bleiben!« wiederholt er dann begreifend. »Das ist die allerschönste Gabe von der Augia!«

Nicht lange zählt die Schar der Gefährten des Abtes Pirmin dreizehn Mönche. Nach einer kraftvollen, begeisternden Predigt in der Bischofskirche, in der Pirmin von dem weiten Ackerfeld der Heidenmission spricht, das es zu bearbeiten gilt, melden sich bei ihm vier Kleriker aus Basel, die mit ihm ziehen und Mönche werden wollen. »Wenn Ihr Eure Reise nicht fortsetzt«, meint der Erzbischof halb scherzend halb ernst, »wird mein Haus bald verwaist sein!« Er verwehrt aber auch drei weiteren Klerikern nicht, sich Pirmin anzuschließen. Laienbruder Pedro meint bedauernd: »Als zwölf Apostel sind wir von der Augia ausgezogen ...« »Unser Herr sammelte zu den Zwölfen 72 andere Jünger um sich«, tröstet ihn Abt Pirmin. »Wollt Ihr etwa nur mit Zwölfen das Kloster Murbach gründen und alle Arbeit tun?« »Wenn es 72 Jünger werden sollen, müssen wir uns unterwegs aber anstrengen, Vater Abt. Bis Murbach sollen es nur zwei Tagereisen sein.«

Am Abend unterrichtet der Abt seine Gefährten, daß ihre Reise sie zunächst an Murbach vorbei in das nordwestlich davon gelegene Straßburg führen wird. Männer und Pferde werden mit einem Schiff bis dort befördert. »Ich möchte die Gründung mit dem Segen des Bischofs Widegern von Straßburg beginnen. Im Gegensatz zu Audoin von Konstanz ist Herr Widegern ein geweihter Bischof. In Straßburg werden wir Herzog Eberhard von Egisheim treffen. Vielleicht finden wir

dort auch neue Nachrichten von der Augia vor.« Die Reise auf den rasch nordwärts strömenden Wassern des Rheines geht ohne Hindernis vonstatten. Bruder Marquard steht am Bug des Schiffes und starrt in die weiße Gischt. »Seht Ihr dort etwas Besonderes, Bruder?« fragt ihn der Abt. Die Nachdenklichkeit im Gesicht des Mönchs ist ihm nicht entgangen. »Ja, ich dachte gerade daran, daß diese Wasser an der Augia vorbeigeflossen sind. Der Rhein ist ein mächtiges Band, das uns mit dort verbindet.« Abt Pirmin antwortet ihm nicht. Das hat er auch gar nicht erwartet. Die neue Freiheit läßt den unterschwelligen Schmerz, der sich im Herzen des Abtes immer dann heimlich einschleicht, wenn er an die Insel im Gnadensee denkt, nicht verstummen. Er möchte es vor sich selbst nicht zugeben, daß seine Wurzeln tief in den Boden der Insel gesenkt waren. Die heimliche Sehnsucht nach dort wird in ihm leben, bis er seine Augen für immer schließt.
In Straßburg werden die Mönche wider Erwarten frostig empfangen. Sie sind enttäuscht, weil Herzog Eberhard ihnen versichert hat, daß der Boden durch ihn gut vorbereitet worden sei. Frau Gerhildis und ihr Gatte, Herr Bertram, hatten diese Meinung geteilt. Nun weist ein einfacher Diener sie in ein karg eingerichtetes Vorzimmer und bietet ihnen weder Speise noch Trank an, obwohl sie hungrig und durstig sind und sich gerne waschen und erfrischen möchten. »Was ist hier geschehen?« überlegt Bruder Romanus, einer der Baseler Kleriker laut. »Mit einem solchen Empfang habt Ihr sicher nicht gerechnet, Vater Abt?« »Nein, wahrhaftig nicht, Bruder Romanus«, bestätigt Pirmin. »Ich vermute, daß uns der Konstanzer Bischof hier einen Liebesdienst erwiesen hat.« Kurze Zeit darauf bestätigt sich der Verdacht, den er gehegt hat. Er wird allein zu Bischof Widegern bestellt. Der alte Bischof betrachtet ihn mit ablehnendem, beinahe feindseligem Gesichtsausdruck

und reicht ihm nicht die Hand. »Also Ihr seid dieser Pirmin! Von Euch hört man allerlei seltsame Sachen. Ihr seid unter anderem der Hexerei und der unzulässigen Milde gegen die Heiden beschuldigt. Als Beweis Eurer Schuld brachte man mir dieses ...« Er hält ein verschlossenes Tonkrüglein hoch. »Mit diesem Wasser von Eurem Zauberbrunnen auf der Sintlasau hättet Ihr die Menschen verzaubert und vergiftet.« Am liebsten würde Pirmin laut loslachen, so abwegig sind die Beschuldigungen. Wasser von der Augia. »Gebt mir das Krüglein. Ich bin ohnehin durstig.« Ohne die Zustimmung des Bischofs abzuwarten, nimmt er ihm das Krüglein aus der Hand, löst den Verschluß, setzt es an die Lippen und tut einen kräftigen Zug. Gespannt beobachten ihn Widegern und seine Gefolgsleute. Nichts geschieht. »Nun denkt Ihr gewiß, daß Zauberwasser dem Zauberer selbst nicht schaden könne. Es ist klares Quellwasser aus dem Brunnen auf der Augia. Weil Gott ihm Heilkraft verliehen hat, soll es einigen Gichtkranken Heilung gebracht haben.« Kaum hat Pirmin diese Worte ausgesprochen, als der von Gicht gequälte Kanzler des Bischofs ihm das Krüglein aus der Hand reißt und es bis auf den letzten Tropfen leert. Mitten in das überraschte Schweigen sagt Abt Pirmin ruhig: »Ich nehme an, daß man Euch, Herr Bischof Widegern, Übles über mich berichtet hat, wie ich bereits aus Eurem Munde vernommen habe. Darf ich Euch nun auch meine Darstellung des Lebens auf der Klosterinsel geben? Später könnt Ihr dann meine Gefährten einzeln befragen, einzeln und ohne mein Beisein. Dann möget Ihr Euch entscheiden. Ich möchte das neue Kloster im Tal des Murbaches mit Eurem Segen gründen.« Bischof Widegern erhebt einen letzten Einwand, ehe er Pirmin ausführlich berichten läßt: »Wurde die Gründung auf der Sintlasau nicht ohne den Segen von Bischof Audoin vorgenommen?« »Ich habe ihn zuvor von dieser

Gründung unterrichtet und ihn um gute Nachbarschaft gebeten. Den Bischofssegen konnte er mir nicht erteilen, da er Laie ist!« »Herr Audoin ist Laie?« wundert sich Bischof Widegern. »Er hat den bischöflichen Stuhl zu Konstanz inne, ohne eine der kirchlichen Weihen empfangen zu haben. Dagegen wurde ich von Erzbischof Diego 716 zu Barcelona zum Bischof geweiht. Nachdem ich als Flüchtling meine Heimatabtei Maria Peralta del Sol verlassen mußte, erteilte mir im April 724 der Majordomus Karl in seiner Pfalz zu Jopilla den Auftrag, ein Kloster auf der Insel Sintlasau zu gründen.« Bei der Nennung des Namens Karl verzieht sich das Gesicht Bischof Widegerns. Wie oft greift dieser Karl Martell in die Rechte der Kirche ein und raubt Kirchengut zur Finanzierung seiner vielen Kriegszüge! Abt Pirmin berichtet ohne Ausflüchte und ohne Schönmalerei, aber mit spürbarer Liebe und Anteilnahme vom Entstehen des Klosters auf der Sintlasau, von Freuden und Leiden, Mühen und Widerständen. »Das hört sich allerdings ganz anders an, als das, was Herr Dohard, der Sekretarius des Herrn Audoin, uns über Euch berichtet hat«, gibt Bischof Widegern zu. Seine Ablehnung ist nicht mehr so spürbar, aber er ist nicht ganz überzeugt. So läßt Abt Pirmin, wie er es angeboten hat, seine Mönche einzeln zu ihm gehen. Am meisten überzeugt Bruder Marquard mit der Gewandheit und Sicherheit seiner Aussagen. Schließlich berichtet er Bischof Widegern auf dessen Aufforderung hin von seinem Anteil am Auftrag des Karl Martell. So erfahren die Anwesenden von seiner adeligen Abkunft und seiner ehedem hohen Stellung. Er versichert: »Bischof Pirmin nahm den Auftrag des Majordomus Karl nur an, weil er im Alemannenland ein Bollwerk Christi errichten wollte und den Menschen Seine Liebe und Barmherzigkeit verkünden wollte. Bei Gott – das hat er getan. Er hat sich nie in politische Händel oder in Fehden eingemischt.

Christus zu bringen, das war und ist sein einziges Ziel.« Die Anwesenden sind sichtlich beeindruckt, aber mit der Starrsinnigkeit eines Greises hält Bischof Widegern am einmal gefaßten Vorurteil fest. »Aber Herr Dohard gab uns zu bedenken, daß die Söldner der fränkischen Schutztruppe auf der friedlichen Klosterinsel geblieben sind. Ist sie nicht dadurch doch zum Stützpunkt fränkischer Macht geworden?« Nun kann Marquard auch das letzte Vorurteil des Bischofs zerstreuen. »Ihr habt recht. Die Männer sind geblieben. In diesem Fall hat Herr Dohard Euch die Wahrheit berichtet, aber er sagte nur die halbe Wahrheit. Die Söldner kündigten ihren Dienst mit der Waffe auf. Sie reihten sich, bis auf einen, der in den Norden heimkehrte, der Heerschar Christi ein. Sie wurden Mönche.« Mißmutig lehnt sich der Bischof von Straßburg in seinem Sessel zurück. Seine Wangen brennen vor Verlegenheit. »Es hat den Anschein, als habe Audoin von Konstanz sich meiner bedienen wollen. Durch Lügenmärchen über Euren Vater Abt wollte man mich zum willigen Werkzeug gegen ihn machen. Es wäre beinahe gelungen. Dieser Dohard kann überzeugend reden. Er wirkte durchaus glaubhaft. Sein Spiel ist aus. Ruft bitte Herrn Bischof Pirmin und bestellt diesen Dohard gleichzeitig hierher!« Aufgeregt raunen die Kleriker miteinander. Man führt auch die Mönche in den Raum. Was wird nun geschehen? Zuerst betritt Bischof Pirmin den Saal und nimmt mit gelassener Würde auf dem Sessel Platz, den ihm Bischof Widegern anweist. »Ah, der Herr Sekretarius!« hört er den Bischof von Straßburg sagen und schaut auf. Er blickt in ein vertrautes Gesicht, mager, blaß, beinahe dreieckig geformt, mit schmalen Lippen und unruhigen Augen. »Dohard!« entfährt es ihm unwillkürlich. Seine Rechte verkrampft sich. Er muß sich mühsam beherrschen. »Ihr kennt Euch?« fragt Bischof Widegern förmlich. »Allerdings! Ich kenne diesen Herrn, Ich habe ihn allerdings nicht in guter Erinnerung. Er gab auf der Augia ein kurzes Gastspiel als Mönch, spricht ein ausgezeichnetes Latein und hat eine flüssige Handschrift.« »Das sah ich bei den Briefen aus Konstanz. Von Herrn Audoin stammte wahrscheinlich nur die Unterschrift«, meint Bischof Widegern trocken und zugleich verächtlich. Dohard beißt sich auf die schmalen Lippen. Er merkt schon, daß er verspielt hat. »Was Ihr an boshaften und zugleich lächerlichen Anschuldigungen gegen den ehrwürdigen Herrn Abtbischof Pirmin vorgebracht habt, wurde samt und sonders entkräftet. Bestellt Eurem Herrn und Meister, daß er mich in Zukunft mit solchen Verleumdungen verschonen möge! Bischof Pirmin erhält meinen Segen. Er wird Gründerabt des Klosters Murbach. Eurer sofortigen Heimreise nach Konstanz steht nichts mehr im Wege, Herr Sekretarius.« Mit gespielter Zerknirschung murmelt Dohard etwas von einem Gewirre von bedauerlichen Mißverständnissen. Dann bittet er mit niedergeschlagenen Augen: »Der Tag ist schon weit fortgeschritten, gnädiger Herr Bischof. Dürfte ich vielleicht noch über Nacht?« »In der Stadt irgendwo Quartier suchen«, fällt ihm Herrn Widegern schroff ins Wort. »Morgen möchte ich Euch nicht mehr in Straßburg antreffen. Habt Ihr mich verstanden?« Mit tiefen Verbeugungen zieht sich der Geschlagene zurück, nicht ohne einen Blick des Hasses auf Pirmin zu werfen.

Nun sind Bischof Pirmin und seine Mönche geehrte Gäste im Haus des Bischofs. Sie genießen ein paar Ruhetage, die sie zu Gebet und stiller Einkehr benutzen, ehe die neue große Aufgabe sie einfordert. Sie brauchen Kraft und Mut für den Neubeginn. Pirmin nimmt sich die Zeit, um einen Brief für die Augia zu verfassen. Das tut er um so lieber, als auch von dort gute Kunde in Straßburg eintrifft. Abt Eddo berichtet von der ausgezeichneten Getreideernte und von der reichen Lese. »Bald wird der erste Wein von hier seinen Weg zu Euch nehmen, Vater Abt. Unser Scholar Thietmar hat sich für das Klosterleben entschieden und dazu den Segen von Frau Gerhildis und Herrn Bertram erhalten. Und nun habe ich eine große Freude für Euch, lieber Vater in Christo: die Männer aus dem Wald von Schienen haben sich taufen lassen. Ihr waret es, der sie durch seine unwandelbare Güte von der Wahrheit der Botschaft Christi überzeugt hat. Helmwart und die Seinen würden gerne zu Euch kommen und Euch bei dem Bau des neuen Klosters helfen.« ›Warum eigentlich nicht?‹ denkt Pirmin. Er schreibt dies auch in seinem Brief an Eddo. Wahrscheinlich fügen sich die Männer aus den Bergen gut in das Bergland der Vogesen ein.

Herzog Eberhard läßt auf sich warten. Pirmin wird ungeduldig. Das Jahr schreitet fort, und sie sind nicht einmal an Ort und Stelle. Wie sollen sie die Härten des Winters in den Bergen durchstehen, wenn sie nicht genügend darauf vorbereitet sind? Der bischöfliche Kanzler erzählt: »Ich war einmal dort. Das Murbachtal, ein Seitental des Flüßchens Lauch, ist eine Schlucht an steilen Bergflanken mit dichtem Tannenwald. Herzog Eberhard ließ im Talboden roden, aber es bleibt trotz der durch die Rodung gewonnenen Wiesen und Äcker ein enges Hochtal.« Besorgt meint Pirmin: »Hier in Straßburg lag heute der erste Reif auf den Dächern. Ich sehe schon kommen, daß wir den Winter bei Euch verbringen müssen. Aber das wäre eine zu große Belastung für Euch. Immerhin hat unser Konvent bereits zweiundzwanzig Mitglieder.« Der Kanzler versucht ihn zu beruhigen: »Macht Euch keine Sorgen! Im Murbachtal ist alles bis ins kleinste vorbereitet.« Abt Pirmin hegt seine Zweifel. Er weiß, was es heißt, eine große Gemeinschaft durch einen Winter zu bringen. Ist er nicht beinahe wie-

der da angelangt, wo er auf seiner Flucht war? Damals war sein einziges Hilfsmittel sein Vertrauen auf Gottes Güte.
Der nächste Tag ist klar und frostfrei. In herrlicher Sonne leuchtet das Bunt des Herbstes. Endlich trifft Herzog Eberhard in Straßburg ein. Voller Freude und mit fast jugendlicher Begeisterung schließt er den Abt in seine Arme. »Habe ich Euch lange warten lassen? Wahrscheinlich seid Ihr langsam ungeduldig geworden, obwohl Bischof Widegern ein vortrefflicher Gastgeber ist. Ich habe Euch dafür auch etwas Besonderes mitgebracht. Ich habe es eigenhändig bei Herrn Karl Martell abgeholt und dabei mächtig mit Euren Leistungen auf der Augia geprahlt. Hier seht Ihr es ... ein Schutzbrief für Kloster Murbach und seinen trefflichen Abt Pirmin! Ja, so hat Euch Karl damals nicht genannt, als er Euch zur Sintlasau geschickt hat, obwohl Ihr dort durch die freie Wahl Eurer Brüder auch als Abt gewirkt habt.« Mit herzlichem Dank nimmt Pirmin das Pergament entgegen und reicht es an seine Brüder weiter, die es gebührend bestaunen. Dann aber meint er drängend: »Wollen wir nicht heute noch nach Murbach aufbrechen, Herzog Eberhard? Das Wetter ist günstig, und ich meine, daß jeder Tag kostbar ist, weil es bereits spät im Jahr ist.« Die hellen Augen unter den buschigen weißen Brauen funkeln ihn spöttisch an. »Ich verstehe, Ihr habt Sorge, wie Ihr in den Vogesen einen plötzlichen Kälteeinbruch überstehen könnt«, unterbricht ihn der alte Kriegsmann. »Im allgemeinen ist das Klima auf der Augia milder, wenn Ihr dort auch zwei strenge Winter hattet. Meine gute Tochter Frau Gerhildis schalt mich sogar töricht, weil ich das Kloster unbedingt in der Bergeinsamkeit der Vogesen haben will statt in meinen weiten Landen in der Rheinebene. Nun, Abt Pirmin, Ihr findet dort Stille, Einsamkeit und lebendiges Wasser. Habt Ihr mehr nötig?« Da lacht der Abt spontan und herzlich. »Etwas mehr brauchen wir schon, Herr

Eberhard. Auch der aszetischste Mönch braucht ein Dach über dem Kopf, ein Feuer, an dem er sich wärmen kann, Getreide, um Brot davon zu backen ...« Triumphierend schlägt der Herzog seine Hände zusammen. Er kichert vergnügt. »Alles, was Ihr aufgezählt habt, ist bereits vorhanden und darüber hinaus einiges mehr. Im Murbach gibt es prächtige Forellen, in den Wäldern ringsum jagdbares Wild. Zum Klosterbesitz gehört ein Bauernhof mit Rindvieh, mit Schafen, Ziegen, Enten und Hühnern.« »Ihr seht mich beschämt ob all Eurer Fürsorge«, gesteht der neuernannte Abt von Murbach ein. Herzog Eberhard wehrt seine Dankesbezeugungen ab. »Ich hatte lange Zeit, um Vorsorge zu treffen. Seit wir uns bei der Hochzeit meiner Tochter Gerhildis kennengelernt haben, war es für mich nur noch eine Frage der Zeit, bis Ihr eintreffen würdet. Und ich habe diese Wartezeit gut genützt, wie Ihr morgen sehen werdet.«

Während des langen Rittes erzählt ihm der alte Herzog lebhaft und anschaulich, daß er erst kürzlich wieder in der Nähe von Egisheim einen heiligen Hain entdeckt und die Bäume gefällt habe. »Das heidnische Heiligtum hoch in den Vogesen war dem Kriegsgott Ziu geweiht. Ihr wißt, daß die Alemannen diesen Ziu wegen seiner kriegerischen Eigenschaften besonders lieben und verehren. Im Grunde genommen schätze ich Freiheitswillen und Kämpfertum durchaus. Ich könnte ein Anhänger des Ziu sein, wenn ich kein Christ wäre. Zwar habe ich mich dem Majordomus unterstellt, aber ich liebe ihn durchaus nicht. Er unterdrückt unser Volk, und er wird noch so manches Mal mit seinem Hunger nach Freiheit und Unabhängigkeit zu tun bekommen. So ein ›Stückchen Ziu‹ steckt in jedem echten Alemannen«, schließt der alte Herzog mit Augenzwinkern.

Auf ihrem Ritt am Rheinufer entlang kommen sie durch kleine Fischerdörfer und an stattlichen Gehöften vorbei. Dann führt Herzog Eberhard sie nach Westen. Aus sanftem Hügelland wird waldreiches Bergland, durch das erst kürzlich gebahnte, zerfahrene und stark bergansteigende Karrenwege führen. Immer dichter wird der Wald aus Nadelhölzern und Laubbäumen, der den Weg umschließt. Die Laubbäume flammen in der letzten bunten Pracht des Herbstes. Die Luft ist kühl, und ein leichter Wind bewegt die Wipfel der Bäume. Unablässig segeln rote, rotbraune oder goldgelbe Blätter zur Erde nieder. Abt Pirmin erhascht ein solches Blatt mit seiner Hand und betrachtet es. ›Das Blatt in meiner Hand. Wie schön es ist! Seine Schönheit ist wie ein Lächeln der Güte Gottes, der mir sagt: Ich bin auch in diesen dichten Wäldern der Vogesen bei dir! Mein Leben in Deiner Hand, Gott, in Deiner Hand. Wo kann es besser geborgen sein?‹ »Meditiert Ihr eigentlich unablässig?« fragt Herr Eberhard, der das kleine Zwischenspiel aufmerksam beobachtet hat. »Ich bemühe mich, in allem Geschaffenen Gott zu suchen. Ist das nicht die beste Weise, die Welt und die Menschen zu betrachten?« Zweifelnd schüttelt der Herzog das weiße Haupt. »Zu meiner Schande muß ich Euch eingestehen, daß ich darüber noch nie nachgedacht habe. Zudem würde es mir gerade bei der Begegnung mit Menschen nicht gerade leicht werden, an Gott zu denken.« Pirmin stimmt ihm zu: »Leicht ist es auch nicht, denn wir sind stets geneigt, nur das Vordergründige wahrzunehmen, das Menschliche, das allzu Menschliche und erst gar nicht zu Gott durchzustoßen.« Wie zur Antwort hebt Herzog Eberhard seine Rechte hoch in die Luft und gebietet dem Reiterzug Halt. Dann wendet er sein Pferd so, daß er ihnen ins Angesicht schauen kann. »Lieber Vater Abt, liebe Brüder, jetzt ist es so weit. Wir reiten nur noch um jene Wegbiegung dort. Dann habt Ihr das Tal des Murbaches vor Euch.« Ergriffen sieht der alte Haudegen, daß der Abt und die Mönche ihre Hände falten und das Kreuzzeichen machen, feierlich und groß. »Im Namen des Vaters und des Sohnes und des Heiligen Geistes. Amen!« Er zwingt sein Pferd zur Seite ins Gebüsch. »Nun reitet Ihr voran, Vater Pirmin! Ich werde als letzter folgen.« Am liebsten würde Abt Pirmin sein Pferd anspornen, aber er läßt es im Schritt gehen. Sein Herz pocht ungestüm. Was wird er gleich sehen? Eine finstere Schlucht? Ein unzugängliches Waldtal mit schroffen Hängen, wie sie auf dem Herritt manche gesehen haben? Sein Reittier biegt um die letzten Bäume, die den Blick verdeckt haben. Er zügelt sein Pferd. Seine Brüder reihen sich neben ihm auf. Sie schauen und staunen und schweigen. Ihr Staunen ist zu groß, als daß sie sich äußern könnten. Vor ihnen liegt im Glanz der Herbstsonne ein weites, waldumsäumtes Wiesental mit großen Ackerflächen, mit einer Mühle am klaren Wildbach, mit einer Kirche und etlichen bescheidenen Holzhäusern. Auf den Wiesen weiden braunweiße Rinder, weiße und schwarze Ziegen und gelbweiße Schafe. Hühner gackern, und ein Hund bellt. »Das ist wie ein Traum«, stammelt der spanische Laienbruder Pedro und kneift sich. »Ein fertiges Kloster!« Mit sichtlicher Zufriedenheit meldet sich aus dem Hintergrund der Reiterschar der alte Herzog. Die Überraschung ist ihm voll und ganz gelungen. »Ihr übertreibt, Bruder. Ein fertiges Kloster ist es noch nicht. Dazu sollt Ihr es machen. Es soll eine stattliche Abtei werden zu Ehren des heiligen Leodegard. Das braucht gewiß seine Zeit. Aber als Winterquartier und vorläufige Unterkunft wird es Euch hoffentlich reichen.« Er freut sich wie ein junger Scholar über den gelungenen Streich und die deutlich sichtbare Überraschung und Freude der Mönche. »Wie sollen wir Euch nur dafür danken, Herr Eberhard?« kann Abt Pirmin endlich sagen. Wenn er an die erbärmlichen Höhlen in der ersten Nacht auf der Augia denkt … Herzog Eberhard gesellt sich wieder zu ihm und sieht ihn strahlend an: »Das ist ganz einfach, Vater Abt! Nehmt hier alles schleunigst in Besitz, bewirtet mich als Euren ersten Gast und feiert morgen mit mir zusammen das heilige Meßopfer in Eurer neuen Kirche. Seid Ihr damit einverstanden?« Bewegt reicht Abt Pirmin dem Herzog die Hand.

Schon der erste Rundgang durch das kleine Klosterdorf zeigt den Brüdern, daß der Herzog und seine Leute an alles und jedes gedacht haben, was zum Leben in den Bergen und zum Überwintern gehört. Lager und Vorratshäuser sind reich gefüllt. Eine Scheune birgt Heu und Stroh für das Vieh. Immer neue Herrlichkeiten werden von den Brüdern entdeckt. Da gibt es eine Kräuterstube mit Kräutern, Tees und Essenzen. In der Nähstube stapeln sich Linnen und warme Stoffe. Die Schreinerei enthält Werkzeuge aller Art und Bretter. Es gibt eine eigene Schmiede, eine Bäckerei und natürlich ein Küchenhaus mit einem großen offenen Feuerplatz. Am Haken baumelt ein riesiger gußeiserner Topf. Auf Holzregalen sind Teller, Schüsseln und anderes Geschirr aufgestapelt. Knechte des Egisheimers haben ein herzhaftes Mal zubereitet. Sie bringen es ins Refektorium. Abt Pirmin spricht das Tischgebet. Natürlich hebt er zur Feier des Tages das Schweigegebot auf, und die Bücher der Heiligen Schrift bleiben für den Vorleser verschlossen. Vergnügt nehmen die Mönche mit ihrem Gast Herzog Eberhard die guten Speisen zu sich. Der Wein in den Bechern schmeckt vorzüglich. »Wie gut es uns geht!« sagt Bruder Romanus aus vollstem Herzen. »Nach Euren ziemlich schaurigen Berichten vom Anfang auf der Augia war ich auf das Gegenteil gefaßt.« »Was kann man von einem verwöhnten Städter anderes erwarten«, spottet Bruder Otger gutmütig. »Wahrscheinlich hättet Ihr als Städter die erste Nacht auf der Augia nicht einmal durchgehalten.« Mit scherzhaftem Tadel mischt sich der Abt in das Geplänkel: »Man soll nie mit etwas

angeben, Bruder Otger. Freuen wir uns, daß es hier so anders ist.« Die Brüder stimmen ihm gerne zu. Sie strecken verstohlen ihre müden Beine unter den breiten, sauber verarbeiteten Holztischen mit den glatt gehobelten Platten aus. Sie bewundern die formschönen, an den Rändern verzierten Eßschalen und die aus Holz geschnitzten Löffel. »Ihr habt wirklich an alles gedacht!« Bruder Pedro kann nicht aufhören, sich zu wundern. Er hat sich, als er für die Neugründung von Bruder Eddo ausgewählt worden ist, spontan bereit erklärt, mit Pirmin zu gehen. Aber er war dabei überzeugt, daß der Neubeginn in den Wäldern der Vogesen nur mit Härte und Opfern verbunden sein würde. Er wollte sie dem Vater zuliebe auf sich nehmen. Und nun dieses fertige Kloster! »Ich habe mich bemüht, an alles zu denken, was Ihr hier braucht. Wenn ich nicht mehr recht weiterwußte, habe ich mir durch Frau Gerhildis bei meinem Enkel Eddo Rat geholt.« Er lacht dem Abt zu. »Und ich wette, daß Ihr davon nichts gemerkt habt. Morgen ziehe ich allerdings die meisten meiner Leute hier ab, und Ihr müßt sehen, ob Ihr mit allem zurechtkommt. Da ich annehme, daß Ihr nicht für alle Ämter genügend Leute habt, überlasse ich Euch für die groben Arbeiten vorerst einige Knechte.«
Die Lager im Dormitorium, das sie vor der Komplet besichtigen, sind bestens ausgestattet. Jeder Mönch hat eine Bettlade mit prall gefülltem Strohsack und drei dicken Decken aus gefärbter Schafwolle. »Das ist ja mehr als auf der Augia«, sagt Bruder Marquard. »Hier in den Bergen sind die Winter länger und kälter. Sollten die Decken nicht ausreichen, findet Ihr weitere in einem Nebengelaß des Vorratshauses. Vater Abt, kommt mit! Eure Cella wartet auf Euch!« Pirmin folgt dem Herzog ins Freie. Über dem Waldtal lagern bereits dunkle Schatten, während auf den Gipfeln der Berge ein letzter Hauch der Abendsonne liegt. Wald, schweigender, dunkler, fast

schwarzer Wald begrenzt den Blick nach allen Seiten. Hier fehlt der weite, freie Blick über den See bei der Augia. Heimweh will den Abt übermannen. Augia! Er richtet sich gerader auf und geht entschlossen hinter dem Herzog her. Mit sichtlichem Stolz öffnet Herr Eberhard die Eichentür eines kleinen Fachwerkhauses. »Hier ist Eure Schreib- und Studierstube, Vater Abt. Von meiner Tochter und von meinem Enkel Eddo weiß ich, daß Ihr gerne schreibt. Hier findet Ihr Pergament, Tinte, Gänsefedern, Tusche und was man sonst sicherlich dazu braucht. Ehrlich gesagt, ich verstehe wenig davon und habe meinen Kaplan für alles sorgen lassen.« Er öffnet eine Türe im Innern des Hauses. »Gleich nebenan ist Euer Schlafgemach, so klösterlich einfach, wie es sich gehört. Ich hoffe aber, daß alles Notwendige vorhanden ist.« Pirmin ist von all der Fürsorge einfach überwältigt. Er schüttelt hilflos den Kopf. »Seit ich mein Elternhaus verlassen habe, Herzog Eberhard, ist mir nie mehr ein solches Maß an Fürsorge zuteil geworden«, stammelt er schließlich. »Na ja, dann fühlt Euch eben hier ganz zuhause, Vater Abt! Und jetzt keine Dankeshymnen mehr – weder von Euch noch von Euren Brüdern. Ich mag das nicht. Ich habe das alles nur aus Eigenliebe getan, denn ich wollte möglichst rasch ein Kloster am Murbach haben, und darum allein habe ich so gut vorgesorgt. Versteht, der alte Eberhard denkt immer an sich! Ehe Ihr zur Komplet geht, muß ich Euch unbedingt meine letzte Überraschung zeigen. Kommt bitte mit!« Was kann es denn nach all dem noch für eine Überraschung geben? Der Alte schmunzelt. »Eddo hat sie mir vorgeschlagen. Ihr sollt sie als einen persönlichen Gruß von ihm betrachten.« Mit wachsender Neugier folgt der Abt dem Herzog nach draußen. Heftiges Bellen ertönt. Aus einer niedrigen Hundehütte, auf die Licht aus der Küche fällt, stürmt ein zottiger rotbrauner Hund. Er bellt den großen Fremden, der ohne

Furcht auf ihn zugeht, wütend an. Die dunklen Augen des Mannes und die braunen Augen des Hundes treffen sich. Von dem Blick des Mannes geht etwas Zwingendes aus, Kraft und Milde zugleich. Aus dem wütenden Bellen wird ein Jaulen und dann ein Winseln. Das Tier duldet zitternd, daß der Mann ihm über Kopf und Rücken streicht und seine zottigen Stirnhaare krault. »Hat das Tier schon einen Namen?« fragt Pirmin mit seltsam heiserer, belegter Stimme. »Bisher lebte der Hund namenlos. Es hat mich einige Mühe gekostet, den Burschen aufzutreiben. Eddo hatte mir genau geschildert, wie er aussehen sollte.« Da bückt sich Pirmin zu dem Hund und sagt: »Bär!« Dann wiederholt er einige Mal eindringlich: »Bär!« Er löst das Tier von seiner Kette, obwohl der Herzog leise protestiert. Wird das Tier ihn anspringen, oder wird es einfach davonlaufen? Nein, der Hund folgt dem Mann auf dem Fuße, als ob ihn etwas hielte und zöge. ›So hat Eddo es mir genau beschrieben‹, denkt Herzog Eberhard und ist mit sich und der Welt zufrieden. Er geht nicht mit in die Kirche, als die Mönche dort die Komplet singen. Er bleibt draußen, und der Hund Bär liegt gehorsam auf der Schwelle, wie es ihm sein neuer Herr befohlen hat. Mit langsamen Schritten geht Herzog Eberhard um das Gotteshaus im matten Schein des Lichtes, das durch die grün verglasten Fenster fällt. Er lauscht den frommen Liedern und Hymnen, die zum ersten Mal durch das Murbachtal ertönen. Das Rauschen des Baches begleitet sie. Am Himmel werden die Sterne sichtbar. Als Abt Pirmin in der Kirche seinen Brüdern den Segen gibt, bekreuzigt sich der Mann auf dem Kirchplatz.

Auch bei der ersten heiligen Messe, die im Murbachtal gefeiert wird, hält der zottige, rotbraune Hund Wache auf der Kirchenschwelle wie zuvor am Abend bei der Komplet und während der Nacht vor der Cella des Abtes. Nach der heiligen

Feier stört sein lautes Gebell die Andacht des Herzogs, der Mönche und der Knechte. Es steigert sich so, daß der Abtbischof den Kirchenraum verläßt. »Was gibt es denn, Bär? Warum bellst du so?« Zur Vorsicht faßt er das Tier an den Zotteln des Nackenfells. Ein einzelner Reiter naht sich der Siedlung. »Still, Bär!« befiehlt Abt Pirmin und geht mit dem Hund auf den Ankömmling zu. Bald erkennt er ihn. Es ist der Kanzler des Bischofs Widegern von Straßburg. Der Abt begrüßt ihn freundlich und fragt dann: »Bringt Ihr uns Kunde von Herrn Bischof Widegern?« Er wundert sich, daß der Bischof ausgerechnet den gichtkranken Kanzler auf den weiten Ritt geschickt hat. Der Reiter steigt ohne Mühe und Anstrengung aus dem Sattel. Seine Haltung ist gerade, und sein Hinken ist verschwunden. »Erinnert Ihr Euch daran, daß ich das Krüglein mit dem Wasser der Heilquelle auf der Augia ausgetrunken habe, Herr Abt? Wie Ihr seht, sind meine Beschwerden verschwunden. Vom Bischof bringe ich Euch Grüße und gute Wünsche. Ich habe keine Botschaft für Euch, aber ich möchte Euch fragen, ob ich bei Euch bleiben darf.« Abt Pirmin sieht ihn lange an. Er zeigt keinerlei Gefühle. Er staunt nicht über die Beschwerdefreiheit des Mannes. Für ihn hat nur der Glaube Heilkraft. Er hebt seinen Blick zu den rasch ziehenden Wolken empor. Sie wandern nach Süden ... Dann sagt er ruhig: »Der Neuanfang und der Winter im Murbachtal werden Euch Gelegenheit geben, Euch zu prüfen, ob es Gott war, der Euch hierher geführt hat. Vorerst werdet Ihr als geehrter Gast bei uns weilen. Seid mir willkommen!«

XIV. LICHT UND DUNKEL

Am nächsten Tag, der wieder ein kühler und klarer Sonnentag ist mit dem hohen Himmel und dem tiefen Blau des Spätherbstes, erobern Abt Pirmin und seine Mönche langsam ihr neues Kloster. Nahezu alles ist vollständig und zweckmäßig eingerichtet; Werkstätten, Stallungen und Scheunen. »Sollen wir unsere Pferde bei uns behalten, Herr Eberhard?« fragt der Abt. »Behaltet sie, denn Ihr könnt sie gut gebrauchen. Hier ist es anders als auf Eurer Insel. Der Weg in die nächsten Dörfer und Weiler ist weit, und Ihr werdet ihn oft zurücklegen müssen. Diese Orte gehören nämlich zu Eurem Kloster, Vater Abt«, sagt der Egisheimer. Erstaunt sieht Pirmin ihn an. »Ich wußte gar nicht, daß Ihr Besitzrechte mit dem Kloster verbunden habt, Herzog Eberhard.« Herr Eberhard lacht mit einer gewissen Schadenfreude. »Ah, nun habe ich Euch erwischt! Ihr habt den Schutzbrief Eures Herrn Majordomus gar nicht gelesen. Darin sind nämlich die Orte aufgezählt, die zu Eurem Kloster gehören und die abgabepflichtig sind. Mir scheint, Ihr seid gar nicht geldgierig. Da müßt Ihr ganz bald einen Prior und einen Cellerar bestellen, damit dem Kloster das natürliche Hab und Gut nicht abgeht. Wißt Ihr was: zur Buße für Eure Mißachtung des Schutzbriefes begleitet Ihr mich jetzt auf einem Ritt durch die Orte und Höfe, die zum Klostereigentum gehören. Wen nehmt Ihr als zukünftigen Verwalter mit?« Pirmin überlegt eine Weile. Von den Mönchen, die mit ihm von der Augia gekommen sind, eignet sich wohl niemand für das Amt eines Verwalters. Wäre der gute Ermanold doch hier! Aber, halt, er hat ja gleichsam einen Ersatzmann für ihn bekommen in diesem Priester Romanus aus Basel. Er war dort in der bischöflichen Verwaltung tätig. Erleichtert atmet er auf, denn für dieses Amt braucht er einen guten Mann, damit er sich nicht nur um die weltlichen Belange der neuen Gründung kümmern muß. »Bruder Romanus«, schlägt er vor.

Die drei Männer reiten durch den Wald auf dem Wege, über den sie erst gestern in das Tal des Murbachs gelangt sind. Abt Pirmin hat den neuen Hund Bär zuvor an die Kette legen müssen. Das Tier wollte unbedingt mit. »Es ist mir geradezu unheimlich, wie schnell Ihr die Zuneigung von Menschen und Tieren gewinnt, Vater Abt. Wie macht Ihr das?« meint Herzog Eberhard. »Das kann ich Euch nicht sagen. Mein Rezept ist nur, daß ich Menschen und Tiere gerne habe.« Der Herzog rümpft die Nase und zieht die Brauen zusammen. »Ja, darüber haben wir bereits einmal gesprochen. Bei einem Hund nehme ich Euch das ab, aber bei manchen Menschen würde es mir schwerfallen, sie gern zu haben.« »O, die Schwierigkeit habe ich auch«, gesteht Pirmin freimütig. »Also seid Ihr nicht so heilig, wie ich zuerst angenommen habe?« Da lacht der Abt hellauf, daß sein Pferd die Ohren spitzt. »Das habe ich nie behauptet.« Der Egisheimer rückt sich im Sattel zurecht. Er atmet auf. »Nun wird mir bedeutend wohler in Eurer Gegenwart. Es war mir immer unbehaglich, wenn ich daran dachte, mit einem fertigen Heiligen zusammen zu sein, da ich dieses Ziel trotz meines Alters nicht erreicht habe.« Bei diesem heiteren Gespräch war Bruder Romanus bislang ein stiller und vergnügter Zuhörer. Sie verlassen den Wald und sehen herab auf die hügelige, fruchtbare Landschaft, in der an den Ufern des Flüßchens Lauch kleine Ortschaften und Einzelhöfe liegen. »Wie schön es hier ist!« ruft Bruder Romanus spontan aus. »Merkt Euch wohl, Bruder: so weit Euer Auge schaut, ist alles klösterlicher Besitz. Den Namen der Dörfer und Gehöfte findet Ihr im Schutzbrief des Majordomus. Heute wollen wir uns mit einem Besuch im Weiler des Gebert begnügen, dort am Ufer der Lauch.« In der Ortschaft laufen die Bauern zusammen, als die Besucher eintreffen. Herzog Eberhard erklärt ihnen, daß Abt Pirmin ihr neuer Herr ist. »Fortan wird er die Abgaben und Dienste bestimmen, die ihr leisten müßt«, sagt er kurz. Gebert, nach dem der Weiler seinen Namen hat, wirft dem Abt einen Blick zu, als wolle er ergründen, welcher Art dieser neue Herr ist. Der Herzog bleibt im Sattel, während Pirmin absteigt und dem Mann seine Hand reicht. Gebert nimmt sie sichtlich überrascht und zögernd in seine breite Rechte. Dann geschieht etwas Erstaunliches. Gebert wendet Pirmins Hand mit einer raschen Drehung um. Er betrachtet ihre Innenfläche. »Herr, Ihr arbeitet ja!« wundert er sich. Dann zuckt er erschrocken zusammen, weil er eine solche Äußerung gewagt hat. Abt Pirmin lacht nur. Herzog Eberhard hat wieder einmal Ursache, seine weißen Brauen zusammenzuziehen.

»Ja, Gebert, ich arbeite mit meinen Brüdern. Vom Beten bekommt man keine Schwielen in den Händen. Nun haben wir beide einander kennengelernt, und du weißt, wer ich bin. Das ist gut, denn du wirst mich sofort wiedererkennen, wenn ich bald zu euch komme. Dann werden wir in Ruhe miteinander alles besprechen, was erforderlich ist.« Bauer Gebert blickt finster drein. »Wollt Ihr ... wollt Ihr die Abgaben weiter erhöhen, Herr? Wir bringen jetzt schon mehr bei, als wir eigentlich abgeben können.« Der Herzog ruckt am Zügel seines Pferdes und räuspert sich drohend. Er murmelt: »Ein unverschämter Bursche, dieser Gebert!« Bruder Romanus schaut unbehaglich drein. Er fürchtet sich davor, daß der Abt die allzu freimütige Äußerung des Bauern verübeln könnte. Aber Abt

Pirmin hat in den Landen rund um die Augia oft mit den Bauern über ihre Sorgen und Nöte gesprochen, ihren Beschwerden gelauscht und mit ihnen gemeinsam die Dienstleistungen festgesetzt, die sie erbringen konnten. Er weiß um die berechtigten Grenzen dessen, was von diesen Menschen gefordert werden darf, wenn sie die Freude an ihrer harten Arbeit behalten sollen. »Mach' dir keine Sorgen, Gebert. Wir werden offen miteinander sprechen, und dann werden wir alles so regeln, daß es eurem Weiler und dem Kloster zum Guten gereicht. Übrigens würde ich mich freuen, wenn ihr einmal den Weg zu uns finden und an unserem Gottesdienst teilnehmen würdet. Wenn ich recht unterrichtet bin, gibt es hier in der Gegend keine andere Kirche und Kapelle, nicht wahr?« Der Abt sieht den Herzog fragend an. Es ist die Pflicht des Grundherren, dafür zu sorgen, daß die Menschen religiös betreut werden. Herzog Eberhard spürt den unausgesprochenen Vorwurf. Er läßt seine Mundwinkel hängen. Gebert versichert in freundlichem Ton: »Wir werden gerne kommen, Herr!« Pirmin reicht ihm zum Abschied die Hand. »Ich freue mich auf euer Kommen. Aber ihr müßt mir eine Bitte erfüllen: nennt mich nicht Herr. Ich möchte für euch wie für meine Mönche Vater sein, Vater Abt.« Beim Weiterreiten ist der Herzog wortkarg. Die menschliche Art, mit der Abt Pirmin dem Unfreien Gebert begegnet ist, hat ihn völlig überrascht und irgendwie betroffen gemacht. Als Grundherr hat er sich nie Gedanken darüber gemacht, daß seine Untergebenen Menschen mit Wünschen und Gefühlen sind, denen er verpflichtet ist. Sie hatten ihm ihre Dienste zu leisten und ihre Abgaben zu machen. Weiter interessierten sie ihn nicht. Denkt er an die Worte seines Enkels Eddo, der ihm gesagt hatte: »Großvater, Ihr dürft Abt Pirmin nicht unterschätzen. Er ist ein Herr. Er versteht das Herrschen, aber er ist auch zugleich ein Diener. Er versagt auch dem Geringsten seine Achtung nicht, und er kümmert sich um alle. Darum lieben sie ihn.« »Mir genügt, daß sie mich fürchten«, murmelt der Etichone leise vor sich hin. Am liebsten würde er Abt Pirmin darüber belehren, daß er hier nicht so mit den Menschen umgehen kann, wenn er den größten Nutzen aus ihnen ziehen will, aber er fürchtet sich ein wenig vor der Antwort des Pirmin, die wieder so ausfallen würde, daß er nichts dagegen setzen kann. Die Reiter machen nirgendwo mehr halt. Herzog Eberhard erklärt nur mit kurzen Worten Namen und Besitzstand der Gehöfte und Weiler. Dabei wendet er sich auffallend oft an Bruder Romanus, der mit sichtlicher Freude erfährt, daß das Kloster im Murbachtal als durchaus wohlhabend gelten kann. Als sie auf dem Heimweg sind, meint der Herzog mit einer Geste, die in das Bergland weist: »Da oben gibt es noch ein größeres Gehöft, das zu Euch gehört. Wir nennen es einfach den Berghof. Die Männer von dort sorgen für Euer Brennholz, für die Jagd und halten Euch im Winter die wilden Tiere fern, Wölfe und Bären. Die Frauen vom Berghof spinnen und weben für Euch. Bei diesen Halbwilden da oben bin ich mir allerdings nicht ganz einig, ob sie Christen oder Heiden sind.« Nach dem langen Ritt mundet das kräftige Mahl, das erstmals vom neuen Küchenmeister Bruder Otger zubereitet worden ist, den drei Männern vortrefflich. Danach reckt und streckt sich der alte Herzog. »Wenn ich nicht zu müde wäre, würde ich gleich heute mit meinen Knechten nach Egisheim aufbrechen, aber mein alter Leib verlangt sein Recht. Ich muß zuerst noch einmal ausgiebig ruhen.« Abt Pirmin ist nicht traurig darüber, als der Herzog am anderen Tag mit dem meisten seiner Knechte davonreitet. Bei aller Dankbarkeit, die er gegen den Etichonen empfindet, ist er froh, wieder allein schalten und walten zu können, wie es für eine klösterliche Gemeinschaft notwendig ist, ohne Rücksicht auf die Einsprüche des Stifters zu nehmen. Mit Umsicht weist er die Brüder in die einzelnen Ämter ein. Bruder Romanus wird offiziell Cellerar. Er erhält die Weisung: »Sucht all das zusammen, was Euch der Schreiber des Herzogs über die Abgaben der Bauern aufgeschrieben hat. Wir werden alles neu festsetzen, falls sich diese Abgaben als zu hoch erweisen sollten!« Der Kanzler des Bischofs von Straßburg als Gast des Klosters wird mit dem Amt des Schreibens betraut. Bruder Otger ist Küchenmeister und darf sich aus der Schar der jungen Mönche einen Gehilfen wählen. Bruder Wolfred, der auf der Augia bei Meister Luigi gelernt hat, wird damit beauftragt, ein Kreuzrelief für die Kirche zu erarbeiten. »Versucht es einmal mit Lindenholz, Bruder. Wir haben kein Elfenbein. Aber Holz dürfte leichter zu bearbeiten sein als die harten Steine der Vogesen«, rät ihm der Abt. Zugleich fällt sein Blick auf das zarte Meisterwerk des Luigi, das seine Cella schmückt, Unsere Liebe Frau über den Wogen, Unsere Liebe Frau von der Augia. »Was fange ich nur mit Euch an, Bruder Marquard?« sagt er zu dem grauhaarigen Novizen. »Was immer Ihr wollt, Vater Abt«, erwidert Bruder Marquard, und er meint es auch so. Körperlich schwere Arbeit möchte der Abt dem älteren Mitbruder nicht zumuten. Anderenfalls muß er dienen, weil sonst bei den anderen der Argwohn erwachen könnte, daß der Freund des Abtes bevorzugt würde. »Was haltet Ihr davon, wenn Ihr ganz die Sorge für das Haus des Herrn übernehmt, Bruder Marquard – für seinen Schmuck, für seine Sauberkeit, für die Gewänder und die heiligen Geräte – kurz für alles und jedes, was mit der Kirche und dem Gottesdienst zusammenhängt?« »Das ist ein wunderbares Amt, Vater Abt, für das ich Euch besonders dankbar bin!« Echte Freude spricht aus den Worten des Novizen.

In diesem Dienst ist er dem Heiligen nahe und dem Herrn besonders innig verbunden. »Darf ich Euch dafür meinen Segen geben, Bruder?« Abt Pirmin segnet den Knienden mit besonderer Innigkeit und reicht ihm dann die Hand. »Kommt immer zu mir, wenn Euch etwas bewegt, lieber Bruder!« bittet Pirmin ihn. »Ich brauche Euer Vertrauen. Murbach ist für für mich auch ein völliger Neubeginn.«

Frost streift die letzten bunten Blätter von den Bäumen und Büschen. Die Wiesen sind weiß von Reif, wenn die späte Sonne in das Tal scheint. Das Vieh wird in die Ställe gebracht. Nachts ertönt Wolfsgeheul aus den Wäldern: für die Brüder von der Augia und die Brüder aus Straßburg ein ungewohnter und unheimlicher Laut. An einem Sonntag bekommt das Kloster im Murbachtal Besuch. Gebert und seine Familie nehmen mit einigen Leuten aus seinem Weiler am Gottesdienst teil. Mit gewohnter Gastfreundschaft werden die Besucher nach der heiligen Messe im bescheidenen Gästehaus, das Herr Eberhard in der Klostersiedlung nicht vergessen hatte, mit Speise und Trank bewirtet. Zum Dank bietet Gebert dem Abt ein Fäßchen Honig dar. »Echter Tannenhonig, Vater Abt!« Pirmin dankt gebührend und gibt den Leuten aus dem Weiler des Gebert die gute Kunde mit auf den Heimweg, daß er bald zu ihnen kommen wird, um die Abgaben neu festzusetzen und zu senken. »Ihr gefallt mir, Vater Abt!« stellt Gebert daraufhin mit herzerfrischender Offenheit fest. Lachend geht Pirmin davon. Eigentlich fühlt er sich recht einsam im Murbachtal. Er vermißt den klugen Rat und die uneingeschränkte Treue des Priors Eddo, die eifrige Fürsorge des Bruders Ermanold, die kritische Zunge des Bruders Anselmo und den Seeleneifer des Bruders Egno. Er muß sich immer wieder neu zur Ordnung rufen, damit er sein Ja zum neuen Tag im Kloster an der Murbach sagen kann. Er hat dem Herrn in diesen Wochen des Neubeginns viel zu verkaufen ...

Bruder Romanus erweist sich als umsichtiger Sachwalter. Doch er muß sich zuerst daran gewöhnen, daß der Abt in den Zinspflichtigen Menschen sieht, für deren Wohlergehen die Mönche verantwortlich sind. Nur danach dürfen sie in Maßen zum Gedeihen des Klosters beitragen. Romanus läßt sich gerne belehren, obwohl er auch am bischöflichen Hofe eher erfahren hat, daß die Menschen für Herrn Widegern da zu sein hatten. Langsam beginnt er zu begreifen, daß Pirmin die Menschen mit den Augen des Herrn sieht und ihnen dienen will. Geist und Herz öffnen sich für die Lehre, die er täglich aus dem Verhalten des Abtes entnehmen kann. Für Pirmin ist auch der letzte Knecht, der den Schweinestall versorgt, zuerst der Menschenbruder. »Was der Vater Abt lehrt, das lebt er auch!« sagt Bruder Martin, einer der Baseler, in der Rekreation. »Und darum lieben ihn Menschen und Tiere«, stellt Bruder Otger zufrieden fest. »Die Tiere werden ja wohl nicht von ihm belehrt«, spottet Bruder Pedro gutmütig. »Habt Ihr eine Ahnung, Bruder Pedro«, widerspricht Bruder Romanus gutgelaunt. »Hat er den Bär nicht belehrt? Ist aus dem wilden Tier nicht ein sanftes Hündchen geworden?« »Allerdings«, gibt Pedro zu. »Er frißt ihm wirklich aus der Hand. Ich habe noch immer einigen Respekt vor dem großen Tier. Wenn der zubeißen würde ...« Das fröhliche Gespräch wird durch den Eintritt des Abtes unterbrochen. »Ich glaube, wir bekommen Besuch«, sagt er und hält einen Augenblick seine kalten Hände über das Feuer. »Drei Männer kommen den Weg herunter.« Neugierig drängen die Mönche nach draußen. Besuch in dieser Waldeinsamkeit. Das ist schon etwas Besonderes. Abt Pirmin bleibt am Feuer. Sie werden ihm melden, um wen es sich handelt. Kurz darauf tritt Bruder Otger ins Refektorium. Sein Gesicht trägt einen überaus erstaunten und bestürzten Ausdruck. »Drei Männer aus Schienen, Vater Abt«, meldet er. »Einer von ihnen ist dieser furchtbare Helmwart.« Mit einem Ruck dreht der Abt sich herum und läuft nach draußen. Otger starrt ihm nach. Eine solch durchschlagende Wirkung seiner Meldung hat er nicht erwartet. Draußen vor dem Refektorium steht die Gruppe der Mönche um die drei Neuankömmlinge herum. Noch immer sind die Männer aus Schienen wild und struppig und abenteuerlich gekleidet, aber aus ihren Gesichtern ist der verbissene Ausdruck des Hasses und der Abwehr verschwunden. Helmwart lacht über sein ganzes bärtiges Gesicht. »Da seid Ihr ja, Vater Abt!« ruft er voller Freude und streckt Pirmin seine riesige Hand hin. »Helmwart! Herzlich willkommen im Murbachtal!« Die Brüder sehen sich verdutzt an. Eine solche Begrüßung für die wilden Männer aus dem Wald von Schienen, die dort so lange ihr Unwesen getrieben haben? »Ihr habt an Abt Eddo geschrieben, wir könnten kommen und Euch helfen. Wir drei haben uns dazu entschlossen und dieses Tal nach einigem Hin und Her auch wirklich gefunden. Letzte Nacht waren wir bei einem Mann namens Gebert, der Euch grüßen läßt.« Das Auftreten dieses Helmwart ist so selbstbewußt, daß Bruder Otger in seinen Bart murmelt: »Es ist unerhört, daß diese Heiden hier sind.« Er ist mit dem Vater unzufrieden. Abt Pirmin hat es vernommen. Er wendet sich zu dem Murrenden um und weist ihn zurecht: »Schämt Euch, Bruder Otger, daß Euch unsere christlichen Mitbrüder aus dem Wald von Schienen nicht willkommen sind!« »Christliche Mitbrüder?« stammelt Bruder Otger. Sein Mund bleibt vor Staunen offenstehen. Helmwart schlägt ihm so herzhaft auf die Schulter, daß er beinahe zusammenknickt. »Ja, wir sind Christen, Bruder! Das hat Euer Abt zustandegebracht. Nun sind wir zu Euch gekommen, um mit Euch zu arbeiten. Wir können tüchtig zupacken ...« »Davon bin ich überzeugt.« Bruder Otger reibt verstohlen seine schmerzende Schulter. »Ich hoffe, Ihr könnt uns gebrauchen, Vater Abt. Ich verstehe etwas vom Schmiedehandwerk, und meine beiden Freunde haben früher eine Mühle betrieben.« Die Männer aus Schienen bleiben im Murbachtal. Dafür werden drei Knechte des Egisheimers nach Hause geschickt.

Tagelang hüllt dichter Nebel Berge und Täler der Vogesen ein. Wie auf der Augia entsteht dadurch eine Geisterlandschaft, in der zudem jeder Laut durch die feucht-kalte Nebeldecke gedämpft wird. Die Tage werden kurz. Die Mönche freuen sich auf die abendliche Rekreation im Refektorium, auf die meist heiteren und unbeschwerten Gespräche und das wärmende Feuer. An einem frostklaren Tag Anfang Dezember taucht völlig unerwartet der Stifter, Herr Eberhard, mit einigen Männern im Kloster auf. Abt Pirmin begrüßt ihn herzlich. »Bevor der Winter beginnt, wollte ich mich davon überzeugen, ob Ihr alles habt, was Ihr braucht, Herr Pirmin.« Er zeigt sich sehr zufrieden mit der Weiterentwicklung des Klosters, die in allen Räumen, in den Werkstätten und Ställen und vor allem in der Kirche spürbar wird. Dort hängt das große Kreuzrelief aus Lindenholz bereits über dem Altar. Der Kirchenraum und die heiligen Geräte blitzen vor Sauberkeit. Schneeweißes Linnen bedeckt den Altartisch. In den hohen Leuchtern zu beiden Seiten stehen dicke, selbstgegossene Kerzen. »Wen habt Ihr hier mit der Sorge betraut?« fragt Herzog Eberhard. »Unser Bruder Marquard nimmt sich mit Liebe all der Dinge und Gerätschaften an, die zum Gottesdienst gehören.« Abt Pirmin weist auf den Bruder, der bescheiden auf der Seite steht und eine leichte Verneigung macht. Der Blick des alten Herzogs bleibt nachdenklich auf dem Antlitz des Bruders haften. »Marquard?« sinnt er. »Bei unserem Herritt seid Ihr mir damals nicht aufgefallen, aber nun ist mir so, als hätte ich Euch schon irgendwo einmal gesehen.« Er wendet seinen Blick nicht

von ihm ab. Bruder Marquard schweigt. Um die Sache zu beenden, antwortet Pirmin an seiner Stelle: »Ihr werdet Bruder Marquard am Hofe des Majordomus begegnet sein.« Der Herzog öffnet staunend seinen Mund. Seine Augen weiten sich. »Marquard? Etwa … Graf … Graf Marquard aus der Auvergne?« Er schüttelt dem Bruder lange die Hand. »Es ist mir eine Ehre, Euch hier begrüßen zu dürfen, Graf Marquard!« Der Bruder lächelt still. »Den Titel habe ich draußen zurückgelassen, Herr Eberhard. Hier bin ich nur Bruder Marquard.« Offenbar kann der Herzog diese Wandlung immer noch nicht fassen. Längere Zeit schweigt er zu allen Ausführungen, die Pirmin beim weiteren Rundgang durch die Klostersiedlung macht. Endlich meint er: »Was seid Ihr nur für ein Mensch, Herr Pirmin?« Ratlos zuckt der Abt die Achseln. »Wie darf ich das verstehen, Herr Eberhard?« Die hellen Augen sehen ihn so scharf an, als müßten sie etwas Verborgenes ergründen. »Ein Mann aus dem Hochadel der Auvergne gibt alles auf, um bei Euch dienender Bruder zu werden. Wilde Heiden aus dem Wald von Schienen kommen zu Euch und arbeiten als brave Christen für Euch. Die Leute in Eurem Besitztum, allen voran dieser widerborstige Gebert, singen nach diesen gut zwei Monaten bereits Euer Lob. Wie macht Ihr das eigentlich?« Dann richtet er sich wieder auf. »Was soll ich Euch antworten, Herr Eberhard? Ich handle eigentlich ohne Absicht, was mich betrifft. Ich will für unseren Herrn wirken, Ihn zu denen bringen, die mir begegnen. Mehr kann ich Euch dazu mit dem besten Willen nicht sagen, denn ich habe keinen großen Plan, wenn ich Menschen begegne. Mein Weg ist mir gewiesen.«
Beim Mittagsmahl im Refektorium nimmt der Herzog die kargen Speisen ziemlich kritisch zu sich. Dann begibt er sich zu Bruder Otger in die Küche. »Wie oft setzt Ihr Euren Brüdern Fleisch vor, Bruder Otger?« Der Mönch sieht ihn er-

staunt an. »Fleisch?« sagt er dann gedehnt. »Meint Ihr Speck oder Wurst? Manchmal haben wir auch Fleischstückchen in der Suppe ...« Ungeduldig wehrt der Etichone ab. »Unsinn! Ich meine ein richtiges Bratenstück oder eine Wildkeule für jeden.« »Das ist bei uns ausnahmsweise an einem hohen Festtag einmal möglich. Im allgemeinen leben wir fast fleischlos.« Der Herzog ist sichtlich erregt. »Und das bei einem solch herrlichen Wald mit dem besten Wildbestand der Vogesen!« Er sucht umgehend den Abt auf. »Herr Pirmin, wollt Ihr Eure Brüder möglichst rasch zu den himmlischen Heerscharen versammeln?« Pirmin sieht ihn befremdet an. »Ich weiß nicht, was Ihr mit dieser seltsamen Frage bezweckt, Herzog Eberhard«, meint er kühl und abweisend. »Warum gebt Ihr ihnen nicht ausreichend zu essen? Von Eurem Bruder Küchenmeister habe ich erfahren, daß Ihr fast ganz fleischlos lebt. Was ich darüber grundsätzlich denke, tut hier nichts zur Sache. Nur soviel: Ihr seid hier nicht auf Eurer Augia. Trotz des guten Forellenbachs könnt Ihr hier nicht mit der Menge der Fische rechnen, wie sie Euch jederzeit am See zur Verfügung standen. Ihr habt also nur selten Fisch, um Eure Nahrung anzureichern. Bei dem rauheren Klima müßt Ihr aber unbedingt besser essen als auf der Augia, wenn Ihr es hier aushalten wollt. Bis Juni kann auf den Bergen Schnee liegen, und im August gibt es bereits vereinzelt die ersten Nachtfröste. Eure Mönche und Ihr selbst, Ihr braucht kräftigere Nahrung, um hier durchzuhalten. Dazu gehört auch Fleisch. Ihr habt Euer Vieh, und die Männer vom Berghof werden für Euch jagen. Glaubt mir, Vater Abt, ich will mich nicht in Klosterbräuche einmischen, aber diese veränderte Nahrung ist eine unbedingte Notwendigkeit!« Abt Pirmin erkennt die gute Absicht, die den Herzog zu dieser eindringlichen Sprache treibt, aber er kann sich auch nicht verhehlen, daß ihm die Einmischung im

Grunde genommen nicht paßt. ›Warum bist du so empfindlich?‹ weist er sich im stillen zurecht. ›Den Herzog drängt die Sorge um unser Wohlergehen. Dein Mißbehagen erwächst nur aus verletztem Stolz, aus Eigenliebe!« Er beherrscht seine verletzten Gefühle. Dennoch fällt sein Dankeswort dieses Mal ein wenig steif und allzu förmlich aus. Verträgt er es nicht, daß ihn jemand so sehr betreut? Rasch ruft er den Cellerar. »Bruder Romanus, Herr Eberhard riet uns soeben, unsere Ernährungsweise in diesem rauhen Klima zu ändern, zumal uns Fisch nur in beschränktem Maße zur Verfügung steht. Wir müssen auch Fleisch verschiedener Art in unseren Speiseplan aufnehmen. Würdet Ihr Euch mit Bruder Otger von unseren Bauern die beste Vorratshaltung und Zubereitung von Fleisch erklären lassen? Wahrscheinlich wissen unsere drei Männer von Schienen am besten, wie man mit Wildbret umgeht.« Der Etichonenherzog hat die Anweisung vernommen, ohne sich zu äußern. Dann wendet er sich an den Abt. Die beiden Brüder sind bereits in ein Gespräch mit den Männern von Schienen vertieft über die Lagerung und Verarbeitung von Fleisch, besonders von Wildbret. »Eure Brüder sind wirklich gehorsam«, staunt der Herzog. »Und auch ich habe mich erstaunlich rasch Eurem Rat gefügt, Herzog Eberhard«, gibt der Abt mit einem halben Lächeln zu verstehen. »Aber es ist Euch nicht ganz leicht gefallen, nicht wahr? Und trotzdem wage ich es, eine weitere Bitte an Euch zu stellen. Wir Etichonen sind ein weit verzweigtes Geschlecht mit vielen Nebenzweigen. Aus meiner entfernten Verwandtschaft sind bereits vor einiger Zeit zwei junge Männer bei mir aufgetaucht. Ihre Familie hat ihren Stammsitz in Burgund. Die beiden hörten von dem Kloster im Murbachtal. Sie äußerten beide den Wunsch, Mönche zu werden. Denkt nicht, daß ich sie darin beeinflußt habe. Im Gegenteil – ich habe ihnen allerlei Versprechungen gemacht, wenn sie es nicht tun. Ihr wißt ja, wie wenig begeistert ich war, als Eddo bei Euch auf der Augia eintrat. Die beiden haben einen ähnlichen Dickkopf. So habe ich sie wohl oder übel gleich mitgebracht auf die Gefahr hin, daß Ihr sie fortschickt.« Er blickt sich suchend auf dem Hof um. »Gunsald! Herfried!« ruft er dann. Zwei junge Männer lösen sich aus der Gruppe, in der Mönche und Begleiter des Herzogs plaudernd beinanderstehen. Die beiden machen einen frischen, aufrichtigen Eindruck, sind aber kaum dem Knabenalter entwachsen. Abt Pirmin betrachtet sie mit Wohlwollen. »Ihr wollt, wie Herzog Eberhard mir gerade sagte, Euch für das arme und bescheidene Leben der Mönche entscheiden, Ihr Herren?« Pirmins Blick wird schärfer, prüfender. »Wahrscheinlich ahnt Ihr gar nicht, was Ihr damit auf Euch nehmen wollt.« Gunsald antwortet für sich und seinen Zwillingsbruder: »Wir kennen nur diesen einen Wunsch, Vater Abt. Dürfen wir bei Euch erproben, ob unser Wunsch der Wirklichkeit des Klosterlebens standhält?« Die Züge des Abtes entspannen sich. »Diesem Wunsch kann ich gerne entsprechen, Ihr Herren! Bleibt hier als unsere Gäste. Ihr seid frei, jederzeit zu gehen, aber Ihr müßt Euch im Murbachtal an unsere klösterliche Tagesordnung halten. Was meint Ihr dazu?« Jetzt antwortet Herfried für beide: »Wir danken Euch, Vater Abt!« Pirmin stößt einen scherzhaft gemeinten Seufzer aus. »Wir werden die größte Mühe haben, Euch auseinanderzuhalten, so ähnlich seid Ihr Euch.« Mit nicht geringem Stolz blickt der alte Herzog auf die beiden jungen Leute, die voller Freude zu ihren Gefährten laufen, um ihnen die frohe Kunde zu bringen. »Prachtvolle Burschen! Eigentlich viel zu schade für das Kloster«, stellt er fest. »Wollt Ihr unserem Herrn nur solche Männer anbieten, die in der Welt nicht zurechtkommen?« Dieses Mal bemerkt Pirmin mit geheimer Freude, daß der würdige

Herr Eberhard verlegen wird. Gunsald und Herfried nehmen wohlgemut Abschied von Herzog Eberhard und fügen sich, ohne Schwierigkeiten zu machen, in das Leben im Kloster Murbach ein. Da kein Novizenmeister ernannt worden ist, gibt der Abt den beiden jungen Leuten, Robert, einem Novizen aus dem Bliesgau, und Bero, einem Novizen aus der Ortenau, täglich besondere Unterweisungen. Bruder Marquard und die in Basel zu ihnen gestoßenen Kleriker bilden eine eigene Gruppe, die er tiefer in das geistliche Leben einführt. Sie werden bald ihr Gelöbnis ablegen. Der bischöfliche Kanzler zieht genügend geistlichen Nutzen aus den Seiten des Pastoralbüchleins, das er fein säuberlich abschreibt. Mit dem Kapitel der Mönche und den Predigten hat sich der Abt ein großes Arbeitspensum aufgeladen, zumal er sich nicht von den allgemeinen Arbeiten befreien will. Der Winter hält seinen Einzug in die Vogesen. Auf der Klosterinsel im Bodensee hat Pirmin bereits die Strenge des Winters erlebt, aber im Murbachtal erfährt er, was Schneereichtum wirklich ist. Tagelang schneit es ohne Unterlaß. Die Wege, die sich die Mönche und ihre Helfer zu den Ställen und Häusern bahnen, müssen auch tagsüber immer wieder freigeschaufelt und die verschneiten Dächer von der Schneelast befreit werden. Als es endlich aufhört zu schneien, kommt ein eiskalter Nordostwind auf. Der gefrorene Schnee knirscht unter den Füßen. Jeder Gang von einem Haus zum andern wird eine gefährliche Unternehmung, bei der man nur mit viel Geschick das Gleichgewicht behalten kann. Es gibt dabei etliche Stürze und Prellungen, aber keiner der Mönche oder Knechte kommt zu Schaden. Am besten kann sich Helmwart durch Eis und Schnee bewegen. Er bindet sich dicke Wollappen um die Füße und ruscht nie aus. Eifrig versorgt er die Mönche mit allem, was sie aus den Vorratshäusern brauchen und bewährt sich wie ein umsichtiger Verwalter.

»Wenn wir Helmwart nicht hätten«, meint Bruder Romanus oft und schnattert dabei vor Kälte mit den Zähnen. Er hat längst alle warmen Decken aus der besonderen Vorratskammer ausgegeben. In der Küche und im Refektorium brennt Tag und Nacht ein Feuer. Dort kann sich aufwärmen, wer immer Zeit dazu hat. Außerdem stehen immer wärmender Tee und Suppe bereit, und zwar unterschiedslos für alle, die im Murbachtal leben und arbeiten. Jetzt erst erkennt Abt Pirmin ganz, wie recht Herzog Eberhard hatte, als er zu reichhalterigen Mahlzeiten geraten hatte. Fische gibt es gar nicht mehr, aber mit Hilfe von Fleischbrühe und mit Fleisch angereichertem Gemüse und Getreidebreien werden alle Brüder bei Kräften gehalten. Abt Pirmin fordert für sich keinerlei Privileg. Will er schreiben, so muß er zunächst seine klammen Finger in der Wärme des Refektoriums oder der Küche geschmeidig machen. Dann schreibt er, in seine Decke gehüllt, beim Schein einer Kerze eine Zeile in seiner eiskalten Zelle, bis ihn die erneute Steifheit der kalten Finger zur Aufgabe zwingt. Die Gottesdienste im ungeheizten Gotteshaus, um das der eisige Nordostwind heult, fordern von ihm und seinen Brüdern ein großes Maß an Opferbereitschaft. Die Gebetsworte kommen von kältestarren Lippen und aus heiseren Kehlen. Dagegen hilft auch der beste Kräutertee nicht immer. Der Hund Bär darf in der Küche bleiben, seit Bruder Evodius, der Stallmeister, am Morgen Tatzenspuren eines wirklichen Bären und mächtige Kratzer an der schweren Stalltüre des Kuhstalles gefunden hat. Nicht selten heulen Wölfe um die Klostersiedlung ihr schauriges Lied. Einmal dringen die Leute vom Berghof bis zu ihnen durch. Die Männer haben auf der Jagd einige Wölfe und einen Bären zur Strecke gebracht. Sie bringen den Mönchen die mittlerweile willkommene Zukost von zwei Rehen und vier Hasen. Die rauflustigen Gesellen sind für den Abt wie

Brüder des Helmwart, der sich auch auf Anhieb mit ihnen versteht. Der Abt lädt die Berghof-Männer ein, Weihnachten am Gottesdienst teilzunehmen. Einer von ihnen murmelt: »Es ist fraglich, ob wir kommen können. Wenn es wieder schneit, schaffen wir das nicht.« Mit auffallender Hast leeren sie ihre Becher, stopfen den letzten Bissen Brot in den Mund und stapfen davon. »Eure Einladung war ihnen höchst unbehaglich, Vater Abt«, stellt Bruder Romanus lachend fest, als sie den Davoneilenden nachschauen. »Wahrscheinlich sind sie noch Heiden.« »Sie sehen aus wie Diener des Kriegsgottes Ziu«, stimmt der Abt ihm zu. Er beobachtet zwei junge Kuttenträger, die den Weg zum Kuhstall freihacken, etwas ungeschickt, aber tapfer und beharrlich, Gunsald und Herfried. Ihnen bleibt in diesem harten Winter nichts erspart. Wenn sie diese Probezeit durchstehen, sind sie auch für das Ordensleben geeignet. Der Winter dauert lange. Das enge Beieinandersein macht die Brüder unruhig und gereizt. Ihre Möglichkeiten, einen Ausgleich durch harte körperliche Arbeit im Freien zu finden, sind gänzlich abgeschnitten. Die kurzen Tage, die frühe Dämmerung und das Verweilen im nur durch das Feuer erhellten Refektorium schaffen eine Atmosphäre, die der eines Kerkers ähnelt. Man fühlt sich eingeengt, eingeschlossen und behindert. Auch der Abt muß gegen diese Stimmung ankämpfen. Mit der ganzen Macht seiner religiösen Persönlichkeit widmet er sich den Brüdern und verausgabt sich, indem er ihre ruhelosen Seelen in tiefen geistlichen Unterweisungen an den Herrn bindet. Während draußen Winterstürme toben, wandert er mit ihnen durch die Berge und Wüsten Judäas und Galiläas bis hin nach Golgatha. Dann hängen die Augen aller Anwesenden, die der Mönche, der Männer von Schienen und der Knechte an den Lippen dieses Mannes, der ihnen heilige Bilder von einmaliger Schönheit und Glaubenskraft zeigt. Die Gestalt Jesu wird ihnen in seinen Worten gegenwärtig. Niemand ahnt, welches Maß an Kraft diese Stunden den Abt kosten. Alle sehen nur, daß er immer hagerer wird, je länger der Winter währt. Bruder Marquard sieht mehr als die anderen, aber er wagt es nicht, den Abt daraufhin anzusprechen. Er betet oft und lange in der kalten Kirche, daß Gott die strenge Winterzeit verkürzen möge.

Mitte Februar verabschiedet sich der Winter überraschend früh. Über Nacht setzt Tauwetter ein. Die Wassermassen von den Bergen verwandeln den Murbach in einen breiten, lehmigen Fluß, der mit Macht durch das Tal schießt und bald über die Ufer tritt. Nur mit Auferbietung aller Kräfte können Mönche und Knechte das Vieh aus den Ställen retten. Sie waren zu nah am Wasser gebaut und werden vom Hochwasser weggerissen. Kühe, Ziegen und Schafe werden in einem behelfsmäßigen Pferch untergebracht. Pferde- und Geflügelstall sind erhalten geblieben. Die Brüder und die Knechte versammeln sich am Feuer im Refektorium. Sie lachen und scherzen, weil es ihnen gelungen ist, die Gefahr abzuwenden, und weil sie endlich einmal wieder zupacken konnten. Ihre Kleider sind naß und beschmutzt, aber sie sind froh und erleichtert. Zufrieden meint Bruder Romanus: »Nun haben wir wieder viel Arbeit vor uns. Wir müssen neue Ställe bauen. Hoffen wir, daß der Winter jetzt ganz ausbleibt!« Gunsald lacht. »Wenn es zu kalt wird, holen wir die Tiere einfach ins Refektorium.« »Oder in die Küche«, fügt sein Zwilligsbruder hinzu. »Das würde euch schlecht bekommen!« droht Bruder Otger scherzhaft. Dagegen macht der Schnitzermeister Bruder Wolfred einen ernstgemeinten Vorschlag: »Am besten würden wir den Murbach umleiten. Wenn seine Wasser ein anderes Mal noch höher steigen, gefährden sie auch andere Gebäude, vor allem die Häuser aus Fachwerk«. Er bangt natürlich auch um seine

Werkstatt, einen bescheidenen Fachwerkbau. »Das ist ein guter Gedanke, Bruder, aber er ist gewiß nicht leicht zu verwirklichen. Wir müßten ein neues Bett für den Bach graben und dann am Eingang des Tales einen Staudamm errichten, der seinen jetzigen Verlauf absperrt. Ob so etwas wirklich machbar ist, das weiß ich nicht«, meint Abt Pirmin nachdenklich. »Aber wir wollen es mit vereinten Kräften wenigstens versuchen.«

Im März ist der Frühling bereits Dauergast. Anemonen blühen in den Wäldern, Veilchen und Schlüsselblumen an den Wegrändern. Das Vieh ist wieder auf seinen Weiden. Die Ställe müssen warten. Mönche und Knechte, die nicht unbedingt für die Feldarbeit gebraucht werden, arbeiten im Schweiße ihres Angesichtes mit Schaufel, Hacke und Spaten, um das kühne Vorhaben zu verwirklichen und dem Murbach ein neues Bett zu graben. Manches Mal müssen sie mit Hacke und Spaten Felsbrocken aus der Erde lösen, ausgraben und beiseiteschaffen. Sie freuen sich über jede Spanne des neuen Bachbettes, die sie dazugewinnen. Bruder Otger muß mehr kochen und Unmengen von Milch und Tee für die Arbeiter bereitstellen. Sie sind müde, zerschlagen und hungrig, wenn sie die Arbeit des Tages hinter sich haben, können kaum noch die Augen offenhalten und reiben verstohlen ihre schmerzenden Gelenke und recken ihre steifen Rücken. Abt Pirmin, der sich uneingeschränkt an der harten Arbeit beteiligt, hat ein Einsehen. Die Gebetsübungen werden für die Dauer dieser außergewöhnlichen Tätigkeit abgekürzt, die Schlafzeiten verlängert. Einer der besten Arbeiter ist Helmwart, der gerne Seite an Seite mit Bruder Marquard tätig ist. Unauffällig geht er ihm dabei zur Hand, wenn ein schwerer Steinbrocken die Kraft des Bruders übersteigt. Inzwischen hilft er ihm auch beim Reinigen der Kirche. Ohne viel Worte übernimmt er

auch hier den schweren Teil. Die beiden jungen Verwandten des Herrn Eberhard halten so tapfer durch, daß Abt Pirmin nicht mehr zögert, ihnen an einem der Abende, als sie alle miteinander einträchtig und müde im Refektorium hocken, vor den anderen zu sagen: »Gunsald und Herfried, wenn Ihr es noch wollt, so seid uns als Brüder herzlich willkommen!« Der vereinte Jubelschrei der beiden läßt auch den letzten Bruder aus seinem Halbschlaf erwachen. Alle freuen sich mit ihnen. Nur Helmwart und seine beiden Gefährten sehen irgendwie betroffen und nachdenklich drein.
Anfang Mai wird ein Staudamm aus Felsgestein, Ästen und Erde am Anfang des Tales errichtet, das letzte Stück des neuen Bettes gegraben und zum Murbach durchgestoßen. Mit Macht fließen die Wasser in das neue Bett. Im alten Bachlauf zappeln einige Forellen im schnell verrinnenden Wasser und befinden sich bald auf dem Trockenen. Bruder Otger sammelt sie ein als willkommene Ergänzung für eine Mahlzeit. Nach der schweren Arbeit am Murbach können die Mönche und ihre Helfer sich keine Ruhe gönnen. Die Mühle wird mit vereinten Kräften abgebrochen und am neuen Bachlauf wieder aufgebaut. Überall legt Abt Pirmin mit Hand an, obwohl er seinen Einsatz in den Wintermonaten deutlich spürt. Bei aller Müdigkeit erfüllt ihn eine innere Freude, weil Gott ihm die Kraft geschenkt hat, seine Brüder durch die dunkle Zeit zu bringen, ohne daß Mutlosigkeit und Resignation in ihren Herzen Raum gewinnen konnten. Jetzt hilft er mit beim Bau der Viehställe, beim Ausbessern der Zäune und der Dächer. Der Kanzler des Bischofs von Straßburg entschließt sich nun doch, in die Stadt heimzukehren. Die Schrecken des Winters haben ihn in seinem Entschluß, Mönch zu werden, wieder wankend gemacht. Mit einem herzlichen Segenswort läßt Pirmin ihn ziehen. Er kann sich den Boten anschließen, die aus dem Süden zum

Murbachtal gekommen sind. Mit dem Schiff und später mit Pferd und Wagen haben sie es geschafft, ein Geschenk der Gräfin Gerhildis und ihres Gatten Bertram in die Vogesen zu bringen, eine Glocke für die Klosterkirche. Zugleich haben sie mit einem Brief des Abtes Eddo ein kleines Fäßchen Wein von der Augia gebracht. Man kann es bequem in der Armbeuge tragen, aber die Gabe ist für die Mönche, die von der Augia gekommen sind, sehr kostbar. »Ein Gruß von daheim«, verkündet Abt Pirmin, ohne über die Bedeutung dieser Worte nachzudenken. »Der Wein wurde aus Trauben von unserem Rebenhang am Hochwart gewonnen. Wir wollen ihn für ein besonderes Fest aufbewahren und ihn dann mit Andacht trinken, liebe Brüder, auch wenn es für jeden nur einen halben Becher gibt. In seinem Brief hat Abt Eddo für uns außer Grüßen von ihm und allen Brüdern gute Nachrichten. Die Brüder und Scholaren sind wohlauf. Konstanz verhält sich ruhig. Auf Abt Eddos Wunsch haben sich etliche Bauern- und Fischerfamilien auf der Insel angesiedelt. Sie übernehmen manche Arbeit der Brüder. Danken wir dem Herrn für all Seinen Segen, den Er der Augia schenkt und bitten wir Ihn um Seine Gnade für Murbach!«

Auf Vorschlag des Abtes wählen die Brüder im Kapitel einstimmig Bruder Romanus zum Prior. »Ihr braucht einen neuen Schreiber, Vater Abt«, meint der tatkräftige Bruder Romanus gleich nach seiner Wahl. »Darf ich Euch einen Vorschlag machen? Helmwart hat sich mehr und mehr als Gehilfe des Bruders Marquard in der Sorge für unsere Kirche bewährt. Wollen wir ihm dieses Amt nicht ganz übertragen und zugleich prüfen, ob er, wie es sein sehnlicher Wunsch ist, als Laienbruder zu uns kommen kann? Wäre Euch Bruder Marquard als Schreiber und Sekretarius angenehm? Es ist eine Vergeudung, wenn ein Mann seiner Bildung seine Kenntnisse im Lateinischen nicht nutzen kann.« Abt Pirmin freut sich über die sachlichen Vorschläge seines Priors und über dessen Menschenkenntnis. Er freut sich aber auch darüber, daß ihm Bruder Marquard zum Mitarbeiter gegeben wird, ohne daß er etwas dazu getan hat.

Von jenseits des Rheins aus der Ortenau kommen im Juni vier junge Männer und bitten um Aufnahme im Kloster Murbach, auch ein Jungmann aus der Siedlung des Gebert gesellt sich zu ihnen. Abt Pirmin und Bruder Prior unterziehen jeden Kandidaten einer eingehenden Prüfung, denn nicht selten versuchen umherstreifende Vaganten sich einem Kloster vorübergehend anzuschließen, um eine Weile versorgt zu sein. Gelegentlich wagt sich auch ein fahrender Handwerksbursche in das Vogesental und hält Einkehr bei den Mönchen. Sie nehmen ihn gastfreundlich auf, denn die benediktinische Tradition sieht in jedem Menschen Christus. Ihm dienen sie in ihren Gästen.

Mit Hilfe des Gebert und seiner Männer bringen die Mönche die erste Ernte aus Dinkel, Korn, Hafer und Gerste ein. Kräutergarten und Gemüsegarten liefern reichen Ertrag. Jetzt im Herbst widmet Abt Pirmin wieder einige Tage seinem Missionsbüchlein. Darin erteilt er seinen Brüdern und künftigen Generationen von Benediktinern genaue, eindringliche Anweisungen für die Missionstätigkeit unter den Heiden. Bruder Marquard schreibt nach seinem Diktat. Abt Pirmin ist dabei so gesammelt, daß er seinen Gefährten gar nicht wahrzunehmen scheint. Im letzten sind auch diese teils so nüchternen Texte für ihn ein Zwiegespräch mit Gott. Ab und zu wirft Marquard ihm einen verstohlenen Blick zu, wenn er gerade eine Pause einlegt. Das im Winter noch hagerer gewordene Antlitz des Abtes hat einen ganz gesammelten und irgendwie entrückten Ausdruck. Klingt nicht eine Grundmelodie durch alles, was er sagt und tut: die Liebe zu Christus?

Als sich das erste Jahr im Murbachtal wieder seinem Ende zuneigt und damit das Datum des Neubeginns bereits überschritten ist, hat sich das Kloster äußerlich und innerlich besser für die stille Zeit gerüstet und auf die Härten des Winters vorbereitet. An der Feier der Heiligen Nacht nehmen dieses Mal auch die Leute aus dem Weiler des Gebert und die Männer und Frauen vom Berghof teil. Bischof Pirmin in festlichem Ornat mit dem goldenen Enkolpion auf der Brust und dem Bischofsstab mit der Krümme des Luigi, hält eine Predigt, deren Gehalt tief ist und deren Worte schlicht sind. Alle sollen sie verstehen, und alle sollen die Freude der Weihnacht in ihren Herzen erfahren: »Gott ist da!« Nach der heiligen Messe werden die Gäste bewirtet. Der Kräuterpater gibt ihnen Salben und Kräutertees als besondere Gabe mit auf den Heimweg.

In einem der Häuser im Weiler des Gebert liegen einige Leute mit einem seltsamen Fieber darnieder. Hat die Frau aus diesem Haus die Ansteckung mit ins Kloster gebracht? Bald bekommt der Kräuterpater, der zugleich Infirmar des Klosters ist, mehr als genug zu tun. Das Fieber wirft einen Bruder nach dem anderen auf sein Lager. Bruder Gundus kann die Pflege nicht mehr allein bewältigen. Er bittet den Abt um Hilfe, als auch Prior Romanus ernstlich erkrankt. »Sagt mir, was ich tun soll, Bruder?« fragt Pirmin bereitwillig. Nun ist er Tag und Nacht für die kranken Mitbrüder da. Er flößt den Kranken Kräuteressenzen und Minztee ein, wäscht die fieberheißen Körper, macht kühlende Umschläge, reinigt die Lagerstätten und bezieht sie mit frischen Linnentüchern. Eigenhändig füttert er den Schwächsten, den jungen Bruder Gunsald, und redet ihm bei jedem Löffel Brei gut zu, bis er ihn geschluckt hat. Wochenlang hält das ansteckende Fieber die Klostersiedlung in seinen Krallen. Die wenigen Gesunden müssen Küche und Stall versorgen und mit ihren paar Stimmen die Horen singen.

Helmwart ist überall zu finden, wo Hilfe notwendig ist. Er verausgabt sich ebenso wie Bischof Pirmin, aber er hat andere Kraftreserven. Abt Pirmin wird in diesen Wochen noch hagerer. Die tiefen Linien in seinem Gesicht mehren sich. Er hat keine Zeit, seinen Bart zu pflegen, der lang und wirr, mit grauen Strähnen durchsetzt, sein blasses, mageres Gesicht einrahmt. Als Bruder Romanus sich von seinem Krankenlager erhebt und seine Arbeit wieder aufnehmen kann, bittet Abt Pirmin ihn: »Würdet Ihr mich bei meinen Amtspflichten vertreten, Bruder? Ich fühle mich nicht gut. Ich muß mich ein paar Tage ausruhen.« Aus den Tagen werden Wochen, denn nun erkrankt der Abt. Die friebrige Erkrankung trifft ihn doppelt schwer, weil er zuvor bereits geschwächt war. Bruder Pedro und Bruder Marquard wechseln sich in seiner Pflege und in der Wache an seinem Lager ab. Über der Bettstatt des Kranken hängt als einziger Schmuck des kleinen Gemachs das Elfenbeinrelief des Luigi, Unsere Liebe Frau von der Augia. In einer Ecke steht der Stab mit der Elfenbeinkrümme, die Christus mit Rebe und Trauben segnend über den Wellen zeigt. Manches Mal müssen die Fieberträume des Abtes sich auf der Augia bewegen. Seine trockenen, aufgesprungenen Lippen nennen ihren Namen. Aber auch der Mindelsee läßt ihn nicht los. »Einmal noch diese Stille, Herr!« bittet er in einer Nacht voller Inbrunst. Bruder Marquard, der in dieser Nacht bei ihm wacht, wendet sich ab, als könne der Vater sehen, daß ihm Tränen in die Augen steigen. Könnte er ihm nur diesen Wunsch erfüllen! In dieser Nacht hat es den Anschein, als würde der Herr Pirmin in Seine ewige Stille holen. Danach beginnt die langwierige Zeit der Besserung, die Woche um Woche in Anspruch nimmt. Im Frühsommer kann er auf wankenden Beinen erstmals seine Cella verlassen. Er ist noch magerer, noch blasser und beinahe ganz ergraut. Die Kutte schlottert um seinen knochigen Körper. Bruder Digmundus betrachtet den Abt mit Kopfschütteln, berät sich heimlich mit dem Prior und bringt Pirmin nach einigen Tagen eine neue Kutte, die ihm paßt. Auf die Bitte von Bruder Pedro läßt er sich Haupt- und Barthaar schneiden. »Gefalle ich Euch nun wieder?« scherzt er mit mattem Lächeln in der Rekreation. Die Brüder stimmen eifrig zu. Sie sind froh darüber, daß er wieder in ihrer Mitte weilt. Sie dulden nicht, daß er bei körperlichen Arbeiten hilft. »Ihr müßt Euch schonen, Vater Abt«, sagt der Prior, Bruder Romanus. Pirmin fügt sich ohne Widerspruch. Manchmal sitzt er einfach auf der Bank vor seiner Cella, den Hund zu seinen Füßen. So trifft ihn Herzog Eberhard an, als er nach Monaten ›seinem‹ Kloster einen Besuch abstattet. »Euch hat es ja ordentlich erwischt, Herr Pirmin«, stellt er beim Anblick des Abtes fest. »Ich wäre gerne früher zu Euch gekommen, als ich von Eurer Krankheit hörte, aber es gärt wieder einmal im Alemannenland. Beide Seiten bereiten sich auf den Kampf vor, der Majordomus und Herzog Lantfried und sein Bruder Theutbald.« Pirmin seufzt. »Hat das denn nie ein Ende, Herzog Eberhard. Wann begreifen die Menschen endlich, daß Krieg und Gewalt nur neues Elend bringen?« Der alte Herzog bewegt vorsichtig seine schmerzenden Knie. »Ich fürchte, das werden sie nie lernen, Vater Abt. Die Großen gehen eben meist ungeschoren davon. Der Leidtragende ist der kleine Mann, der Bauer, dessen Hof zerstört wird, der Söldner, der Leib und Leben verliert.« Eine Weile schweigen die beiden Männer, in düstere Gedanken versunken. Dann meint Herzog Eberhard: »Euer Kloster ist ein Werk des Friedens, Vater Abt. Wie machen sich übrigens meine Verwandten Gunsald und Herfried?« »Sie haben ihr Klosterleben mit Ernst und Eifer begonnen, und sie legen überall mit Hand an.« »Das freut mich«, erwidert der Alte und strählt seinen weißen Bart mit

den Fingern. »Was meint Ihr dazu, wenn wir durch ein weiteres Kloster zum Frieden in den Vogesen beitragen würden, Vater Abt?« Pirmin wirft ihm einen Seitenblick zu. Er begegnet den listig forschenden Augen des Herzogs. Mit einem Heben seiner Schultern sagt er möglichst beiläufig: »Wenn Ihr die Möglichkeit dazu habt, ist das eine gute Sache.« »Wie wäre es, wenn dieses Kloster von Murbach aus gegründet würde?« Ah, nun hat der Herzog die Katze aus dem Sack gelassen. Pirmin bleibt ruhig. »Dafür ist es noch viel zu früh, Herzog Eberhard. Die geringe Anzahl geschulter Mönche reicht nicht einmal aus, um alle Ämter zu besetzen. Ich habe wohl oder übel Novizen mit Ämtern betrauen müssen, die eigentlich von Mönchen mit Gelübden betreut werden müßten.«
Der Etichone bleibt hartnäckig bei seinem Vorschlag. »Wenn Ihr mir wenigstens meine beiden Verwandten mitgeben würdet, Vater Abt ...« Im ersten Augenblick möchte Pirmin in seiner alten Weise auffahren und sich empören. Aber er entgegnet nur ruhig: »Das wäre viel zu früh, Herzog Eberhard. Sie stehen erst am Anfang Ihres Klosterlebens und würden, ihrer Wurzeln in Murbach beraubt, vielleicht nirgendwo mehr recht Fuß fassen. Ein Ordensberuf ist eine kostbare Gabe Gottes, die man nicht gefährden darf.« Unwillig verzieht Herzog Eberhard sein Gesicht. Er hat sich den Umgang mit diesem Pirmin leichter gedacht. »Darf ich die beiden wenigstens fragen, ob sie später einmal für eine Gründung verfügbar wären?« Er will sich noch immer nicht geschlagen geben. »Tut es getrost, Herzog Eberhard«, sagt Pirmin leichthin. Er weiß nämlich, wie dieser Versuch enden wird. Der Herzog sucht Bruder Gunsald und Bruder Herfried an ihrem Arbeitsplatz auf. Sie bessern gerade einen Weidenzaun aus. Sie hören ihm aufmerksam zu, als er seine Pläne für eine zweite Klostergründung vorbringt. »Ich möchte nun wissen, ob ihr gegebenenfalls bereit seid,

Murbach zu verlassen und mir dabei zu helfen?« Die Brüder tauschen einen Blick. Dann spricht Bruder Gunsald für sie beide: »Euer Vertrauen ehrt uns, Herr Eberhard. Aber wir möchten in Murbach bleiben.« Sichtlich enttäuscht kehrt der Alte ihnen den Rücken. »Was seid Ihr nur für ein Hexenmeister, daß die Menschen so an Euch hängen, Vater Abt?« brummt er mürrisch, als er sich wieder auf die Bank setzt. »Bruder Gunsald und Bruder Herfried fühlen sich zutiefst Christus verpflichtet, dem sie im Kloster Murbach dienen«, berichtigt ihn der Abt mit großer Sanftmut. »Aber auch meine Tochter, Frau Gerhildis, meinte, daß Ihr ein Menschenfischer seid«, klagt der Herzog. »Muß ich das nicht sein, um den Auftrag Christi zu erfüllen?« Halb lachend, halb mürrisch stellt der Herzog fest: »Ihr habt immer das richtige Wort. Euch bin ich nicht gewachsen!«

Wie es der Herzog vorausgesagt hat, empören sich die Alemannen im Gebiet nördlich des Bodensees gegen die Oberherrschaft der Franken. Herzog Lantfried und sein Bruder Theutbald führen den blutigen Aufstand an und erzielen zuerst einige Überraschungserfolge gegen kleinere Verbände des Frankenheeres. Ein Bote der Frau Gerhildis bringt eine Schreckenskunde nach Murbach. Herzog Lantfried hat den ›Pirminsmann‹ Abt Eddo auf Drängen des Audoin von seinem Amt als Abt der Augia enthoben und nach Uri verbannt. »Meine arme Augia!« bangt Abt Pirmin. »Jetzt wird Audoin die Lage ausnutzen, um dem Inselkloster den Todesstoß zu versetzen. Beten wir Sturm, meine lieben Brüder, daß ihm das nicht gelingt!« Aber es hat durchaus den Anschein, als würde Pirmins Befürchtung eintreffen. Der nächste Bote der Frau Gerhildis teilt den Mönchen in Kloster Murbach mit, daß der Laienbischof von Konstanz eine ihm genehme Kreatur mit der Verwaltung der Insel betraut hat: Vogt Dohard. Wahre

Schreckensbilder von den Zuständen auf der Augia entstehen daraufhin vor Pirmins geistigen Augen. »Könnte ich nach dort, um den Brüdern beizustehen!« klagt er seinem Sekretarius Marquard. »Ihr würdet gleich am ersten Tag gefangengenommen und in den Kerker geworfen, Vater Abt. Euch bleiben nur Gebet und Opfer, um den bedrängten Brüdern auf der Insel beizustehen«, weist Bruder Marquard sein unsinniges Ansinnen mit Offenheit und Härte zurück. Abt Pirmin versteht auch sofort, daß er solch unsinnige Wünsche begraben muß. Er betet mehr und inniger denn je und schenkt dem Herrn seine unerfüllbare Sehnsucht, den Brüdern auf der Augia persönlich zu helfen. Nun bleiben die Nachrichten von dort ganz aus. Dafür mehren sich Meldungen vom gewalttätigen Vergeltungsfeldzug der Heere des Karl Martell gegen die Alemannen. Manches Kloster wird von seinen Kriegshorden geplündert und gebrandschatzt. Überfälle auf Städte und Dörfer bringen unendliches Leid über die Menschen. Hinter den vordringenden Kriegern bleiben Tote, Verwundete, Verstümmelte und Geschändete zurück – Tod, Not und Elend. »Und das alles im Namen Jesu Christi«, ruft Abt Pirmin erschüttert aus, als sich eine Flüchtlingsfamilie von jenseits des Rheines zu ihnen in die Vogesen verirrt. Diesen edelfreien Alemannen haben die Soldaten Hab und Gut geraubt, das Haus verbrannt und die halbwüchsige Tochter, das einzige Kind, geschändet. Mit eigenen Händen hilft Abt Pirmin beim Bau einer Hütte für die Flüchtlingsfamilie. Er trägt mit den Brüdern Sorge für die erste Ausstattung des kleinen Hauses in einem Seitental. Auf seine Weisung beginnen Knechte mit der Rodung des Waldes. »Später werdet Ihr hier einen Bauernhof erhalten, wenn wir auch in diesem Jahr keine Aussaat mehr vornehmen können«, verspricht er dem Edelfreien Randolf. Seine fürsorgliche Güte nimmt dem Flüchtling langsam etwas von seiner

Bitterkeit und Verzweiflung. Bruder Marquard erzählt ihm von seiner ersten Begegnung mit Abt Pirmin und den Flüchtlingen aus Spanien. »Euer Vater Abt war selbst ein armer Flüchtling? Daher hat er auch soviel Verständnis für unsere Lage, aber das Schwerste weiß er noch nicht.« Die junge Tochter, in sich gekehrt und verstört, erwartet ein Kind, und sie lehnt es ab, diese Frucht einer Vergewaltigung auszutragen. Auf Anraten Marquards sucht ihr gramgebeugter Vater schließlich den Abt auf. »Wir müssen damit rechnen, daß Irmtrud sich das Leben nimmt. Wir bewachen sie bereits Tag und Nacht. Sie haßt das Kind, das in ihr wächst, und ich kann es ihr nicht einmal verübeln.« Wie soll er diesem armen Vater und seiner Tochter helfen? Im Gefühl seiner Ohnmacht breitet der Abt seine leeren Hände aus. Dann sagt er: »Laßt das Mädchen einmal zu mir kommen. Ich will versuchen, mit ihr zu sprechen.« Das Mädchen, dessen Leib deutlich gerundet ist, sitzt mit starrem, blassem Gesicht vor ihm und scheint seine Worte gar nicht zu hören. Er läßt sich nicht beirren in dem Versuch, zu ihr durchzudringen. »Irmtrud, deiner Familie ist etwas Furchtbares geschehen. Willst du nun deinen armen Eltern noch mehr aufbürden, sie noch tiefer verwunden?« Flüchtig hebt sie den Kopf und starrt ihn aus glanzlosen Augen an. »Das größte Leid, das deine Eltern noch treffen kann, wäre es, wenn du dir und deinem Kind das Leben nehmen würdest.« Sie legt die Hand auf ihren Leib, eine schmale, fast durchsichtige Kinderhand. »Aber ich will das nicht, das da!« Dabei verzerrt sich ihr Gesicht zu einer Grimasse des Abscheus. »Ich kann es verstehen, Irmtrud. Dennoch, wenn ein Geschöpf dieser Erde unschuldig ist an dem, was dir geschehen ist, dann ist es dieses Kind in deinem Leib. Es ist völlig wehrlos und ungefragt ins Dasein gerufen worden. Du meinst, es nie und nimmer lieben zu können. Willst du ihm, dem unschuldigen Wesen, auch das Recht nehmen, das Licht der Welt zu erblicken, zu leben? Nein, antworte mir noch nicht! Wenn es dir zu schwer wird, dieses Kind aufzuziehen, gib es unserem Kloster, wie es mit manchen Waisen geschieht. Wir Mönche werden das Kind aufziehen oder eine Pflegefamilie dafür suchen. Um der Liebe Christi willen – laß ihm das Recht zu leben! Bitte, versprich mir das, Irmtrud.« Nach längerem Zögern hebt sie den Kopf, sieht ihm fest in die Augen und legt ihre Kinderhand in seine schwielige Rechte. »Ich verspreche es Euch!«

Im steten Wechsel von Freude und Leid, von Gebet und Arbeit geht die Zeit rasch dahin. Das Kind der Irmtrud wird geboren. Abt Pirmin tauft es in der Kirche und sieht mit stiller Freude, daß die junge Mutter es mit liebevollem Blick ansieht. Nach ein paar Monaten stolpert der kleine Eruwin bereits auf stämmigen Beinchen über den Hof seiner Großeltern und über das Gelände des Klosters Murbach. Dort zieht es ihn nämlich täglich hin. Im Kloster hat er zwei Freunde, die er innig liebt – Abt Pirmin und den Hund Bär. Der Hund bewahrt ihn davor, in den Bach zu fallen. Auch der älteste und weltabgeschiedenste Mönch strahlt über sein faltiges Gesicht, wenn der kleine Kerl auftaucht und mit ihm plaudern will. Immer wieder finden sich Kind und Hund vor der Cella des Abtes ein. Der vielbeschäftigte Abt nimmt sich Zeit für den Kleinen und lauscht seinem eifrigen Geplapper. Aus der Hütte der Flüchtlinge ist ein Hof geworden, und Herr Randolf vertritt als weltlicher Klostervogt Murbach bei der Verwaltung des großen Besitzes. Dem Kloster gehören 43 Mönche an, und in der Klosterschule wetteifern Söhne von Adeligen mit Halbfreien und Bauern um das Erlernen der lateinischen Sprache, der Wahrheiten des Glaubens und weltlicher Wissenschaften.

Wieder einmal neigt ein Jahr sich seinem Ende zu, das Jahr 732. Abt Pirmin möchte in der Klosterchronik niederschreiben: »Anno Domini 732 – wirklich ein Jahr des Herrn ...« Endlich dringt auch bis in das Vogesenkloster die Freudenkunde, daß Karl Martell im Oktober 732 die Erobererheere der Araber in offener Feldschlacht bei Tours und Poitiers vernichtend geschlagen hat. In wilder Flucht zieht sich ihr Heer über die Pyrenäen zurück. Es ist so sehr aufgerieben, daß die Gefahr für das Frankenreich für immer gebannt ist. Nach dem Sieg Karl Martells im Alemannenland kann Abt Eddo zur Augia zurückkehren. Er setzt Vogt Dohard ab und stellt rasch die alten Verhältnisse wieder her. Dem Te Deum in der Kirche auf der Augia folgt ein nicht minder feierliches Te Deum der Mönche im Kloster Murbach. Abt Pirmin im Festornat schaut während des Singens auf die Krümme seines Stabes, Christus über den Wassern. Die Augia ist wieder frei! Er sieht auch in das vor inneren Freude leuchtende Antlitz seines Sakristans Bruder Helmwart.

Später schreibt er in seiner Chronik: »Anno Domini 732 ... Licht und Dunkel, aber das Licht siegte! Gelobt sei Jesus Christus.«

XV. BEGEGNUNGEN

Bischof Widegern von Straßburg stirbt, tief betrauert von den Menschen in seinem Bistum. Nach einer Zeit der Sedisvakanz einigen sich die Kleriker der Bischofsstadt mit den weltlichen Herren auf einen Mann aus heimischem Adel. So gelangt auch eines Tages die gute Nachricht ins Kloster Murbach, daß Abt Eddo von der Augia zum Bischof von Straßburg ernannt worden ist. »Er hat die Würde dieses hohen Amtes unter der Bedingung angenommen, daß er gleichzeitig Abt der Augia bleiben darf, bis ein Nachfolger für ihn gefunden worden ist«, berichtet der Bote aus Straßburg. »Darf ich unserem Herrn Bischof Eddo die Kunde mitbringen, daß Ihr ihn bald aufsuchen werdet, Vater Abt? Er wäre gerne zu Euch gekommen, aber das wird ihm vorerst nicht möglich sein unter der Bürde der neuen Amtspflichten.« Pirmin berät mit Prior Romanus und seinen Mönchen. Alle drängen ihn förmlich, recht bald nach Straßburg aufzubrechen. Prior Romanus meint: »Ihr solltet die Fahrt mit einem Schiff machen, Vater Abt. Dann bleibt Euch die Anstrengung des weiten Rittes nach Straßburg erspart. Ich werde dafür Sorge tragen, daß Euch eines der nach Norden fahrenden Treidelschiffe mitnimmt. Verlaßt Euch ganz auf mich!« Der Abt macht keine Einwände. Auch der Winter 733/734 hat ihm das Fieber gebracht und ihn wochenlang auf sein Krankenlager gezwungen. »Euer getreuer Bruder Pedro und Euer Sekretarius Marquard mögen Euch begleiten, wenn Ihr damit einverstanden seid.« Pirmin dankt Bruder Romanus.

Wie gerne hat er die beiden Mönche als Begleiter! Er kann sich auf beide verlassen und darf bei ihnen auch müde und schwach sein. Gebert, der Mann aus dem Weiler am Ausläufer der Vogesen, schickt einen seiner Leute an das Rheinufer. Bald findet sich ein Treidelschiff, dessen Mannschaft für eine reichliche Belohnung so lange am Ufer ankert, bis der Abt und seine Gefährten eingetroffen sind. »Es kommt mir beinahe so vor, als führen wir zur Augia«, meint Bruder Pedro vergnügt, als sie die vorbeiziehende Landschaft betrachten. »Wir fahren nicht in der richtigen Richtung.« »Was nicht ist, kann noch werden, Bruder«, sagt Marquard. Der Abt schweigt. Wie schön wäre es, wenn sich dieser Wunsch erfüllen würde! Er wagt es nicht zu hoffen und verbannt diesen Wunsch energisch aus seinen Gedanken.

Als das Schiff in Straßburg anlegt, werden die Reisenden von einer kleinen Menschengruppe erwartet. Abt Pirmin stutzt, als ein Mann in bischöflichem Ornat ihm entgegenkommt. »Bruder ... Bischof Eddo, Ihr?« staunt er. Bischof Eddo sagt nur: »Vater!« und schließt ihn in die Arme. Bruder Pedro und Bruder Marquard werden die Augen feucht, als die Männer einander begrüßen. Bischof Eddo, ein strahlender, sieghafter Mann in der Vollkraft seiner Jahre, und der Wanderbischof Abt Pirmin, den Arbeit, Sorgen, Entbehrungen und das jährlich wiederkehrende Fieber vorzeitig altern ließen. Er ist hagerer als früher, ein wenig vornübergebeut. In sein Antlitz haben sich tiefe Falten eingekerbt, und die grauen Strähnen in seinem Haar haben sich vermehrt. Aber seine dunklen Augen haben ihren alten Glanz, und seine Bewegungen verraten seine ungebrochene Tatkraft. Bischof Eddo begrüßt die beiden Begleiter des Abtes. Er heißt sie als Brüder willkommen. »Ihr wollt sicher wissen, wie es auf der Augia steht, ihr drei Leute aus unserem Inselkloster?« fragt er, während sie auf dem Weg zu seinem Haus sind. »Auf der Insel steht alles zum Besten. Die Mönche lassen Euch grüßen. Bruder Ermanold, nun ein rüstiger Greis, versieht weiterhin unermüdlich sein Amt als Cellerar. Er gab mir ein größeres Fäßchen Inselwein für Euch und Eure Brüder in Murbach mit. Dazu meinte er, hoch in den Vogesen würden sicherlich keine Trauben reif.« Mit einiger Spannung fragt Bischof Pirmin: »Wer wurde Euer Nachfolger auf der Augia, Bischof Eddo?« Über das Antlitz des Bischofs von Straßburg huscht ein Schatten. »Ich habe das Amt noch nicht übergeben. Im Augenblick bin ich Abt der Augia und Bischof von Straßburg. Das kann aber nicht so bleiben. Dafür ist die Entfernung zu groß. Ich möchte vorerst nur verhindern, daß sich der Bischof von Konstanz wieder einmal einmischt. Euer guter ›Freund‹ Dohard hat den Herrn gewechselt. Er ist in der Kanzlei des Bischofs von Mainz tätig, also keine Gefahr mehr für die Augia. Die Brüder dort haben auf meine Anregung hin Bruder Arnefried zum Prior gewählt. Ihr kennt ihn als Novizen. Er ist ein Mönch nach Eurem Herzen – großmütig, bescheiden und fromm. Er hat ein Herz für unsere guten Leute am See. Übrigens haben wir weitere Familien auf die Insel geholt. Sie bilden eine eigene kleine Gemeinde. Beinahe hätte ich das Wichtigste vergessen, Vater: der Einsiedler vom Mindelsee sendet Euch seine Grüße. Ich weiß, es klingt beinahe unglaublich, aber der Alte, nein, der Uralte lebt noch immer in seiner Klause. Er ist körperlich viel hinfälliger geworden, aber sein Geist ist rege wie eh und je. Seine Sicht der Dinge ist in Höhen und in Tiefen vorgedrungen, die uns verschlossen bleiben, so lange wir auf dieser Erde weilen. Ich war auch darin Euer Nachfolger, Vater, daß ich oft zu ihm ging, um bei ihm still und froh zu werden. Davon habe ich in der Zeit meiner Verbannung nach Uri zehren können. Er ruht in Gottes Güte.«

In der Bischofsstadt und im Haus des Bischofs ist Abt Pirmin dieses Mal vom ersten Tage an ein geehrter Gast. Das Wohlwollen und die Verehrung, die Bischof Eddo ihm entgegenbringt, werden von seiner Umgebung übernommen. »Ein Unterschied, wie er größer nicht sein könnte, wenn ich an unsere erste Ankunft hier denke«, stellt Bruder Marquard zufrieden fest. »Wißt Ihr auch, wie es kam, daß Bischof Eddo uns bereits an der Anlegestelle unseres Schiffes in Empfang genommen hat, Vater Abt?« »Darüber habe ich noch gar nicht nachgedacht, Bruder Marquard«, meint Pirmin verwundert. »Ich kann es Euch verraten. Prior Romanus sandte einen Eilboten nach hier. Gebert legte die Strecke in kurzer Zeit zurück. Er hatte zuvor mit den Schiffern die ungefähre Ankunftszeit unseres Schiffes vereinbart.« »Ach, deshalb ging unsere Fahrt so langsam vonstatten! Ich wunderte mich unterwegs, wie oft die Leute anlegten.«

Bei dem Gastmahl, das Bischof Eddo zu Ehren seiner Besucher gibt, erhält der Abt den Ehrenplatz und wird von den Dienern mit größter Aufmerksamkeit versorgt. »Ihr verwöhnt mich, Bischof Eddo! Wie soll ich mich da wieder in der Einfachheit von Kloster Murbach zurechtfinden«, lächelt er seinem Gastgeber zu. »Ich habe mir immer schon gewünscht, Euch einmal verwöhnen zu dürfen, Vater. Hoffentlich bleibt Ihr recht lange in Straßburg!«

Nach der Komplet bleiben Bischof Eddo und sein Gast noch ein wenig zusammen im Gemach des Bischofs. »Darf ich Euch ein Glas Wein anbieten, Vater? Es ist Wein von der Augia. Die Gläser sind eine Kostbarkeit, die ich von meinem seligen Vorgänger geerbt habe.« Pirmin hält das Glas gegen das Flämmchen der Kerze, deren Schein sich darin spiegelt und im Brechen vervielfältigt. »Bei der Hochzeit von Frau Gerhildis habe ich zuletzt aus einem Glas getrunken. Sonst waren es immer irdene Becher.« »Kommt es nicht auf den Inhalt des Gefäßes an, Vater?« Der Abt lächelt und trinkt einen Schluck des Weines. Er kostet ihn bedächtig. »Der Inhalt dieses Glases ist ausgezeichnet. Im übrigen habt Ihr recht: es kommt auf den Inhalt an. So wird unser Herr auch denken, wenn Er uns irdene Gefäße betrachtet, denen Er soviel Kostbares anvertraut.« Eine Weile bleibt es still im Gemach. Die beiden Bischöfe hängen ihren Gedanken nach. Dann sagt Bischof Eddo plötzlich: »Die Herrschaft des Audoin in Konstanz wird nicht mehr allzu lange dauern. Er ist kränklich und gebärdet sich dadurch noch tyrannischer und willkürlicher. Die Konstanzer Bürger haben bereits einmal vor nicht langer Zeit eine Abordnung zur Augia geschickt. Sie haben mich gebeten, ihnen dabei zu helfen, daß Audoin abgesetzt wird, und ein geweihter Bischof seine Stelle einnimmt. Sie baten mich um einen Mönch von der Augia. Ich habe sie damals um Geduld gebeten und vertröstet. Nun kommt der Zeitpunkt näher, an dem sich in Konstanz Grundlegendes ändern wird. Karl Martell wird in Zukunft auch nur einen ihm genehmen Mann auf dem Bischofsstuhl von Konstanz dulden. Der Held von Tours und Poitiers genießt auch bei den Alemannen Ansehen, obwohl er sie wieder einmal besiegt hat. In absehbarer Zeit wird auch für Euch eine Reise zur Augia wieder möglich sein.« Wieder erhellt ein Lächeln das hagere Antlitz des Abtes. »Wie Ihr wißt, war Geduld nie meine starke Seite, Bischof Eddo. Nach wie vor bereitet es mir einige Mühe, wartend an einem Ort auszuharren. Dabei blüht und gedeiht Kloster Murbach. Allerdings möchte Herzog Eberhard ab und zu seine Rolle als Stifter des Klosters stärker betonen, und ich muß ihm mit Höflichkeit und zugleich mit Nachdruck entgegentreten.« Bischof Eddo nickt lebhaft und zustimmend. »Das kann ich mir bei meinem Herrn Großvater vorstellen. Er hat sich in Euch ein wenig getäuscht,

Vater, wie er mir eingestand. Er hatte nicht damit gerechnet, daß Ihr so tatkräftig und selbständig sein würdet. Laßt Euch auch weiterhin nicht von ihm dreinreden! Er wollte dies sogar in Straßburg versuchen. Ich habe ihm in aller Öffentlichkeit erklärt, daß ich nicht daran dächte, mein Amt mit ihm zu teilen.« Bischof Eddo füllte die Gläser zum zweiten Mal. »Darf ich Euch um einen Rat bitten, Bischof Eddo?« beginnt Pirmin förmlich. Gespannt horcht der Bischof auf. »Haltet Ihr es für vertretbar, daß ich mich um die Reform anderer Klöster bemühe? Wie Ihr wißt, haben sich längs des Rheinstromes etliche Klöster angesiedelt. Einige bestehen seit mehr als einem Jahrhundert. Die Mönche befolgen die Regel des Columban, und in manchen Konventen haben sich viele Mißbräuche eingeschlichen. Einige Male trafen Brüder aus solchen Klöstern in Murbach ein. Sie baten mich, zu ihnen zu kommen und sie mit der Regel des Vaters Benediktus bekanntzumachen. Die Verhältnisse in diesen Klöstern müßten regelrecht neu geordnet und viele Auswüchse eines weltlichen Lebenswandels beseitigt werden. Das wäre keine Aufgabe für einige Tage. Sie würde Wochen in Anspruch nehmen. Zweifellos werden einige der Männer, die nur dem Namen nach Mönche sind, die Klöster verlassen müssen. Was meint Ihr, Bruder Eddo, soll ich eine solch verantwortungsvolle Aufgabe übernehmen? Haltet Ihr mich für fähig, ihr gewachsen zu sein?« Bischof Eddo lehnt sich zurück. Er betrachtet lange das Antlitz des Freundes, des Mannes mit dem ergrauenden Haar und den Falten der Jahre, aber auch mit den leuchtenden Augen des begeisterten Gottesmannes, des Streiters für die Sache Christi. Abt Pirmin sitzt ganz ruhig und gelassen da. Seine Frage an ihn war ehrlich gemeint. Er wird sich seiner Weisung unterwerfen. Das berührt den Bischof von Straßburg zutiefst. Der Meister des geistlichen Lebens bittet ihn, den Schüler, um seine Weisung! Wie oft hat er zu Füßen dieses Mannes gesessen, seit er ihn an jenem Morgen auf der Augia gefunden hat, und seinen Worten gelauscht, ergriffen von der großen Christusliebe, der bereiten, demütigen Haltung des Dienenwollens und der aufrichtigen Nächstenliebe dieses Mannes! Nun bittet der Vater ihn, den Schüler, um Rat und Weisung. »Folgt Eurem Herzen, Vater! Es weist Euch den rechten Weg, da Ihr nichts anderes wollt, als der Sache des Herrn zu dienen. Aber wartet zuerst den Winter ab. Bruder Marquard hat mir verraten, daß Euch der Vogesenwinter jedes Mal gesundheitlich zu schaffen macht. Der Winter in den Tälern des Schwarzwaldes ist nicht milder. Ich freue mich, daß Bruder Pedro und Bruder Marquard Euch unmittelbar zur Seite stehen dürfen. Nehmt sie mit, wenn Ihr die Klöster reformiert! Euer Prior, Bruder Romanus, scheint allem Vernehmen nach ein besonnener, verständiger und frommer Mann zu sein. Betraut ihn mit der Leitung des Klosters Murbach, wenn Ihr die Klöster längs des Rheines besucht. Ich bin davon überzeugt, daß diese schwierige Aufgabe Euch Monate und vielleicht sogar Jahre von Murbach fernhalten wird. Gebt Bruder Romanus alle Vollmachten eines stellvertretenden Abtes.« Abt Pirmin schaut auf das Kreuz an der weißgekalkten Wand über dem Haupt des Bischofs, als er leise sagt: »Das will ich tun, Bischof Eddo ... alle Rechte eines stellvertretenden Abtes mit dem Recht der Nachfolge.«

Im Frühjahr 735 begibt sich Abt Pirmin mit drei Begleitern auf den Weg nach Kloster Schuttern. Gebert setzt sie mit einem Kahn über den Strom. Dann wandern sie mit leichtem Bündel dem Kloster entgegen. Zunächst will man sie an der Pforte bewirten, bis Abt Pirmin sich zu erkennen gibt. Der Bruder Pförtner starrt ihn entgeistert an. »Ihr ... Ihr seid dieser Abt Pirmin von Murbach?« Dann läuft er eilig davon. »Der sieht uns schon einmal nicht gerne«, stellt Bruder Pedro fest. »Euer

Name muß hier einen gefährlichen Klang haben, Vater Abt.« Während sie warten, sehen sie sich auf dem Gelände des Klosters um. Gutgekleidete Frauen gehen an ihnen vorüber, nicht ohne ihnen neugierige und aufmerksame Blicke zugeworfen zu haben. Kinder lärmen und spielen auf dem Hof, Mädchen und Jungen verschiedener Altersstufen. »Ein seltsames Kloster«, murmelt Bruder Marquard. »Dabei sollte man nach dem trockenen Brot, das man uns an der Pforte vorsetzte, annehmen, daß man hier besonders aszetisch wäre«, fügt Bruder Gunsald hinzu. »Da kommt die verkörperte Aszese!« spöttelt Bruder Pedro. Ein stattlicher Mönch in einer Kutte aus feinster Wolle mit einem juwelengeschmückten Enkolpion auf der breiten Brust und Ringen an den Fingern tritt auf sie zu. »Was habe ich von unserem Bruder Pförtner vernommen? Abt Pirmin aus Kloster Murbach ist gekommen!« sagt er mit gekünstelter Fröhlichkeit. Er weiß sofort, welcher von seinen ihm unwillkommenen Besuchern der Abt ist, obwohl Pirmin keinerlei Abzeichen seines Ranges trägt. »Welche Ehre, Euch in Schuttern begrüßen zu dürfen!« Mit geschmeidigen Gesten und einem unaufhörlichen Redeschwall führt er sie in das Gästehaus, dessen Räume so reich ausgestattet sind wie der Bischofspalast des Audoin zu Konstanz. Die vier Mönche aus Murbach in ihren einfachen Kutten nehmen sich in all der seidenen und vielfarbenen Herrlichkeit wie fremde Wesen aus. Abt Johannes von Schuttern versichert ihnen ein über das andere Mal, wie willkommen sie in seinem Kloster sind. »Ihr möchtet Euch gewiß von den Anstrengungen der Reise erholen, Ihr Herren, nicht wahr? Ich werde dafür Sorge tragen, daß alles für Euch gerichtet wird!« Damit entfernt er sich auffallend rasch, so als wolle er seinen Gästen keine Zeit geben, ihm unangebrachte Fragen zu stellen. Bruder Pedro befühlt die Stoffe der Decken und Kissen. »Ein reiches Kloster!« Von diesem Reichtum legen auch die Speisen Zeugnis ab, die ein Diener ihnen aufträgt: zartes Wildbret mit Preißelbeeren, gesottene Fische, verschiedene Gemüse, weißes Brot. Dazu gibt es Bier oder Wein aus bunten Gläsern. Das Tafeltuch ist von feinstem Linnen, und eine Kerze brennt auf zierlichem Leuchter. »Ein reiches Kloster!« wiederholt Bruder Pedro. »Wartet bis zur nächsten Hore ab«, rät Abt Pirmin. Sie gehen zur Kirche, ein großes Gotteshaus, wie es auf der Augia und in Murbach nicht zu finden ist. Aber das Äußere täuscht. Das Innere ist ärmlich und lieblos hergerichtet, und nur wenige ältere Mönche beten in unregelmäßigem Gemurmel und leierndem Singsang die Psalmen herunter. Wo sind die anderen Mönche? Schuttern soll an die hundert Brüder haben. »Ein armes Kloster!« sagt Bruder Marquard, als sie wieder ins Freie treten. Sie werden neugierig angestarrt. Einige der älteren Mönche tuscheln miteinander. Einer von ihnen macht sich auf den Weg, er tut es verstohlen, und er blickt dabei ängstlich nach allen Seiten.

»Was geschieht nun weiter, Vater Abt?« Gunsald ist ungeduldig. »Wartet nur, Bruder, gleich wird jemand zu uns kommen.« Pirmin hat richtig vermutet. Schon nach kurzer Wartezeit kommt eilenden Schrittes ein Mönch auf sie zu. »Ich bin Bruder Gernot«, stellt er sich vor und reicht ihnen die Hand. Er unterscheidet sich durch seine schlichte Kutte wohltuend von dem aufgeputzten Abt Johannes. »Eine Gruppe der Brüder, zu denen ich auch gehöre, baten um Euer Kommen, Vater Abt. Wir brauchen Eure Hilfe, denn Kloster Schuttern steht kurz vor dem endgültigen Ruin. Was Ihr hier seht, das ist kein Ordensleben mehr. Unsere Mönche gehen auf die Jagd. Sie schweifen frei umher und tragen Waffen, statt sich Werken der Nächstenliebe und dem Gebet zu widmen. Ihr konntet Euch davon überzeugen, daß nur wenige Brüder zu den Horen kommen. Aber so geht es auch bei der heiligen Messe zu. Manche haben ihr Gelübde so weit vergessen, daß sie mit Frauen und Kindern ein familienähnliches Leben führen. Wenn sie die klösterlichen Räume bewohnen, haben sie dort einen Luxus zusammengetragen, den Ihr sonst vielleicht in Fürstenhäusern findet. Ihr wundert Euch, woher die Mönche die Mittel nehmen, um ein solches Leben zu führen, Abt Pirmin? Fragt nur unsere Bauern danach, dann wird Euch eine deutliche Antwort zuteil!« »Glaubt Ihr, daß dies möglich ist, Bruder Gernot? Gut, laßt die Leute in das Gästehaus kommen, damit ich ungestört mit ihnen sprechen kann!« ordnet Pirmin an. »Unseren Gästemeister wird zwar der Schlag treffen, aber ich tue alles, was Ihr sagt, wenn uns nur geholfen wird.« Drei Männer kommen zitternd in das Gemach und werfen sich vor Pirmin auf die Knie. Es sind magere, ärmlich gekleidete Gestalten mit verarbeiteten Händen und hohlwangigen Gesichtern. »Steht auf und setzt euch«, fordert Abt Pirmin sie freundlich auf. Mit einem scheuen Seitenblick auf Bruder Gernot tun sie, was Pirmin gesagt hat. Vorsichtig setzen sie sich nebeneinander auf eine mit Samt bezogene Bank. Endlich beginnt der älteste von ihnen zu sprechen: »Herr, Bruder Gernot sagte uns, Ihr könntet uns helfen. Ist das wirklich wahr? Unsere Not ist groß. Wir leiden Hunger. Wir haben im Winter dem Kloster sogar das Saatgut abliefern müssen. Wir essen Wildkräuter und fangen ab und zu ein Kaninchen. Das ist natürlich verboten, aber was sollen wir tun?« Der Alte hält inne. Seine Augen weiten sich vor Entsetzen. Der Gastmeister hat den Abt rufen lassen. Abt Johannes stürmt förmlich in den Raum. »Was soll denn das bedeuten?« brüllt er. Die drei Männer sind aufgesprungen und drängen sich in einer Ecke des Zimmers zusammen. Abt Johannes wurde in seiner ausgiebigen Mittagsruhe durch den Alarm des Gastmeisters gestört.

Das allein ist in seinen Augen beinahe schon ein Sakrileg, und nun entdeckt er hier diese schmutzigen Tagelöhner. Abt Pirmin läßt seinen Blick von dem Abt von Schuttern, der jetzt über seiner Kutte aus zarter Wolle auch noch einen pelzverbrämten ärmellosen Überwurf trägt, zu den zerlumpten Männern in der Ecke wandern. »Ich frage noch einmal, was das hier zu bedeuten hat? Gebt Antwort!« herrscht Abt Johannes die Männer an. »Oder soll ich Euch auspeitschen lassen?« Ein stöhnender Wehlaut kommt aus der Ecke. Pirmin weiß, daß dieses Zerrbild eines geistlichen Führers es durchaus ernstgemeint hat. Er tritt auf ihn zu und hebt furchtlos seine Rechte. »Das werdet Ihr nicht, Herr Johannes! Ich habe diese Männer zu mir gebeten, weil ich gerne wissen wollte, wie gut es den Leuten ergeht, die unter dem Schutz des Klosters Schuttern leben. Ihr habt mich zwar freundlich begrüßt, als ich vorhin mit meinen Begleitern hier eingetroffen bin, aber Ihr seid ganz gewiß nicht der Mann, der um mein Kommen gebeten hat, nicht wahr?« Der Angesprochene weicht seinem Blick aus und macht eine wegwerfende Handbewegung, bei der die Ringe an seiner Rechten aufblitzen. »Es gibt in unserem Konvent ein paar Phantasten, die sich ohne mein Zutun mit Euch in Verbindung gesetzt haben. Sie wollen Kloster Schuttern unbedingt reformieren. Dabei haben wir hier ausgezeichnete Lebensbedingungen. Besser könnten sie gar nicht sein. Kehrt getrost in Euer Vogesenkloster heim und überlaßt es mir, Kloster Schuttern nach meiner Sicht zu führen, Abt Pirmin!« Der Blick des Abtes Pirmin löst sich nicht von seinem feisten Antlitz, während er leise sagt: »Kloster Schuttern zu führen nach Eurer Sicht? Führt Ihr Kloster Schuttern für unseren Herrn Jesus Christus, oder führt Ihr Kloster Schuttern zu Eurem und einiger Eurer Brüder weltlichem Wohlergehen und Wohlbehagen?« »Mit welcher Vollmacht tretet Ihr hier auf, Abt Pirmin?« schreit Abt Johannes. »Ich ward von Brüdern gerufen, die unserem Herrn dienen wollen, und ich stehe vor Euch im Namen dieses Herrn. Sollte ich die Zustände in Eurem Kloster nicht ändern können, werde ich dem Majordomus Karl empfehlen, es aufzuheben. Glaubt mir, Herr Karl vertraut meinem Wort. Sorgt zunächst einmal dafür, daß Eure halbverhungerten Leute aus der Klosterküche verpflegt werden!« Wieder brüllt Herr Johannes los: »Wie käme ich dazu, einen solchen Befehl zu geben? Diese erbärmlichen Kreaturen haben Euch belogen und aufgehetzt. Ich werde sie auspeitschen lassen!« Mit einem lauten Entsetzensschrei verkriechen sich die geängstigten Männer tiefer in die Ecke des Raumes. Zornig tritt Abt Pirmin zwischen sie und den Abt. »Das werdet Ihr nicht tun! Seid Ihr überhaupt ein Priester? Habt Ihr jemals die Worte Christi ernstgenommen, die da besagen: ›Was ihr einem Meiner geringsten Brüder getan habt, das habt ihr Mir getan‹?« Wütend beißt sich Herr Johannes auf die vollen Lippen und murrt halblaut: »Wo würden wir hinkommen, wenn wir alle Worte Christi genau nähmen?« Pirmin läßt sich auf keine Auseinandersetzung mehr mit ihm ein. Er wendet sich einfach an den Mönch Gernot, der bisher schweigend und aufmerksam die Szene beobachtet hat. »Sorgt, daß alle Mönche im Kapitelsaal zusammenkommen in – sagen wir – in einer Stunde, Bruder Gernot. Ich werde zu ihnen sprechen.« Bruder Gernot verneigt sich, ohne ein Wort zu sagen, und verläßt den Raum. Vergeblich ruft Herr Johannes ihm nach, daß nur er Befehle zu geben habe. Pirmin winkt die drei Männer herbei. »Ihr kommt jetzt mit mir. Ihr wißt doch sicher, wo sich die Klosterküche befindet. Meine Brüder aus Murbach leisten derweil Herrn Johannes Gesellschaft.« In der Küche gibt es nicht geringes Aufsehen, als Abt Pirmin mit den drei Männern eintritt. »Was wollt Ihr hier?« fährt der Küchenmeister die schäbig gekleideten Armen an. »Du gibst diesen Männern Suppe und Gemüse und Getreidemus mit, das du für heute abend gekocht hast und dazu reichlich Brot!« Das Auftreten des fremden Abtes ist dabei so bestimmend und herrisch, daß der Küchenmeister verwirrt gehorcht. »Was sollen die Mönche heute abend essen?« empört sich der Bruder, als die drei Armen hochbeladen mit kostbaren Gaben eilends davonlaufen. »Fasten wird hier keinem schaden. Außerdem hast du sicher noch Brot im Vorrat«, fertigt ihn Pirmin kurz ab. »Die Fastenzeit hat noch nicht begonnen«, murrt der Küchenmeister. Als Abt Pirmin die Küche verläßt, schimpft er hinter ihm her: »Wenn der hier das Sagen bekommt, haben wir nichts zu lachen!«

Mit Mühe und Überredungsgabe schafft es Bruder Gernot wirklich, daß sich alle Mönche im Kapitelsaal versammeln, die Befürworter und die Gegner einer Reform und die Gleichgültigen, die gedankenlos mitgelaufen sind. Sogar Abt Johannes findet sich ein. Er hat all seinen funkelnden Schmuck abgelegt und sich in eine einfache Kutte gehüllt. Abt Pirmin, dem eigentlich gar nichts an der äußeren Aufmachung liegt, trägt nun die Insignien seines Amtes. Fest umklammert seine Rechte den Bischofsstab mit der Krümme, die Christus über den Wassern zeigt. Still betet er: »Herr, gebiete Du dem Sturm und den Wellen und heiße mich über die Wasser zu Dir kommen!« Im Vertrauen auf den Herrn nimmt er das Wagnis auf sich. Ruhig und ohne äußere Anzeichen irgendwelcher Not um den Ausgang dieses Vorhabens steht er da, hochgewachsen, hager, mit seinem durch Sorgen und Mühsale gekerbten Antlitz, in dem unter dem grau-schwarzen Haar die dunklen Augen leuchten. Jetzt wirkt der bescheidene und demütige Diener seiner Brüder wie ein Herrscher. Sie sehen ihn gespannt an, aber nicht alle können seinen forschenden Blick ertragen. Viele senken die Augen und bemühen sich krampfhaft, gelassen zu wirken und an ihm vorbeizuschauen. »Liebe Brüder, Ihr habt hier ein altes, schönes Kloster mit festgefügten Häusern und einer großen Kirche. Unser Kloster Murbach ist dagegen noch neu und arm, im Werden begriffen und mit allen Schwierigkeiten des Wachsens behaftet. Wir haben in den vergangenen Jahren dort manchen Rückschlag erlitten, zahlreiche Entbehrungen auf uns nehmen müssen und keiner von uns durfte vor harter Arbeit zurückschrecken, vom jüngsten Novizen bis zum ältesten Mönch und zum Abt. Aber durch die gemeinsam durchgestandene Not sind wir in unserem Konvent wirklich zu einer Gemeinschaft zusammengewachsen. Wir leben in der Freiheit klösterlicher Armut im Geiste und nach der Regel des heiligen Ordensvaters Benediktus und seinem Gesetz ›Ora et labora!‹ Ihr habt hier prächtige Häuser und reiches Besitztum, aber Ihr seid in einem anderen Sinne arm. Oder könnt Ihr mir sagen, daß hier wirklich eine klösterliche Gemeinschaft in der Freiheit der Armut beisammen ist, deren einziges Anliegen ist, dem Herrn Jesus Christus zu dienen und den Menschen, die außerhalb Eures Klosters zu Euch gehören und für die Ihr verantwortlich seid?« Wieder erfaßt sein Blick jeden einzelnen Mönch. Manche können ihm standhalten. Sie begegnen ihm frei und offen, ja freudig. Einer von diesen Männern wird der sein, der ihn nach Schuttern gerufen hat. Wieder weichen ihm viele aus oder senken den Blick, darunter auch Abt Johannes. Wenige wagen es, ihn frech und herausfordernd anzuschauen. Nun wird seine Stimme werbend: »Meine lieben Brüder, im Namen Christi und um Christi willen bitte ich Euch, heute einmal in Stille darüber nachzudenken, ob das Leben, wie Ihr es hier führt, Seinen Segen haben kann! Laßt Ihn zu Euch sprechen! Haltet Einkehr in der Stille. Habt den Mut, Euch dem Herrn zu stellen! Er wird zu Euch sprechen und Euch sagen, was ihr tun sollt. Wollt Ihr morgen meine Hilfe und mit ihr die Ordensregel unseres Vaters Benediktus, so bin ich gerne dazu bereit. Ich weiß, daß ich keine Macht habe, Euch zu einem Entschluß zu zwingen. Euer Gewissen mag sich in Freiheit vor Gott entscheiden.« Nach dem Gebet des Vaterunser und seinem Segen verläßt Abt Pirmin mit seinen drei Gefährten den Kapitelsaal. Wider Erwarten bleibt es still hinter den Mönchen aus Murbach. »Ob sie sich Eure Worte zu Herzen genommen haben, Vater Abt?« überlegt Bruder Marquard, während er den Bischofsstab in seine Hülle legt. »Wir wollen auf das Wirken des Heiligen Geistes vertrauen, Bruder Marquard! Laßt uns derweil draußen Umschau halten. Es interessiert mich, wie es um die Lebensbedingungen der Unfreien bestellt ist.« Empört weist Bruder Pedro auf die erbärmlichen, windschiefen Hütten. »So elend haust in Murbach nicht einmal das Vieh!« Die Leute starren sie furchtsam an. Fordern diese Mönche etwa wieder neue Abgaben? »Wir haben wirklich nichts mehr, gar nichts mehr, Herr. Habt Erbarmen!« fleht händeringend eine verkrümmte alte Frau. Empörung läuft wie eine Flamme über das Antlitz des Abtes. »Sie leben drüben im Kloster in Saus und Braus, und diese Menschen leiden Mangel am Notwendigsten. Ich werde ihre Vorratskammern mit eigener Hand plündern, wenn sie sich weigern, diesen Leute zu helfen!« Nun geschieht etwas, das ganz selten bei ihm geworden ist, das Temperament seiner iberischen Mutter bricht durch. »Warum soll ich warten, bis sie mich rufen! Ich lasse sofort die Glocke läuten ...« Bruder Marquard hält ihn zurück, indem er all sein Vertrauen und seine alte Freundschaft in die Waagschale legt, um den Vater vor einer Torheit zu bewahren. »Das dürft Ihr nicht tun, Vater Abt«, sagt er mutig. »Ihr würdet Euch selbst der Lüge zeihen, und die Worte, die Ihr gesprochen habt, entwerten. Ihr habt ihnen Bedenkzeit zugesagt, und Ihr müßt Euer Versprechen halten.

Wartet bitte, bis sie Euch rufen!« Erschrocken starren die beiden anderen Mönche ihren Mitbruder an. Welch ein Wagnis! Zuerst hat es den Anschein, als ob der Abt den Mönch und Freund maßregeln würde. Er blickt ihn finster an. Aber dann entspannen sich seine Züge und seine verkrampften Hände öffnen sich. Er atmet einige Male tief durch und reicht Bruder Marquard seine Hand. »Ich danke Euch, Bruder, daß Ihr den Mut hattet, meinem blinden Zorn entgegenzutreten! Wenn Ihr mich nicht zur Mäßigung gemahnt hättet, wäre ich vorangestürmt, ohne an die Folgen zu denken. Ihr habt wahrlich als Bruder gehandelt und als Freund.«

Seine Geduld wird auf eine harte Probe gestellt. Die erbitterten Streitgespräche im Kapitel der Mönche von Schuttern dauern drei ganze Tage, ehe die Reformpartei sich durchsetzt. Einige Unbekehrbare haben dem Kloster kurzerhand den Rücken gekehrt und sind unter Mitnahme etlicher Werte geflohen. Unter den ehrlos Geflüchteten befindet sich auch der ehemalige Abt Johannes. Die übrigen Mönche wählen unter sich Bruder Gernot zum Prior. Damit hat die Reformpartei, deren Haupt er war, sich gänzlich durchgesetzt. Auf Abt Pirmins Bitte erteilt er ihm und seinen Männern die Erlaubnis, den Lagerhäusern des Klosters Vorräte für die Armen zu entnehmen. »Ehe wir mit der geistig-religiösen Reform beginnen, muß zuerst diesen armen Menschen geholfen werden.«

Die vier Murbacher erleben erschütternde Freudenszenen bei den armen Menschen, denen sie Brot, Getreide, Käse und Wurst bringen. Welch elendes, freudloses Dasein haben diese Leute in den feuchten, baufälligen Lehmhütten geführt! Mit den abtrünnigen Mönchen sind auch deren Kebsweiber und Kinder aus dem Klosterbezirk verschwunden. Mit Genehmigung des neuen Priors weisen die Murbacher die Leute aus den armseligsten Hütten in die festgebauten kleinen Häuser ein.

Abt Pirmin wird von ihnen als Retter verehrt und gepriesen. Er lenkt alles Lob auf Prior Gernot ab. »Mit diesem guten Bruder werden bessere Zeiten für euch kommen«, versichert er. »Jetzt glaube ich an einen guten Gott«, sagt eine Frau zu Bruder Marquard. Er erzählt es dem Abt. »Welche Macht hat Christus Seinen Dienern verliehen, und wie kann sie mißbraucht werden! Welch eine Verantwortung haben wir Priester! All unser Predigen von Gott und Seiner Liebe wird nur glaubhaft, wenn wir diese Liebe leben. Ein selbstsüchtiger Priester, der nur an sich, sein Wohlbefinden oder den Erwerb kirchlicher Würden denkt, mißbraucht sein Amt und die Worte Gottes. Er führt die Menschen von Gott fort.«

Nachdem die bittere Not unter den Hörigen gebannt ist, kann Abt Pirmin das eigentliche Reformwerk in Kloster Schuttern beginnen. Die Mönche zeigen alle guten Willen, aber er muß langsam vorangehen, Schritt für Schritt. Täglich muß er sie neu vor eine Entscheidung stellen, wenn es darum geht, liebgewordene Gewohnheiten aufzugeben, die sich nicht mit der Regel des Vaters Benediktus vereinbaren lassen. Es ist ein zähes Ringen um jeden einzelnen Mönch, bei dem Abt Pirmin auch Rückschläge und Niederlagen ertragen muß. Einige Mönche wollen sich nicht fügen und verlassen die Gemeinschaft kurz vor der Einführung der neuen Ordensregel, auf die sie sich nicht verpflichten wollen. »Nun wird die Zahl der Vaganten, der umherstreifenden Bettelmönche, noch vermehrt«, seufzt Prior Gernot. »Aber Ihr mußtet sie vor eine klare Entscheidung stellen, Vater Abt.«

Im Frühsommer 736 kann Abt Pirmin mit seinen drei Gefährten endlich die Heimreise nach Murbach antreten. Er läßt eine festgefügte und auf die Benediktinerregel eingeschworene Gemeinschaft in Schuttern zurück unter der Leitung des neuen Abtes Gernot.

Abt Pirmin ist sichtlich erschöpft und müde nach diesem Einsatz, dem monatelangen Ringen um jede einzelne Seele, um jeden einzelnen Mönch. Auch in Schuttern ist ihm zudem die fiebrige Erkrankung nicht erspart geblieben, die ihn nun jeden Winter heimsucht. »Wenn man bedenkt, daß außer Schuttern eine ganze Reihe von Klöstern, die bislang nach der Regel des Kolumban gelebt haben, um unser Kommen gebeten haben, so Gengenbach, Schwarzach, Ebersheimmünster, Neuweiler und Weißenburg, um nur einige zu nennen«, meint er auf der Überfahrt zum anderen Rheinufer verzagt. »Wenn das jedesmal so lange dauert wie in Schuttern, sind wir in zehn Jahren nicht damit fertig.« Energisch sagt Bruder Pedro, der sich um die Gesundheit des Abtes sorgt: »Zunächst bleiben wir eine ganze Weile in Murbach!«

Den Reisenden sind wenige Ruhetage vergönnt. Dann trifft ein Bote aus Straßburg ein. Er bringt dem Abt einen kurzen Brief von Bischof Eddo. »Lieber Vater Abt«, heißt es darin, »nun steht es Euch frei, Eure geliebte Augia zu besuchen. Audoin ist von Gott heimgerufen worden. Für die Reise zur Augia und damit für die Erfüllung Eures Herzenswunsches gebe ich Euch meinen besonderen Segen.« Tief bewegt und wortlos reicht Abt Pirmin den Brief seinem Prior Romanus. »Sobald Ihr Euch ein wenig von den Strapazen Eurer Tätigkeit in Schuttern erholt habt, über deren Ausmaß mich Bruder Marquard unterrichtet hat, tretet die Reise zur Augia an, Vater Abt! Gönnt Euch die Freude dieses Wiedersehens! Nehmt Bruder Otger und Bruder Pedro mit. Sie gehören zu den Männern der ersten Stunde auf der Augia. Aber laßt Euch auch von Eurem verläßlichen Sekretarius Marquard begleiten.« Pirmin bedankt sich bei seinem Prior für sein Verständnis und für die Bereitschaft, mit der Bruder Romanus wieder die ganze Sorge für Murbach übernimmt. »Euch gegenüber habe ich ein schlechtes Gewissen, Bruder Romanus, bin ich doch ein Abt, der öfter auf Reisen ist als in seinem Kloster.« Beruhigend lächelt Bruder Romanus ihm zu. »Es ist der Herr, Der Euch wandern heißt, Vater Abt.« Wie ein warmer Windhauch streift Pirmin die Erinnerung an das Wort aus dem Buche Mose: »Er hat dein Wandern auf Sein Herz genommen.«

Abt Pirmin und seine Begleiter fahren mit einem Treidelschiff bis Basel. Dann reiten sie gemächlich am Rheinufer entlang in Richtung Ermatingen. Sie sind recht schweigsam auf diesem Ritt, denn jedes Dorf, jede Höhe weckt im Wiedererkennen Erinnerungen. Mit welch schwerem Herzen sind sie den gleichen Weg geritten, als Abt Pirmin im Jahre 727 die Augia verlassen mußte! Und dann biegen sie um ein Waldstück und erspähen im Frühdunst des sonnigen Tages fern im See die Augia. Sie halten inne, falten die Hände und schauen und schauen. Sie wenden ihren Blick nicht von der Insel, die näher und näherkommt, während sie langsam am Ufer entlangreiten. Am liebsten würde der Abt seinem Pferd die Zügel freigeben und in raschem Galopp nach Ermatingen sprengen, aber er bezwingt seine Ungeduld. Nun können sie bereits Bäume und Häuser auf der Augia unterscheiden. Auch am Westufer ist eine dörfliche Siedlung entstanden. Der Hochwart grüßt zu ihnen herüber. Ob dort wieder Trauben an den Rebhängen wachsen? Endlich haben sie Ermatingen erreicht. Auch dieses Dorf hat sich vergrößert. Seine gepflegten Anwesen zeugen von Wohlstand. In den kleinen Gärten blühen bunte Blumen. Der Spätsommertag entfaltet seine ganze Pracht. Bruder Pedro steigt vom Pferd und geht in das Haus des Dorfältesten. Nach kurzer Zeit kommt er mit dem Mann wieder. Aus dem faltigen Antlitz des Fischers blinzeln scharfe Augen fragend zu Abt Pirmin empor. »Kenne ich Euch nicht, Herr?« Da läßt der Abt sich vom Pferderücken gleiten und reicht dem Mann die

Hand. »Wir haben uns zuletzt vor nunmehr neun Jahren gesehen.« Der Alte horcht der tiefen, klangvollen Stimme nach, blickt noch einmal prüfend in das hagere, faltenreiche Gesicht vor ihm und fragt zögernd: »Seid Ihr der Herr Abt Pirmin?« Als Pirmin dies freundlich bestätigt, strahlt der Mann vor Überraschung und Freude. »Ich habe mir immer gewünscht, Euch noch einmal wiederzusehen, Herr!« Er drängt sie, bei ihm zu bleiben und ein Frühmahl einzunehmen, aber Pirmin lehnt das Angebot ab. Er braucht nur einen Kahn, um zur Augia übersetzen zu können. Der Alte versteht ihre Sehnsucht und geleitet sie rasch zum Ufer. Mit einem Dankeswort stoßen sie vom Landungssteg ab. Dann zieht die Insel an ihren Augen vorbei, während Bruder Pedro den Kahn mit ruhigen, gleichmäßigen Ruderschlägen um die Insel lenkt. Wie so oft grüßen von drüben die Berge des Hegaus und die Wälder von Schienen. Sie biegen in den Gnadensee ein und nähern sich dem Herzen der Insel, der Bucht mit den Klosterbauten. Abt Pirmin preßt beide Hände gegen die Brust, als könne er so sein wild pochendes Herz beruhigen. Die Insel liegt vor ihnen im hellen Sonnenlicht. Der Gnadensee schimmert blau wie der hohe Himmel. Mancher Wald ist Äckern und Wiesen gewichen. Kleine Häuser reihen sich wie Perlen am Ufer auf. Die größeren Klosterbauten tauchen auf und der neue Glockenturm der Kirche. Ob dort noch immer die Glocke der Frau Gerhildis läutet? Sie legen an einem breiten Landungssteg an, den es damals noch nicht gegeben hat. Ein Fischer bessert am Ufer seine Netze aus. Er grüßt freundlich und beachtet die drei Mönche nicht weiter. Sie sind für ihn ein alltäglicher Anblick. Ist das nicht Falco, der damals in Allensbach neben Godwin seine Hütte hatte? Der Mann gibt kein Zeichen des Erkennens von sich, obwohl er ihnen bei der Landung wieder einen neugierigen Blick gönnt. ›Das sind ja fremde Mönche‹, wird er

wahrscheinlich denken. »Habe ich mich denn so verändert?« fragt Abt Pirmin leise seinen Sekretarius. »Ja, Vater Abt«, antwortet Bruder Marquard. »Seit Ihr die Augia verlassen habt, hat unser Herr Sein Schnitzmesser genommen und es bei Euch angesetzt. Euer Antlitz ist viel schmaler, herber und faltenreicher geworden. Kloster Murbach und Kloster Schuttern haben viel von Euch gefordert ...« Von den jährlich wiederkehrenden Fieberanfällen spricht er nicht. »Ist es nicht eigenartig, daß ich in Murbach, obwohl ich dort nunmehr neun Jahre bin, keinen Tag das Gefühl verloren habe, daß ich eigentlich Pilger bin? Wahrscheinlich war ich hier trotz der Kürze der Zeit zu tief verwurzelt. Gott weiß, was Er tut.«
Nach einem Besuch in der Kirche gehen die drei Mönche zum Gästehaus. Ein Trunk und ein Bissen Brot wären ihnen willkommen, ehe sie den Prior aufsuchen. Mit freundlichem Gruß eilen einige Mönche an ihnen vorbei. Gäste auf der Augia setzen sie nicht in Erstaunen. Es vergeht kein Tag, an dem nicht von irgendwoher Mönche und Pilger die Insel aufsuchen als Rast auf weiten Wegen.

Der sorgende Bruder im Gästehaus fragt nicht nach ihrem Woher und Wohin. Er bringt den Mönchen Milch, Brot und Käse und füllt ihre Becher. Mit einem Mal bleibt er vor Bruder Pedro stehen, starrt ihn an und ruft dann: »Bist du es wirklich, Bruder Pedro?« Lachend schlägt sich der Laienbruder auf die Schenkel. »Hast du mich doch erkannt, Bruder Ingram? Ich fragte mich die ganze Zeit, wie lange das dauern würde!« Bruder Ingram setzt seinen Krug eilends und schließt Pedro in die Arme. »Wie schön, daß du uns nach all den Jahren einmal besuchst, Bruder!« Er hält ihn von sich weg und sieht ihn prüfend an. »Du bist natürlich älter geworden, aber du siehst noch immer so munter aus wie damals, als wir beiden Leienbrüder hier manchen Spaß miteinander hatten. Doch, sag' mir, wie geht es unserem Vater Pirmin?« »Möchtest du ihn das nicht lieber selbst fragen«, lacht Bruder Pedro und weist auf einen seiner Begleiter. Da reißt Bruder Ingram seine Augen weit auf und starrt den Mann an, auf den Pedro gewiesen hat. Ist das der Vater Abt? Nein, das kann nicht wahr sein! So hager war der Vater nie! Das mit grauen Strähnen durchzogene Haar befremdet ihn, aber da sind die Augen, die unverkennbaren dunklen, leuchtenden Augen, die ihn mit liebevollem Spott anblicken, und dann ertönt die klangvolle Stimme: »Fürchte dich nicht! Ich bin es.« »O, Vater! Vater Pirmin!« schreit Bruder Ingram auf. Dann dreht er sich auf dem Absatz herum und läuft davon. »Habe ich ihn so erschreckt?« lacht Pirmin und trinkt einen Schluck aus seinem Becher. Da ertönt mit lauten und raschen Schlägen eine Glocke. Er erkennt ihren vollen Klang. Es ist die Glocke der Frau Gerhildis. Von allen Seiten strömen die Mönche zusammen. Was ist geschehen? Was soll dieses Sturmläuten? Prior Arnefried naht mit ernster Miene. Er vermutet in diesem plötzlichen Geläute einen mutwilligen Streich der Scholaren, die bereits einmal die ganze Mönchsgemeinde mit der Glocke zusammengerufen haben. Von der Anstrengung atemlos, bahnt sich Bruder Ingram einen Weg durch die Schar der Brüder. Er keucht: »Ich ... ich ... habe geläutet, Bruder Arnefried. Wir haben Besuch!« »Welch hohe Persönlichkeit ist denn gekommen, daß Ihr gleich den ganzen Konvent alarmieren müßt?« fragt der Prior befremdet. »Kommt und seht!« meint Bruder Ingram nur. In der Türe des Gästehauses erscheinen die drei Mönche. Der Prior runzelt die Stirn. Wer ist das? Er kennt sie doch, aber ... Da löst sich der Hochgewachsene aus dem Türrahmen und geht mit ausgebreiteten Armen auf ihn zu. »Bruder Arnefried!« Wie Schuppen fällt es von seinen Augen. »Vater! Vater Pirmin!« jubelt er und schämt sich seiner Tränen nicht. Nun kennt auch die

Begeisterung der Brüder, die ihn als Abt erlebt haben, und vor allem die seiner ›Spanier‹ keine Grenzen mehr. Sie drängen sich um ihn wie glückliche Kinder, deren Vater nach Hause gekommen ist. Aber auch die jungen Mönche, die in den letzten Jahren eingetreten sind, freuen sich herzlich mit. Die Mär vom guten Vater Pirmin ist nicht einmal in der schlimmen Zeit verstummt, als Dohard Vogt der Augia war. Damals haben sich die Mönche nur verstohlen und tröstend von ihm erzählt und seinen Brunnen hoch in Ehren gehalten. Als Vogt Dohard den Brunnen zuschütten lassen wollte, wäre es beinahe zu einem Aufstand der Mönche gekommen. Fortan blieb der Brunnen unbehelligt. Viele Pilger kamen von weither, um von seinem heilkräftigen Wasser zu trinken.
Bei dem Mittagsmahl im Refektorium gibt Prior Arnefried dem Vater ganz selbstverständlich den Ehrenplatz, den Platz des Abtes. Bereitwillig beantwortet Pirmin die Fragen der Mönche und kommt kaum dazu, das Festgericht der Insel zu genießen, Forellen in Kräutersud, und den guten Inselwein zu trinken. Er erzählt von Bischof Eddo und seinem segensreichen Wirken in Straßburg, von Kloster Murbach und von Kloster Schuttern. Ein Bruder, es ist der alte Bruder Anselmo, stellt die vorwitzige Frage: »Wo ist es denn schöner, in Murbach oder auf der Augia?« Die anderen Brüder sehen sich betroffen an. Wie kann man nur so taktlos sein! Abt Pirmin ist nicht erzürnt. Er denkt nur kurz nach. »Man kann beide Klöster nicht miteinander vergleichen. Sie sind beide einmalig in ihrer Art, wenn sie auch in dem Wichtigsten gleich sind, nämlich im Willen der Brüder, Christus zu dienen. Darf ich Euch nun auch Fragen stellen?« Mancher der Brüder, die mit ihm auf der Augia begonnen haben, ist inzwischen heimgegangen und ruht mit Bruder Arnulf auf dem Friedhof des Klosters. Prior Arnefried kommt einer weiteren Frage zuvor. »Der Ur-

alte vom Mindelsee ist scheinbar unverwüstlich, Vater Abt. Dabei war er doch eigentlich schon alt, als er damals zu uns auf die Insel kam ...« Die Tür des Refektoriums wird stürmisch aufgerissen. Ein Mönch eilt herein. »Was feiert Ihr denn hier?« ruft er aufgebracht. »Drüben in Allensbach habe ich die wilde Läuterei gehört und zuerst gedacht, es würde brennen. Hier habe ich alle gefragt, die mir begegnet sind. Sie lachten nur und wollten mir den Grund nicht sagen!« Empört stemmt der rundliche Greis im Mönchsgewand seine Hände in die Hüften. Bruder Arnefried erklärt lachend: »Unser Bruder Cellerar mußte etwas in Allensbach erledigen. Darum weiß er noch nicht, was geschehen ist.« Pirmin erhebt sich und geht auf den Vertrauten zu. »Mein lieber Bruder Ermanold!« ruft er und streckt beide Hände aus. Da stürzt der Cellerar mit einem lauten Aufschrei auf ihn zu. »Vater! Vater!« jubelt und schluchzt er. Mancher Mitbruder muß angesichts dieses Wiedersehens verdächtig mit den Augen zwinkern, bis sein Blick wieder ungetrübt ist. Nun nehmen Fragen und Erzählen erneut ihren Anfang, bis Abt Pirmin dem allzu ausgedehnten Mahl ein Ende bereitet. »Wenn wir nicht aufstehen, Bruder Arnefried, können wir von hier aus gleich zur Vesper gehen.«
In der Abtwohnung findet Abt Pirmin erst spät am Abend eine Stunde der Muße. Das Wiedersehen mit der Augia hat ihn überwältigt. Verstohlen regt sich in ihm der Wunsch, auf der Insel bleiben zu dürfen, sei es auch als einfacher Mönch. Er verläßt das Haus und geht durch die milde Nacht an den Gnadensee. In den Wassern spiegelt sich der Mond. Das Ried raschelt und flüstert leise. Er blickt zum Himmel empor. Da stiebt eine Sternschnuppe in weitem Bogen leuchtend über den dunklen Himmel. ›Als Kinder haben wir uns etwas gewünscht, wenn eine Sternschnuppe niederfiel‹, denkt der einsame Mann am Ufer des Sees. Übermächtig steigt die Versu-

chung in ihm auf, beim Fall der nächsten Sternschnuppe den Wunsch auszusprechen, hier bleiben zu dürfen. Aber er steht nur ganz still am Ufer des Gnadensees, bis aus den Wünschen ein ruhiges und einfaches Ja zu Gottes Willen wird.
In den nächsten Tagen durchstreifen die Mönche aus Murbach die ganze Insel. Sie bewundern die neuen Häuser, die Felder, die Gemüse- und Kräutergärten und die Rebhänge. Sie freuen sich über den Fleiß der Mönche und die Zufriedenheit der Bauern und Fischer. Das klösterliche Gemeinwesen auf der Insel ist wohlgeordnet. Ein gepflegter Chor begleitet die Gottesdienste in der neuen größeren Basilika mit der breiten Apsis im Osten. In der Klosterschule bereiten sich dreißig Scholaren auf den Ordensberuf oder ein weltliches Amt vor. Nach langem Bemühen gelingt es Bruder Ermanold, Abt Pirmin einmal allein für sich zu haben. Er führt ihn, wenn er dabei auch etwas mühsam geht und kurzatmig ist, auf den Hochwart. »Seht nur, wie gut die Trauben angesetzt haben! Wenn kein Hagel dazwischenkommt, werden wir die beste Lese haben.« Er richtet sich ächzend wieder auf und zeigt in Richtung Konstanz. »Seit wir von dort nichts mehr zu befürchten haben, geht es mit uns immerfort aufwärts, Vater.« »Hat man bereits einen Nachfolger für Audoin gefunden?« Bruder Ermanold lächelt. »Es gibt da so ein Gerücht, Vater, das sich hoffentlich bewahrheitet. Es heißt, man wolle Bruder Arnefried das Bischofsamt antragen in Personalunion mit dem Amt des Abtes auf der Augia.« Pirmin spürt, wie Unbehagen in ihm aufkommt. Hat keiner daran gedacht, daß er wieder Abt des Inselklosters werden könnte? Dann könnte er bleiben … ›So wenig hast du dich also in Wirklichkeit damit abgefunden, daß du nicht mehr hierher gehörst!« schilt er sich. Über das geheime Sehnen seines Herzens hinweg sagt er warm: »Das wäre die beste Lösung. Bruder Arnefried besitzt große Fähigkeiten. Er ist ein tüchtiger

Verwalter, ein ausgezeichneter Prediger und ein väterlicher Mensch.« Bruder Ermanold bittet ängstlich: »Laßt ihm gegenüber bitte nichts davon verlauten, Vater! Er liebt es gar nicht, wenn wir Mönche Mutmaßungen anstellen. Er ringt mit sich um die Antwort auf die Anfrage der Bürger von Konstanz.«

Am gleichen Abend sucht Bruder Arnefried seinen ehemaligen Abt auf und trägt ihm sein großes Problem vor. »Haltet Ihr es für möglich, daß ein solches Doppelamt der Augia und Konstanz zum Segen gereichen könnte, Vater?« Pirmin spürt wieder den leisen, ziehenden Schmerz in seinem Herzen, aber er lächelt den anderen ermutigend an. »In Eurer Person werden Konstanz und die Augia zueinanderfinden, Bruder! Ihr seid dann das Symbol und der Garant der Einheit. Wagt Euch an das große Werk! Der Segen Gottes wird Euch geleiten.« Nach diesem Gespräch hat der Aufenthalt auf der Augia für Abt Pirmin nicht mehr den Charakter des zeitlosen Verweilens wie in den ersten Tagen. Er hat nunmehr begriffen und erfahren, daß es nur eine kurze Rast auf seinem Wege sein kann und sein darf. Er rudert allein über den Gnadensee und freut sich, daß er noch so gut mit dem Ruder umgehen kann. Er besucht den altgewordenen Bruder Egno, dem ein junger Priestermönch beigestellt wurde. »Meine Tage in Allensbach sind bald gezählt, Vater. Ich darf zur Augia heimkehren.« Ahnungslos fügt er hinzu: »Hoffentlich bleibt Ihr bei uns, Vater. Ihr gehört einfach hierher.« Wieder fühlt Pirmin das leise Ziehen im Herzen, die geheime, wohl nie zu stillende Sehnsucht, zu bleiben. »Habt Ihr vergessen, daß ich Wanderbischof bin, Bruder Egno?« versucht er zu scherzen. »Wie kann ich da seßhaft werden?« Bruder Egno wendet ein: »Aber Ihr seid nun schon lange in Murbach, Vater.« »Von dort werde ich immer wieder abberufen ...« Er erzählt von Kloster Schuttern und den anderen Klöstern längs des Rheines, zu denen er unterwegs sein wird. »Bruder Romanus, unser Prior, ist längst der eigentliche Abt von Murbach.« Bruder Egno betrachtet mitleidig das hagere Antlitz des Vaters. »Seid Ihr denn noch nicht des Wanderns müde, Vater?« Ein Schatten läuft über Pirmins Züge. »Ich bin sehr müde, Bruder Egno, aber ich kann nirgendwo rasten, wenn der Herr mich wandern heißt.«

Auf schmalen, halb verwachsenen Pfaden geht Abt Pirmin durch den Wald zum Mindelsee. Er will von dem Einsiedler Abschied nehmen. Er erschrickt beinahe, als er vor dem gebeugten und zusammengefallenen Greis steht. Im Antlitz des Uralten mit seinen zahllosen Falten und Runzeln und dem eingefallenen zahnlosen Mund leben scheinbar nur noch die Augen, ungetrübt, scharfsichtig und klar wie ehedem. »Vater Pirmin«, sagt der Uralte, ohne erst überlegen zu müssen, wie es die Brüder auf der Augia getan haben, »ich habe lange auf Euch gewartet«. Pirmin wundert sich und nimmt vorsichtig die zarte Hand mit der pergamentartigen Haut in seine Rechte. »Vater, Ihr wartet auf mich?« Der Uralte nickt und blinzelt zu ihm auf. »Ja, ich wußte, daß Ihr kommen würdet. Ich habe eine Bitte an Euch ...« »Sagt mir, worum es sich handelt, und ich werde tun, was ich vermag!« drängt Pirmin. »Ihr seid so stürmisch und ungeduldig wie beim ersten Mal«, kichert der Greis und hebt drohend den zitternden Zeigefinger. »Morgen erfahrt Ihr meinen Wunsch – nicht früher. Die Nacht gehört dem Mindelsee.« Als habe ihm der Einsiedler damit eine klare Weisung erteilt, gehorcht Abt Pirmin. Er verbringt die Spätsommernacht auf einem umgestürzten Baumstamm am Ufer des stillen Gewässers. Wie vor Jahren fühlt er, daß die Stille ringsum ihn ergreift und sich in ihm ausbreitet. Sein Wünschen und Wollen schweigt, nur das stille Ja der Bereitschaft bleibt.

Als das erste Dämmerlicht über den sanften Höhenrücken am anderen Ufer des Sees aufsteigt, winkt ihn der Uralte neben sich auf die Bank vor der Hütte. »Es war eine gute Nacht für Euch, nicht wahr? Ich habe ungezählte Nächte wie diese kommen und gehen sehen, viele, viele Jahre lang. Nun bin ich zu müde, Vater Pirmin. Ich möchte heimkehren. Es wird bald sein. Dann möchte ich den Gefährten der letzten zehn Jahre, den braven Frowin, nicht alleine hier zurücklassen. Nehmt ihn mit Euch! Widersprecht mir nicht! Schickt mir aus Allensbach meinen Neffen, den Fischer Oswin! Der wird das Letzte für mich tun.« Da kniet Abt Pirmin vor dem Greis nieder und bittet ihn: »Segnet mich, Vater!« Mit ruhiger Würde erfüllt der Uralte diesen Wunsch. »Gott sei mit dir auf allen deinen Wanderungen!« Er hat ihn wieder mit dem vertrauten Du angesprochen wie ein Vater seinen Sohn. Behutsam nimmt Abt Pirmin den Greis in die Arme. Wie vogelleicht ist dieser Körper, der nicht mehr der Erde anzugehören scheint!

In Kloster Murbach ist Abt Pirmin nach der Rückkehr von der Augia keine lange Ruhezeit vergönnt. Kloster Gengenbach bittet dringend um sein Kommen. Das Kloster will die Regel des Vaters Benediktus übernehmen. Andere rechtsrheinische Klöster folgen. Abt Pirmin ist wieder monatelang von Murbach fort, nur begleitet von den Brüdern Pedro und Marquard. Er ist froh, daß Prior Romanus ihm weitgehend die Amtspflichten in Murbach aus der Hand nimmt. Das Werk der Reform beansprucht ihn so sehr, daß er mehr nicht vermag.

Im Jahre 741 gärt es wieder unter den Alemannen. Herzog Theutbald ruft zum Aufstand gegen die Frankenherrschaft auf. Als der große Majordomus Karl Martell im Oktober dieses Jahres stirbt, bricht der Aufstand los. Abt Pirmin kehrt aus den von Aufständischen bedrohten rechtsrheinischen Klöstern nach Murbach heim. Die Mönche freuen sich, als er nach monatelanger Trennung wieder unter ihnen weilt. Der Hund Bär ist vor Freude außer sich. Abt Pirmin muß sich von den Strapazen der Reisen und des Reformwerkes in den Klöstern jenseits des Rheines erholen. Er überläßt Prior Romanus gerne einen Großteil seiner Aufgaben, aber er nimmt Anteil an allem, was das Kloster und seine Bewohner berifft. Als er im Winter erneut von schwerem Fieber befallen wird, das ihn in jedem Jahr heimsucht, sagt er eines Tages zu Bruder Marquard: »Aus meinem Hirtenstab wird bald wieder ein Wanderstab, Bruder. Meine Zeit hier geht zuende. Prior Romanus erfüllt bereits voll und ganz die Pflichten eines Abtes. Er wahrt alle Rechte des Klosters und hat dabei ein ausgezeichnetes Verhältnis zu den Erben des Herzogs Eberhard. Ich weiß, daß der Herr mir einen neuen Weg zeigen wird. Würdet Ihr dann mit mir gehen?«

XVI. HÜTTEN BAUEN

Im Herbst 741 stirbt der Majordomus der Franken, der mächtige Karl Martell. Seine Söhne Karlmann und Pippin treten sein Erbe an. Sie müssen sich erneut gegen eine Rebellion der Alemannen unter Herzog Lantfried und seinem Bruder Theutbald zur Wehr setzen. Nach der Niederschlagung des Aufstandes reist Abt Pirmin mit seinen treuen Begleitern Bruder Marquard und Bruder Pedro durch jene Klöster, denen er die Regeln des heiligen Benediktus gebracht hat. Seine aufrüttelnden Predigten bewirken immer wieder, daß sich Mönche der betreffenden Klöster ihm anschließen wollen. Meist versucht er, sie zum Bleiben zu bewegen. Im Kloster Schuttern feiert Pirmin an einem Sonntag einen Gottesdienst und hält eine Predigt. Er liebt Schuttern, weil er gerade hier die Mühe der Reform am meisten gespürt hat. Heute spricht er davon, wie trügerisch alle Sicherheiten auf Erden für den Menschen sind, und wie wenig ihm seine aufgehäuften Schätze nützen, wenn seine letzte Stunde schlägt. »Er nimmt nichts mit, wenn er vor Gott hintritt. Der Mächtige hat dann ebenso leere Hände wie der ärmste Bettler. Aber der Mächtige muß Gott mehr Rechenschaft ablegen, denn er besaß auf Erden viele Möglichkeiten, Gutes zu tun, mit dem, was ihm von Gott geliehen war. Nun will Gott von ihm wissen, wie er das geliehene Hab und Gut verwaltet hat. Gott sagt zu ihm: ›Was hast du, Mensch, mit dem getan, was Ich dir anvertraut habe? Hast du es zum Wohle deiner Mitmenschen verwandt? Hast du Not

gelindert, Arme gespeist und gekleidet oder hast du so gelebt, als gäbe es nur dich und dein Wohlsein? Ihr, meine lieben Brüder in Christo, werdet denken, daß Euch solches nicht betrifft. Der einzelne Mönch besitzt nichts, aber Gott schenkte jedem von Euch Gaben und Talente, die er für seine Mitmenschen und vornehmlich für seine Mitbrüder einsetzen kann. Jeder Trunk Wasser in Liebe gereicht, findet vor Gott seinen Lohn. Jede hilfreiche Tat, sei sie auch noch so alltäglich, nimmt Christus an, als sei sie Ihm getan! Seien wir nicht so sparsam mit unserem Gutestun! Niemand von uns kennt den Tag und die Stunde, in der unser Herr kommt und uns heimruft.«
Nach dem Gottesdienst tritt ein vornehm gekleideter Edelmann in die Sakristei und fragt den Abt schroff: »Habt Ihr für mich gepredigt?« Pirmin fährt ruhig damit fort, das Meßgewand abzulegen. Er sieht den Mann, der ihn an Karl Martell erinnert, erstaunt an. »Wie kann ich für Euch predigen, wenn ich Euch nicht kenne?« Der Mann zieht die dichten blonden Brauen zusammen. »Ihr behauptet, meinen Namen nie gehört zu haben?« meint er entrüstet. »Ich bin Herzog Wernher aus dem Geschlecht der Widonen.« Abt Pirmins Antlitz zeigt weder Erstaunen noch Bewunderung. »Euren Namen habe ich bereits gehört, aber ich wußte nicht, daß Ihr in Schuttern seid.« Wieder trifft ihn ein scharfer Blick aus den blauen Augen. »Nun, ich will Euch das glauben, denn ich bin erst in der Nacht angekommen«, gibt der Herzog widerwillig zu. Der Edelmann aus fränkischem Adelsgeschlecht, einer der Kriegsherren des Karl Martell, ist offenbar von seiner Bedeutung überzeugt. Er hat große Besitzungen in Burgund, in der Bretagne, am Mittelrhein und im Bliesgau. Wie sein Vorbild Karl Martell besitzt er Härte und Kampfesmut und auch aufrechte Frömmigkeit und Bußgeist. Mit ungeduldigen Schritten durchmißt er die Sakristei. Pirmins Gleichmut stört ihn. Ohne

Hast verwahrt Abt Pirmin sein goldenes Enkolpion in der dafür bestimmten Ledertasche. »Seid Ihr bald fertig? Ich möchte mit Euch sprechen. Ich würde gerne ein Kloster gründen und Euch als Abt dafür gewinnen.« Pirmin schaut nicht auf. Läßt ihn diese wichtige Mitteilung völlig unberührt? Er legt seinen Kelch in einen Stoffbehälter. Lauter und hastiger fährt der Widonenherzog fort: »Abt Gernot erzählte mir, daß Euch überall junge Männer zuströmen, die Mönche werden wollen. Euer Kloster Murbach wäre bereits überbelegt. Für Eure Raumnot dort ist eine Neugründung die beste Lösung. Ich besitze ein wunderschönes, wasserreiches Tal im Bliesgau. Es ist von sanften Höhen umgeben. Das Klima ist dort mild – anders als im Schwarzwald und in den Vogesen. Herr Karlmann und Herr Pippin haben sich mit der Klostergründung bereits einverstanden erklärt, ebenso der zuständige Bischof Chrodegang von Metz. Würde Euch die Aufgabe nicht reizen, in Hornbach ein neues Kloster zu gründen?«

Nun steht Abt Pirmin ganz still da. Er hält die Krümme seines Bischofsstabes in den Händen, Christus über den Wassern, und starrt darauf nieder, ohne sie zu sehen. Er fühlt sich müde und alt. Ein neues Kloster? Wieder einmal die Mühen des Neubeginns, die fremde Gegend, die Errichtung und Einrichtung neuer Häuser, neue Menschen, die einander fremd sind und aus denen er eine Ordensfamilie formen soll? Wieder ein Neuanfang? Seine ganze Natur sträubt sich dagegen. »Nicht schon wieder, Herr!‹ betet er stumm. ›Laß es einmal genug des Wanderns sein, bitte, Herr! Ich kann einfach nicht mehr.‹ Mit gerunzelten Brauen betrachtet Herzog Wernher den schweigenden Mönch. Bruder Pedro, der in Schuttern seinem Abt als Sakristan beisteht, wagt kaum zu atmen. Endlich hebt Pirmin das Haupt. »Ihr werdet mir zugestehen, Herzog Wernher, daß Euer Angebot für mich sehr überraschend gekommen ist. Darf ich von Euch weitere Aufschlüsse über die beabsichtigte Gründung erhalten? Außerdem muß ich mir unbedingt Bedenkzeit erbitten. Ich bin nicht mehr jung genug, um mich so ohne weiteres auf das Wagnis einer Neugründung einzulassen.« Der Herzog stößt einen ungeduldigen Seufzer aus. »Meint Ihr etwa, Ihr wäret in Murbach unentbehrlich, Abt Pirmin? Ihr seid kaum dort und habt Bruder Romanus seit Jahren Eure Pflichten übertragen. Ich habe mich an Ort und Stelle erkundigt. Ihr könnt es nicht abstreiten.« »Das habe ich auch nicht vor, wenngleich ich triftige Gründe dafür anführen könnte«, erwidert der Abtbischof auf den heimlichen Vorwurf. Er ist äußerlich ruhig, aber seine Hände zittern. »Im übrigen bleibe ich bei meiner Forderung nach Bedenkzeit.« Nach einigem Hin und Her gibt sich Wernher geschlagen. »Gut, ich bin einverstanden. Gebt mir, sagen wir, in drei Wochen Nachricht, wie Ihr Euch entschieden habt! Länger warte ich nicht.« An diesem Abend geht Abt Pirmin zu Bruder Marquard. »Sagt mir, was ich tun soll, Bruder! Ich weiß nicht, ob Gott will, daß ich noch einmal von vorne anfange. Ob Er es will, und ob ich es kann? Nur Euch darf ich es sagen: ich bin eigentlich viel zu müde dazu, sehr müde.« Mitleidig sieht der Bruder in das vom Fieberanfall des letzten Winters abgezehrte Gesicht des Vaters. Unter den dunklen Augen zeichnen sich Ringe ab, und tiefe Falten kerben die Mundwinkel. »Darf ich Euch einen Vorschlag machen, Vater Pirmin?« fragt er leise. »Ich bitte Euch darum, mein Freund!« Zum ersten Mal seit seinem Klostereintritt hat ihn der Abt so genannt. Er braucht wirklich seine Hilfe. Mühsam bekämpft Marquard seine Rührung. Seine Stimme klingt heiser, als er bittend sagt: »Vater Abt, gönnt Euch einige Tage der Ruhe in Murbach, der geistlichen Einkehr, und fahrt dann zu Bischof Eddo nach Straßburg. Er wird Euch raten, wie nur ein geistlicher Sohn seinem Vater raten

kann.« »Ich danke Euch, Bruder! Ich will Euren Rat befolgen. Helft mir weiter durch Euer Gebet und Eure Treue!«
Nach einem offenen Gespräch mit Prior Romanus gönnt der Abt sich die Tage der Einkehr. Die Brüder sehen ihn nur zum Gebet und zum Gottesdienst und zu den schweigend eingenommenen Mahlzeiten im Refektorium. Sie sind angewiesen, ihn auf keinen Fall zu stören, ihn nicht aufzusuchen und ihn nicht anzusprechen, wenn er ihnen begegnet. Stundenlang wandert Pirmin durch den Wald oder am Murbach entlang. Als treuer Schatten folgt ihm der Hund Bär in einigem Abstand. Auch das Tier scheint seinen Wunsch nach Alleinsein zu erahnen. Dabei ringt er nicht einmal um einen Entschluß. Er sammelt nur Kraft für die Fahrt nach Straßburg. Still sieht er zu, wie gut das Ordensleben unter der weisen und freundlichen Leitung des Priors in Kloster Murbach vor sich geht. Er kann hier entbehrt werden. Der verbindlichere Romanus wird zudem mit den eigenwilligen Etichonen besser zurechtkommen als er. Aber noch einmal von vorne anfangen? In ihm sträubt sich nach wie vor alles, wenn er an die Fremde, die Ungewißheit, das Wagnis denkt. Ist er zu ängstlich geworden? Ist er zu alt und zu geschwächt durch das immer wiederkehrende Fieber? Oder benimmt er sich wie die Israeliten, die an den Fleischtöpfen Ägyptens bleiben wollten, als der Herr sie wandern hieß? Ist sein Zögern Mangel an Gottvertrauen? Im Geiste glaubt er, den Alten vom Mindelsee zu hören: »Verkaufe alles, was du hast, mein Sohn!« Hat er Gott nicht Murbach zu geben?
Pirmin ahnt nicht, daß Gebert aus dem Weiler am Ufer der Lauch, der zum Kloster gehört, von Prior Romanus mit einem Schreiben zum Bischof von Straßburg gesandt wird. Er wundert sich nur ein wenig, als ihn eine in dringendem Ton gehaltene Einladung von Bischof Eddo erreicht. Er bittet ihn, zu ihm

nach Straßburg zu kommen und länger dort zu verweilen. Mit dem Brief in der Hand begibt er sich zu Prior Romanus und trägt ihm die Sache vor. »Fahrt nach Straßburg, Vater Abt! Bleibt dort, so lange es notwendig ist«, rät ihm Bruder Romanus mit einem Eifer, der ihm auffallen müßte, wenn er nicht ganz arglos wäre. »Ihr wollt sicher, daß Euch Euer Bruder Marquard und Bruder Pedro begleiten wie auf Euren Besuchen in den Reformklöstern jenseits des Rheines?« So legt Abt Pirmin wieder einmal, wie so oft in den vergangenen Jahren, seine wenigen Sachen für die Reise zusammen. Dieses Mal, er tut es unbewußt, legt er auch das elfenbeinerne Marienrelief dazu, das ihm Meister Luigi auf der Augia geschnitzt hat. Gebert geleitet die drei Reisenden bis zum Rheinufer. Zum Abschied vertraut er dem Abt an, daß Irmtrud und ihr Sohn Eruwin bald Mitglieder seiner Familie werden. »Mein Sohn Eginhart wird Irmtrud ehelichen.« Pirmin freut sich darüber. Er wird Prior Romanus in seinem ersten Brief aus Straßburg schreiben, daß er Gebert und die Seinen aus den Verpflichtungen gegen Kloster Murbach entlassen und in den Stand der Freien versetzen solle. Damit ist dann zugleich die Ehre der Familie des alemannischen Edelfreien und seiner Tochter Irmtrud wiederhergestellt. »Eruwin ist ein prachtvoller Bursche geworden, Gebert. Er wird eurer Familie Ehre machen. Eine Hochzeitsgabe seltsamer Art habe ich auch für das Paar. Darf Eruwin den Hund Bär mitbringen? Ich möchte gerne, daß er bei ihm bleibt!« Erstaunt sieht Gebert den Abt an. »Aber es ist Euer Hund, Vater Abt, wenn er auch an dem Jungen hängt.« »Gönnt mir die Freude, ihn Eruwin zu schenken«, lächelt der Abt. Seine Augen bleiben ernst. Während das Schiff sich langsam vom Ufer löst, steht er da und schaut auf die Kette der Berge. Wie oft hat er in seinem Leben Abschied genommen. Er hebt die Hand und winkt Gebert grüßend zu. Ist es ein Abschied für immer? Er schilt sich töricht. Wenn er nach Hornbach gehen soll, muß er zumindest nach Murbach zurückkehren, um alles Erforderliche zu regeln. Aber das vage Gefühl läßt sich nicht vertreiben.

Bischof Eddo heißt die drei Mönche aus Murbach herzlich willkommen. Er weist ihnen eine geräumige Wohnung in seinem großen Haus an, die eine gewisse klösterliche Abgeschlossenheit möglich macht. Sogar eine kleine Kapelle ist damit verbunden. »Wenn Ihr dort zelebrieren wollt, Vater, findet Ihr alles vor, was Ihr braucht, und Euren Sakristan habt Ihr ja bei Euch.« In den ersten Tagen läßt der Abt sich einfach von seinem ehemaligen Schüler betreuen und verwöhnen, ohne ihm eine Frage zu stellen. Als sie am dritten Tag nach einem ausgedehnten Ritt über Land, bei dem Bischof Eddo ihm eine Stelle gezeigt hat, wo er demnächst eine klösterliche Niederlassung gründen möchte, sich im Wohngemach des Bischofs bei einem Glas Wein entspannen, spricht er endlich aus, was er seit seiner Ankunft mit sich herumträgt: »Warum habt Ihr mich nach Straßburg gerufen, Bischof Eddo?« »Genügt Euch meine Antwort nicht, daß ich Euch gerne bei mir habe, Vater?« fragt der Bischof langsam. Pirmin verneint. »Ich nehme Euch zwar ab, daß dies der Fall ist, aber das reicht nicht als Grund aus, mich nach Straßburg zu rufen und zu beauftragen, die Handschriften meines Büchleins für die Seelsorge mitzubringen.« Eddo weicht einer klaren Antwort aus. »Immerhin möchte ich Euch bitten, dieses Büchlein hier zum Abschluß zu bringen. Ich habe einige Schreiber zur Verfügung, die jede Seite rasch abschreiben können. Es ist an der Zeit, daß Eure Anweisungen vielen zugänglich gemacht werden. Ich selbst zehre ja in meinem priesterlichen Amt auch von dem, was Ihr mir einmal gegeben habt und immer noch gebt? Vater.« Pirmin sieht ihn schweigend an. Aus dem Blick seiner dunklen

Augen spricht eine Frage, der er nicht länger ausweichen kann. Nun ist Bischof Eddo, der so selbstsichere, tatkräftige Verwalter der großen Diözese Straßburg, mit einem Male wieder der junge Eddo, wie er am Uferrand auf der Sintlasau im Morgendämmern gestanden hat, unsicher, voller Furcht und voll gläubiger Erwartung. Leise beginnt er: »Vater, es gab einmal einen Morgen auf der Sintlasau, an der jemand am Ufer stand, und Ihr glaubtet, in Ihm unseren Herrn zu sehen. Es war nur ein Mensch, ein Mensch wie Ihr. Heute möchte ich Euch bitten, in diesem Menschen, durch diesen Menschen einmal den Herrn zu sehen, Der Euch etwas sagen möchte!« Pirmin atmet flach und rasch. Seine Hände umkrampfen den Stiel des Glases. Was wird nun wieder auf ihn zukommen? »Vater Abt, bleibt in diesem Herbst und in diesem Winter hier in Straßburg! Ich könnte es Euch als Euer Bischof befehlen, aber ich bitte Euch nur darum. Laßt Bruder Romanus in Murbach sorgen, wie er es in den Monaten Eurer Reformtätigkeit in vorbildlicher Weise getan hat. Bleibt hier in Straßburg und vollendet Euer Büchlein!« Wieder steht Schweigen zwischen den beiden Männern. Pirmin rührt sich nicht. Seine Augen schauen den Bischof unverwandt an. Eddo räuspert sich, ehe er fortfährt: »Das ist nicht die ganze Wahrheit, Vater. Bruder Romanus und ich haben mit Euren Brüdern überlegt, daß es besser für Euch ist, wenn Ihr nicht wieder dem harten Vogesenwinter ausgesetzt werdet. Wahrscheinlich bleibt Euch hier das Fieber erspart, und Ihr seid im Frühjahr gesund und stark genug, um den Neuanfang in Hornbach zu wagen.« Jetzt atmet Bischof Eddo so rasch, als ob er weit gelaufen wäre. Er senkt sein Haupt und blickt vor sich hin. Was wird der Vater zu diesem fertigen Plan sagen? Wird er zürnen, weil sie hinter seinem Rücken miteinander verhandelt haben? Die Hände des Abtes lösen sich vom Glas, das sie umspannt hielten, fallen gleichsam auseinander und liegen wie offene Schalen auf der Tischplatte. »Ihr traut mir also zu, im nächsten Jahr in Hornbach zu beginnen, Bischof Eddo?« fragt er ganz einfach und schlicht. Mit dieser Wirkung seiner Worte hat der Bischof nicht gerechnet, eher mit Widerspruch, Aufbegehren und verletztem Stolz. Er kann nur stumme Bestätigung nicken. »Ich danke Euch! Auf dieses Wort habe ich gewartet. Es ist mir wirklich so, als habe der Herr durch Euch zu mir gesprochen, Bischof Eddo. Ich wußte, daß ich bei Euch die Lösung meiner Fragen finden würde.« »Seid Ihr auch damit einverstanden, daß Herzog Wernher mit Bruder Romanus die Vorbereitungen in Murbach treffen wird? Er sucht die Mönche aus, die Euch begleiten werden. Ich werde in diesem Anliegen in Euren Reformklöstern und auf der Augia vorsprechen. Ich bin davon überzeugt, daß Euch eine stattliche Schar geleiten wird.« Wie ein Wetterleuchten ist Unwille über das hagere Antlitz des Abtes gezuckt. Wozu ist er denn selbst noch nutze? Nimmt man ihm alles aus der Hand? Da meint er in seinem Innern die Stimme des Einsiedlers vom Mindelsee zu vernehmen: »Nun hast du dem Herrn wieder einmal etwas zu verkaufen, mein Sohn!«, und er ergibt sich ohne Widerspruch.

Als Herzog Wernher nach Straßburg kommt, gibt Abt Pirmin ihm sofort die Zusage, im Frühling nach Hornbach zu gehen und mit der Gründung des Klosters zu beginnen. »Ihr werdet mir nicht verübeln, daß ich an Ort und Stelle einige Vorbereitungen treffe, nicht wahr?« fragt der Herzog ihn hoch erfreut. »Ihr sollt dort nicht so anfangen müssen, wie es mir Bischof Eddo und Bruder Pedro von Eurem Anfang auf der Sintlasau geschildert haben.« »Dazu hätte ich auch wohl die Kraft nicht mehr«, gibt Pirmin zu. Bruder Marquard muß dem schreibunkundigen Herzog alles aufschreiben, was zu einem klösterlichen Besitztum an wichtigen und unwichtigen Dingen notwendig ist. Es ist eine zeitraubende Arbeit, die mancherlei Nachdenken erfordert. Schließlich rollt Wernher zufrieden das Pergament zusammen. »Mein gelehrter Hofkaplan mag sich daran ergötzen. Gehabt Euch wohl, Vater Abt, und Ihr, Bruder Marquard. Im Frühjahr sehen wir uns wieder. Ich hole Euch am Schiff ab.«

Jetzt ist Abt Pirmin aller Sorgen ledig. Er darf nun meditieren, das heilige Meßopfer darbringen, predigen und schreiben oder Bruder Marquard diktieren. Bischof Eddo wählt ihn zu seinem Begleiter, wenn er in seiner Diözese unterwegs ist. Er nimmt gerne und oft seine Dienste als Prediger in Anspruch, und er wehrt es ihm nicht, als sich drei Kleriker aus seinem eigenen Haushalt ihm anschließen. »Ihr seid immer noch der Menschenfischer, dem keiner widersteht.« Eddo sammelt einige Brüder in den Reformklöstern für das neue Werk in Hornbach und führt sie dem Vater zu. Zwei junge Brüder von der Augia finden noch vor Winteranfang zu ihm. Der Abt hat nun reichlich Arbeit und Mühe, um die zusammengewürfelte Schar zu einer Gemeinschaft zusammenzuführen. Langeweile und trübe Gedanken können gar keinen Zugang mehr finden. Bischof Eddo sorgt großzügig dafür, daß das ›Pirmin-Kloster‹ mitten im Bischofshaus genügend Raum findet. Er bereitet auch die weitere Ausstattung der neuen und alten Mönche vor. Er läßt von fleißigen Näherinnen in der Stadt Kutten, warme Umhänge und Arbeitsschürzen nähen. Es wird Winter. Das Wetter bleibt verhältnismäßig mild und lange Zeit schneefrei. Der häufige Aufenthalt im Freien hat Pirmins Gesundheit gekräftigt. Das Fieber bleibt aus. Sein Gang wird wieder elastischer und aufrechter. Er hat sich gut erholt, und er freut sich mit der wachsenden Schar seiner Brüder nunmehr auf die neue Aufgabe.

Von der Augia, von Murbach und aus den Reformklöstern auf

rechtsrheinischem Gebiet kommen gute Nachrichten zum heiligen Weihnachtsfest. Bischof Eddo zelebriert die Mitternachtsmesse. Abt Pirmin ist sein andächtiger Ministrant, zugleich mit Bruder Marquard und Bruder Pedro. Auf Wunsch des Bischofs hält Pirmin die Festpredigt am Weihnachtstag. Sie wird wieder zu einem einzigen, mitreißenden Zeugnis seines Glaubens und seiner Christusliebe. Nach Weihnachten wird es still in und um Straßburg. Schnee fällt und bedeckt Straßen und Häuser. Aber die Kälte bleibt erträglich, zumal der Bischof dafür sorgt, daß in den Räumen der Mönche stets ein gutes Feuer unterhalten wird. Das Büchlein des Pirmin geht seiner Vollendung entgegen. Etliche Schreiber sind dabei, jede Seite fein säuberlich abzuschreiben. Eines Tages hält Pirminus das fertige Büchlein in der Hand. »Nun habe ich Jahre dafür gebraucht, um ein solch bescheidenes Werklein zusammenzustellen«, wundert er sich. »Wie gering dünkt es mich jetzt, da ich es in der Hand halte! War das all der Mühe wirklich wert?« »Was dort niedergeschrieben ist, das habt Ihr gelebt, Vater. In diesem Büchlein gebt Ihr von Eurem Leben und von Eurem Glauben das Beste weiter. Ich freue mich darauf, wenn ich die Abschriften meinen Priestern geben kann. Ich werde meine Schreiber fleißig anspornen, sich damit zu beeilen«, antwortet Bischof Eddo. »Heute kam mit einem Schiff aus Basel eine Kunde von der Augia, die ich seit langem erwartet habe, Vater Abt. Euer geistlicher Freund, der Einsiedler vom Mindelsee, ist heimgegangen. Die Klause am Mindelsee ist verwaist.« Pirmin sagt ein paar Worte des Bedauerns und fügt hinzu: »Ich werde für den Verstorbenen beten, aber ich glaube, daß er unseres Gebetes nicht bedarf. Wir haben nun einen Fürsprecher mehr bei Gott.« »Ihr ganz besonders, Vater ...« Der Abt nickt geistesabwesend. In ihm schwingen die Worte von Bischof Eddo nach: »Die Klause am Mindelsee ist verwaist.« Er denkt an die wunderbare Stille, die weite Wasserfläche, den schweigenden Frieden der Abende und die betenden Stunden in der Morgenfrühe, während der zarte Schimmer der aufsteigenden Sonne das Wasser aufleuchten ließ ... In Gedanken versunken geht er zur Kapelle, Gedanken des Heimwehs nach diesem Frieden. Warum kann er nicht die Stelle des verstorbenen Einsiedlers einnehmen? Warum soll er sich der Unruhe und den unsäglichen Mühen des Neubeginns in Hornbach unterziehen? War sein Leben nicht allzu oft reich genug an Lärm, Hast, Sorgen, Planen und Überlegen? »Die Klause am Mindelsee ist verwaist!« Mit allen Fasern seines Herzens zieht es ihn dorthin. Aber mitten in der drängenden Sehnsucht nach Stille und Einsamkeit vernimmt er eine andere Stimme, zuerst ganz leise, dann immer lauter und fragender: »Und was will Gott von dir, Pirmin?« Will Gott wirklich, daß er die Mühsal des Neubeginns noch einmal auf sich nimmt? Könnte Er ihm nicht ein wenig Ausruhen und Stille gönnen nach den Jahren des Kampfes? Hätte er das eigentlich nicht verdient? Erschrocken hält er inne, als seine Gedanken sich so weit verirrt haben. Er stöhnt auf und legt beide Hände vor sein Gesicht. »Wie kann ich vor Dir von Verdienst zu reden wagen, Herr? Immer wieder hast Du mich unverdient beschenkt, hast mich an- und aufgenommen, wenn ich Umwege oder Irrwege gegangen bin. Du warst da, wenn mein zages Herz vor Furcht erbebte. Und wenn ich versagte und am Ende war, so hobst Du mich auf. Ich spürte Deine Hände, Herr, und jetzt möchte mein törichtes Herz dem entfliehen, was Du mir bereitet hast. Mit einem Male fürchte ich mich vor der Schlucht und habe Angst, sie könnte zu finster sein. Verzeihe mir, Herr! Verzeihe mir! Ich will Dir meine Sehnsucht nach der Stille und der Einsamkeit geben! Nimm sie an und gib mir dafür Kraft, Deinen Willen zu tun! Amen.«

Bischof Eddo hat gemerkt, was in Abt Pirmin vor sich gegangen ist. Er ist ihm nicht gefolgt. Er hat Bruder Marquard zu ihm geschickt. »Geht zu unserem Vater, Bruder Marquard. Ihr habt ihm in Stunden der Entscheidung beigestanden.« Leise betritt Bruder Marquard die Kapelle. Das Bild ist ihm vertraut. Wie in der Pfalz von Jopilla kniet Pirmin auf den Steinfliesen, den Kopf in den Händen. »Vater?« flüstert er bittend und mahnend. Da läßt der Abt die Hände sinken. Bruder Marquard sieht in ein gelassenes Antlitz. Insgeheim atmet er auf. Der Vater hat seinen Weg schon gefunden. »Wahrscheinlich wird Bruder Frowin gerne in die Einsiedelei am Mindelsee zurückkehren. Wir wollen Bischof Eddo bitten, daß er einen Boten nach Murbach sendet.«

Im Frühjahr bringt ein Schiff, das südwärts fährt, Bruder Frowin bis Basel. Von dort begibt er sich über die Augia und Allensbach zum Mindelsee.

Das Osteralleluja dürfen Abt Pirmin und die Gefährten, die ihn von Straßburg aus begleiten, noch in der Bischofskirche singen. Dann bringt Bischof Eddo sie an den Rhein. Es fällt den beiden Männern nicht leicht, voneinander Abschied zu nehmen. Gerade darum tun sie es schlicht und lächelnd. Werden sie sich wiedersehen? »Unser Leben liegt in Gottes Hand, Vater«, sagt Bischof Eddo bewegt. »Aber nun bitte ich Euch um Euren Segen!« Mit feierlichem Ernst segnet Abt Pirmin den knienden Bischof von Straßburg und dessen Begleiter. Als das Schiff sich vom Ufer löst, steht Bischof Eddo so lange auf den Steinen am Rhein, wie er die hochgewachsene Gestalt ausmachen kann.

In Kloster Murbach vereinen sich Wiedersehensfreude und Abschiedsschmerz. Bruder Romanus hat so trefflich vorgesorgt, daß den Reisenden nichts mehr zu tun bleibt, außer den Zurückbleibenden die Hände zu reichen, ihnen zu danken und mit ihnen die Reisegebete zu sprechen. Mancher Wagen, mancher Lastkahn und die Mönche, die sich für Kloster Hornbach gemeldet haben, sind vorausgesandt worden und bereits an Ort und Stelle eingetroffen. Einige Brüder, darunter Gunsald, Herfried, Otger, Marquard und Pedro begleiten Abt Pirmin auf seiner Fahrt. »Ich habe noch eine Überraschung für Euch, Vater Abt«, lächelt Bruder Romanus. »Hier ist jemand, der Euch unbedingt begleiten möchte.« »Wer kann das denn noch sein? Ihr habt Euch schon vieler Brüder beraubt.« »Jemand, der Euch besonders zugetan ist«, meint der Prior und öffnet die Tür. »Kommt herein!« Unbeholfen und verlegen tritt Bruder Helmwart in den Raum. Freudig leuchtet das Antlitz des Abtes auf. »Ihr wollt mit nach Hornbach, Bruder?« Er reicht ihm die Hand. Dem ehedem wilden Mann aus den Wäldern von Schienen fehlen die Worte. Er drückt die Rechte seines geistlichen Vaters mit ganzer Kraft, so daß Pirmin unwillkürlich sein Gesicht verzieht. »Ich freue mich, daß Ihr mit uns kommt!« Er befreit seine Hand und reckt und streckt seine Finger.

Wieder einmal heißt es Abschied nehmen. Ein letztes Mal feiert Pirmin in der Kirche zu Murbach das heilige Opfer und predigt. Er findet Worte des Dankes gegen Gott, und er dankt seinen Brüdern. Dann geht alles ganz rasch. Alle Mönche geleiten ihn und seine Gefährten bis zum Ausgang des Tales. Er wendet sich, bereits auf dem Pferderücken, noch einmal um, segnet sie und Kloster Murbach. Die Mönche des Klosters stimmen auf ein Zeichen ihres neuen Abtes Romanus den Psalm an, den Pirmin besonders liebt: »Der Herr ist mein Hirte ...« In diese Weise fallen die Davonreitenden ein. Ein letztes Mal ist es ein großer Chor. Dann verklingen die Stimmen. Der Wald nimmt sie auf. Im Weiler des Gebert winken ihnen die Menschen zum Abschied zu. Irgendwo heult ein

Hund. Ob das Bär ist? Pirmin beugt sich nieder und drückt Gebert zum Abschied die Hand. »Dank für alles! Gottes Segen für euch alle!« Dann liegt auch das hinter ihnen. Sie reiten in den neuen Tag und in einen neuen Abschnitt ihres Lebens. Ein Schiff bringt sie rheinabwärts.

Am Ufer erwartet sie Herzog Wernher. Er hat es sich nicht nehmen lassen, sie mit großem Gefolge willkommen zu heißen. »Die letzte Wegesstrecke in Eure neue Klosterheimat möchte ich Euch geleiten, Vater Abt. Ich hoffe nur, daß Ihr mit alledem, was ich in Hornbach vorbereitet habe, zufrieden sein werdet. Eure Brüder warten ungeduldig auf Euch«, sagt Herzog Wernher mit Stolz. Seine blonden Haare wehen im Wind, und seine blauen Augen leuchten. Wieder denkt Abt Pirmin unwillkürlich an Karl Martell. »Ich weiß nicht einmal, wie groß die Zahl der Brüder in Hornbach ist«, stellt der Abt trocken fest. »Man hat mich bei den Vorbereitungen wirklich ausgespart.« Ist er deswegen erzürnt? Der Herzog wirft ihm einen verstohlenen Blick zu und gibt ihm eilig Auskunft: »Auch ich kenne die genaue Zahl Eurer Brüder nicht. Mit den jungen Männern, über deren Ordensberuf Ihr zuerst befinden müßt, dürften es etwa vierzig sein.« Pirmin wundert sich. »Vierzig? Und die Brüder, die mit mir gekommen sind, gehören auch noch dazu. Wo sollen diese vielen Menschen mit einem Mal unterkommen?« Jetzt schmunzelt Herzog Wernher vergnügt und reibt sich wie ein kleiner Junge, dem ein Streich gelungen ist, die Hände. »Kommt und seht, Vater Abt!« Mit einigem Kopfschütteln betrachtet der Herzog das schmale Bündel des Abtes. »Ist das Euer ganzes Hab und Gut? Das kann man beinahe in einer Hand tragen.« Liebevoll hält Pirmin sein Bündel fest. »Es enthält all das, was ich für meine Wanderschaft brauche«, antwortet er und legt das Bündel vor sich auf das Pferd.

Die Männer reiten durch fruchtbares Ackerland und üppige Wiesen in der Rheinebene. Dann führt der Weg zwischen Rebhängen und Hügeln den waldreichen Bergen zu. Sie kommen durch schmale Flußtäler und an Felstürmen aus rotbraunem Sandstein vorbei. Abends halten sie Einkehr und Rast im Gehöft eines Edelfreien. Herzog Wernher weist drei seiner Reiter an, den Weg in der mondhellen Nacht fortzusetzen. Obwohl er es geheimhalten will, hat der Abt es bemerkt. Er kann sich denken, was diese Eilboten zu melden haben. Seine Erwartung nimmt zu, je länger der Weg sie durch dunkle Wälder führt. Hoffentlich liegt Hornbach nicht in einem solch engen Tal! Durch eine solche Enge und die Berge wäre das Wachsen der Klostersiedlung von vorneherein eingeschränkt. Er kann es nicht lassen, sich Sorgen zu machen. ›Und müßte ich wandern in finsterer Schlucht‹, denkt er, als sie durch ein schmales Waldtal kommen. An einem Rinnsal führt nur ein Pfädchen vorbei. Die Reiter müssen hintereinander und im Schritt reiten. Kaum ein Lichtstrahl fällt durch das dichte Laub der Bäume. Wahrlich eine finstere Schlucht. Er lächelt still vor sich hin. Herzog Wernher, der sich gerade nach ihm umgewandt hat, bemerkt dieses Lächeln. »Vater Abt, freut Ihr Euch mittlerweile auf Hornbach?« »Ja, inzwischen freue ich mich auf Hornbach«, kann Pirmin ehrlich sagen. »Wir haben es nicht mehr sehr weit bis dahin. Seht Ihr, die Wälder werden lichter und die Berge niedriger. Bald haben wir das Ziel unserer Reise erreicht. Euer guter Bischof Eddo und Bruder Romanus haben mir keine Ruhe gelassen, bis alles bis ins kleinste vorbereitet war. Ihr werdet in Kloster Hornbach all das finden, was Ihr für die erste Zeit braucht. Ich habe mich streng an die Anweisungen gehalten, die ich von den beiden geistlichen Herrn bekommen habe, was die Kirche, die Räume für die Mönche und Eure Cella betrifft. Die Felder sind bestellt, und das Getreide steht bereits in Ähren. Ihr könnt also in Ruhe einziehen, Euch einrichten und weiterbauen. Ihr braucht die Unbilden der Witterung nicht zu fürchten. Zudem sind die Winter hierzulande meist nicht so hart wie in den Vogesen. Ich werde Euch bald verlassen, denn ich stoße von Hornbach aus zum Heer des Karlmann, der wieder gegen die Alemannen zieht. Herzog Theutbald hat sich trotz der erlittenen Niederlagen wieder gegen die Franken erhoben.« Der Abtbischof schaut in die friedliche Natur. Wie trügerisch ist solch ein Bild des Friedens, so lange Menschen bereit sind, einander zu töten! »Wann wird dieses mörderische Blutvergießen zwischen den beiden Brudervölkern ein Ende finden?« Mit finsterem Gesicht antwortet der Herzog: »Wenn der alemannische Adel vernichtet ist.« Dann fährt er im Gesprächston fort: »Wie Ihr wißt, gehört Hornbach zur Diözese Metz. Vorsichtshalber habe ich mir darum die Zustimmung von Bischof Chrodegang gesichert, aber das ist reine Formsache. Ihr seid in Euren Entscheidungen weitgehend unabhängig, auch wenn dieser Winfried-Bonifatius es anders haben möchte.« Pirmin horcht auf. »Was wißt Ihr über den großen Missionar der Hessen?« »Nun, zum Beispiel, daß er die Wanderbischöfe nicht mag. Er will die Macht der Diözesanbischöfe stärken und große Bistümer herstellen. Bei Karlmann ist er leider hoch in Ehren. Wahrscheinlich ist auch Pippin ihm zugetan. Bonifatius will die Kirche im Frankenland an Haupt und Gliedern reformieren und ebenso in Hessen und Thüringen und in Sachsen. Er hat bei Papst Zacharias bittere Klage geführt über die Zustände bei zahlreichen Angehörigen des höheren Klerus, gegen Laienbischöfe und Ehebrecher, gegen Säufer und Verschwender, gegen Leuteschinder und Spieler auf Bischofsthronen und in höheren Ämtern der Kirche.« Pirmin denkt an Audoin, den skrupellosen, genußsüchtigen Laienbischof zu

Konstanz. »Darum braucht Bischof Bonifatius unser aller Unterstützung und Gebet«, sagt er mit Wärme. Der Herzog wirft ihm einen Seitenblick zu. »Auch wenn er nachweislich die Rechte der Abtbischöfe zugunsten der Diözesanbischöfe einschränken will?« Gelassen erwidert Pirmin seinen Blick. »Auch dann! Mir geht es nicht um Macht und Ehre, Herzog Wernher. Mir geht es ausschließlich um die Sache Christi.«

Die Reiter verlassen den Wald und haben freies Hügelland vor sich mit Feldern, Wiesen und Waldflächen, eine wohltuend freundliche, milde und fruchtbare Landschaft nach dem Ritt durch die dunkle Strenge der engen Bergtäler. »Was Ihr seht, gehört bereits zu Eurem Besitz, Abt Pirmin. Ich habe Kloster Hornbach so ausgestattet, daß Eure Unabhängigkeit gewährleistet ist. Ihr braucht weder bei geistlichen noch bei weltlichen Herrn um Unterstützung zu bitten. Seht Ihr das große Dorf, den Weiler am Berghang, den Einzelhof am Waldrand, all das ist Eigentum des Klosters Hornbach. Die Leute sind zu Abgaben und Fron verpflichtet, Unfreie und Halbfreie.« Pirmin will sein Pferd zu den Hütten des Dorfes lenken. »Was macht Ihr, Vater Abt? Wo wollt Ihr hin?« ruft Wernher bestürzt. »Ich wollte die Leute begrüßen«, antwortet der Abt erstaunt. Wieder einmal macht der Herzog eine geringschätzige Handbewegung. »Unsinn, das hat noch Zeit. Kommt zuerst mit nach Hornbach.« In den dunklen Augen des Abtes blitzt ein Funke des alten Zornes auf. Aber Pirmin fügt sich dieses Mal. Wernher wird früh genug merken, daß ihm jeder Mensch wichtig ist, der zu Hornbach gehört. »Ehe wir das Kloster erreichen, möchte ich Euch etwas sagen, Vater Abt, wenn Ihr überhaupt auf meinen Rat Wert legt. Schließt Euch nicht zu eng an Bischof Chrodegang an. Er ist ein Parteigänger des Bonifatius. Habt Ihr Sorgen und Nöte, wendet Euch an Bischof Milo von Trier. Er ist Widone wie ich.

Er ist Euch wohlgesonnen. Außerdem ist er nicht so neuerungssüchtig wie Chrodegang. In manchem mag dieser Bonifatius recht haben, aber er geht zu stürmisch voran, und er ist einseitig auf Rom ausgerichtet.« Abt Pirmin gibt ihm keine Antwort. Wenn es erforderlich ist, wird er sich an den Bischof von Metz wenden. Außerdem wird er versuchen, mit Bischof Bonifatius Verbindung aufzunehmen, sobald ihm der Anfang in Hornbach dazu Zeit und Kraft läßt. Er wird nicht in allem dem Stifter des Klosters Folge leisten. Er wird ihm manches Mal zuwider handeln müssen, wenn er sich von seinem Gewissen und seiner Liebe zur Kirche leiten läßt. Das ist ihm auf der Augia nicht erspart geblieben, und in Murbach war er wiederholt gezwungen, sich dem Egisheimer zu widersetzen. Sind solche Widerwärtigkeiten das Fundament, auf dem die Klöster errichtet werden müssen?
Mit einem Mal vernehmen die Reiter Gesang. Aus einem lichten Wäldchen kommt ihnen eine Menschenschar entgegen. Allen voran geht ein Mönch, der ein Kreuz trägt. In feierlicher Prozession ziehen die Mönche des neuen Klosters Hornbach ihrem Abt entgegen. Pirmin steigt vom Pferd. Die anderen Reiter folgen seinem Beispiel. Nun versteht er die lateinischen Verse des Psalms, den die Brüder singen: »Zum Haus des Herrn wollen wir pilgern. Schon stehen wir in deinen Toren, Jerusalem. Jerusalem, du starke Stadt, dicht gebaut und fest gefügt. Friede wohne in deinen Mauern, in deinen Häusern Geborgenheit. Wegen meiner Brüder und Freunde will ich sagen: in dir sei Friede. Wegen des Hauses des Herrn will ich dir Glück erflehen.« An ein jubelndes Alleluja schließt sich der marianische Hochgesang des Magnifikat an. Abt Pirmin ist längst stehen geblieben. Leise nimmt ihm Bruder Helmwart die Zügel aus den Händen. Seine Begleiter sind hinter ihm geblieben. Allein, hoch aufgerichtet, mit ausgestreckten Händen

und feierlichen Schritten geht Abt Pirmin seinen Brüdern entgegen. Der Kreuzträger bleibt stehen. Abt Pirmin beugt zuerst seine Knie vor dem Kreuz. Dann begrüßt er die Brüder, die nun zu Kloster Hornbach gehören. Es sind Brüder aus Murbach, aus den Reformklöstern und drei Brüder von der Augia außer den Männern, die neu als Novizen hinzugekommen sind. Vorübergehend löst sich jede Ordnung auf, als auch Pirmins Begleiter an der Begrüßung teilnehmen. Stumm und staunend betrachtet Herzog Wernher das Schauspiel. So viel echte Freude und brüderliche Herzlichkeit hätte er den Mönchen gar nicht zugetraut. Die Männer, die aus verschiedenen Gegenden und Stämmen kommen, verbindet der eine Glaube und die eine Liebe. Andererseits muß es für diesen Pirmin eine gewaltige Aufgabe sein, all diese Männer zu einer klösterlichen Familie zusammenzuführen. Sie unterscheiden sich nicht nur durch ihre Herkunft, sondern auch durch ihre Bildung und ihr Alter. Da steht der stille Typ des in sich gekehrten Gelehrten, dem die Welt der Bücher alles bedeutet. Neben ihm gibt es den etwas derben und einfältigen, fröhlichen und arbeitsamen Laienbruder, ohne den kein Konvent leben kann. Er faltet gern seine Hände zum Gebet, hat aber seine liebe Not mit dem Latein. Da ist der eben dem Knabenalter entwachsene Jungmann, begeisterungsfähig und voll überschäumender Lebensfreude, dort der Mann in den besten Jahren, gemäßigter, bewußter, kritischer. Ja, und da naht sogar ein Greis, ein weißhaariger, leicht gebeugter Mönch, der mit etwas tappenden und unsicheren Schritten auf Abt Pirmin zugeht, die blaßblauen Augen unverwandt auf das Antlitz des Abtes geheftet. »Bruder Ermanold? Bruder Ermanold, seid Ihr es wirklich?« stößt Pirmin hervor und schließt den Greis in seine Arme. Ermanold, der ehemalige Hofkaplan des Karl Martell, blinzelt krampfhaft, um seine Rührung zu überwinden. »Hoffentlich erschreckt Ihr nicht, weil ich gekommen bin, Vater Abt«, murmelt er, als ihn der Abt, seine Schultern umfassend, ansieht. »Ein alter Esel wie ich ist zu nichts mehr nutze, aber ich dachte mir, daß Ihr bei Eurem Neuanfang einen betenden Moses gebrauchen könntet. Aus diesem Grunde hat mich Abtbischof Arnefried mit den besten Wünschen und Grüßen zu Euch geschickt. Ich habe Euch einen dicken Brief und ein umfangreiches Fäßchen Wein von der Augia mitgebracht.« Die Mönche haben sich rund um den Abt und den greisen Bruder geschart. Pirmin sieht einen nach dem anderen an, in all die guten und erwartungsvollen Gesichter seiner Brüder. Warme Freude erfüllt sein Herz. »Wir wollen miteinander hinter dem Kreuz unseres Herrn nach Kloster Hornbach ziehen, meine lieben Brüder. Kommt Ihr zu mir, Herzog Wernher?« Der Kreuzträger schreitet voran. Ihm folgen Abt Pirmin und Bruder Ermanold, die den Herzog in die Mitte nehmen. Dann schließen sich die Brüder an. In einigem Abstand kommen die Knechte des Herzogs mit den Pferden. Nun singen sie nicht mehr, die Brüder, die ihrem Kloster Hornbach zustreben. Langsam und feierlich, offenen Auges und bereiten Herzens gehen sie dem Neuen entgegen. Staunend betrachten Abt Pirmin und die Brüder, die mit ihm gekommen sind, die Klostersiedlung im Tale des Hornbachs. Das Tal wird eingerahmt von weitgeschwungenen, sanften Höhenzügen. Die Landschaft im milden Schein der Morgensonne ist wie ein freundlicher Willkommensgruß im Gegensatz zu der abweisenden, dunklen Schroffheit der Hochvogesen. Zwischen grünen Wiesen und Äckern schlängelt sich ein silbern glänzender Wasserlauf durch das Tal. Dort am Wasser dreht sich geschäftig das Mühlrad. Die eigentlichen Klostergebäude liegen auf einer hügelähnlichen Anhöhe im Tal. Weithin grüßt der Glockenturm der einfachen Holzkirche. Neben der Kirche warten Häuser aus Holz, Fachwerk und sogar kleine Steinbauten auf die Mönche. »In der Kürze der Zeit konnten wir nicht mehr und nichts Besseres herstellen, Vater Abt«, sagt der Herzog fast entschuldigend. »Ihr werdet gewiß später eine Klosterkirche aus Sandstein errichten.« Festlich und lang hallend beginnt eine Glocke zu läuten und enthebt den Abt einer Antwort. Über eine Balkenbrücke schreiten sie dem Klosterbezirk entgegen, steigen ein wenig hinan und halten unter Glockengeläute Einzug in das schlichte Gotteshaus. Ein großes Kreuz schmückt die Wand hinter dem Altar, ein einfaches Kreuz aus Holz, aber es schwebt gleichsam über den Wellen, die darunter zart angedeutet sind. »Ein Geschenk des Meisters Luigi für das neue Kloster«, wispert Bruder Ermanold. Dieses Mal findet Abt Pirmin keine eigenen Worte der Begrüßung und des Dankens. Sein Herz ist übervoll. Er stimmt jenen Psalm an, der ihn durch sein ganzes Leben begleitet hat: »Mein Hirt ist Gott der Herr ...«

Ein Festmahl vereint die Mönche mit Herzog Wernher im Refektorium des neuen Klosters. Pirmin muß lächeln, als er die Schränke und die Regale an den Wänden des Raumes bemerkt. Er erinnert sich an die Not des braven Bruders Anselmo auf der Augia. Damals wußte der Bruder nicht, wo er Schalen und Teller hinstellen sollte. Hier in Hornbach ist dagegen alles aufs beste eingerichtet. »Woher habt Ihr das Klosterleben so genau gekannt, daß Ihr es an nichts fehlen ließet und doch die klösterliche Armut gewahrt habt?« wendet sich Abt Pirmin bewundernd an den Herzog. Wernher lacht geschmeichelt. »Das hättet Ihr mir nie und nimmer zugetraut, nicht wahr? Aber ich will ehrlich sein. Ich hatte einen gar strengen Berater zur Seite, der mich immer dann gezügelt hat, wenn ich allzu weltliche Zugeständnisse machen wollte. Euer ehrwürdiger Bruder Ermanold wurde mir von der Augia so rechtzeitig ge-

sandt, daß ich einen sorgfältigen Aufpasser zur Seite hatte. Seine lange Erfahrung als Cellerar kam ihm und mir zugute.«
Überrascht und beinahe unwillig blickt der Abt den Herzog an.
»Was höre ich da? Mein greiser Bruder hat die unsäglichen Mühen des Anfangs in Hornbach ertragen müssen, während ich in Straßburg ein kontemplatives Leben führen konnte?«
»Beruhigt Euch, Vater Abt! Bruder Ermanold war lediglich mein Berater. Er brauchte nie selbst Hand anzulegen, und er bewohnte ein gar bequemes Domizil. Er lebte hier in der Nähe bei dem Edelfreien Wolfhelm und wurde von ihm und seiner Gattin geehrt wie ein Vater von seinen Kindern. Denkt übrigens nicht, daß Ihr in Hornbach ein geordnetes klösterliches Gemeinwesen vorfindet. Der Rahmen wurde geschaffen, und das Notwendige ist vorhanden. Ihr müßt es nun ausgestalten und mit Leben erfüllen. Ich wollte Euch nur die Mühen des Anfangs abnehmen, damit Ihr und Eure Brüder sofort mit der Arbeit im Reiche Christi beginnen können.« Der Abt wirft dem Widonenherzog einen erstaunten Blick zu. Sind diese beinahe geistlichen Worte aus seinem eigenen Innern gekommen, oder hat sie ihm ein anderer eingegeben? Die nächsten Worte des Herzogs verraten ihm, wer dessen Ratgeber in religiösen Fragen ist.
»Mein Verwandter, Bischof Milo von Trier ... ich habe ihn auf dem Wege hierher bereits erwähnt ... er bringt Euch und Eurer Arbeit in Hornbach größtes Interesse entgegen. Er meint, es sei durchaus von Nutzen, einen solchen Stützpunkt benediktinischer Frömmigkeit da auszubauen, wo er an den Einflußbereich des Bonifatius grenzt. Mainz ist nicht allzu weit von hier. Laßt Euch weder von Mainz noch von Metz diktieren, was Ihr zu tun habt, Abt Pirmin!« Bei diesen Worten hat sich der Herzog vorgebeugt. Er starrt Pirmin beschwörend an, und in seinen Augen glänzt ein fanatisches Feuer. Seltsam, daß dieser Widone, der ihn an Karl Martell erinnert, ein Gegner des Bischofs Bonifatius

ist, der seinerseits Pippin und Karlmann eng verbunden ist! »Die Händel und Gegensätze zwischen den Mächtigen haben meine Arbeit nie beeinflußt. Mir geht es ausschließlich um die Sache Christi. Ich werde das Evangelium verkünden, sei es gelegen oder ungelegen«, gibt er offen zur Antwort. Verärgert schlägt der Widonenherzog mit der flachen Hand auf den Tisch. »Redet keinen Unsinn! Seid kein Phantast! Ihr werdet Euch dem einen oder dem anderen Machtblock anschließen müssen.« »Bin ich ein Phantast, wenn ich Jesus Christus zum einzigen Herrn und Meister des Klosters Hornbach erkläre?« fragt der Abt gelassen. Er erhält keine Antwort, aber er sieht, daß die Hand des Herzogs sich zur Faust ballt. Nach dieser Mahlzeit ist der Umgangston der beiden Männer zwar betont höflich und ehrerbietig, aber er entbehrt der natürlichen Herzlichkeit. Herzog Wernher hatte gehofft, in Pirmin einen Parteigänger für Milo von Trier zu gewinnen. Bischof Milo gehört zu den Hauptgegnern der Reformbestrebungen des Bonifatius. Nun ist der Herzog enttäuscht. Er bereut beinahe, daß er diesen Pirmin nach Hornbach gerufen hat. Ein politisch interessierter und weltlich gesinnter Abt wäre in seinem Sinne gewesen. Sein Abschied erfolgt rasch. Bis zum letzten Augenblick behalten beide Männer das höfliche Gebaren bei, das nicht darüber hinwegtäuschen kann, daß sich in ihnen zwei Welten gegenüberstehen. Der greise Ermanold beobachtet sie aufmerksam. Es ist ein prächtiges Bild, diese beiden hochgewachsenen Männer zu sehen, den prächtig gewandeten Hünen Wernher und den einfach gekleideten grauhaarigen Abt. Beide sind gleich groß und Herrscher in ihrem Bereich. Herzog Wernher muß Pirmins Gegner werden, wenn er sich nicht dem einen Herrn beugt: Christus.
Als der Herzog mit seinen Leuten davonsprengt, wendet sich Bruder Ermanold warnend an den Abt. »Hütet Euch vor Herzog Wernher. Er ist ein stolzer und harter Mann. Seine Unter-

tanen fürchten ihn. Er wird nicht zaudern, das zu zerstören, was er hier aufgebaut hat, wenn ihn der Jähzorn packt. Er ist sehr eitel und sehr stolz und daher leicht zu verletzen. In diesen Mauern und in allen anderen Wänden, die Ihr hier seht.« Er weist auf die Bauten ringsum, die im hellen Sonnenlicht stattlich und sauber auf der flachen Erhebung im Tal liegen. »In diesen Häusern stecken die Tränen, die Seufzer und der Schweiß vieler Unfreier, die er unbarmherzig antreiben ließ.« Instinktiv möchte Pirmin gegen solche Reden aufbegehren. Muß Ermanold ihm die unbefangene Freude, die er bei seiner Ankunft empfunden hat, unbedingt zerstören? »Warum sagt Ihr mir das, Bruder?« murrt er verdrießlich. »Es tut mir leid, Eure Freude trüben zu müssen, Vater Abt, aber ich muß es Euch sagen, damit Ihr den Menschen hier in der rechten Weise begegnen könnt«, gibt Bruder Ermanold tapfer zur Antwort, obwohl seine brüchige Stimme dabei zittert. »Verzeiht mir meinen Unwillen, Bruder Ermanold«, bittet Pirmin betroffen. »Ich habe mich benommen wie ein Kind, dem man sein Spielzeug fortgenommen hat.«

Am Abend versammelt er seine Brüder erstmals im Kapitelsaal des neuen Klosters, der sich neben dem Refektorium befindet. Es ist ein hoher, holzgetäfelter Raum mit Bänken aus Eichenholz und schmalen Fenstern mit dicken, grünlichen Scheiben aus rheinischem Glas. ›Herzog Wernher hat keine Kosten gescheut‹, denkt der Abt, während die Brüder in den Kapitelsaal strömen. ›Und er hat wahrscheinlich seine Untertanen in keiner Weise geschont.‹ Wie es seiner Art entspricht, sieht er jeden der Brüder an, die Priestermönche und die Laienbrüder, die von Nord und Süd, von Ost und West gekommen sind, um mit ihm Kloster Hornbach zu einer Stätte des Segens und des Gebetes zu machen. Langsam zieht wieder Freude in sein Herz ein. Mit bewegten Worten legt er den Brü-

dern die Größe und die Schönheit ihres heiligen Dienstes dar. Er beschwört sie über alle kleinen und kleinlichen Gegensätze hinweg eines Sinnes zu sein, eins in Christus. Dann fährt er fort: »Wie ich vernommen habe, ist das, was wir hier in Hornbach an Häusern, an Geräten und an Vorräten besitzen, eine große Spende, die uns ohne unser Verdienst zuteil geworden ist. Nicht wir Mönche haben den schwersten Teil des Neuanfangs leisten müssen. Andere haben das für uns getan. Ihrer Hände Mühen und Arbeiten, ihr Schweiß, ihre Seufzer und wohl auch ihre Tränen sind zu Fundamenten des Klosters Hornbach geworden. Darum wollen wir, meine lieben Brüder, uns diesen Menschen besonders verpflichtet fühlen. Wir gehören ihnen, wie sie zu uns gehören. Wir werden ihnen dienen, wie sie uns gedient haben. Keine Mühe, keine Arbeit und auch keine Träne soll uns zuviel sein, wenn es um sie, um ihr menschliches Wohlergehen und um ihr ewiges Heil geht. Wir wollen nicht nur miteinander eins sein, sondern wir wollen alle Menschen, die zu uns gehören, in unsere Gemeinschaft aufnehmen, in die eine große Familie unseres Herrn. Nehmen wir einander und nehmen wir jeden Menschen, der uns begegnet, in Seinem Namen an. Dazu segne uns der Herr ...«
Mit den Brüdern überlegt er, wie die Ämter verteilt werden sollen. Er kennt nur wenige Mönche und Laienbrüder von früher. Er ist auf ihre freiwillige Bereitschaft, eine Pflicht und eine Verantwortung zu übernehmen, in den meisten Fällen angewiesen. Er weiß, daß es sinnlos ist, ein Amt nach Gutdünken jemandem zuzuteilen, ohne seine Fähigkeiten und seinen Einsatzwillen zu kennen. Mit Bruder Marquard, der auch in Hornbach als Schreiber und Sekretär tätig ist, besucht er die Häuser, die Werkstätten und die Stallungen. Glückstrahlend übernimmt Bruder Helmwart, der ›wilde‹ Mann aus dem Wald von Schienen, wieder die Sakristei. Bruder Pedro hilft

dem Infirmar, sorgt für den greisen Bruder Ermanold und hält die Cella und die Kleidung des Abtes in Ordnung. Als Bruder Herfried den Abt bittet, dem Schreiner zur Hand gehen zu dürfen, wundert er sich zunächst über den bescheidenen Wunsch des Verwandten von Herzog Eberhard. Insgeheim freut er sich darüber, daß eine einfache Arbeit dem jungen Mönch so viel bedeutet wie seinem Bruder Gunsald die Gelehrsamkeit. Aber auch der Gelehrte Gunsald bleibt lebhaften Geistes und bewahrt sein herzliches Gemüt. Er ist den Menschen zugewandt und bei all seiner Belesenheit nie überheblich. Er hat viele Freunde unter den einfachen Laienbrüdern, und er versteht es vortrefflich, ihnen zu helfen, wenn sie geistliche Nöte haben. Neben Abt Pirmin ist er der beliebteste Beichtvater des Klosters. Der Abt läßt ihn gerne gewähren. Soll er ihn für das zweitwichtigste Amt in Kloster Hornbach vorschlagen? Kann Bruder Gunsald trotz seiner Jugend das Amt des Priors übernehmen, wie es seinerzeit Eddo auf der Augia getan hat? Pirmin zieht Bruder Ermanold ins Vertrauen. »Ich schätze Bruder Gunsald sehr, Vater Abt«, meint Ermanold ruhig. »Obwohl er noch jung ist, besitzt er eine gütige Weisheit, Weite und Duldsamkeit, die manchem älteren Bruder abgehen. Er vermag fest zu bleiben, wenn es notwendig ist. Bereitet ihn aber noch eine Weile auf ein solches Amt vor, Vater Abt. Nehmt ihn mit, wenn Ihr nach draußen zu unseren Leuten reitet.«

Als alle Ämter verteilt sind, bis auf das Amt des Priors, und der klösterliche Tagesablauf sich in den gewohnten Bahnen bewegt, beginnt der Abt damit, das Umland von Hornbach zu erkunden. Zunächst stattet er einen Besuch auf dem Hof des benachbarten Edelfreien Wolfhelm ab. Wolfhelm, ein ruhiger Mann in mittleren Jahren, begrüßt ihn und seine Begleiter recht zurückhaltend. Sein bärtiges Antlitz wirkt verschlossen, beinahe mürrisch, als er seine Gattin bittet, für die Gäste einen Trunk zu holen. Frau Autberta lächelt sie schüchtern an. In einer holzgetäfelten Stube sitzen sie auf einer Eckbank an einem Eichentisch. Herr Wolfhelm füllt gläserne Pokale mit Wein aus dem Rheingau und reicht sie ihnen an. Dann läßt er seinen Blick wandern. Er sieht in das hagere Antlitz des Abtes. Pirmins dunkle Augen erwidern freimütig seinen Blick. Nachdenklich betrachtet Wolfhelm die edlen Züge des ehemaligen Grafen Marquard und das offene Gesicht des jungen Gunsald. Keiner dieser Männer ähnelt dem stolzen, herrischen Herzog Wernher. Aber vielleicht sind sie von seinem Geiste beseelt, dem Streben nach Macht und Ansehen? Die Stimme des Hausherrn klingt brüsk, als er fragt: »Wie gefällt Euch Euer Kloster Hornbach, Herr Abt?« Ohne lange zu überlegen, antwortet der Abt: »Die Häuser sind zweckentsprechend gebaut und gut ausgestattet, aber meinen Brüdern und mir gefällt die Art und Weise nicht, wie sie entstanden sind.« Verwundert setzt Wolfhelm seinen Pokal ab, ohne getrunken zu haben. »Wie darf ich das verstehen?« »Unseren Häusern haftet der Makel harter Fronarbeit an, Herr Wolfhelm, wie ich zu meinem Bedauern erfahren habe. Ich kann nichts ungeschehen machen, aber ich werde alles tun, um die Arbeit der Leute zu entlohnen und die Last ihrer Fron zu lindern. Das war überall, wohin ich im Laufe meines Ordenslebens kam, mein Bemühen.« Da reicht ihm der Edelfreie die Hand. »Gott sei Dank, daß Ihr gekommen seid, Abt Pirmin! Herzog Wernher wird Euch für eine solche Einstellung keinen Dank zollen, aber Euer Kloster hier wird für die Menschen Heimat und Segen werden.« Dann berichtet er, wie der Vogt des Herzogs die Leute ausgepreßt hat, damit das Kloster zum gewünschten Termin fertig wurde. Seine Gemahlin erzählt von der Quälerei der Frauen und Kinder, die mithelfen mußten, Steine, Bretter und Balken zu schleppen. »Nicht einmal Schwangere hat er ausgenommen«, empört sich die Frau. »Eine von ihnen kam vorzeitig nieder und hatte eine Totgeburt.« Erschüttert haben die Mönche dies vernommen. »Und da sollen die Menschen an einen guten Gott glauben, den wir ihnen bringen wollen«, meint Bruder Marquard. »Ihr werdet es nicht leicht haben, sie von der Güte Gottes zu überzeugen. Wir haben getan, was in unseren Kräften stand, um die schlimmste Not zu lindern. Wir mußten es heimlich tun, weil Herzog Wernher nicht will, daß man die Unfreien verwöhnt ... daß man die Unfreien als Brüder behandelt.« Spontan ruft Bruder Gunsald aus: »Sieht er in ihnen denn nicht seine Mitmenschen, seine Brüder?« Mit ratloser Gebärde hebt Wolfhelm seine Schultern. »Ihr fragt mich zuviel, Bruder. Was er in ihnen sieht, das kann ich nicht nachvollziehen. Jedenfalls sind sie in seinen Augen nur soviel wert, wie sie an Leistung erbringen. Er sagte mir einmal, daß er Alte, Kranke und Schwache als lästige und überflüssige Esser betrachte.« Die Mönche sind so erschüttert, daß er beinahe Mitleid mit ihnen haben möchte. Sie haben hier ein vorbildlich eingerichtetes Kloster vorgefunden in einer lieblichen, fruchtbaren Landschaft ohne schroffe Berge, ohne jähe Wetterstürze und ohne Bedrohung durch Krieg und Gewalt, aber sie stehen vor einem öden, verwilderten und zerstörten Weinberg. Die Menschen haben zu sehr gelitten. Sie sind entweder abgestumpft, gleichgültig oder sie hassen, lehnen sich auf und ducken sich ingrimmig, wenn ihnen Gewalt begegnet. »Jetzt beginne ich zu ahnen, warum uns der Herr in den Bliesgau gerufen hat«, sagt Pirmin in die Stille. »Wir dürfen Ihm dienen in den Menschen, die uns anvertraut sind. Es wird kein leichtes Unterfangen sein, sie von unserem ehrlichen Wollen zu überzeugen, aber es lohnt sich, dafür alles auf sich nehmen. Dürfen wir damit rechnen, daß Ihr uns zur Seite steht, Frau

Autberta und Herr Wolfhelm?« »Mit allem, was wir sind und haben«, versichert der Edelfreie. »So sagt uns bitte, wo wir am besten den Anfang machen, Herr Wolfhelm!«
Die drei Mönche befolgen den Rat, den Herrn Wolfhelm ihnen gibt. Sie reiten zu einer Ansammlung von Hütten am Rande eines Wäldchens. »Wenn es Euch gelingt, Volkmar von Euren guten und edlen Absichten zu überzeugen, habt Ihr die anderen bald gewonnen«, hat der Edelfreie ihnen gesagt und ziemlich hoffnungslos hinzugefügt: »Es wird schwer werden, denn Volkmar hat viele üble Erfahrungen mit dem Vogt des Herzogs machen müssen.« Vor einer der Lehmhütten halten die Mönche ihre Pferde an und steigen ab. Eine verhärmte Frau starrt sie an. Ihr Blick ist ängstlich, ihr Haar wirr und ungepflegt, ihr ungebleichtes Kleid aus Sackleinen schmutzig und geflickt. »Kannst du mir sagen, wo ich Volkmar finden kann, Frau?« fragt Abt Pirmin freundlich. Ihr Mund öffnet sich, aber sie schweigt und starrt. Sie wendet sich halb ab, als ob sie fortlaufen wolle. »Volkmar?« wiederholt Bruder Marquard lauter und langsamer. Hat sie den Abt nicht verstanden? »He, was wollt ihr von mir?« Überrascht wenden sie sich nach dem Mann mit der tiefen, heiseren Stimme um. Vor ihnen steht ein Mann, groß und ungeschlacht, mit verfilzten Haaren und einem Bart um das breite Kinn. Sein Oberkörper ist von Kleiderfetzen bedeckt, die seine nackte braune Haut und etliche wulstige Narben sehen lassen. Seine kurze Hose endet unter den Knien und gibt starke Beine frei. Die breiten Füße sind mit Staub so dicht bedeckt, daß man meinen könnte, er trüge graubraune Schuhe. In seiner Rechten hält er eine Axt mit glänzender Schneide. »Was wollt ihr von mir?« wiederholt er mit einem Knurren und läßt die weißen Zähne hinter den hochgezogenen Lippen sehen. ›Er wirkt wie ein wildes Tier‹, denkt Bruder Gunsald mit leichtem Schaudern, ›wie ein Tier, das

zum Sprung ansetzt.‹ Auch Abt Pirmin kann nicht verhindern, daß ihn Furcht beschleicht. Aber er zwingt sich dazu, auf den Mann mit der Axt zuzugehen. Er weiß, daß der andere ihm keine Zeit mehr lassen würde, wenn er eine lange Einleitung, einen Umweg versuchen würde. So geht er geradewegs auf sein Ziel zu. »Volkmar, wir wissen, daß dir und den Deinen Unrecht geschehen ist. Wir möchten es wieder gutmachen«, sagt er mit erzwungener Ruhe und blickt dem gereizten Mann dabei unentwegt in die zornigen Augen, die ihn unter dichten Brauen anfunkeln. »Ach? Wie wollt ihr das tun, ihr edlen Herrn von Hornbach?« höhnt Volkmar und fährt mit seinem dicken Daumen spielerisch über die Schneide seiner Axt, als prüfe er deren Schärfe. Seine Lippen ziehen sich verächtlich nach unten. »Ihr braucht Hütten, neue Hütten, feste, dichte Hütten, die das Wetter abhalten.« Diese Worte des Abtes haben seltsame Folgen. Zunächst starrt ihn der Mann an wie ein Kind einen Märchenerzähler. Dann wirft er seinen dicken Kopf in den Nacken und lacht und lacht. Es ist kein fröhliches Lachen, sondern ein brüllendes Lachen, ein Lachen der Bitterkeit und des Unglaubens. Am liebsten würde Bruder Gunsmar dazwischenfahren, als er den Abt verlacht und verhöhnt sieht durch diesen Grobian. »Morgen beginnen wir mit dem Bau neuer Hütten«, sagt der Abt unbeirrt. Volkmar glotzt ihn an. »Wir?« echot er. »Ja, wir Mönche, und wir hoffen, daß du auch etwas zum Bau deiner Hütte beitragen wirst.« Jetzt kommt wieder Leben in den Kerl. »Ah, etwa so wie beim Bau eures Klosters, nicht wahr? Wir dürfen die Arbeit tun, und ihr stellt euch daneben und spielt die Wohltäter.« Einige derbe Flüche folgen den häßlichen Worten. »Bis morgen, Volkmar«, verabschiedet sich der Abt freundlich, steigt auf sein Pferd und reitet mit den Brüdern davon. Ein Schwall unverständlicher Worte folgt ihnen. Dem Ton nach zu urteilen sind es gewiß keine Liebenswürdigkeiten. »Herzog Wernher hätte dem unverschämten Kerl die Peitsche übergezogen«, ereifert sich Gunsald in jugendlichem Zorn. »Und was hätte er damit erreicht, Bruder? Er hätte Volkmar nur tiefer in sein größtes Elend gestürzt, nämlich in seinen Haß und seine Verbitterung. Wir wollen ihn daraus befreien.« Aber auch der reifere und redliche Bruder Marquard ist verzagt. »Glaubt Ihr wirklich, daß er sich ändern wird, Vater Abt?« »Wir wollen die Hoffnung nicht aufgeben. Denkt an die Unfreien in Schuttern! Manchmal kommt es mir so vor, als würde ich vom Herrn von Ort zu Ort geschickt, um den Kleinen Hütten zu bauen. Woher leiten die Mächtigen dieser Erde das Recht ab, sich der Kleinen und Schwachen zu bedienen, als seien sie gefühllose Werkzeuge?«

Im Kapitel berichtet Abt Pirmin von der Not der Unfreien und seinem Hilfsangebot an Volkmar. »Unsere Bauvorhaben eilen nicht. Wir können sie getrost verschieben und zuerst diesen Menschen helfen, aus ihrer Not und Armut herauszukommen, damit sie wieder Zugang zu Gott finden. Ich möchte niemand zu dieser Hilfeleistung verpflichten. Wer helfen möchte, melde sich. Bruder Ermanold, Ihr habt reiche Erfahrung durch Eure lange Tätigkeit als Cellerar auf der Augia. Seht bitte mit zwei Brüdern unsere Vorratshäuser durch. Dort ist mancherlei, was wir abgeben können.« Kein Mönch will sich vom Hilfswerk ausschließen. So bleibt dem Abt die Pflicht, eine Auswahl zu treffen. Er sucht die kräftigsten und geschicktesten Brüder aus, die mit Zimmermannsarbeit vertraut sind. In einem der großen Vorratshäuser entdecken sie vorbereitete Flechtwände, Bretter, Hölzer und Pfosten, kurz alles, was sie für einen Hausbau benötigen. »Das alles hatte der Vogt sicher für ein weiteres Haus auf dem Klostergelände bestimmt. Welch ein Glück, daß wir die Sachen gefunden haben!« freut sich der Abt.

Am nächsten Morgen traut Volkmar seinen Augen nicht, als in aller Herrgottsfrühe Wagen mit Baumaterial eintreffen, die von einer Gruppe von Brüdern aus dem Kloster Hornbach begleitet werden. Die Mönche sehen arbeitsfreudig aus. Sie haben ihre Kuttenärmel aufgekrempelt und tragen sackleinene Schürzen über ihren Kutten. Zunächst bringt Volkmar kein Wort hervor. Er steht da mit hängenden Armen und offenem Mund und starrt und staunt. Die Mönche beginnen mit dem Abladen des Baumaterials. Schließlich hilft Volkmar wortlos mit. Er bewältigt mit seiner Bärenkraft spielend die schwersten Lasten und arbeitet in verbissenem Schweigen Seite an Seite mit Abt Pirmin. Um die Mittagszeit gibt der Abt seinen Mönchen ein Zeichen. Am Ziehbrunnen reinigen sie ihre Hände und setzen sich ohne viel Umstände auf einen der Balken. Abt Pirmin spricht ein kurzes Gebet. Dann teilen die Brüder Brot, Käse und irdene Becher aus. Einer der Brüder schenkt Dünnbier aus und gießt eifrig nach, wenn die Becher geleert sind. Auch Volkmar hat Brot, Käse und Dünnbier erhalten wie die anderen, die an der Hütte arbeiten. Da sitzt der grobe Mann, sieht auf die Gaben in seinen Händen, blickt in die Runde der müden, staubigen, aber vergnügt speisenden Brüder in ihren verschwitzten Kutten. Er schüttelt wieder und wieder den Kopf. Plötzlich läuft eine einzelne Träne über sein derbes Gesicht und rinnt in den Bart.

Als die Hütte des Volkmar fertig ist, werden andere Hütten gebaut oder ausgebessert. Bruder Ermanold, der seine Aufgabe als ›betender Moses‹ schätzt, hat durchaus nichts dagegen einzuwenden, als der Abt ihm die Oberaufsicht bei den Zuteilungen an Getreide und anderen Nahrungsmitteln für die Unfreien überträgt. Damit wird den Leuten das zurückerstattet, was der räuberische Vogt ihnen abgepreßt hat. Bruder Ermanold setzt die Abgaben neu fest. Er schraubt sie auf ein erträgliches Maß zurück. Seine reiche Erfahrung auf der Augia kommt ihm dabei zugute. Mit Eifer erteilt er den Bauern gute Ratschläge, wie sie den fruchtbaren Boden nutzbringender bebauen können. »Hier würde auch sicher Weizen gedeihen, Vater Abt«, sagt Bruder Ermanold und läßt dabei die Erde durch seine Finger rinnen. »Dürfen wir im nächsten Jahr den Versuch wagen und dafür Saatgut aus dem Rheinland kommen lassen?« Lächelnd droht ihm der Abt mit dem Zeigefinger. »Moses, vergiß das Beten nicht! Wann tragt Ihr Eure nächste Bitte vor, die Euch vor allem am Herzen liegt, Bruder Ermanold?« Da errötet der Greis wie ein kleiner Junge. Der Abt hat ihn wieder einmal durchschaut. Er setzt alles auf eine Karte und bekennt mutig: »Ja, ich habe eine Herzensbitte, Vater Abt. Sie ist ziemlich anspruchsvoll. Dürfen wir an den weichen Berghängen den Anbau von Reben versuchen?« Ohne Widerstand zu leisten, gibt Pirmin sich geschlagen. Er hat diese Bitte erwartet. »Meinetwegen, Bruder Ermanold, aber betet, betet! Ich habe einen Brief aus Trier erhalten, der mir gar nicht gefällt. Zudem braucht unser Kloster Hornbach außer einem Abt, der keine Zeile mehr geschrieben hat, nun einen tüchtigen Prior. Wir müssen in jeder Weise Hütten bauen.« Der Greis wirft dem Abt einen verstehenden Blick zu. »Ihr braucht Hilfe, Vater. Wahrscheinlich denkt Ihr an einen der jungen Brüder, etwa an unseren Bruder Gunsald. Ein Kloster wie Hornbach, das am Anfang, am Beginn steht und als Gemeinschaft noch nicht gefestigt ist, ist besonders gefährdet. Die Wurzeln des geistlichen Lebens müssen sich zuerst tief in die Erde senken. Ein zu rasches Vorwärtsstürmen würde das echte Wachsen des geistlichen Lebens behindern oder gar verhindern. Damals auf der Augia wurde Euch Bruder Eddo gesandt. Er vereinte mit jugendlicher Tatkraft eine Weisheit, die weit über seine Jahre hinausging. Er ist eine einmalige Persönlichkeit. Darf ich so kühn sein und Euch einen Rat geben, Vater?« »Ich bitte Euch darum«, sagt Pirmin herzlich. »Wählt Bruder Marquard, Vater Abt. Er besitzt die Gelassenheit und die Weisheit älterer Jahre, aber er hat sich auch die Tatkraft, die Wendigkeit und das begeisterungsfähige Herz eines jungen Menschen bewahrt, und das trotz aller Tragödien seines Lebens. Er kennt die Großen und die Mächtigen, denn er war einer von ihnen. Er liebt die Armen und die Kleinen, und er ist Priestermönch, seit Bischof Eddo ihn in Straßburg geweiht hat.« »Man sollte meinen, Ihr wäret ein Advokat, so beredt seid Ihr, lieber Bruder. Ihr habt Bruder Marquard richtig eingeschätzt. Mag die Versammlung der Brüder entscheiden.« Die Brüder wählen Bruder Marquard beinahe einstimmig zum Prior des Klosters Hornbach. Bruder Augustinus wird Schreiber und Sekretarius des Abtes. Der Brief des Bischofs Milo von Trier muß endlich beantwortet werden. Mit geschickten Redewendungen und blumenreichen Lobsprüchen hat der Widigone den Abt von Hornbach zum mehr oder minder offenen Widerstand gegen Bonifatius aufgefordert. »Widersteht ihm, der Eure großartige missionarische Tätigkeit und Euer Reformwerk im Alemannenland nie recht zu schätzen gewußt hat. Wie Euch bekannt ist, strebt dieser Bonifatius eine Kirche an, in der die Machtbefugnisse in strengster Zentralisation auf einige Wenige beschränkt werden. Ihr wißt, wie rigoros er die bayrische Kirchenprovinz ›geordnet‹ hat. Er fühlt sich einzig und allein als Legat des Papstes in unseren Landen. Wer weiß, welche Bedeutung diese ausschließliche Ausrichtung auf Rom in Zukunft auch für Kloster Hornbach haben wird ...« In anderen, aber ähnlichen Worten werden die Anschuldigungen gegen Bonifatius wiederholt und düstere Zukunftsvisionen gemalt. Der Schreiber hat sich dabei wohl einen Abt Pirmin vorgestellt, der seinen eigenen Ehrgeiz und seine Vorstellungen von geistlicher Macht teilt. Er weiß nicht, daß der Abt sein Amt als Dienst auffaßt. Ehrgeiz und Machthunger sind Pirmin fremd. Neidlos gönnt er Bischof Bonifatius seinen Ruhm und seinen Erfolg, obgleich er nicht alle Methoden des großen Missionars übernehmen würde. »Ich werde Bischof Milo antworten, daß wir hier in Hornbach unseren eigenen Weg gehen, ohne uns an irgendwelchen Parteiungen zu beteiligen.«

Im Herbst können die Mönche die erste Ernte einbringen. Bruder Ermanold muß als ›betender Moses‹ ein drohendes Gewitter so lange aufhalten, bis die letzten Garben eingefahren sind. Die Mönche haben auch bei den Erntearbeiten auf den Feldern der Unfreien geholfen. Pferde und Wagen des Klosters haben deren Ernten in die Scheunen gebracht. Gunsald ist Cellerar geworden. Unter der liebevollen und sorgsamen Anleitung des Bruders Ermanold hat er auf Wunsch des Abtes den Ärmsten vom Überschuß der reichen Klosterernte zugeteilt. In einer besonderen Scheune lagert Saatgut für alle. Dabei befindet sich auch ein Sack Weizen aus dem Rheinland.

An einem Oktobersonntag hält Abt Pirmin in der Klosterkirche einen besonders festlichen Dankgottesdienst für die gute Ernte. Seine Boten haben auch die Menschen aus allen Besitzungen des Klosters dazu eingeladen. Sie kommen alle, meist zu Fuß, in ihren besten Kleidern, Männer, Frauen und Kinder. Ihnen voran geht groß und stark und stolz Volkmar in das Gotteshaus. Bewundernd sieht Bruder Helmwart, der Sakristan, den Mann an, der in der ersten Reihe steht. Das ist ein Mann nach seinem Herzen. Beide Männer beugen andächtig die Knie, nicht anders wie der Edelfreie Wolfhelm und seine Gattin Autberta. Wieder einmal empfindet Abt Pirmin die einigende Kraft des Glaubens angesichts dieser großen Gemeinde aus Bauern, Tagelöhnern und Mönchen. Vor Gott sind sie alle gleich. Wird ihnen dies bewußt in der gemeinsamen

Feier, so ist das mehr Grund zum Erntedank als die eingebrachten Garben. Weit breitet er seine Arme aus. Seine Hände unterscheiden sich nicht von denen der kleinen Leute, denen er die Hütten gebaut hat.

Nach dem Gottesdienst wollen sich die Besucher mit ein paar freundlichen Dankesworten von Abt Pirmin verabschieden. »So rasch geht das heute nicht, meine Lieben. Folgt bitte dem guten Bruder Gunsald! Die Mönche und Brüder haben für euch ein Mahl aufgetragen. Ihr werdet heute gestärkt an Leib und Seele eures Weges ziehen.« Der Bruder Zimmermann hat einen recht seltsamen Bau errichtet. Eigentlich sind es nur vier Pfosten mit einem Dach darüber. »Es soll eine Scheune werden, aber heute ist es unser Festsaal.« Auf langen Holztischen stehen irdene Schüsseln mit allerlei Herrlichkeiten: Suppen, Gemüse, Getreidebrei und Teller mit Bratenscheiben, Fleischbällchen, Geflügelkeulen, Speck, Käse, Brot und Butter. Jeder Gast bekommt eine Eßschale, einen Becher und einen Löffel. Abt Pirmin läßt die Leute sich niedersetzen. Sie tun es ein wenig zaghaft, verwirrt und unsicher. Dieses Festmahl mit den verschiedenen Speisen bedeutet für sie eine völlig unerwartete Herrlichkeit. Der Abt spricht das Tischgebet und segnet die Speisen. »Nun langt tüchtig zu, liebe Gäste«, fordert er auf. Dann nimmt er sich eine Kanne mit Tischwein und schenkt dem völlig verdutzten Volkmar ein. »Hoffentlich magst du Wein.« Volkmar starrt ihn an. »Ihr selbst?« stammelt er töricht. Endlich sagt er, als fiele ihm das erst jetzt wieder ein: »Ich habe Euch noch gar nicht für die schöne, feste Hütte gedankt, Vater Abt.« Pirmin legt den Zeigefinger auf die Lippen und weist anschließend mit dem Finger nach oben: »Bedanke dich bei Ihm, Volkmar.« Mit einem freundlichen Nicken geht er zum nächsten Gast, um ihm Wein einzuschenken.

XVII. OFFENE AUGEN

Ab und zu finden wandernde Händler, Mönche und Bettler ihren Weg in die stille, in sich abgeschlossene und zugleich offene und aufgeschlossene Welt der Abtei Hornbach. Durch Bruder Denehard, einen der engsten Mitarbeiter des großen Missionars Bischof Bonifatius, erfährt Abt Pirmin die Ergebnisse zweier Konzilien, die Bonifatius unter der Schirmherrschaft von Karlmann und Pippin einberufen hat. Sein Ziel war es, die Verhältnisse in der Kirche neu zu ordnen. Fortan ist es Geistlichen verboten, Waffen zu tragen, auf die Jagd zu gehen oder an Kriegszügen teilzunehmen. »Für Euch und Eure Brüder dürfte dies Ergebnis des ersten Konzils ohne Bedeutung sein, Vater Abt. In Kloster Hornbach gibt es keine Jäger und keine Krieger. Einige Eurer Mönche könnte ich mir allerdings mit Schwert und Spieß vorstellen, zum Beispiel Euren hünenhaften Bruder Sakristan. Über das zweite Konzil, das zu Etiennes, seid Ihr bereits unterrichtet worden? Ihr habt auch dessen Ergebnisse vorweggenommen in den Klöstern, die Ihr gegründet oder reformiert habt. Äbte und Mönche sind fortan überall auf die Regel des Benediktus verpflichtet. Ihr dürft Euch glücklich preisen, Vater Abt! Durch Euch lebt Hornbach im Geiste zweier Konzilien. Das werde ich mit Freuden Bischof Bonifatius berichten. Bei seinen Reformbestrebungen begegnet er meist hartnäckigem Widerstand.« Abt Pirmin dankt dem Bruder lächelnd. Dann fragt er: »Was meint Ihr, Bruder Denehard, wird es uns vergönnt sein, Bischof Bonifatius ein-

mal in Hornbach begrüßen zu dürfen? Das wäre eine große Freude und Ehre für uns alle.« »Bischof Bonifatius wird sicher gerne zu Euch kommen, wenn er es zeitlich einrichten kann. Manchmal bricht er unter der Last der Arbeit und der Fülle der Schmähungen beinahe zusammen. Adel und Klerus wollen nicht auf persönliche Privilegien verzichten und verhindern so das Entstehen der Einheit in der Kirche. Es ist furchtbar und beschämend, welche Lügen sie im Namen Jesu Christi gegen den Bischof vorbringen und welche Fallen sie ihm stellen, um ihn zu beseitigen. Sie verbünden sich sogar mit heidnischen Mächten gegen ihn. Wäre ich an seiner Stelle, so hätte ich längst aufgegeben. Trotz aller Widerwärtigkeiten hat er gerade ein neues Kloster gegründet, Kloster Fulda.« Bruder Denehard verbringt einige Tage als geehrter Gast in Kloster Hornbach. Er erzählt den Mönchen oft von Rom und von seiner Begegnung mit Papst Zacharias. »Rom, die Ewige Stadt ... das wäre eine Pilgerfahrt nach meinem Herzen«, seufzt Bruder Gunsald mit leuchtenden Augen. »Vielleicht ist sie Euch später einmal vergönnt, Bruder«, sagt Pirmin freundlich. »Warum reist Ihr nicht zum Heiligen Vater?« fragt der Mönch. Pirmin sieht mit einem fernen Blick an ihm vorbei. Er fährt mit der Hand über seine hohe Stirn und sein graues Schläfenhaar. »Einige Male war ich nahe daran, die große Pilgerfahrt zu wagen, Bruder. Aber immer wieder habe ich erfahren, daß mein Ausharren in einem begonnenen Werke wichtiger war. So hoffe und vertraue ich darauf, daß unser Herr auch dem seine Gnade nicht versagt, dessen Pilgerfahrt sich ausschließlich in fränkischen und alemannischen Landen vollzieht.«
Still und aufmerksam erlebt Bruder Denehard mit, wie sehr sich Abt Pirmin um den Geist brüderlichen Einvernehmens im Konvent bemüht. Er gewinnt die Herzen der Brüder durch seine warmherzige Frömmigkeit, seine anspruchslose Einfach-

heit, seine Teilnahme an gemeinsamen Arbeiten und seine feine Ehrfurcht vor jedem Mitbruder. Pirmin ist die Mitte der Gemeinschaft. Er verbindet die Männer aus verschiedenen Gegenden, Stämmen, sozialer Herkunft und unterschiedlichem Lebensalter miteinander. Er nimmt jeden einzeln an, und er bejaht sie alle. Will sich ein Bruder absondern, weil ein Mißverständnis, eine Eigenheit oder Empfindlichkeit ihn in Einsamkeit und Verbitterung treiben, geht er ihm geduldig nach, bis er wieder zur Gemeinschaft findet. In Abt Pirmin brennt das gleiche Feuer, das ihn vor mehr als zwanzig Jahren beseelte, als er die Abtei auf der Augia gründete, seine tief im Glauben verwurzelte Liebe zu Christus. In weiser Mäßigung läßt er in Hornbach keinen Müßiggang, keinen Überfluß und keine Verweichlichung zu. Ein Bruder, der sich zu schade dünkt, eine Arbeit zu verrichten, muß das Kloster verlassen. Pirmin macht keinen Unterschied zwischen den Söhnen der Edelfreien, der Halbfreien und der Unfreien. Der Mensch selbst zählt und ist für ihn wichtig. Der Abt nimmt sich Zeit, wenn er die Not eines anderen erspürt, und er ist ungemein feinfühlig darin, auch wenn noch kein Wort über die Lippen des Bruders gekommen ist. Bei jeder Begegnung legt er sein Herz in die Waagschale, gibt sich offen und vorbehaltlos dem anderen im Gespräch hin, so als ob es für ihn nur diesen einen Menschen und sein Anliegen geben würde. Dabei wirbt er nie für sich durch zu große Nachgiebigkeit. Er bleibt fest, ja hart, wenn es erforderlich ist.

»Ihr lebt in Kloster Hornbach, wie mir Bruder Ermanold versichert hat, so einfach wie auf der Augia zur Zeit des Beginns. Dabei habt Ihr hier überdurchschnittliche Ernten und könntet Euer klösterliches Leben angenehmer und leichter gestalten«, sagt Bruder Denehard nachdenklich. »Das wollen wir nicht. Aber uns fehlen die herrlichen Fischfänge, die uns auf der Augia täglich beschert wurden. Unser Speisezettel ist darum in Hornbach einfacher als auf der Augia«, antwortet der Abt. Er fügt hinzu: »Im übrigen haben wir auf unserem Besitz zahlreiche Kleinstbauern, die dankbar für einen Anteil an Dinkel, Hafer, Gerste und Korn sind. Außerdem geht kein Bettler von uns fort, ohne gut und reichlich versorgt zu sein. So etwas spricht sich natürlich herum. Inzwischen kommen diese Leute von weither zu uns. In den größeren Städten gibt es besonders viel Not.« Vor dem Pfortenhaus sitzen auch heute wieder einige zerlumpte, schmutzige, übel aussehende Männer und Weiber und warten auf Speise und Trank. Bruder Denehard wirft ihnen einen kritischen Blick zu. »Ob sich unter diesen Bettlern nicht mancher befindet, der unserem Herrgott nur den Tag stiehlt, weil er zu faul ist, um zu arbeiten?« Der Prior Bruder Marquard stimmt ihm zu. »Es ist durchaus möglich, daß sich Vaganten oder Vagabunden unter wirklich Arme mischen. Diese Leute hier wollen alle aus Mainz sein. Wie sollen wir herausfinden, wie der einzelne wirklich dasteht? Lieber sind wir einmal zu gut und lassen uns ausnützen, als daß wir zu hart sind und einem wirklich Bedürftigen die Hilfe verweigern. Gibt unser Herr nicht allen Seine Liebe? Wer ist würdig, Seine Gaben zu empfangen?« Bruder Denehard ist sichtlich beeindruckt von dem guten Geist, der die Brüder in der Abtei Hornbach erfüllt. Er freut sich darauf, Bischof Bonifatius darüber zu berichten. Die fröhliche und zufriedene Grundstimmung der mittlerweile sechzig Mönche und Laienbrüder ist für ihn ein sicheres Zeichen dafür, daß Gottes Geist in dieser Gemeinschaft lebt und wirkt. Dabei fällt ihm immer wieder ein ernster Ausspruch seines Bischofs Bonifatius ein: »Mißmut, Neid, Niedergeschlagenheit und Kritisiersucht sind Gaben des Teufels. Wenn man sie in einer Gemeinschaft duldet, ist ihr Untergang besiegelt.« Manchmal spricht Bruder

Denehard mit den Unfreien. Sie fühlen sich geborgen unter der weitherzigen Fürsorge des Klosters und geachtet durch den Abt und seine Brüder. Sie leben in guten wirtschaftlichen Verhältnissen. »Bei Abt Pirmin fühlen wir uns frei«, versichert ihm der Hüne Volkmar treuherzig. Diesen einfachen Menschen gegenüber besitzt Abt Pirmin die offeneren Augen, das größere Herz und das stärkere Maß an christlicher Verantwortung, während Bischof Bonifatius ein ausgezeichneter Organisator, ein hervorragender Prediger und ein eifriger Gestalter kirchlicher Reformen ist. »Jeder dieser beiden Männer ist in seiner Art groß. Mit Bonifatius streben die Menschen ins Weite, in die Zukunft. Bei Pirmin finden sie Geborgenheit, Heimat, können sie verwurzeln, obwohl er selbst nie verleugnen kann, daß er eigentlich Pilger geblieben ist.« Mit diesen Worten verabschiedet sich Bruder Denehard von Prior Marquard, der ein Stück des Weges mit ihm geritten ist. Gerade will Bischof Pirmin einem kranken Mitbruder einen Besuch machen, als der Pförtner herbeieilt. »Eben ist ein Bote des neuen Bischofs von Mainz gekommen. Er hat für Euch ein Schreiben gebracht, Vater Abt.« Ein Schreiben von Bischof Gewilib? Hornbach gehört zur Diözese Metz und steht in bestem Einvernehmen mit Bischof Chrodegang. Unwillkürlich runzelt Pirmin seine immer noch dunklen Brauen. Mainz hat unlängst einen Bischof bekommen, über den bereits allerlei ungute Gerüchte in Umlauf sind. Gewilib soll ein trinkfester, jagdbegeisterter und lebenslustiger Kleriker sein, der jede kirchliche Vorschrift nach seinem Gutdünken und zu seinen Gunsten auslegt. Was kann ein solcher Mann von einer Abtei wollen, in der eine Form der Aszese gelebt wird, die seinem eigenen Verhalten genau entgegengesetzt ist? Aufmerksam liest Abt Pirmin das Schreiben des Bischofs von Mainz. Der Brief enthält nur eine in sehr freundlichen Redewendungen gehaltene Einladung zu einem Besuch der Stadt und zu einer Besichtigung der Weinbaugebiete am Rhein, die Bischof Gewilib gehören. »Da Ihr, verehrter Herr Abt und bischöflicher Mitbruder, Euch für den Weinbau interessiert, wäre ein Besuch in Mainz für Euch vielleicht eine willkommene Gelegenheit, Euch über die neuesten Methoden des Weinbaus zu orientieren.« Mit einem Achselzucken reicht Pirmin seinem Prior den Brief. »Bitte, lest das Schreiben, Bruder Marquard! Sagt mir dann, was sich der Bischof einer so reichen und stolzen Diözese wie Mainz davon verspricht, wenn er den Abt eines Klosters zu sich einlädt, das in der Diözese Metz liegt? Ich wäre Euch dankbar, wenn Ihr mir das erläutern könntet.« Der Prior liest das Schreiben Wort für Wort. Er macht längere Pausen zwischendurch, so als prüfe er die überfreundlichen Worte auf ihren Wahrheitsgehalt. »Vater Abt, ich weiß nicht, woran mich der allzu gewandte Stil des Schreibens erinnert. Mit vielen blumenreichen Worten wird darin Wesentliches verschleiert. Darf ich Euch ganz offen sagen, welche Absicht für mich hinter dieser Einladung versteckt ist?« »Ich bitte Euch darum, Bruder«, drängt der Abt. Er wundert sich ein wenig darüber, daß der sonst stets ausgeglichene und zurückhaltende Prior scharf und mißtrauisch reagiert. »Vater Abt, ich vermute, daß Bischof Gewilib Ähnliches von Euch will wie seinerzeit Bischof Milo von Trier. Ihr meint zwar immer, daß man draußen unsere Abtei wenig kenne und nicht um Euch wisse. Vater, Ihr seid durch Eure Reformtätigkeit längs des Rheins weithin bekannt. Euer Name hat nicht nur im Alemannenland Gewicht. Es wäre für die Gegner des Bischofs Bonifatius ein großer Gewinn, wenn sie Euch zu den Ihren rechnen könnten. Man braucht kein Prophet zu sein, um Euch zu sagen, was Bischof Gewilib von Euch will. Wahrscheinlich gibt er sich der irrigen Vorstellung hin, Ihr würdet Bonifatius Ruhm und Ehre neiden.« Unwillkürlich lacht Pirmin laut auf. Dann wird sein hageres Antlitz wieder ernst. »Ich werde dieser Einladung Folge leisten und ihm durch meine Haltung beweisen, wo ich stehe. Mein Ruhm besteht darin, in Hornbach dem Herrn und meinen Brüdern zu dienen.«

Abt Pirmin übergibt dem tüchtigen Cellerar Gunsald die Sorge für den Konvent. Mit Prior Marquard und Bruder Pedro reitet er nach Mainz. Die Tagesziele der Reisenden sind bescheidener als früher. In beinahe gemächlichem Tempo reiten sie durch die herbstliche Landschaft dem Rheine zu. Dabei finden sie reichlich Muße zu Gebet und Meditation, zu guten Gesprächen und ausgiebiger Rast in dem Hof oder dem Dorf, dem Ziel ihres Tagesrittes. Pirmins einfache und freundliche Art und seine und seiner Brüder schlichte Kleidung sichern ihnen die Gastfreundschaft der Bauern, die ein Gespür für alles Echte und Wahre haben. In der Abendstunde sitzen sie mit den Leuten am Herdfeuer, erzählen und lassen sich erzählen. Wenn Abt Pirmin, der Mann mit dem faltenreichen Antlitz, den lebendigen dunklen Augen und den von harter Arbeit gezeichneten Händen, zu ihnen von der Güte Gottes spricht, spüren seine Zuhörer, daß seine Worte aus gläubigem Herzen kommen. Er lebt, was er verkündet. Beim Abschied hinterläßt er ein bescheidenes Zehrgeld für die erwiesene Gastfreundschaft, aber er hinterläßt auch tiefere Werte aus dem Reichtum seines Herzens. Abends bleibt manchmal einer bei ihm am Feuer sitzen, wenn sich die anderen zur Ruhe begeben, einer, der eine besonders schwere Last an Schuld oder Leid trägt. Der Abt harrt bei ihm aus, obwohl sein Rücken und seine Beine vom Ritt des Tages schmerzen und seine müden Augen brennen. Er bleibt so lange, bis der andere von seiner Last befreit ist. Er vermittelt Trost oder Vergebung, stärkt das Vertrauen auf Gott und betet dankbar mit dem Befreiten. Vergeht darüber eine ganze Nacht, so beschwert er sich nicht. Seine Begleiter bemerken am anderen Tag sein abgespanntes Gesicht. Manchmal lassen sie daraufhin ihre Pferde einfach im Schritt gehen, damit der Vater im Halbschlaf die Augen schließen und sich unterwegs ein wenig erholen kann.

Endlich erreichen sie die Stadt Mainz am breiten Rheinstrom. Bruder Pedro atmet auf. Er hat gemerkt, daß die Nächte mit geringem oder fehlendem Schlaf den Abt langsam zermürben. Der Bischof von Mainz heißt seine Gäste mit überströmender Herzlichkeit willkommen. Er gebärdet sich so, als wäre ein mächtiger Kirchenfürst mit seinem Gefolge bei ihm eingekehrt. An der üppigen Tafel im reich ausgestatteten Prunkgemach wirken die einfachen Kutten der drei Mönche irgendwie fehl am Platz. Der überschwengliche Empfang hat Abt Pirmin in der Gewißheit bestärkt, daß der derzeitige bischöfliche Hof zu Mainz kein Ort ist, an den Mönche aus Kloster Hornbach hingehören. Die festliche Tafel bietet auf feinstem schneeweißem Linnen Porzellangeschirr, silbernes Besteck, gläserne Pokale und kostbare Speisen, die beim Bischof von Straßburg und beim Erzbischof von Basel nicht angeboten wurden. »Darf ich hoffen, daß Ihr recht, recht lange unsere Gäste bleiben werdet, Ihr Herren aus Kloster Hornbach?« sagt Bischof Gewilib und trinkt ihnen mit breitem Lächeln zu. »Der bischöfliche Hof zu Mainz kann Euch mancherlei bieten. Wir können mit Euch eine Schiffahrt auf dem Rhein veranstalten oder eine Jagd auf Rebhühner und Fasanen. Ferner könnt Ihr unser größtes Weingut besichtigen und das köstliche Naß ausgiebig probieren.« Während er diese vermeintlichen Herrlichkeiten aufzählt, beobachtet der Mann mit den kleinen, tiefliegenden Augen im breiten, rötlichen Gesicht die drei Mönche ständig. Macht die Aufzählung dieser Dinge keinen Eindruck auf die Klosterleute? Scheinbar nicht. Von den erlesenen Speisen nehmen sie nur eine Kostprobe und nur einen vorsichtigen Schluck von dem schweren Südwein. Schade, er hat gehofft, der Wein würde sie beflügeln und ihre Zungen lösen! Warum sieht ihn dieser Abt Pirmin nur so forschend an? Kann er Gedanken lesen? Auf ihn macht der Prunk gar keinen Eindruck. Ob Milo von Trier recht hatte, als er ihn vor der Halsstarrigkeit dieses spanischen Mönchs gewarnt hat? Aber wäre es andererseits nicht lächerlich, wenn der kleine Abt eines unbedeutenden Provinzklosters ihm, dem mächtigen und einflußreichen Bischof von Mainz, widerstehen könnte? Bislang hat er jeden auf seine Seite gebracht, um den er sich bemüht hat. Im Geiste zählt Bischof Gewilib die Namen jener Männer auf, die zu seinen Verbündeten geworden sind. Seltsam, dieser Pirmin verunsichert ihn irgendwie ...

Nach dem ausgedehnten Mahl und einer kurzen, wenig feierlichen Vesper mag Bischof Gewilib nicht länger warten, obwohl ihn eine innere Stimme davor warnt, bei diesem kritischen Gast zu rasch voranzugehen. Er bittet Pirmin um ein vertrauliches Gespräch. Er führt ihn in sein Arbeitszimmer, nötigt ihm einen bequemen Sessel und einen Pokal Wein auf und beginnt beim Schein einer flackernden Kerze hastig zu sprechen, nachdem der Diener den Raum verlassen hat: »Abt Pirmin, könnt Ihr Euch denken, daß ich Euch nicht nur eingeladen habe, um Euch kennenzulernen? Das ist natürlich auch eine Ehre und Freude für mich.« Ruhig und abwartend blickt Abt Pirmin in das genußfreudige Gesicht des Bischofs von Mainz. Vor dem gelassenen Blick der dunklen Augen senkt Gewilib seine Lider. Seine Hände spielen unruhig mit dem Fuß seines Pokals. »Ich habe viel von Euch gehört, von Eurer vortrefflichen Gründung auf der Augia, von der Abtei in Murbach, von den Reformklöstern längs des Rheines und selbstverständlich von der Gründung des Widonenklosters in Hornbach. Mein verehrter Mitbruder Bischof Milo von Trier hat oft von Euch gesprochen und es lebhaft bedauert, daß man einem Manne, der so Großes vollbracht hat, wenig Ehre und Ruhm bezeigt. Steht Ihr nicht beinahe überall im Schatten eines anderen Mannes, über den alle Welt redet? Ihr wißt, wen ich meine? Ihr steht im Schatten des Herrn päpstlichen Legaten Bonifatius, der nur ein Landfremder ist.« Voller Erwartung legt Bischof Gewilib eine Pause ein und beugt sich vor. Wird dieser Pirmin jetzt Stellung beziehen? Ein Lächeln spielt um den Mund des Abtes, als er ruhig sagt: »Ihr habt wohl vergessen, daß ich auch ein Landfremder bin, Bischof Gewilib? Meine Wiege stand im Westgotenland Spanien.« Der Bischof von Mainz zuckt förmlich zurück. So ein Pech, daß er daran nicht gedacht hat! Hastig lenkt er ein: »Das ist nichts Wesentliches. Ihr habt durch Jahrzehnte den Frankenherrschern treu gedient. Dieser Mann Bonifatius will dagegen erreichen, daß ihm die Herrscher dienen.« Er spuckt den Namen ›Bonifatius‹ förmlich aus. Sein Gesicht gleicht im Kerzenschein sekundenlang einer haßverzerrten Fratze. Abt Pirmin richtet sich noch gerader auf. Seine Augen blitzen in jener Weise, die bei ihm das Anzeichen innerer Erregung ist, aber seine Stimme klingt beherrscht, kühl und abweisend: »Herr Bischof Gewilib, erlaubt mir, daß ich Euch widerspreche? Ich habe immer nur einem Herrn gedient, seit ich ins Frankenland gekommen und nach Alemannien und nun in den Bliesgau gegangen bin. Ich diente und diene nur unserem Herrn Jesus Christus. Ich habe unter meinen Brüdern Männer aus allen Stämmen Germaniens und aus anderen Ländern. Wir haben den Brüdern und Schwestern überall nur den einen Herrn gepredigt. Das ist unser Ziel und unser Auftrag. Was Herrn Bischof Bonifatius betrifft, so sehe ich seine Aufgabe darin, die Einheit der Kirche durch eine strenge Reform zu sichern. Dabei kann es nicht ausbleiben, daß er manche der nach und nach gewachsenen Eigenmächtigkeiten des Klerus beseitigen muß, welche die Einheit der Kirche gefährden oder verhindern. Das schmerzt die Betroffenen sicherlich und läßt sie empört aufschreien, aber Bischof Bonifatius muß sich selbst treu bleiben und unbeirrt mit der Reform fortfahren.« Eine Weile hockt Bischof Gewilib stumm und zusammengesackt in seinem Sessel. Im Kerzenschein wirken die tiefen Ringe unter seinen Augen fast schwarz. Er atmet schwer. Nach einer ganzen Weile murmelt er: »Bei unseren gegensätzlichen Standpunkten dürfte unser Gespräch heute abend nicht mehr fruchtbar werden. Wahrscheinlich müssen wir unsere Standpunkte noch klarer darlegen, ehe wir eine gemeinsame Basis finden. Wäre es Euch recht, wenn wir morgen damit beginnen?« Am nächsten Tag läßt sich der Bischof von Mainz bei seinen Gästen entschuldigen. Über Nacht wäre eine Notlage in einer seiner Besitzungen eingetreten, die seine Anwesenheit dort unbedingt erforderlich mache. Leider sei es ihm unmöglich, auch nur in etwa vorauszusagen, wie lange ihn die leidige Sache von Mainz fernhalten würde. Seine Gäste möchten es sich derweil wohlergehen lassen. Diese Nachricht überbringt ein Mann, den Abt Pirmin allzu gut kennt. Mit überhöflicher Stimme teilt ihm der bischöfliche Sekretarius Dohard mit, was sich angeblich ereignet hat und Bischof Gewilib daran hindert, die interessante und hochwichtige Unterredung mit dem Vater Abt fortzusetzen. »Und dabei liegt dem gnädigen Herrn Bischof außerordentlich viel an besagtem Gespräch«, versichert Dohard mit einem deutlich erkennbaren Unterton der Schadenfreude. Sein mageres Gesicht ist gelblich, spitz und verkniffen, und seine Augen unter dem glatten Haar sind noch unsteter als zuvor. Wahrscheinlich hat er eine Gefühlsäußerung des Abtes erwartet, etwa Ärger oder zumindest Mißmut. Abt Pir-

min antwortet ihm ruhig: »Habt Dank für die Nachricht, Herr Sekretarius! Wir können nicht lange in Mainz bleiben. Da die Rückkehr des Bischofs ungewiß ist, treten wir heute die Heimreise an.« Dohard protestiert schwach. »Wollt Ihr nicht wenigstens Mainz besichtigen und den Besuch auf einem Weingut machen? Ich habe den ehrenvollen Auftrag, Euch zu führen.« Abt Pirmin dankt für das Angebot und lehnt es ab. Kurze Zeit später befindet er sich mit seinen beiden Gefährten auf dem Heimritt. »Nun wissen wir, wer der Verfasser des Briefes war, unser Freund Dohard, von dem ich Euch oft und oft erzählt habe, Bruder Marquard. Ich habe Euch auch etliche Schreiben gezeigt, die er damals in Konstanz im Auftrag Audoins geschrieben hat. Es war der gleiche Stil«, sagt Pirmin zu seinem Prior. »Wie froh bin ich, daß wir Mainz hinter uns haben, Vater! Die Atmosphäre der Verlogenheit bei Bischof Gewilib hat mich sehr bedrückt«, meint Bruder Marquard, und Bruder Pedro nickt zustimmend. »Ja, ich bin auch froh darüber, Bruder. Ich konnte dort kaum atmen. Die Einladung war ein plumper Versuch, mich gegen Bonifatius zu beeinflussen. Als Herr Gewilib merkte, daß er das nicht schaffen würde, mußte er angeblich verreisen.«
Leider schlägt das Wetter um. Kaum sind die drei einen halben Tagesritt von Mainz entfernt, da strömt Regen aus tiefhängenden grauen Wolken. Er verwandelt die Wege in Schlamm und morastige Pfützen. Sie müssen die Pferde ganz langsam und vorsichtig gehen lassen. Bald sind sie trotz ihrer Umhänge bis auf die Haut durchnäßt. Am offenen Feuer in einem Bauernhaus können sie ihre Kleider einigermaßen trocknen, aber das Regenwetter bleibt ihnen auf dem gesamten Rückweg treu. Stunde um Stunde reiten sie schweigend voran, die Köpfe gesenkt. Sie lassen Regen und Wind über sich ergehen. Als sie Hornbach vor sich liegen sehen, klart mit einem Male

der Himmel auf. Die letzte Strecke ihres mühsamen Weges legen sie in strahlendem Sonnenschein zurück. »Der liebe Gott hat Humor«, bemerkt Pirmin lachend, obwohl ihm das Regenwasser noch aus den Haaren rinnt. Das Sprechen bereitet ihm einige Mühe. Kälte und Nässe haben seine volltönende und wohlklingende Stimme zu einem Krächzen verwandelt. »Werdet mir nicht wieder krank, Vater Abt«, mahnt Bruder Pedro, der auch hustet und niest. »Das habe ich nicht vor, lieber Bruder«, antwortet Pirmin heiser. »Wir wollen kurz bei Volkmar anhalten. Vielleicht kann er uns einen Becher Milch wärmen.« Volkmar tritt aus seiner Hütte. Er begrüßt sie und gibt seiner Frau den Auftrag, die Milch zu wärmen. Sein Gesicht, das sonst freundlich aufleuchtet, wenn er den Abt sieht, ist bedrückt und finster wie ehedem. »Was gibt es, Volkmar? Ist einer der Deinen krank oder hast du andere Sorgen?« fragt der Abt und räuspert sich, um mehr Stimme zu bekommen. Stumm schüttelt der Mann den Kopf. Er schweigt, bis er den drei Reitern die Becher mit dampfender Milch gereicht hat. Pirmin trinkt einen Schluck. »Nun sag' mir, was los ist, Volkmar! Oder hast du etwa kein Vertrauen mehr zu mir?« Der große Mann blickt zu ihm auf und knetet erregt seine Fäuste. »Der Vogt, der Vogt von Herzog Wernher war bei uns, Vater Abt. Er sah sich genau in unseren Hütten um und meinte dann, daß wir Unfreien es bei Euch viel zu gut hätten. Er würde dafür sorgen, daß die Abgaben wieder erhöht würden. Es sei einfach eine Schande, wie wenig wir für das Kloster leisten würden, auch an Fronarbeit.« Der Abt spürt, wie ihm das Blut ins Gesicht schießt. Seine Hand krampft sich um den Becher. »Der Vogt hat hier gar nichts zu sagen. Ihr lebt auf Klostereigentum. Hier bestimmt einzig und allein der Abt.« Der blonde Riese meint treuherzig: »Das habe ich ihm auch gesagt, Vater Abt. Aber er meinte nur frech, daß Herzog Wernher

Euch schon das Fürchten lehren würde.« Rasch drückt Pirmin dem verdutzten Mann seinen Becher in die Hand und treibt sein Pferd an. Trotz der verschlammten Straße sprengt er im Galopp nach Hornbach. Unter den Pferdehufen spritzt der Schlamm auf und beschmutzt den Rücken und die Flanken des Pferdes und die Kutte seines Reiters. »Bruder, wo ist der Cellerar?« fragt er hastig den ersten Mönch, der ihm beim Pfortenhaus begegnet. Der junge Mönch starrt den Abt in der nassen, schlammbespritzten Kutte an, als sähe er eine Erscheinung. »Ich ... ich weiß nicht, Vater Abt«, stammelt er. Pirmin steigt ab, drückt ihm die Zügel in die Hand. »Sorgt bitte dafür, daß das Tier abgerieben und gefüttert wird!« Dann eilt er mit weiten Schritten über den Klosterhof, ohne auf die Pfützen zu achten. Bruder Gunsald verläßt gerade das Küchenhaus. »Wie gut, daß Ihr wieder da seid, Vater Abt!« ruft er begeistert aus und bemerkt erst dann, wie die Kutte des Abtes aussieht. Ehe er sich dazu äußern kann, drängt Pirmin mit seiner heiseren Stimme: »Was hat sich hier mit dem Vogt des Herzogs ereignet? Volkmar sagte mir, er habe gedroht. Stimmt das?« Bruder Gunsald nickt bestätigend. »Leider ist das wahr, Vater Abt. Der Vogt trat auch im Kloster recht anmaßend auf. Er meinte, daß der Herzog zahlreiche Eurer Maßnahmen auf keinen Fall gutheißen würde. Ihr würdet gut daran tun, sie freiwillig zu widerrufen. Ich habe ihm sehr schroff geantwortet, denn ich war begreiflicherweise erregt.« »Was habt Ihr zu ihm gesagt, Bruder?« krächzt der Abt, aber seine Augen blitzen. »Ich wies darauf hin, daß unser Kloster von Euch allein in Verantwortung gegenüber der Gemeinschaft der Brüder geleitet würde. Ihr würdet nach Eurem Gewissen handeln und wichtige Maßnahmen zuvor mit den Brüdern im Kapitel besprechen.« Der Abt legt ihm die Hand auf die Schulter. »Ihr habt richtig gehandelt, Bruder Gunsald. Aber Ihr habt noch etwas anderes auf dem

Herzen, nicht wahr? Sagt es mir gleich, damit wir in einem Mal alles hinter uns bringen.« Es ist ihm nicht entgangen, daß der Cellerar weiterhin bedrückt und niedergeschlagen wirkt. »Wollt Ihr Euch nicht zuerst umkleiden, Vater Abt?« bittet der Mönch ehrerbietig. »Ihr wißt, daß Ihr seit Murbach auf Eure Gesundheit achten müßt.« Zunächst hat es den Anschein, als ob Pirmin diese Bitte erzürnt abweisen wolle. Die häßliche Erfahrung in Mainz, daß Bischof Gewilib ihn nur als Instrument gegen Bonifatius mißbrauchen wollte, der anstrengende Ritt durch Wind und Wetter, die Begegnung mit Volkmar und Gunsalds Bericht über das Verhalten des Vogtes, das alles zusammen reicht, um ihn erschöpft innehalten zu lassen. Seine Hände zittern, und eine lähmende Müdigkeit nimmt von ihm Besitz. Bei solchen Gelegenheiten, wenn Widrigkeiten und Widerstände sich häufen, spürt er die Last der mehr als sechs Jahrzehnte seines Lebens und die Narben der vorausgegangenen Verwundungen. Dann möchte er am liebsten die Bürde seines Amtes abwerfen und nur irgendwo in der Stille beim Herrn weilen dürfen wie einst am Mindelsee. ›Ich habe nicht mehr die gleiche Spannkraft wie ehedem‹, denkt er, während er sich langsam und mühevoll entkleidet. ›Wäre es nicht besser für die Gemeinschaft, wenn ich mein Amt einem jüngeren Mönch abtreten würde?‹ Lange kniet er vor dem einfachen Kreuz aus Lindenholz, das neben dem elfenbeinernen Madonnenrelief die Holzwand seiner Schlafkammer ziert. Mit steifen Knien erhebt er sich und begibt sich nach draußen. Kloster Hornbach und seine Felder und Wälder liegen im Sonnenschein. Die Wälder auf den weitgeschwungenen, sanften Höhenzügen zeigen schon die bunten Farben des Herbstes. Irgendwie erinnert ihn dieses schöne Land an die Auvergne, die Heimat des Grafen Marquard, der hier als Prior dient. ›Habe ich ihn je gefragt, wie es seinen Lieben daheim geht? Habe ich gerade in ihm nicht nur einen Mönch gesehen, der treu seinen Platz ausfüllt? Habe ich überhaupt in meinen Brüdern immer die Menschen gesehen, die ihre eigenen Nöte und Beschwerden haben? War es mir nicht manches Mal genug, wenn sie ordentlich arbeiteten und nach der Regel lebten, ohne daß ich an ihre Leiden und Freuden dachte. Mein Älterwerden und meine zunehmenden körperlichen Beschwerden dürfen mich nicht blind machen für meine Brüder. Ich muß ihnen mit offenen Augen und offenem Herzen begegnen.‹ Diese Gedanken, die er in der Stille erwogen hat, spricht der Abt mit seiner heiseren Stimme in der abendlichen Versammlung der Brüder aus. Er bittet sie um Verzeihung dafür, daß er es zeitweise an Väterlichkeit fehlen ließ. Die Brüder sind erschüttert. Keiner von ihnen hat ein Nachlassen seiner Zuwendung gemerkt. Nur das überfeine Gewissen des Abtes hat die beginnende Verhärtung in seinem Innern wahrgenommen und das Übel mit scharfem Messer herausgeschnitten. Nach der Versammlung wendet er sich an Bruder Gunsald, hustet heftig und krächzt dann: »Ihr wollt mir noch etwas sagen, Bruder?« Gunsald senkt das Haupt und beißt sich auf die Lippen. »Ja, Vater Abt, aber ich tue es nicht gerne. Es ist meine Pflicht. Während Eurer Abwesenheit habe ich entdeckt, daß mein Bruder Herfried heimlich schnitzt. Er hat zuvor keine Erlaubnis eingeholt.« Der Mönch gibt einen Seufzer von sich, der einem Stöhnen gleicht. »Habt Ihr ihn daraufhin angesprochen?« forscht Pirmin heiser. »Das tat ich, Vater Abt. Er antwortete mir, daß er es tun müsse. Er fühle sich innerlich dazu gedrängt. Er könne einfach nicht anders.« Der Abt sieht verunsichert drein. »Er könne nicht anders? Seltsam! Was sind das für Schnitzereien?« Er hustet wieder. »Wollt Ihr nicht besser morgen ...«, wirft Gunsald hastig ein. Pirmin wehrt ab. Nun muß Bruder Gunsald antworten: »Bruder Herfried will ein Bild des Herrn schnitzen.« »Hat er deswegen seine Arbeit vernachlässigt?« »Nein, das nicht, aber ...« »Nun, dann werde ich mich selbst davon überzeugen und ihn nach seinen Beweggründen fragen«, krächzt Pirmin, von Hustenanfällen unterbrochen. Beide gehen langsam über den Hof zur Schreinerei. Unterwegs begegnen sie Bruder Ermanold. Heiser scherzt der Abt: »Vergißt mich mein betender Moses auch nicht?« Prüfend blickt der Greis ihn an. »Mir scheint, daß Ihr zur Zeit des Gebetes besonders bedürft, Vater Abt.« Pirmin bleibt stehen, nickt und atmet einige Male schwer. »Bitte, kommt mit mir, Bruder Ermanold! Ihr kennt mich. Ich brauche Eure Milde und Eure Weisheit.« Er paßt seine Schritte den Trippelschritten des Greises an. Bruder Ermanold wundert sich über das Ziel seines Weges. Was will der sichtlich übermüdete und erkältete Abt in der Schreinerwerkstatt? »Ihr solltet Euch besser hinlegen«, murmelt er mit leisem Vorwurf. Statt einer Antwort öffnet der Abt die breite Tür der Werkstatt. Abendsonne beleuchtet Bruder Herfried, der mit gleichmäßigen Bewegungen ein Brett hobelt. Der Abt betrachtet seine schmalen, langen und doch kräftigen Hände und sein klares Antlitz mit der hohen Stirn. Behutsam meint er in heiserem Flüsterton: »Bruder Herfried, ich habe eine Bitte an Euch.« Sofort legt der Bruder den Hobel aus der Hand und sieht ihn mit offenem Blick an. Er ist voller Bereitschaft und ohne Schuldbewußtsein. »Zeigt mir Eure Schnitzarbeit!« bittet der Abt. Mit beinahe liebevollen Bewegungen nimmt der Mönch ein Stück Sackleinen von einem größeren Holzblock. »Vater Abt, ich habe versucht, den Herrn so darzustellen, wie Ihn die Augen meines Herzens schauen. Wahrscheinlich ist mein Tun nur Stümperei, aber es drängte mich einfach von innen her, das sichtbar zu machen, was mich erfüllt. Ich habe dies getan, ohne um Erlaubnis zu bitten.« Nach diesem Geständnis kniet der Mönch vor seinem Abt nieder und bietet ihm das Schnitzwerk dar. Bewegt betrachtet Pirmin das erhabene Antlitz mit den weit geöffneten Augen und dem gütig lächelnden Mund. Die Abendsonne verleiht dem Antlitz einen warmen Schein von Leben. »So stellt Ihr Euch unseren Herrn vor, Bruder Herfried?« sagt er ergriffen. »Ihr tut recht daran, Euer Gebet Gestalt werden zu lassen. Darum bestehe Eure Buße einzig darin, daß Ihr damit fortfahret und einem anderen Bruder die Arbeit in die Schreinerei überlaßt. Möge es Euch gelingen, unseren Herrn als den verklärten, am Kreuz verklärten König darzustellen, aus dessen Liebe wir alle leben.« Vor Erleichterung und Freude füllen sich die Augen des Bruders mit Tränen. »Darf ich Euch und Eure Arbeit segnen, Bruder?« Die Stimme des Abtes ist vor Heiserkeit kaum noch zu vernehmen. Verstohlen fährt die Hand des Bruders Ermanold über den hölzernen Christuskopf, ehe sie die Werkstatt verlassen. »Habt Ihr auch bemerkt, wen sich dieser begabte Schnitzer als Modell ausgesucht hat für unseren Herrn mit den offenen Augen?« Pirmin schüttelt den Kopf. »Ich nehme nicht an, daß einer der Brüder ihm dafür Modell gestanden hat.« »Nein, das sicher nicht. Herfried hat ihn aus dem Gedächtnis geschnitzt und dabei eine auffallende Ähnlichkeit erreicht.« Der Abt lacht. Es ist mehr das Krächzen eines Raben. »Dann bin ich sogar neugierig darauf, an wen er dabei gedacht hat.« Beinahe feierlich verkündet Bruder Ermanold: »Bruder Herfried hat an Euch gedacht, Vater.« Pirmin schweigt betroffen. Was soll er antworten? Er hat immer nur den Schatten, den Umriß seiner selbst gesehen, wenn er sich im Wasser spiegelte oder in einer glatten Marmorwand im bischöflichen Palais zu Basel. Nur seine Fingerspitzen haben manchmal die Kerben und Falten seines Antlitzes erkundet. Endlich haucht er leise und mühsam: »Es wäre wunderbar, wenn meine Seele sich mehr nach unserem Herrn ausrichten und sein Bild in

meinem Leben deutlicher hervortreten würde! Mein lieber Bruder, schenkt mir weiter in Treue die Hilfe Eures Gebetes.«
Mit raschen Schritten geht er zur Klosterkirche. Als der Greis ihm langsam dorthin folgt, findet er ihn in der Kirche vor dem Kreuz auf den Knien.

Ein Bote von der Augia bringt eine Trauerkunde. Abt Arnefried, der zehn Jahre lang auf der Insel und in Konstanz gewirkt hat, ist einem Fieber erlegen. Sein Nachfolger in beiden Ämtern wird der Mönch Sidonius von der Augia. Abt Pirmin hält einen Gedenkgottesdienst für den verstorbenen Abt und Bischof. Zu seiner Ehre brennt auf dem Platz des Abtes im Refektorium eine Kerze bei den Mahlzeiten. In dieser Zeit setzt sich Abt Pirmin neben den jüngsten Bruder. Im Kapitel sagt er zu den Brüdern: »Wenn eine solche Kunde vom plötzlichen Heimgang eines Mitbruders eintrifft, wird man mit Schaudern und Ehrfurcht gewahr, wie schnell das Leben vergeht und wie unvorhergesehen der Herr Menschen abberuft. Bruder Arnefried war ein Mann in mittleren Jahren. Gott hieß ihn gehen. Bruder Sidonius gehört bereits einer Generation junger Mönche an, die nichts mehr von dem schwierigen Anfang auf der Augia wissen.«

Wieder vergeht ein Jahr im gleichmäßigen Rhythmus von Aussaat, Wachsen, Reifen und Ernte, ein Jahr mit Freude und Leid. Neue Brüder finden den Weg nach Hornbach. Bruder Herfried schnitzt mit großer Hingabe an seinem Christusrelief. Als er die einzelnen Teile zusammenfügt, zeigt das wundervolle Halbrelief Christus als den Sieger über den Tod und als den Herrn des Lebens mit offenen Augen und geöffneten Armen. In den Weinbergen, die Abt Pirmin in seinem zweiten Hornbacher Jahr anlegen ließ, gedeihen die ersten Trauben. Der greise Bruder Ermanold verkostet sie mit besonderer Freude. »Sie sind vortrefflich. Nun muß ich auch noch die erste Lese in Hornbach erleben und den ersten Hornbacher Wein. Ihr habt also Euren betenden Moses noch eine Weile bei Euch«, sagt er mit verschmitztem Lächeln zum Abt. Ermanolds Augenlicht ist getrübt, und sein Gehen ist noch mühevoller geworden. Aber er besitzt die stille Heiterkeit, die Ausgeglichenheit und Weisheit eines liebenswerten alten Menschen, der dem Herrn für jeden Tag dankt, den er noch erleben darf. Die jungen Brüder finden oft den Weg zu seiner Zelle, die ihm der Abt einrichten ließ, als er bemerkte, daß seine Nächte fast schlaflos waren und es ihm schwerfiel, im gemeinsamen Dormitorium auf seinem Lager auszuharren, um die schlafenden Brüder nicht zu stören. Jetzt wandert Bruder Moses, wie ihn alle Brüder scherzhaft nennen, schon in früher Morgendämmerung sich mit seinem Stock vortastend durch die Klostersiedlung, lauscht dem Gesang der Vögel, dem Murmeln des Baches oder dem Rauschen des Windes. Er genießt die frische Kühle des Morgens und betet still aus einem reinen und dankbaren Kinderherzen für die Brüder in Hornbach, für die Leute ringsum und für die heilige Kirche. Besonders innig betet er für die ferne Augia. Wenn er auch nur noch Hell und Dunkel zu unterscheiden vermag, kann er sich ohne besondere Anstrengung im Geist an die Ufer des Gnadensees und die Rebhänge des Hochwarts versetzen. Gerne geht er auch in die Werkstatt des Herfried und tastet mit seinen nunmehr wieder von der Gicht verkrümmten Fingern das große Halbrelief des Christus mit den offenen Augen ab. Seine Finger wandern über das Antlitz und zu den offenen Händen. Dann betet er innig für Abt Pirmin.

Vier Jahre lang hat Herzog Wernher seine Gründung in Hornbach nicht aufgesucht. Er weilte irgendwo in Burgund oder in der Bretagne, oder er zog mit dem fränkischen Heer. Pippin hatte ihn als Berater berufen und sehr geschätzt. An einem

Oktobertag des Jahres 746 kehrt er mit drei Begleitern überraschend in der Abtei ein. Sein Gruß fällt recht förmlich aus. Bei einem Rundgang erkennt er allerdings an, daß sich die Abtei stetig und gesund entwickelt. Auch dem klösterlichen Gutsbetrieb versagt er seine Bewunderung nicht und besichtigt voller Interesse die neu entstandenen Bauten. Vor dem Christusrelief des Bruders Herfried bleibt er lange schweigend stehen. Er läßt seinen Blick immer wieder von dem erhabenen Antlitz des Bildwerkes zum gelassenen Gesicht des Abtes wandern. Innerlich wappnet sich der Abt gegen die Vorwürfe, die ihm der Widone zweifellos machen wird. Er hat sich nicht umsonst ausgiebig in den Hütten der Unfreien umgeschaut, ehe er zur Abtei gekommen ist. Sein verschlossenes Antlitz verrät keine Gefühlsregung. Beim Mahl im Refektorium bleibt er wortkarg. Abt Pirmin und Prior Marquard tauschen einen raschen Blick, als Wernher bittet: »Wäre es möglich, daß ich Euch alleine spreche, Vater Abt?« Höflich führt Pirmin ihn in seine Cella. Zunächst schaut sich der Widone in dem einfachen Raum um. Er hat andere, prächtig ausgestattete Räume von Äbten, Bischöfen und anderen Großen der Kirche gesehen. Dann läßt er sich stumm auf einem der Lehnstühle nieder. Er schließt die Augen und lehnt sich zurück. Schließlich murmelt er: »Sagt Euch der Name Cannstatt etwas, Vater Abt?« Pirmin schüttelt den Kopf. »Nein, Herzog Wernher. Ich wußte nicht einmal, daß es einen Ort dieses Namens gibt.« Der Herzog stöhnt und senkt sein Haupt. »Ihr Glücklicher! Könnte ich das doch auch sagen, Vater Abt. Ich würde Gott auf den Knien dafür danken.« Der Abt antwortet nicht. Er möchte nicht fragen. Wernher wird sprechen, wenn er es möchte. Pirmin wartet geduldig. Endlich murmelt der Herzog mit dumpfer Stimme, während sein Haupt tief geneigt bleibt: »Ihr wißt, daß ich dem alemannischen Adel grolle, weil er sich immer wieder gegen uns erhoben hat, aber an eine solche Lösung hätte ich nie und nimmer gedacht. Herr Karlmann bestellte den gesamten alemannischen Adel zu einem Gerichtstag nach Cannstatt. Sie kamen fast alle in der Erwartung, daß die Fehde zwischen den Franken und ihnen endgültig beigelegt würde. Sie wurde allerdings beigelegt.« Der Herzog lacht bitter. »Karlmann ließ sie alle niedermetzeln. Ich war nicht daran beteiligt, aber ich habe auch nichts getan, um das Entsetzliche zu verhindern. Das ist meine Schuld. Von diesem furchtbaren Schlag werden sich die Alemannen nie mehr erholen.« Pirmins Augen sind starr und zugleich weit aufgerissen vor Entsetzen. Er schaudert. »Wie konnte sich Karlmann zu einer solchen Greueltat hinreißen lassen? Sein Vater Karl Martell war hart und grausam, aber er hätte einen solch hinterhältigen Massenmord niemals gutgeheißen!« ruft er aus. Herzog Wernher stimmt ihm zu. »Das hat Karlmann begriffen, als es zu spät war. Das Unheil ist geschehen. Nun will er dafür Buße tun. Er pilgert zum Papst, gründet ein Kloster bei Rom und will als einfacher Bruder dort sein Leben in Schweigen und Buße beschließen.« Mit ungewöhnlicher Härte erwidert der Abt: »Ich weiß nicht, welche Maßstäbe unser Herr anlegt, wenn er das Maß der Buße bestimmt. Ich weiß nicht, ob Gottes Barmherzigkeit einen Karlmann noch erreicht. Er kann keinen der Ermordeten zum Leben erwecken. Er kann das entsetzliche Leid, das er über die Familien der Ermordeten gebracht hat, durch seine Buße nicht beenden. Er kann sich nur vorbehaltlos dem Herrn ausliefern und wider alle Hoffnung auf Seine Gnade und Sein Erbarmen hoffen. Ich werde für ihn beten.« Nun findet der Herzog trotz seines eigenen Schuldgefühls die Haltung des Abtes zu unnachgiebig. Er meint beschwichtigend: »Wahrscheinlich gibt es mancherlei Entschuldigungsgründe für Karlmanns Vorgehen. Haben die dauernden Aufstände der Alemannen nicht auch Leid und Tod über viele gebracht? Sie haben nun ihr Ende gefunden. Muß man das Recht nicht mit Gewalt durchsetzen, wenn kein anderes Mittel mehr fruchtet?« »War das Recht wirklich auf den Seiten der Franken, Herzog Wernher?« fragt Pirmin und sieht ihn forschend an. Er tut es so lange, bis der Herzog seinem Blick ausweicht. Nach einer Weile des Schwiegens begibt sich der Widone auf ein anderes Gebiet, um einen Angriff auf den Abt machen zu können, auf ein Gebiet, wo Pirmin verwundbar ist. »Man berichtete mir, daß auch Ihr nicht immer klug handelt, was Eure Leute anbetrifft, Vater Abt. Man ist wegen Eurer Großzügigkeit mit Recht besorgt. Wenn wir den Unfreien so sehr entgegenkommen, wie Ihr das tut, werden sie immer fordernder und unverschämter. Die Unfreien auf Eurem Klosterbesitz leben inzwischen beinahe wie Herren und Edelfreie. Sie fühlen sich bei Euch so wohl, daß die Kunde davon durch die Nachbarlande zieht. Bald werden sich andere Unfreie unrechtmäßig hier ansiedeln wollen, um Eure Wohltaten zu genießen. Ihr bereitet durch Eure allzu große Milde den Grundherren in der Umgebung beträchtliche Schwierigkeiten. Weiter habe ich erfahren, daß auch Euer Regiment im Kloster allzu milde ist. Ein Abt darf nicht nur Vater sein wollen. Er muß auch Herr sein und hart strafen und durchgreifen. Die meisten Menschen gehorchen nur aus Furcht vor der Strafe.« Abt Pirmin erhebt sich. Sein Antlitz ist ernst. Seine Augen leuchten, als er bekennt: »Ich habe so gehandelt, wie es mir mein Gewissen vorgeschrieben hat, Herzog Wernher. Das werde ich tun bis zu meinem letzten Atemzug. Ich bin nicht der Herr der Menschen hier. Ich bin ihr Diener in Christi Namen. Er hat gesagt: ›Wer unter euch der Erste sein will, der sei der Diener aller‹.« Der Herzog ist aufgestanden. Er antwortet sichtlich betroffen: »Wo kämen wir hin, wenn wir Christi Äußerungen so wörtlich nehmen würden, wie Ihr es tut? Ihr macht Euch damit in den Kreisen des Adels manchen Feind, Vater Abt.« »Bei Bruder Herfried habt Ihr eben das Bild meines Herrn gesehen, dem ich allein Rechenschaft schulde, den ich fürchte und um dessen Freundschaft ich besorgt bin. Er erwartet uns mit offenen Armen, und Er sieht uns immerfort aus seinen offenen Augen an. Er wartet auch auf Euch.«

XVIII. NACH HAUSE

An den Sonn- und Feiertagen kommen die Menschen aus den Dörfern, Weilern und den Einzelhöfen, die Männer, Frauen und Kinder, manchmal von weither zum Gottesdienst nach Hornbach. Dicht an dicht stehen sie in der schlichten Basilika aus Sandstein, die das Holzkirchlein ersetzt hat. Auf Wunsch des Abtes blieb die Holzkirche erhalten. Sie dient als Totenkapelle und als Zuflucht für stille Beter. Zu den Besuchern aus den Besitzungen des Klosters gesellen sich bald Freie und Edelfreie. Sie haben vernommen, welch guter Prediger Abt Pirmin ist. Wie ein Magnet wirkt die Abtei auf die Menschen im Bliesgau. Sie ist zum Mittelpunkt des gesamten religiösen Lebens geworden. Nach den Gottesdiensten warten die Leute geduldig, bis Abt Pirmin zu ihnen kommt. Für jeden hat er ein freundliches Wort. Mit den einfachen Bauern und den Tagelöhnern spricht er über ihre alltäglichen Sorgen um Saat und Ernte und Viehhaltung. Aber sein vornehmliches Interesse gilt den Familien, ihren Freuden und Leiden. Er kennt jeden beim Namen, weiß um die Zahl der Kinder und um die Daheimgebliebenen, die Alten und Siechen. »In der nächsten Woche besuche ich euch«, verspricht er und hält Wort. Die Edelfreien fühlen sich zurückgesetzt, weil der Abt die kleinen Leute sichtlich bevorzugt. »Ein seltsamer Herrscher, der zuerst an die Ärmsten in seinem Land denkt«, spötteln sie neidisch und vergessen dabei, daß Christus sich vor allem der Kleinen und Verachteten angenommen hat. Kommt Pirmin endlich zu ihnen in seiner keineswegs unterwürfigen, sondern freien und beherrschten Art, können sie an ihren Vorbehalten gegen ihn nicht festhalten. Wenn er sie mit seinen leuchtenden Augen anschaut, spüren sie, daß er sie kennt und liebt wie die Kleinen und Armen. Mancher Edelfreie legt ihm später in einem vertraulichen Gespräch eine alte Schuld zu Füßen, die ihn jahrelang gequält hat. Er geht froh und frei von dannen und kündet den Ruhm der Abtei Hornbach und ihres Abtes.

Volkmar, der inzwischen eine Art Vormann der Unfreien geworden ist, bittet Abt Pirmin nach einer heiligen Messe: »Vater Abt, unsere Frauen und Mädchen bedrängen uns. Sie möchten aus Dankbarkeit etwas Besonderes für das Kloster tun. Dürfen sie für Euch spinnen und Tuche weben?« Der Abt sieht ihn freundlich an und nickt ihm zu. »Gerne, Volkmar. Ihre Hilfe ist uns hochwillkommen, denn wir brauchen mancherlei Tuch für unsere neuen Brüder. Aber die Frauen sollen nicht für Gotteslohn arbeiten. Legt mit Bruder Gunsald ein gerechtes Entgelt für diese Arbeit fest. So helfen wir einander. Euer regelmäßiger Gottesdienstbesuch macht mir viel Freude. Sage das deinen Leuten. Wir werden uns eurer Kinder besonders annehmen und sie unterweisen. Im Kapitel werde ich meine Brüder fragen, wie sie über die Errichtung einer Klosterschule denken. Dort nehmen wir begabte Jungen als Scholaren auf.« Der blonde Riese staunt. »Können etwa auch Söhne von Unfreien eine solche Schule besuchen?« fragt er zaghaft. »Natürlich, Volkmar. Jeder Junge, der Begabung zum Lernen zeigt, soll dort gefördert werden. Habe aber keine Angst um deinen Dietrich! Kein Scholar muß Mönch werden.« Volkmar preßt seine breiten Fäuste gegen seine Brust. »Ihr meint, Ihr meint ...«, stammelt er, »daß mein Sohn Scholar werden kann?« »Warum nicht? Dietrich hat einen hellen Kopf und einen starken Willen.« »O Vater Abt!« ruft Volkmar

begeistert aus, greift nach der Hand des Abtes und preßt sie mit aller Kraft. »Au, laß bitte meine Finger ganz«, lacht der Abt mit schmerzlich verzogenem Gesicht. Erschrocken läßt Volkmar die Hand des Abtes los. Pirmin reibt seine schmerzenden Finger. »Lauf rasch nach Hause und erzähle es deiner Frau, daß dein Sohn Scholar wird, wenn es mit unserer Klosterschule klappt!« Das läßt sich der Mann kein zweites Mal sagen. Er läuft davon, so rasch ihn seine langen Beine tragen. Er achtet nicht darauf, daß Mönche stehenbleiben und ihm verwundert nachschauen. »Was ist denn mit Volkmar los, Vater Abt?« fragt Prior Marquard neugierig. »Habt Ihr ihm etwas angetan, daß er so schnell davonrannte?« »Den Grund werdet Ihr im Kapitel erfahren, Bruder Marquard.«
In der Versammlung der Mönche trägt Pirmin seinen Plan vor, in Hornbach, wie zuvor in Murbach und auf der Augia, eine Klosterschule zu errichten. Begeistert stimmen die Mönche ihm zu. Bruder Erwin, ein gelehrter Mönch, der aus dem Kloster Schwarzach nach Hornbach gekommen ist, wird als Magister tätig sein, unterstützt von Bruder Eginald aus Hornbach, einem der ersten einheimischen Mönche. Beim nächsten Sonntagsgottesdienst kündigt der Abt die Errichtung einer Klosterschule in Hornbach an. »Sie wird allen jenen offenstehen, die sich nach einer Prüfung als fähig erweisen, den hohen Anforderungen gerecht zu werden. Unsere Scholaren werden als die jüngsten Mitglieder unserer Abtei ein geregeltes Leben führen und ein kuttenähnliches Gewand tragen. Sie müssen mit Ernst und Eifer lernen, aber sie behalten die Freiheit, draußen einen Beruf zu ergreifen, wenn sie die Klosterschule hinter sich haben. Ich möchte noch einmal betonen, daß alle Jungen, welche die geistigen Fähigkeiten und die charakterliche Eignung besitzen, Scholaren werden können. Unsere Klosterschule steht Jungen aus allen Ständen offen.«

Nach der heiligen Messe wartet der Edelfreie Hildger auf den Abt. Neben ihm steht seine prächtig gewandete Gemahlin Berchta. »Vater Abt, habt Ihr es wirklich ernst gemeint, als Ihr eben angekündigt habt, daß Knaben aus allen Ständen Aufnahme in die Klosterschule finden würden?« fragt Herr Hildger und wartet die Entgegnung des Abtes nicht ab. Er fährt entrüstet fort: »Ihr könnt Söhnen von Edelfreien unmöglich zumuten, neben Burschen aus Tagelöhnerhütten auf der Schulbank zu sitzen!« Mit heftigem Kopfnicken und wallenden Schleiern bestätigt Frau Berchta die Meinung ihres Gemahls. »Habe ich mich nicht deutlich genug ausgedrückt, Herr Hildger? Frau Berchta? Unsere Klosterschule ist für jeden begabten Jungen da, für alle ohne Unterschied«, erwidert Pirmin gelassen und zugleich mit Nachdruck. »Dann werden wir unseren Sohn Richmund auf keinen Fall zu Euch schicken.« Mit diesen schroffen Worten wendet sich Hildger ab. Seine Gemahlin rauscht hinterher, ohne dem Abt einen Gruß zu gönnen. »Ihr habt eine seltene Begabung, die Mächtigen vor den Kopf zu stoßen, Vater Abt, so war es auf der Augia, in Murbach und nun in Hornbach«, stellt der Prior sachlich fest. Ist nicht ein leiser Vorwurf herauszuhören? »Bruder Marquard, wer steht dem Herzen des Herrn näher, der Reiche oder der Arme? Ihr werdet mir sagen, daß auch ein Reicher sehr arm sein kann. Das stimmt. Aber der Bedürftige öffnet sich im allgemeinen leichter für das Geschenk der Gnade als der Besitzende. Der Reiche meint oft, er habe alles, er brauche nichts mehr, weil er sich vor Gott nicht arm fühlt. Ist das nicht sogar unter unseren Brüdern der Fall? Wen erreichen wir am schwersten, wenn wir ihm Gott bringen wollen? Ist es nicht der Reiche, der Gelehrte, der meint, er habe, er wisse, er könne alles, er habe Gott verfügbar, und das ist wohlgemerkt ein Gott nach seinem eigenen Geschmack. Gott hat so zu sein, wie der

Gelehrte ihn sich vorstellt. Der arme Zöllner ging gerechtfertigt nach Hause, aber der gelehrte, selbstsichere Pharisäer nicht.« Prior Marquard weiß, wie der Abt um die Pharisäer und Schriftgelehrten unter seinen Brüdern ringt. Er leidet unter ihrem Starrsinn und ihrer Überheblichkeit. Hat nicht Bruder Utwin kürzlich geringschätzig von einer ›bäuerlichen‹ Theologie des Abtes gesprochen? Pirmins Ansichten seien veraltet und zu volkstümlich. »Er will mit dem Herzen erfassen, was einzig dem kühlen, wägenden Verstand vorbehalten ist.« Zum Glück gibt es nur wenige Anhänger des überheblichen Theologen im Konvent.

Abt Pirmin sendet Brüder in die Dörfer. Sie unterweisen dort die Kinder in den Grundwahrheiten des Glaubens. Manches alte Väterchen oder Mütterchen hört dabei begierig zu. Herzog Wernher hat früher nie etwas für die religiöse Belehrung seiner Untertanen unternommen. So gelingt es den Brüdern erst jetzt, manche abergläubische Vorstellung aus der Götterwelt der Germanen zu verdrängen. Allerdings wollen die Leute in den Nächten zwischen Weihnachten und Neujahr mit ihren Winterstürmen nach wie vor Wodan mit dem Wilden Heer gehört haben.

Die Krankenbrüder besuchen regelmäßig die Kranken und Leidenden in den Dörfern und überzeugen auch die Mißtrauischen langsam davon, daß es einen guten Gott gibt, der sie alle liebt. Bruder Hadumar, der Baumeister der Abtei Hornbach, trägt Pirmin vor, daß er als nächte Baumaßnahme eine geräumige Abtswohnung erstellen wolle. »Eure kleine Cella entspricht nicht mehr Eurer Würde und der Bedeutung unserer Abtei, Vater Abt.« Pirmin antwortet auf den Vorschlag mit einem schroffen Nein. Dagegen setzt sich Prior Marquard für das Bauvorhaben ein: »Laßt es geschehen, Vater Abt! Ihr müßtet es bequemer haben.« Mit einem Aufwallen seines stürmischen Temperamentes fährt der Abt ihn an: »Wie könnt Ihr mir das zumuten, Bruder? Ausgerechnet Ihr? Ich bin vollauf zufrieden mit dem, was ich habe. Es ist bereits ein Privileg, daß ich nicht im gemeinsamen Dormitorium schlafe. Was in anderen Abteien für die Äbte gebaut wurde, geht mich nichts an. Ihr habt mir bereits einmal als Beispiel Weißenburg genannt. Ist es nicht besser, wenn der Abt in einer bescheidenen Cella wohnt wie hier in Hornbach? In Weißenburg besitzt er eine prachtvolle Wohnung, aber in der alten Abtei an der Lauter ist das klösterliche Leben fast gänzlich erloschen. Man bat mich zu wiederholten Malen, nach dort zu kommen, um den Mönchen die Regel des Benediktus zu bringen wie in den Klöstern der Ortenau. Ich werde das auch eines Tages tun, aber zuvor möchte ich versuchen, Bischof Bonifatius in Mainz zu treffen.« Seit 747 ist Bischof Bonifatius mit dem Bistum Mainz betraut. Pirmin würde ihn gerne kennenlernen. Wieder ist der weite Ritt vergeblich. Bonifatius befindet sich auf einer Missionsreise. Abt Pirmin und seine beiden Begleiter bleiben einige Tage in Mainz. In der Bischofskirche feiert Pirmin das heilige Opfer und hält eine seiner mitreißenden, von pfingstlichem Geiste erfüllten Predigten. Den Sekretarius Dohard bekommen sie nicht zu Gesicht, Abt Pirmin schreibt einen Brief, den er Bonifatius hinterläßt. »Ob es uns vergönnt sein wird, einander von Angesicht zu Angesicht zu begegnen, lieber Bruder in Christo? Seit Jahren trage ich diesen Wunsch in meinem Herzen.« Sie besichtigen ein Weingut und lassen sich vom Winzer die Anbauweise und die Weingewinnung erklären. Dann kehren sie ohne Bedauern den engen Straßen der Stadt Mainz den Rücken und kehren gemächlich heim nach Hornbach.

Bei einem seiner Sonntagsgottesdienste hält Pirmin wieder eine seiner Predigten, die zugleich eine Christenlehre für die einfachen Menschen des Bliesgaus sind. Er bemerkt, daß während seiner Predigt eine gewisse Unruhe unter den Leuten entsteht, weil sich einige Fremde in die vollbesetzte Kirche drängen. Er bleibt unbeirrt bei seinem Thema.

»Wir alle sind auf die Barmherzigkeit unseres Vaters im Himmel und auf die verzeihende Liebe unseres Herrn Jesus Christus angewiesen. Gehen wir vertrauend zu unserem Herrn und gestehen wir Ihm unser Versagen und unsere menschliche Armseligkeit ein. Er nimmt uns auf. Hier auf Erden haben wir es oft schwer und leiden unter allerlei Mühseligkeiten. Dennoch dürfen wir voller Freude sein, weil Gott mit uns ist.« Der Prediger sieht in die frischen Gesichter der Scholaren und wiederholt: »Ja, wir dürfen voller Freude sein, weil Gott mit uns ist. Er geht mit uns durch einen jeden Tag. Und zugleich ist Er das Zuhause, zu dem wir wandern. Bei Ihm gibt es dereinst kein Leid, keine Not und keinen Kummer mehr, keinen Abschied und keinen Schmerz. Wir werden teilhaben an der ewigen Freude in unserem eigentlichen Zuhause in Seiner Liebe.« Nach der Messe wartet, seitab von den einfachen Leuten, der Herzog auf den Abt. Pirmin hat ihn längst gesehen, aber er widmet sich in aller Ruhe den Menschen, die sich um ihn drängen. Ein armer Bauer klagt ihm sein Leid. Durch Blitzschlag ist seine Hütte abgebrannt. Er hat Hausrat und Vieh verloren. »Ein Nachbar hat mich und meine Familie aus Barmherzigkeit aufgenommen, aber er ist selber arm ...« Sofort knüpft der Abt an die unausgesprochene Bitte des Armen an. »Wir kommen und bauen dir eine neue Hütte!« Als der letzte Bittsteller endlich gegangen ist, wendet sich der Abt dem Herzog zu. »Ach, Ihr kommt doch noch zu mir, Herr Abt? Ich dachte schon, Ihr würdet für mich keine Zeit mehr erübrigen«, spottet Wernher verbittert. »Warum macht Ihr nur so viel Wesens um die kleinen Leute? Ich habe Euch das bereits mehrmals gesagt und kein Gehör gefunden. Nun hat sich Herr Hildger beschwert, weil Ihr seinen Sohn nicht in die Klosterschule aufgenommen habt.« »Das hat Herr Hildger Euch scheinbar nicht richtig dargestellt. Ich habe seinem Sohn die Aufnahme nicht verweigert. Er weigerte sich vielmehr, ihn zu uns zu bringen, weil wir auch Söhne von Unfreien aufnehmen.« Herzog Wernher zeigt sein Unverständnis und macht dem Abt häßliche Vorwürfe. Dann sagt er: »Wenn ich seinerzeit geahnt hätte, wie Ihr eingestellt seid, hätte ich Euch erst gar nicht nach Hornbach gerufen! Und dabei habe ich Narr alles getan, um zu verhindern, daß Ihr zur Augia zurückgerufen wurdet. Ihr staunt, Herr Abt? Ja, Eure erneute Berufung stand damals kurz bevor. Bischof Arnefried von Konstanz fühlte sich der Last des Doppelamtes gesundheitlich nicht gewachsen, und die Brüder auf der Insel hätten Euch gerne wieder als Abt gehabt. Ich habe mein Veto eingelegt und Bischof Eddo dazu gebracht, Euch von dieser Möglichkeit gar nichts zu sagen. Ihr habt es ausschließlich mir zu verdanken, daß Ihr in Hornbach seid, und Ihr könntet Euch ruhig ein wenig mehr auf meine Wünsche einstellen.« Abt Pirmin schweigt und sieht mit fernem Blick an ihm vorbei. Die Augia hatte nach ihm gerufen, seine Augia. Mit einem Male bricht wie eine schlecht verheilte Wunde das Heimweh nach dem Inselkloster in ihm auf. Seine geistesabwesenden, einsilbigen Antworten verärgern den Herzog. Er verläßt Hornbach. Zuvor weist er aber beinahe drohend auf seinen Verwandten Bischof Milo, den erbitterten Gegner des Bonifatius, hin. Hat Pirmin ihn überhaupt gehört? Wie Windesrauschen sind seine Worte an ihm vorbeigegangen. Er hat sie nicht aufgenommen. Er weiß und fühlt nur noch ›Augia‹. »Was habt Ihr Vater?« fragt Prior Marquard besorgt. »Gönnt mir ein paar Tage des Alleinseins«, bittet Pirmin. Wie ein Träumender reitet er ostwärts bis an die Ufer des

Rheins. Der mächtige Strom zieht majestätisch seine Bahn. Eben stemmen schwere Rosse sich vorwärts auf dem Uferpfad, um den Treidelschiff südwärts zu ziehen. Die Schiffer rufen dem einsamen Reiter einen Gruß zu. »Wollt Ihr mit nach Basel, Herr?« fragt einer der Männer, der seine Hände wie einen Trichter an den Mund legt. Nach Basel? Von dort ist es nur ein kurzer Ritt bis zu Augia. Pirmin schließt die Augen. Augia – Gnadensee – Mindelsee. Eine Weile überläßt er sich dem Heimweh nach diesen Stätten. Es spült wie eine Woge über ihn hinweg. Als er seine Augen wieder öffnet, ist das Schiff bereits ein ganzes Stück von ihm entfernt. Soll er ihm nachreiten? Es wäre für ihn ein leichtes, das Schiff noch zu erreichen. Aber er verharrt regungslos, bis der Sonnendunst das Schiff in der Ferne seinen Blicken entzieht. Dann wendet er sein Pferd vom Strom fort und den Hängen des Berglandes zu. Nach seiner Heimkehr kniet er in Hornbach zu Füßen des greisen Bruders Ermanold und gesteht ihm demütig ein, daß ihn sein Heimweh nach der Augia beinahe zur Untreue verleitet hätte. »Gott gab Euch und mir diesen Schmerz der Sehnsucht nach unserer Klosterinsel im Bodensee ins Herz. Tragen wir ihn geduldig. Er erinnert uns daran, daß wir auf dieser Erde nirgendwo ein letztes Zuhause haben. Nehmt den Auftrag, Kloster Weißenburg zu reformieren, als Eure Buße an, Vater. Dort wartet sicherlich manches Schwere auf Euch. Erfüllt aber zuvor das Versprechen, das Ihr dem Bauern Odo gabet. Helft bei dem Bau der neuen Hütte!« Mit Beschämung wird dem Abt klar, daß er in seinem jähen Heimweh sein Versprechen vergessen hat. Um so eifriger macht er sich nun ans Werk. Wie in alten Zeiten ist er als Handlanger beim Bau der Hütte und des Stalles tätig, obwohl ihn diese Arbeit viel mehr anstrengt als früher. Er schont sich nicht und läßt Bruder Ermanold mit schalkhaftem Stolz seine schwieligen Hände betasten. Bruder

Ermanold hat mit Bruder Gunsald den Wagen begleitet, der den Mönchen Verpflegung bringt. Auf einem Baumstamm sitzend, der als Bank dient, ehe er in den Bau einbezogen wird, verzehrt Abt Pirmin vergnügt Brot und Speck und spült die Bissen mit Dünnbier hinunter. »Wißt Ihr noch, wie besorgt Ihr damals um Eure Hände wart, Bruder Ermanold?« »Lange ist das her. Manchmal scheint es mir, als wäre es erst gestern gewesen. Es war ein gutes Leben«, meint der Greis nachdenklich. »Ja, Bruder, unser Leben war reich an Gutem und Schönem und an Mühe und Arbeit, wie es sich gehört. Wenn Ihr es mir nicht verübelt, strecke ich mich einen Augenblick aus und schließe die Augen. Bei einer solchen Arbeit machen sich die Jahre bemerkbar.« Pirmin legt sich ins Gras, sein Kopf ruht auf der Armbeuge. Er schließt die Augen und schläft sofort ein. Im Schlaf wirkt sein Antlitz entspannt. Er lächelt. »Ob er im Traum auf seiner Augia ist?« denkt Bruder Gunsald. Da sich die Sonne hinter den Wolken verbirgt, will er dem Vater seinen Umhang überlegen. Bei der leisen Berührung öffnet der Abt sofort die Augen, gähnt und reckt sich. »Da bin ich doch tatsächlich eingeschlafen«, lächelt er und erhebt sich. Dann hält er bis zum Abend mit den jüngeren Brüdern bei der Arbeit Schritt. Eigentlich müßte er nun an der Predigt schreiben, wie er es am Wochenende regelmäßig tut. Aber er ist zu müde. Zufrieden mit dem Erreichten, sitzt er eine Weile bei seinen Mönchen in der Rekreation. Dann begibt er sich zur Kirche. Dort ist inzwischen das große Holzrelief des Bruders Herfried aufgestellt: Christus, der gütige König am Kreuz, der die Arme weit ausbreitet und die Menschen mit offenen Augen anschaut. Er verweilt dort in stiller Meditation, bis seine Brüder zur Komplet einziehen. Nach der Komplet trägt einer der Brüder nach eigener Wahl Meditationsgedanken für den nächsten Tag vor. Dieses Mal ertönt die zitterige Greisenstimme des

Bruders Ermanold. Er wählt die Worte aus dem Lukasevangelium: »Als der Morgen dämmerte, stand Jesus am Ufer, doch sie erkannten Ihn nicht.« An diese Verse schließt er ein paar Gedanken an: »Wie oft, Herr, stehst Du am Ufer meines Lebens, wo immer ich mich gerade befinde. Du kommst in vielerlei Gestalten, und meine Augen sind gehalten wie die Augen Deiner Jünger nach der Auferstehung. Ich erkenne Dich nicht, bis du Dich mir zu erkennen gibst. Das ist oft und oft in meinem Leben geschehen. Herr, ich danke Dir, daß Du mich nicht aufgegeben hast, daß Du die Geduld besitzt, immer wieder zu kommen, und die Güte, Dich mir zu erkennen zu geben und die blinden Augen meines Herzens zu öffnen. Amen.«
Abt Pirmin weiß, daß Bruder Ermanold seinetwegen die Schriftstelle gewählt und das Gebet gesprochen hat. Es ist die Bitte des Greises an ihn und für ihn, daß er überall den Herrn erkennen möge, nicht nur auf der Augia.
Abt Pirmin widmet sich mit verstärktem Eifer der geistlichen Ausbildung und Vertiefung des religiösen Lebens bei den Mönchen und den Scholaren. Immer mehr überträgt er die praktischen Probleme und wirtschaftlichen Fragen dem Prior und dem Cellerar. Beide wirken mit großer Umsicht. Bruder Pedro betreut mit einigen Gehilfen die alten und kranken Brüder und macht mit dem Kräuterpater Richbod Besuche bei den Kranken und Siechen in den Dörfern, die zu Hornbach gehören. Bruder Richbod versteht mehr von der medizinischen Betreuung der Kranken, aber Bruder Pedro bringt Frohsinn und Zuversicht in Hütten und Häuser. Auch als weißhaariger Bruder strahlt er noch immer jene Lebensfreude aus, die aus dem gelebten Ja zu Gottes Willen kommt. Bruder Ermanold nimmt trotz zunehmender Schwäche sein Amt als betender Moses durchaus ernst. Die jüngsten Scholaren ahnen, daß irgendwie das Wohl und Wehe ihrer Abtei in seinen betenden

Händen liegt. Sie schauen mit Ehrfurcht zu ihm auf und wünschen sich, einmal so fromm beten zu können. Sie haben es auch gern, wenn Bruder Ermanold ihrem Drängen nachgibt und von der ›guten alten Zeit‹ erzählt, vom Neuanfang auf der Sintlasau und von den wilden Männern aus dem Wald von Schienen. Nein, sie können nicht glauben, daß Bruder Helmwart, der sanftmütige Sakristan mit dem weißen Bart, einer der wilden Männer und sogar deren Anführer war. »Ich kann es selbst kaum mehr glauben«, antwortet der alte Sakristan lächelnd auf ihre Fragen. Seine Hand fährt liebevoll über das Kreuzrelief. Ist es wirklich wahr, daß er irgendwann ein solches Kreuz geschmäht und zertreten hat? Einige Brüder sind in der Schreibstube damit beschäftigt, das Pastoralbüchlein des Bischofs Pirmin für seine Klöster zu kopieren. »Sollen wir auch eine Abschrift für Kloster Weißenburg anfertigen, Vater Abt?« erkundigt sich ein Bruder. »Tut es, Bruder, obwohl ich nicht weiß, ob das Büchlein dort willkommen sein wird.«
Anno Domini 750 antwortet Abt Pirmin auf einen erneuten und dringlichen Hilferuf aus Kloster Weißenburg mit seinem Kommen. Er schickt einen Boten voraus, der ihn und seine Gefährten ankündigen soll. Prior Marquard, Bruder Pedro und drei andere Mönche reiten mit ihm zum Tal der Lauter. Der Ritt geht langsam vonstatten. Abt Pirmin hat die Brüder darum gebeten. Er spürt in zunehmendem Maße, daß seine körperlichen Kräfte schwinden. Sein Haar ist nun beinahe ganz weiß, und seine Gestalt leicht gebeugt. Sein Antlitz ist noch faltenreicher und hagerer geworden, aber seine Augen leuchten in ungetrübtem Glanz. »Das hätte ich früher nie für möglich gehalten, daß mir Reisen und Reiten einmal beschwerlich fallen würden. Aber nun ist es so weit. Ich kann nicht leugnen, daß ich lieber in Hornbach geblieben wäre. Doch der Hilferuf aus Weißenburg war zu dringend. Das Klo-

ster dort scheint vom inneren und äußeren Zerfall bedroht«, sagt Abt Pirmin mit einem tiefen Seufzer zu Bruder Marquard.
Eine halbe Tagesreise von Weißenburg entfernt werden sie bereits erwartet. Zu ihrem Befremden sind es Bewaffnete, die sie nach kurzem Gruß in ihre Mitte nehmen. Trotz ihrer Bitten und Proteste werden sie in schnellem Ritt nach Weißenburg gebracht. Bruder Pedro, dessen Pferd kurz vor der Begegnung mit den Bewaffneten Schwierigkeien gemacht hat, sieht zu seinem Schrecken, daß man den Abt und die Mitbrüder wie Gefangene nach Weißenburg führt. Auf ihn hat keiner der Weißenburger Söldner geachtet. So wendet er sein Pferd, bohrt ihm die Fersen in die Flanken und sprengt in raschem Galopp davon. Er muß Hilfe holen.
Die Söldner bringen den Abt und die Brüder mit Gewalt in die Abtei Weißenburg. Sie scheuen nicht davor zurück, sie an den Armen zu fassen und in den Saal zu schleppen. »Was soll das?« ruft Abt Pirmin erzürnt und atemlos. »Wir sind in friedlicher Absicht gekommen und werden von euch wie Räuber behandelt!« Ein älterer Mönch betrachtet die Hornbacher verächtlich und grimmig. »Ihr wurdet von Marolf nach hier gerufen. Er nennt sich widerrechtlich Abt. Ich, Dettic, bin der eigentliche Abt von Weißenburg. Ich habe euch nicht gerufen und betrachte Euch als Feinde. Bringt sie in Gewahrsam bis zur Gerichtsverhandlung.« Die Söldner führen sie in einen vergitterten, unterirdischen Raum. Dort müssen sie einige Tage und Nächte zubringen. Sie erhalten nur brakiges Wasser und hartes Brot. In diesen Tagen wächst Abt Pirmin über sich selbst hinaus. Er klagt und jammert nicht. Er betet und singt mit den Seinen wie in der Kirche zu Hornbach. »Welch übernatürliche Kraft Ihr besitzt, Vater«, staunt Bruder Marquard, der sich recht elend fühlt. Pirmin wehrt ab. »Ihr überschätzt mich,

Bruder. Ich habe einen ganz natürlichen Grund für meine Zuversicht, die mit jedem Tage wächst. Bruder Pedro ist den Söldnern entkommen. Er wird Hilfe holen.« Tag um Tag vergeht. Endlich holt man sie zu der sogenannten Gerichtsverhandlung. Mit Abscheu betrachtet der falsche Abt Dettic von Weißenburg seine Gefangenen. Gesichter, Hände und Kutten sind durch die Haft im feuchten, schmutzigen Verlies beschmutzt. Mühsam blinzeln die Mönche in das helle Tageslicht, an das ihre Augen nicht mehr gewöhnt sind. »Was denkt Ihr, liebe Brüder, wenn Ihr solch jämmerliche Kreaturen wie diese Männer hier vor Euch seht? Als Spione und Verbündete des Verräters Marolf sind sie in unser friedliches Kloster Weißenburg eingedrungen. Was sollen wir mit solchen Menschen tun?« Seine Anhänger murmeln drohend. Einer schreit: »Laßt sie beseitigen!« Da ertönt von draußen lautes Kampfgetümmel, wüster Lärm, Geschrei und Waffenklirren. Kurze Zeit später stürmt Bruder Pedro mit dem Hünen Volkmar, mit einer ganzen Schar bewaffneter Hornbacher Leute und mit einigen Hornbacher Mönchen in den Saal. Nun vollzieht sich blitzschnell eine Wandlung. Dettic und seine Anhänger werden gefangengenommen. Der rechtmäßige Abt Marolf wird aus dem Verlies befreit. Zunächst will der Weißenburger Abt den Aufruhr streng ahnden. Eindringlich bittet Abt Pirmin: »Laßt Milde walten, Bruder Marolf. Dettic muß den Klosterbezirk heute noch verlassen, verbannt für immer. Aber begnadigt jene, die sich verführen ließen und sich reuig zeigen.« Mit zögerndem Widerstreben befolgt der junge Abt seine Ratschläge. Immerhin haben ihn ja die Hornbacher aus einer aussichtslosen Lage befreit. Bruder Pedro und Volkmar sind die Helden des Tages. Langsam legt sich die erste Aufregung. Die Hornbacher Leute ziehen wieder heim, reich beschenkt von den dankbaren Weißenburgern. Im Kloster an der Lauter kehrt jene Ruhe ein, die Abt Pirmin braucht, um sein Reformwerk beginnen zu können. In aufrüttelnden Predigten und täglichen Unterweisungen macht er die Mönche mit der Ordensregel des heiligen Benediktus vertraut. Dann sind die Beschwerden des Alters bei ihm vergessen. Seine Gestalt ist gestrafft, seine Stimme volltönend und klangvoll, und seine dunklen Augen leuchten in jugendlicher Begeisterung. Er kommt in diesen Wochen kaum zur Ruhe, denn er ist für jeden Bruder aus Kloster Weißenburg zu sprechen, ist bereit, ihm zuzuhören, seine Fragen zu beantworten und seine Zweifel zu zerstreuen. Die ehemals abtrünnigen Anhänger des Dettic beichten ihm ihre Verfehlungen und ziehen getröstet von dannen. Vorsichtig öffnet der Abt von Hornbach den Mönchen Augen und Herzen für die Bedürfnisse und Rechte der von ihnen abhängigen Menschen. Er erreicht, daß die dem Kloster eigenen Bauern und Handwerker von den zu hohen Abgaben befreit und ihre Dienstleistungen auf ein erträgliches Maß heruntergeschraubt werden. Gleichzeitig verpflichtet er Abt Marolf, für die Seelsorge und geistliche Betreuung dieser Leute Mönche einzusetzen. Zudem ruft er die Mönche in Weißenburg zum praktischen Einsatz nach dem Leitwort des Ordensgründers, zum ›Ora et labora‹ auf. Er muß geduldig warten und viel Kraft einsetzen, bis er die Brüder des Weißenburger Konvents gewonnen und überzeugt hat, daß sie ein ganzes Ja zur Ordensregel sagen und leben müssen. Endlich ist es so weit, daß er in einem feierlichen Gottesdienst ihr Versprechen auf die benediktische Ordensregel entgegennehmen kann.

Er atmet befreit auf, denn er hat sich bis zum äußersten verausgabt. Er ist sehr müde und gönnt sich eine kleine Zeitspanne der Erholung an den klaren, fischreichen Wassern der Lauter. Abt Marolf begleitet ihn auf einem Spaziergang.

»Wollt Ihr an den Berghängen keine Reben anpflanzen, Vater Abt? Wahrscheinlich würden sie hier so gut gedeihen wie in Hornbach. Wir trinken mittlerweile schon unseren eigenen Wein.« Abt Marolf bleibt stehen und sieht ihm offen in die Augen. »Mich bewegt ein ganz anderes Anliegen, Vater. Wollt Ihr bei uns bleiben und die Leitung der Abtei übernehmen? Im Namen aller Mönche bitte ich Euch darum. Mit Freuden würde ich Euch das Amt des Abtes von Kloster Weißenburg überlassen.« Mit einem nachsichtigen und müden Lächeln betrachtet Pirmin das offene Antlitz des jungen Abtes. »Nein, nein, lieber Mitbruder, Ihr irrt Euch. Weißenburg braucht nach dieser Krise einen jungen, tatkräftigen Abt und keinen alten Mann, der sich nach Ruhe und Frieden sehnt. Glaubt mir, Ihr seid am rechten Platz.« Nach einigen Einwänden fügt sich Marolf dieser Entscheidung. Mit Liebe und Ehrfurcht nimmt der Konvent von Weißenburg am nächsten Tag Abschied von Abt Pirmin und seinen Brüdern.

Der Heimritt kommt Abt Pirmin lang und beschwerlich vor. Er freut sich und ist erleichtert, als Hornbach in Sicht kommt. Nach einer kurzen Erholungspause nimmt er seine Arbeit in vollem Umfang wieder auf. Er beweist den Mitbrüdern und dem Widonenherzog, daß er nach wie vor der entschlossene Verteidiger der Rechte seines Klosters ist. Er lehnt es entschieden ab, einen lasterhaften, reichen Verwandten des Herzogs in die Reihen seiner Brüder aufzunehmen, auch wenn Hornbach dadurch viele Güter entgehen. Er verweigert seine Zustimmung zur Ernennung eines Vogtes, den Wernher der Abtei aufzwingen will. Auf seine Bitte übernimmt der Edelfreie Wolfhelm das verantwortungsvolle Amt. Da er selbst über einen großen Besitz verfügt, ist er dem Kloster in Freundschaft verbunden, aber zugleich so unabhängig, daß er nicht von den Launen eines späteren Abtes unterdrückt wer-

den kann. Pirmin möchte, so weit es ihm möglich ist, auch für die Zukunft der Abtei Hornbach Sorge tragen. Die Ereignisse in Kloster Weißenburg stehen ihm als Warnung vor Augen. Wie weit kann ein Konvent kommen, wenn sein innerer Zusammenhalt zerstört ist! Er ist sich dessen wohl bewußt, daß auch in seiner Mönchsgemeinschaft verschiedene Strömungen vorhanden sind. Noch kann er sie durch seinen Einfluß in die rechte Richtung lenken. ›Verkaufe alles, was du hast, auch deine Sorge um die Zukunft der Abtei‹, ermahnt er sich selbst, als er darüber ins Grübeln geraten will.
Am Osterfest des Jahres 753 reitet Herzog Wernher in aller Frühe in Hornbach ein. Herrisch verlangt er, sofort den Abt zu sprechen. »Unser Vater ist in der Laudes und bereitet sich auf die Feier der heiligen Messe vor«, gibt er Bruder Pförtner freundlich Auskunft. Zuerst hat es den Anschein, als wolle der zornmütige Widone nicht warten. Dann geht er in seinen mit Staub bedeckten Stiefeln ins österlich geschmückte Gotteshaus. Widerwillig nimmt er den federgeschmückten Hut ab und beugt andeutungsweise die Knie. Als er die Türe hart hinter sich zufallen läßt, schaut Abt Pirmin kurz auf, runzelt die Stirn und widmet sich dann mit ganzer Hingabe wieder den heiligen Texten. Wernher läßt seine Blicke unruhig wandern vom gebückten, fast ganz erblindeten Greis Ermanold, zum edlen Antlitz des Priors Marquard, zu den gesammelten Gesichtern der Mönche in mittleren Jahren bis zu den jungen Mönchen. Da! Er hat ihn entdeckt. Unwillkürlich stößt er einen knurrenden Laut aus und macht einen Schritt nach vorne. Der junge Mönch blickt auf. Er wird totenblaß. Seine Hände zittern. Er atmet hastig. Wernhers Augen ziehen sich zu schmalen Schlitzen zusammen. Seine Zunge fährt über seine Lippen wie bei einem Tier, das den Vorgeschmack seiner Beute verkostet. Seine Hände in den weichen Lederhandschuhen

verkrampfen sich. Er hat sein Wild gestellt. Während der gesamten Meßfeier läßt er den jungen Mönch kein einziges Mal aus den Augen, ob er ihn im Profil oder nur vom Rücken sieht. Der Mann darf ihm nicht entkommen. Mit Mühe beherrscht er sich. Ohne innere Anteilnahme läßt er die lateinischen Hymnen und die heilige Handlung über sich ergehen. Ungeduldig klopft sein rechter Stiefel während der Predigt des Abtes auf die Steinplatten. Wernher hört die Worte, aber er weigert sich, sie aufzunehmen. »Christus kam, um uns den Frieden zu bringen. ›Fürchtet euch nicht! Ich bin es‹, lauten die Worte des auferstandenen Herrn. Den Frieden mit Gott verdiente Er uns durch Seinen Kreuzestod. Aber Er will auch, daß wir untereinander Frieden halten; daß wir dem Bruder, der uns gekränkt hat, verzeihen; daß wir Kränkungen, die wir andern zugefügt haben, wieder gutmachen. Wer sagt, er liebe Gott, den er nicht sieht, liebt aber den Bruder nicht, den er sieht, der ist ein Lügner.« Grimmig preßt Wernher seine Lippen aufeinander und schiebt das Kinn vor. ›Vergebung? Unsinn! Ich will Rache.‹ Endlich ist die Festmesse zuende. Die Mönche verlassen geordnet das Gotteshaus, aber der, auf den es ihm ankommt, ist nicht mehr dabei. Hat sich der Bursche in der Sakristei verkrochen? ›Den werde ich mir holen!‹ Hart und laut tritt der Herzog auf, geht am Altar vorbei und streift mit seinem Mantel ein großes Gefäß mit Osterblumen, das umfällt und auf den Steinen zerschellt. Er beachtet das nicht. »Wo ist er? Gebt ihn heraus!« ruft er aufgeregt und will in die Sakristei eindringen. Abt Pirmin tritt ihm entgegen. »Warum stört Ihr den heiligen Frieden des Gotteshauses, Herzog Wernher?« fragt der Abt scharf. In seiner Rechten trägt er den Bischofsstab von der Augia, dessen Krümme Christus über den Wogen darstellt. Seine gebeugte Gestalt hat sich straff aufgerichtet. Seine Augen funkeln. »Ich will den Mann da. Er gehört mir.

Geht aus dem Weg!« »Ich weiche nur der Gewalt«, sagt Pirmin fest. »Die könnt Ihr haben«, brüllt Wernher und reißt sein Schwert aus der Scheide. Von drinnen ertönt ein Schrei. »Wollt Ihr mir das Leben nehmen, Herzog Wernher? Ihr wißt, daß es dem Herrn gehört, wie das Leben des Mannes Grimoald, den ich in die Schar der Mönche aufgenommen habe. Er besitzt im Kloster eine Freistatt, über die Ihr nicht zu befinden habt. Er gehört dem Herrn, und der Herr ist sein alleiniger Richter. Sein Beichtiger, unser weiser Bruder Ermanold, steht für ihn gerade. Er hat ihn für würdig befunden, in die Schar unserer Brüder aufgenommen zu werden. Könnt Ihr, Herr Herzog, etwas so Ehrenrühriges vorbringen, daß er nicht in der Gemeinschaft der Mönche verbleiben kann?« Wernher kämpft mit sich. Schließlich schiebt er mit zornigem Schnauben sein Schwert in die Scheide. »Meinetwegen ... behaltet ihn. Er hat sich eines Jagdfrevels schuldig gemacht. Er hat meinen besten Hirsch getötet. Ein Edelfreier hat das Recht, einen Wilderer mit dem Tode zu bestrafen.« »Sagt mir, wer den Edelfreien dieses sogenannte Recht verliehen hat, das Recht, ein Menschenleben für ein Tier zu fordern? Glaubt Ihr wirklich, Herzog Wernher, daß ein solches, von Menschen erfundenes Recht vor Gottes Urteil Bestand hat?« Stumm und zornig bahnt sich der Herzog einen Weg durch die Reihen der Mönche. Wieder einmal hat ihn dieser Pirmin besiegt. Hätte er ihn doch nicht nach Hornbach geholt!
Am Abend kommt Bruder Adalbert, einer der behäbigen und betulichen Mönche, die aus Metz nach Hornbach gefunden haben, in die Cella des Abtes. »Heute morgen konnten wir nicht umhin, zu hören, daß Herzog Wernher von Euch die Auslieferung des Grimoald gefordert hat, Vater Abt.« Pirmin wirft ihm einen prüfenden Blick zu. Er schweigt. »Herzog Wernher war sehr erzürnt, weil Ihr seiner Forderung nicht

entsprochen habt.« Wieder stockt der Mönch. Das Schweigen des Abtes verunsichert ihn. Endlich nennt er den eigentlichen Grund seines Kommens: »Können wir es wagen, wegen eines Grimoald die Gunst des mächtigen Widonen zu verscherzen?« Da zerbricht Pirmin mit einem Ruck die Gänsefeder, die er in den Händen hält. »Würdet Ihr, um Euch die Gunst des Widonen zu erhalten, einen Mitbruder an ihn ausliefern?« fragt der Abt ruhig, aber mir Kälte. Jetzt weiß Adalbert keine Antwort. Pirmin fährt fort: »Ihr würdet wie seinerzeit Judas zum Verräter an einem Bruder, weil Ihr Angst habt, der Mächtige könnte Euch irgendwelchen Schaden zufügen, und das Klosterleben in Hornbach wäre dann vielleicht nicht mehr so bequem wie zur Zeit. Wer sich ein bequemes Leben unter dem Schutze eines Mächtigen sichern will, den kann ich hier nicht gebrauchen. Wir Mönche haben diesen Stand nicht erwählt, weil wir ein gesichertes und bequemes Leben haben wollen. Unser Stand soll und muß der des ungesicherten und gefährdeten, des armen Pilgers bleiben, der immer unterwegs zur einen Heimat ist. Solltet Ihr, Bruder Adalbert, und mit Euch Eure Freunde, in deren Namen Ihr wohl zu mir gekommen seid, Euch nicht zu dieser Haltung durchringen können, bitte ich Euch, die Abtei Hornbach möglichst bald zu verlassen.« Der Bruder zeigt sich nicht einsichtig. Sein Gesicht verzerrt sich zu einer häßlichen Fratze. Er schreit: »Wart Ihr denn ein armer, ungesicherter Pilger, Herr Abt? Wart Ihr nicht ein Leben lang das Schoßkind des Karl Martell und seiner Söhne?« Pirmin spürt, daß er zittert. Seine Augen nehmen nichts wahr, obwohl Bruder Adalbert die Türe der Cella offen gelassen hat, als er hinausstürmte. Die Stunde in der Pfalz zu Jopilla steht vor dem Geist des Abtes. Nein, er ist damals nicht als Diener Karls sondern als Bote Christi auf die Sintlasau gegangen und nach Murbach und nach Hornbach. Er ist sich selbst und seinem

Auftrag treu geblieben. Warum fühlt er sich denn so verletzt? Eigentlich dürfte es ihn gar nicht berühren, was andere über ihn denken und reden. »Verkaufe alles, was du hast! Herr, ich bringe Dir meine Empfindlichkeit.«

In diesem Frühjahr spürt der Abt, daß seine Kräfte von Tag zu Tag abnehmen. Dennoch folgt er der Bitte des Reformklosters Schwarzach. Mit dem getreuen Pedro wagt er die Reise und verbringt in Schwarzach mit den Brüdern Tage der stillen Einkehr. Seine Gestalt ist nun deutlich vornübergeneigt. Sein Antlitz ist mager und faltenreich, seine bräunliche Haut spannt sich wie Pergament über den Wangenknochen. Seine Augen leben und leuchten, wenn er von der Freude spricht, die niemand nehmen kann und die übergeht in die nie endende, überströmende Freude der Ewigkeit. Beim Abschied ist es den Brüdern von Kloster Schwarzach schmerzlich bewußt, daß sie den Vater auf Erden nicht wiedersehen werden.

Auf seine Bitte hin bringt ein Schiff die beiden Mönche rheinabwärts nach Mainz. Aber wieder ist seinem Wunsch, dort Bonifatius zu begegnen, kein Erfolg beschieden. In kleinen Etappen kehren sie nach Hornbach zurück. Abt Pirmin nimmt den Mißerfolg in Mainz und seine zunehmende körperliche Schwäche heiter und gelassen hin. »Wir beiden Alten, wir haben die ganze Zeit zusammengehalten, seit wir in der Abtei Maria del Sol in Peralta im Noviziat waren, nicht wahr? Darf ich Euch, lieber Bruder, heute einmal von Herzen danken für die fraglose Treue langer Jahre? Aber nun bin ich müde, sehr müde«, sagt er dankbar zu Bruder Pedro, ehe sie Hornbach erreichen. Der Bruder bleibt ihm die Antwort schuldig. Er ist froh, als sie endlich am Ziel sind. Er hilft dem Abt aus dem Sattel, stützt ihn und führt ihn zu seiner Cella. »Bitte, legt Euch nieder, Vater!« Er bettet ihn auf sein Lager. Pirmin läßt es ruhig geschehen. Er liegt ganz still da, den Blick auf das Elfenbeinrelief gerichtet: Maria über den Wogen, Unsere Liebe Frau von der Augia. Dann fällt er in einen traumlosen, erholsamen Schlaf.

Am nächsten Tag erhebt er sich wie immer und ist pünktlich zur Stelle, als die Horen beginnen. Hat Bruder Pedro in seiner Sorge um den Vater dessen Zustand übertrieben dargestellt? Der Abt feiert die heilige Messe mit Würde und mit ergreifender Andacht. Nach Beendigung des Gottesdienstes bleibt er außergewöhnlich lange in der Kirche, bis Bruder Marquard voller Sorge nach ihm sieht. Betroffen bleibt er stehen, denn der Vater kniet vor dem großen Christusbild. »Ihr holt mich wieder einmal aus der Kirche, Freund Marquard? Damit war jedesmal eine Station meines Lebens verbunden. Welche ist es denn heute?« Er läßt zu, daß der Prior ihn beim Aufstehen stützt. Eben will Bruder Marquard ihm versichern, daß es heute nichts Besonderes gibt, da vernehmen sie Getrappel von Pferdehufen. Wer mag da kommen? »Hoffentlich nicht wieder Herzog Wernher«, seufzt Bruder Marquard. Pirmin tritt aus der Kirchentür. Im hellen Sonnenschein muß er ein wenig blinzeln, ehe er etwas erkennen kann. Er sieht eine Anzahl Reiter, meist Mönche. Ihr Anführer ist ein großer, helläugiger und weißhaariger Mann mit einem Antlitz, in dem das Alter, der Wind und das Wetter, Sorgen und Nöte ihre tiefen Spuren eingekerbt haben. Niemand hat es dem Abt von Hornbach gesagt, aber er weiß sofort, wer dieser Mönchbischof ist, dem seine Gefährten mit großer Behutsamkeit aus dem Sattel helfen. »Bischof Bonifatius!« Hat er es nur gedacht oder in seiner freudigen Überraschung laut ausgerufen? Jedenfalls wendet sich Bonifatius ihm zu, schaut ihn nur einen Atemzug lang an und sagt dann: »Bruder Pirmin!« Er breitet weit seine Arme aus. Stille herrscht im Klosterhof, als die beiden Männer sich umarmen.

»Ich habe nicht zu hoffen gewagt, daß Ihr bis Hornbach kommen würdet, Vater!« Pirmins Stimme zittert. »Bruder«, verbessert Bonifatius sanft. »Ich mußte kommen, Bruder. Wie oft wart Ihr vergeblich in Mainz. Mein Sekretarius Dohard ließ nicht nach, mich zu drängen, Euch noch vor meiner Missionsreise zu den Friesen aufzusuchen.«
»Dohard?« staunt Abt Pirmin und seine Augen suchen ihn im Gefolge des Bonifatius. Ja, da steht er, der kleine Mann mit dem spitzen Gesicht. Ihm hat er den Besuch des Bonifatius zu verdanken? Ist das ein Wunder, eine Bekehrung? Er führt die Gäste in die Kirche, die er gerade verlassen hat. Gemeinsam stehen die Mönche von Hornbach und die Männer des Bonifatius vor dem beeindruckenden Christusrelief des Bruder Herfried. Sie beten und singen miteinander. Danach vereint sie ein festliche Mahl, das der Cellerar mit dem Küchenmeister und seinen Helfern in aller Eile gerichtet hat. In feiner Ehrfurcht überläßt Pirmin Bischof Bonifatius den Ehrenplatz. Alle lauschen gebannt den Worten des großen Missionars, der mit jugendlicher Begeisterung von seinen Reisen erzählt. Pirmin sitzt stillt dabei, aber er strahlt vor Glück wie ein beschenktes Kind. Gerne nehmen die Gäste die Gaben der Abtei Hornbach an. Sie besichtigen mit großem Interesse die Klostersiedlung, während Bonifatius und Pirmin ein langes Gespräch in der Cella des Abtes führen. Am Sonntag feiert Bischof Bonifatius den Gottesdienst. Er bemerkt erfreut, daß viele Leute aus den Weilern und Dörfern des Klosters gekommen sind. Er sieht ihre Andacht und erlebt nach der heiligen Messe, wie achtungsvoll und zugleich vertraut die Leute dem Abt von Hornbach begegnen. Beim Frühmahl sagt er nachdenklich: »Ich wirke mehr in die Weite, Bruder Pirmin. Ihr wirkt in die Tiefe. Durch Euch konnte das Christentum tiefe Wurzeln schlagen, hier in Hornbach, in Murbach, in den Klöstern der Ortenau, in

Weißenburg und auf der Augia.« »Woher kennt Ihr alle diese Klöster, in denen ich arbeiten durfte, Bruder Bonifatius?« Vorsichtig weist die Hand des Bichofs auf einen kleinen, zusammengesunkenen Greis, dessen kleines Gesicht ein schalkhaftes Lächeln zeigt. »Ah, Ihr habt mit Bruder Ermanold gesprochen? Fürwahr unser ältester Mitbruder hat ein wunderbares Gedächtnis in seinem gebrechlichen Körper.«
Auch Bonifatius nimmt sich die Zeit, Kloster Hornbach, seine Häuser und Felder, seine Weinberge und Wälder zu besuchen. »Ein Ort des Segens, des Friedens und der Stille«, meint er. »Solche Orte möchten mich verlocken, an ihnen zu verweilen und auszuruhen von all dem Kampf und den Widerwärtigkeiten des Wanderlebens.« Unwillkürlich denkt Pirmin an die Klause am Mindelsee, der jahrelang seine Sehnsucht gegolten hat. »Mein Weg wird ohnehin bald sein Ende finden, Bruder Pirmin«, sagt Bonifatius ernst. »Das ist mehr als nur eine Ahnung.« »Dann werden wir uns wiederfinden, Bruder Bonifatius.« Sie stellen einander keine Fragen. Sei wissen um das Ende ihres Weges und um das gemeinsame Ziel.
Die Abreise des Bonifatius und seiner Gefährten steht kurz bevor. Während Bonifatius mit dem Prior, mit Gunsald und Ermanold spricht, tritt Dohard auf Pirmin zu. »Vater Abt.« Unwillkürlich möchte Pirmin vor ihm zurückweichen. »Bitte, geht nicht, Vater! Hört mich an. Ich begleite Bischof Bonifatius auf seiner Missionsreise zur Zuidersee und zu den Friesen. Die Reise ist nicht ungefährlich, und ich möchte die Gewißheit mitnehmen, daß Ihr mir verzeiht, was ich Euch angetan habe. Bischof Bonifatius hat diese Sinnesänderung bei mir erreicht. Ich bereue das Vergangene bitterlich. Verzeiht mir, Vater!« »Ich verzeihe Euch von ganzem Herzen, Bruder«, erwidert Pirmin froh. Er reicht ihm die Hand und wiederholt: »Von ganzem Herzen. Gott sei Dank, daß ich dies noch erleben durfte!«

Dann knien alle Anwesenden nieder, um den Segen des Bischofs Bonifatius zu empfangen. Er spendet ihn mit einer ruhigen, weit ausholenden Geste und verharrt dann eine Weile mit ausgebreiteten Armen wie der Christus am Kreuzrelief des Bruders Herfried. Noch einmal umarmen sich die beiden großen Männer, die Glaubensboten ihrer Zeit. Dann steigt Bonifatius in den Sattel seines Pferdes, hebt grüßend die Hand und reitet langsam davon. Pirmin sieht den Reisenden nach, bis der Wald sie aufnimmt. Dann wendet er sich seinen Mönchen zu, die ihn mit Liebe und Sorge anschauen. Ist er in diesen Tagen nicht wieder blasser, sein Antlitz durchscheinender, seine Gestalt gebeugter geworden?

Langsam und bedächtig, als müsse er jeden seiner Schritte zuerst überprüfen, aber gelassen und freundlich geht Abt Pirmin durch die Tage des Sommers, die Wochen der Ernte und die farbenfrohen Sonnentage des Oktobers. Er bleibt den Menschen und den Dingen zugewandt, scheint aber ständig dabei auf etwas zu lauschen, nicht ängstlich, sondern froh und erwartungsvoll. Als Ende Oktober erste Herbstnebel Berge und Täler verhüllen, muß der Abt sich niederlegen. Er ist nur müde, unsagbar müde und schwach, aber er bleibt in seinen wachen Stunden gleichmäßig gütig zu den Brüdern. Worte des Mitleids wehrt er ruhig ab. Hoffnungsvolle Wünsche, es möge ihm bald besser gehen, beantwortet er leise: »Das geschieht auf alle Fälle.« Traurige Mienen mag er nicht sehen. Dann hebt er mühsam den Zeigefinger und droht dem Besucher mit einem Lächeln. Manchmal sitzt Bruder Ermanold bei ihm, dann wieder Prior Marquard. Sie wechseln kaum ein Wort, denn sie wissen umeinander. Nachts schläft Bruder Pedro in der Schreibstube, um sofort bei der Hand zu sein, wenn der Vater ihn braucht. Pirmins Bischofsstab lehnt an einem Stuhl neben seinem Lager. Er kann ihn bequem erreichen und damit auf den Boden klopfen, um Pedro zu rufen.

In der Nacht zum 3. November träumt Abt Pirmin, er wäre daheim und noch ein Kind. Er muß wandern über schmale Felsenpfade, durch eine enge Schlucht. Die Schlucht wird schmaler, die Felsen steiler, unten rauscht Wasser. Das Kind Pirmin beginnt sich zu fürchten. Es ist so allein in der finsteren Schlucht. Da hält es mit einem Male den Stab in der Hand, den Bischofsstab mit der Krümme aus Elfenbein. Pirmin sieht auf den Christus über den Wassern, und er fürchtet sich nicht mehr. Der Weg ist schwer, die Schlucht ist finster, aber Christus ist bei ihm. Der Weg wird steiler und steiler. Er kostet ihn große Mühe. Er gibt seine letzte Kraft her. Er umklammert den Stab. Bald ist er aus der Schlucht heraus und in Freiheit. Da! Scheint nicht die Sonne wunderbar hell und rein? Vorbei ist das Dunkel.

Leise, um Bruder Pedro nicht zu wecken, betritt Prior Marquard am Morgen des 3. Novembers 753 die Cella des Abtes. Er schleicht auf Zehenspitzen am ruhig schlafenden Bruder Pedro vorbei in das Schlafgemach des Abtes. Da liegt Bischof Pirmin, Abt von Hornbach, auf seinem Lager, ein Lächeln im Gesicht und den Bischofsstab fest in der Hand. Er ist nach Hause gegangen.

GESCHICHTLICHE ÜBERSICHT

(enthält die Fakten, die für die Erzählung von Bedeutung sind)

722/723	Feldzug Karl Martells gegen die Alemannen
724	Gründung der Abtei auf der Reichenau durch Wanderbischof Pirmin
727	Vertreibung Pirmins von der Reichenau
727	Gründung des Klosters Murbach im Elsaß durch Bischof Pirmin
727–730	Aufstand der Alemannen unter Herzog Lantfried gegen Karl Martell
730	Abt Eddo von der Reichenau wird nach Uri verbannt
730–742	Reformwerk Pirmins in den Klöstern der Ortenau
732	Sieg Karl Martells über die Araber bei Tours und Poitiers
734	Eddo wird Bischof von Straßburg
736	Arnefried wird Abt der Reichenau und Bischof von Konstanz
741	Karl Martell stirbt; Nachfolger Pippin und Karlmann
742	Erneuter Aufstand der Alemannen unter Herzog Theutbald
742	Pirmin gründet das Kloster Hornbach in der Pfalz
745	Gewilib von Mainz, Bischof und Hauptgegner des Bonifatius
746	Gerichtstag von Cannstatt. Vernichtung des alemannischen Adels. Karlmann bereut Bluttat, gründet Kloster S. Silvestro bei Rom u. tritt dort ein. Pippin Alleinherrscher.

746 Sidonius wird Abt der Reichenau und Bischof von Konstanz

747 Bonifatius wird Bischof von Mainz

753 Mai: angen. Begegnung Bonifatius mit Pirmin in Hornbach

753 Frühsommer: Bonifatius rheinabwärts zu seiner letzten Missionsreise bei den Friesen

753 3. November: Pirmin stirbt in Kloster Hornbach

Aus praktischen Gründen wurden alle Ortsnamen in ihrer heutigen Form benutzt, z.B. Allensbach statt Alaholfespach. Die heutige Insel Reichenau wurde früher Sintleozesau genannt. Von den verschiedenen Schreibweisen wurde die einfachste gewählt, nämlich Sintlasau.

LITERATURVERZEICHNIS

1. Die Erben Roms
von Rudolf Portner
Econ-Verlag Düsseldorf, Wien 1964

2. Fischer Weltgeschichte, Bd. 2
Die Verwandlung der Mittelmeerwelt
herausgegeben und verfaßt von Franz Georg Mayer
Fischer Bücherei GmbH, Stuttgart, Frankfurt a. M. 1968
dto. Bd. 3

3. Das frühe Mittelalter
herausgegeben und verfaßt von Jan Dhondt
Fischer Bücherei GmbH, Stuttgart, Frankfurt a. M. 1968

4. Kunstgeschichte des Bodenseeraumes
Bd. 1 von Albert Knoepfli
Jan Thorbecke Verlag Konstanz/Lindau 1961

5. Geschichte des Bodenseeraumes
Anfänge und frühe Größe (1) von Otto Feger
Jan Thorbecke Verlag Lindau/Konstanz 1956

6. Mönche am Bodensee 610–1525
von Arno Borst
Jan Thorbecke Verlag Sigmaringen 1978

7. Der Hortulus von Walahfrid Strabo
aus dem Klostergarten des Klosters Reichenau
von Hans-Dieter Stoffler
Jan Thorbecke Verlag, Sigmaringen 1978

8. Der heilige Pirmin und sein Pastoralbüchlein
eingeleitet und ins Deutsche übertragen
von Ursmar Engelmann
Jan Thorbecke Verlag Sigmaringen 1976

9. Das Papsttum
von Gert Buchheit
Osang Verlag, Neuenburg 1962

10. Lexikon für Theologie und Kirche
Verlag Herder, Freiburg 1968

11. Handbuch der Kirchengeschichte
3. Band, Die mittelalterliche Kirche, 1. Halbband
Vom kirchlichen Frühmittelalter ..., Herder Freiburg
1966

12. Atlas zur Kirchengeschichte
herausgegeben v. Hubert Jedin, Kenneth Scott Latourette,
Jochen Martin
Herder Freiburg 1970

13. Festreden zur Geschichte der Reichenau
herausgegeben von der Gemeinde Reichenau 1978/79
aus der Rede: Die Gründung der Reichenau nach der vorkundlichen Überlieferung und im Vergleich zu den elsässischen Klöstern

14. Die Kultur der Abtei Reichenau
Erinnerungsschrift zur zwölfhundersten Wiederkehr des Gründungsjahres des Inselklosters 724–1924
herausgegeben von Prof. Dr. Konrad Beyerle, München
Verlag der Münchener Drucke, München 1925

15. 1250 Jahre Kloster Hornbach
Stadt Hornbach, 1. Auflage Oktober 1992

Lebendiges Rheinland-Pfalz
Zeitschrift für Kultur und Geschichte
16. Hornbach – Stadt des Pirminus
Jahrgang 24, Heft 5/1987
herausgegeben von der Landesbank Rheinland-Pfalz

17. Pirminus
Der Wanderer Gottes
von Nikolaus Lauer
Pilger-Verlag, Speyer 1959